Cicero
De natura deorum

M. Tullius Cicero

De natura deorum
Über das Wesen der Götter

Lateinisch / Deutsch

Übersetzt und herausgegeben
von Ursula Blank-Sangmeister

Nachwort von Klaus Thraede

Reclam

RECLAMS UNIVERSAL-BIBLIOTHEK Nr. 6881
1995, 2023 Philipp Reclam jun. Verlag GmbH,
Siemensstraße 32, 71254 Ditzingen
info@reclam.de
Bibliographisch ergänzte Ausgabe 2023
Druck und Bindung: Elanders Waiblingen GmbH,
Anton-Schmidt-Straße 15, 71332 Waiblingen
Printed in Germany 2025

ISBN 978-3-15-006881-6
reclam.de

De natura deorum
Über das Wesen der Götter

Liber primus

(1) Cum multae res in philosophia nequaquam satis adhuc explicatae sint, tum perdifficilis, Brute, quod tu minime ignoras, et perobscura quaestio est de natura deorum, quae et ad cognitionem animi pulcherrima est et ad moderandam religionem necessaria. De qua tam variae sunt doctissimorum hominum tamque discrepantes sententiae, ut magno argumento esse debeat causam esse philosophiae inscientiam prudenterque Academicos a rebus incertis adsensionem cohibuisse. Quid est enim temeritate turpius aut quid tam temerarium tamque indignum sapientis gravitate atque constantia quam aut falsum sentire aut, quod non satis explorate perceptum sit et cognitum, sine ulla dubitatione defendere? (2) Velut in hac quaestione plerique, quod maxime verisimile est et quo omnes duce natura venimus, deos esse dixerunt, dubitare se Protagoras, nullos esse omnino Diagoras Melius et Theodorus Cyrenaicus putaverunt. Qui vero deos esse dixerunt, tanta sunt in varietate et dissensione, ut eorum infinitum sit enumerare sententias. Nam et de figuris deorum et de locis atque sedibus et de actione vitae multa dicuntur, deque is summa philosophorum dissensione certatur; quod vero maxime rem causamque continet, utrum nihil agant, nihil moliantur, omni curatione et admi-

Erstes Buch

(1) In der Philosophie ist bislang noch vieles keinesfalls ausreichend geklärt. Erst recht, mein Brutus, stößt man, wie du sehr wohl weißt, auf große Schwierigkeiten und viele Rätsel, wenn man sich mit dem Wesen der Götter[1] beschäftigt, einer Untersuchung, welche im Hinblick auf die theoretische Erkenntnis überaus wertvoll[2] und für die rechte Götterverehrung unentbehrlich ist. In dieser Frage vertreten die gelehrtesten Männer derart unterschiedliche und einander widersprechende Positionen, daß dies als schlagender Beweis für die These gelten muß, daß der Grund und der Ursprung der Philosophie im Nichtwissen liegt[3] und die Akademiker klug daran taten, ungewissen Sachverhalten ihre Zustimmung zu versagen.[4] Denn was bringt größere Schande als unüberlegtes Stellungnehmen, oder was verrät mehr Unbedachtheit und ist dem Ernst und der konsequenten Haltung eines Philosophen weniger angemessen, als eine falsche Meinung zu haben oder etwas, das man nicht hinreichend geprüft, verstanden und erfaßt hat, völlig bedenkenlos zu verteidigen? (2) Bei unserem Thema bejahten z. B. die meisten Philosophen die Existenz von Göttern. Sie ist ja auch höchst wahrscheinlich, und die Natur weist uns allen zu dieser Überzeugung den Weg. Protagoras aber äußerte Zweifel, Diagoras von Melos und Theodoros von Kyrene glaubten, es gebe überhaupt keine Götter. Diejenigen nun, welche auf der Existenz von Göttern bestanden, vertreten so verschiedenartige und widersprüchliche Ansichten, daß ihre Aufzählung ins Unendliche führen würde. Denn über die Gestalt der Götter, ihren Aufenthaltsort und Wohnsitz und über ihre Lebensweise wird vielerlei behauptet, und darüber herrscht bei den Philosophen ein erbitterter Meinungsstreit. Was jedoch das Kernproblem darstellt, nämlich ob die Götter nichts tun, nichts bewirken und auf jede Leitung und Verwaltung des Weltgeschehens verzich-

nistratione rerum vacent, an contra ab iis et a principio omnia facta et constituta sint et ad infinitum tempus regantur atque moveantur, in primis magna dissensio est, eaque nisi diiudicatur, in summo errore necesse est homines atque in maximarum rerum ignoratione versari. (3) Sunt enim philosophi et fuerunt, qui omnino nullam habere censerent rerum humanarum procurationem deos. Quorum si vera sententia est, quae potest esse pietas, quae sanctitas, quae religio? Haec enim omnia pure atque caste tribuenda deorum numini ita sunt, si animadvertuntur ab is et si est aliquid a deis inmortalibus hominum generi tributum; sin autem dei neque possunt nos iuvare nec volunt nec omnino curant nec, quid agamus, animadvertunt nec est, quod ab iis ad hominum vitam permanare possit, quid est, quod ullos deis inmortalibus cultus, honores, preces adhibeamus? In specie autem fictae simulationis sicut reliquae virtutes item pietas inesse non potest; cum qua simul sanctitatem et religionem tolli necesse est, quibus sublatis perturbatio vitae sequitur et magna confusio; (4) atque haut scio, an pietate adversos deos sublata fides etiam et societas generis humani et una excellentissuma virtus iustitia tollatur. Sunt autem alii philosophi, et hi quidem magni atque nobiles, qui deorum mente atque ratione omnem mundum administrari et regi censeant, neque vero id solum, sed etiam ab isdem hominum vitae consuli et provideri; nam et fruges et reliqua, quae terra pariat, et tempestates ac temporum varietates

ten, oder ob sie im Gegenteil alles von Beginn an geschaffen und eingerichtet haben und bis in alle Ewigkeit lenken und in Bewegung halten[5], vornehmlich darüber ist man zutiefst uneins, und wenn diese Frage nicht entschieden wird, befinden sich die Menschen notwendigerweise im Zustand völliger Ungewißheit und in Unkenntnis all dessen, was wesentlich ist. (3) Es gibt und gab freilich Philosophen, die meinten, die Götter kümmerten sich überhaupt nicht um die menschlichen Geschicke.[6] Falls deren Ansicht zutrifft, wie können dann noch Frömmigkeit, Ehrfurcht und Religiosität bestehen? Denn all das kann man der Macht der Götter ja nur dann lauter und rein entgegenbringen, wenn sie es auch zur Kenntnis nehmen und wenn die Menschen den unsterblichen Göttern etwas zu verdanken haben. Falls uns die Götter jedoch weder helfen können noch wollen, falls sie sich überhaupt nicht um uns kümmern, unser Tun und Treiben nicht beachten und es nichts gibt, was von ihnen bis zum Leben der Menschen dringen kann, warum sollten wir dann für die unsterblichen Götter irgendwelche Kulte einrichten, ihnen Ehren erweisen und Gebete an sie richten? Im bloßen So-tun-als-ob aber ist Frömmigkeit ebensowenig möglich wie die übrigen Tugenden; mit ihr zusammen müssen zugleich Ehrfurcht und Religiosität verlorengehen, und deren Verlust hat eine massive Störung und Orientierungslosigkeit des Lebens zur Folge; (4) und vermutlich dürften nach dem Verlust der Bindung an die Götter auch Ehrlichkeit und Treue ebenso wie das soziale Zusammengehörigkeitsgefühl der Menschen und die eine, alles überragende Tugend, die Gerechtigkeit, aufhören zu existieren. Es gibt jedoch andere Philosophen[7], und zwar bedeutende und namhafte, welche der Meinung sind, die ganze Welt werde durch göttlichen Geist und göttliche Vernunft gelenkt und bestimmt, und damit nicht genug, sondern die Götter sorgten und kümmerten sich auch um das Leben der Menschen; sie sind nämlich davon überzeugt, daß die Früchte des Feldes und alles, was die Erde noch hervorbringt, den Men-

caelique mutationes, quibus omnia, quae terra gignat, maturata pubescant, a dis inmortalibus tribui generi humano putant multaque, quae dicentur in his libris, colligunt, quae talia sunt, ut ea ipsa dei inmortales ad usum hominum fabricati paene videantur. Contra quos Carneades ita multa disseruit, ut excitaret homines non socordes ad veri investigandi cupiditatem. (5) Res enim nulla est, de qua tantopere non solum indocti, sed etiam docti dissentiant; quorum opiniones cum tam variae sint tamque inter se dissidentes, alterum fieri profecto potest, ut earum nulla, alterum certe non potest, ut plus una vera sit.

Qua quidem in causa et benivolos obiurgatores placare et invidos vituperatores confutare possumus, ut alteros reprehendisse paeniteat, alteri didicisse se gaudeant; nam qui admonent amice, docendi sunt, qui inimice insectantur, repellendi. (6) Multum autem fluxisse video de libris nostris, quos compluris brevi tempore edidimus, variumque sermonem partim admirantium, unde hoc philosophandi nobis subito studium extitisset, partim, quid quaque de re certi haberemus, scire cupientium; multis etiam sensi mirabile videri eam nobis potissimum probatam esse philosophiam, quae lucem eriperet et quasi noctem quandam rebus offunderet, desertaeque disciplinae et iam pridem relictae patrocinium necopinatum a nobis esse susceptum. Nos autem nec subito coepimus philosophari nec mediocrem a primo tem-

schen von den unsterblichen Göttern geschenkt wurde, desgleichen die Witterung, der Wechsel der Jahreszeiten und die Veränderungen am Himmel, wodurch alle Erzeugnisse der Erde wachsen und reifen; und sie stellen viele Belege zusammen – sie werden in diesen Büchern hier noch zur Sprache kommen[8] –, die fast den Eindruck erwecken können, die unsterblichen Götter hätten gerade diese Gaben zum Nutzen der Menschen geschaffen. Gegen diese Philosophen brachte Karneades so viele Einwände vor, daß er in den Menschen, sofern sie nicht zu borniert waren, den Wunsch hervorrief, nach der Wahrheit zu suchen. (5) Es gibt nämlich kein Problem, bei dem nicht nur die Laien, sondern auch die Fachleute so gegensätzlicher Meinung sind. Da ihre Ansichten derart vielfältig und einander derart konträr sind, kann es sich tatsächlich zum einen herausstellen, daß keine davon die richtige ist, andererseits ist es gewiß unmöglich, daß mehr als eine der Wahrheit entspricht.
Bei dieser Streitfrage nun bin ich in der Lage, wohlwollende Tadler zu beschwichtigen und böswillige Kritiker zu widerlegen, so daß die einen ihre Vorwürfe bereuen und die anderen sich über ihre neuen Erkenntnisse freuen werden; denn freundliche Ermahner muß man aufklären, mißgünstige Angreifer zurückweisen. (6) Wie ich sehe, haben nun meine Bücher – innerhalb kurzer Zeit habe ich ja eine Vielzahl veröffentlicht[9] – Anlaß für viel und unterschiedlichen Gesprächsstoff geliefert bei Leuten, die sich teils darüber wunderten, woher dies Interesse am Philosophieren bei mir plötzlich herrühre, und teils gerne wissen wollten, wovon ich in den strittigen Punkten jeweils überzeugt sei. Auch schien es vielen, so habe ich bemerkt, erstaunlich, daß ausgerechnet die Philosophie meinen Beifall gefunden hat, welche alle Klarheit beseitigt und die Dinge gleichsam in nächtliches Dunkel hüllt,[10] und daß ich mich wider Erwarten zum Fürsprecher einer aufgegebenen und schon längst überwundenen philosophischen Richtung[11] gemacht habe. Ich habe freilich nicht plötzlich mit dem Philosophieren an-

pore aetatis in eo studio operam curamque consumpsimus, et cum minime videbamur, tum maxime philosophabamur; quod et orationes declarant refertae philosophorum sententiis et doctissimorum hominum familiaritates, quibus semper domus nostra floruit, et principes illi Diodotus, Philo, Antiochus, Posidonius, a quibus instituti sumus. (7) Et si omnia philosophiae praecepta referuntur ad vitam, arbitramur nos et publicis et privatis in rebus ea praestitisse, quae ratio et doctrina praescripserit. Sin autem quis requirit, quae causa nos inpulerit, ut haec tam sero litteris mandaremus, nihil est, quod expedire tam facile possimus. Nam cum otio langueremus et is esset rei publicae status, ut eam unius consilio atque cura gubernari necesse esset, primum ipsius rei publicae causa philosophiam nostris hominibus explicandam putavi, magni existimans interesse ad decus et ad laudem civitatis res tam gravis tamque praeclaras Latinis etiam litteris contineri. (8) Eoque me minus instituti mei paenitet, quod facile sentio, quam multorum non modo discendi, sed etiam scribendi studia commoverim. Complures enim Graecis institutionibus eruditi ea, quae didicerant, cum civibus suis communicare non poterant, quod illa, quae a Graecis accepissent, Latine dici posse diffiderent; quo in genere tantum profecisse videmur, ut a Graecis ne verborum quidem copia vinceremur. (9) Hortata etiam est,

gefangen, habe auch seit frühester Jugend[12] nicht eben wenig Mühe und Sorgfalt auf dieses Studium verwandt, und immer dann, wenn es am wenigsten danach aussah, habe ich mich am intensivsten der Philosophie gewidmet. Dies bezeugen einmal meine Reden, die voll sind von den Maximen von Philosophen, zum anderen meine Freundschaften mit den besten Gelehrten, die stets und zahlreich mein Haus beehrten, und schließlich meine Lehrer Diodotos, Philon, Antiochos und Poseidonios[13] – alle bekanntlich Meister ihres Faches. (7) Und wenn alle Vorschriften der Philosophie auf das praktische Leben zielen, so habe ich doch wohl in meinem öffentlichen und privaten Dasein gleichermaßen all das in die Tat umgesetzt, was mir Vernunft und philosophische Bildung vorschrieben. Sollte aber jemand fragen, warum ich all das so spät niedergeschrieben habe, läßt sich nichts leichter erklären. Denn als ich unter meiner politischen Untätigkeit[14] litt und sich der Staat in einem Zustand befand, daß er zwangsläufig nur noch durch die Planung und Fürsorge eines einzelnen Mannes regiert werden konnte,[15] glaubte ich zum ersten Mal, unseren Landsleuten, gerade im Interesse des Staates, die Philosophie näherbringen zu müssen; ich war nämlich davon überzeugt, es sei für die Ehre und den Ruhm der Bürgerschaft von großer Wichtigkeit, wenn so bedeutsame und herrliche Gedanken auch in der lateinischen Literatur einen Platz hätten. (8) Dies in Angriff genommen zu haben, reut mich um so weniger, als ich deutlich feststellen kann, wie viele Menschen ich nicht nur zum Lernen, sondern auch zum Schreiben angeregt habe. Denn eine Reihe von ihnen hatte zwar Griechisch-Unterricht genommen, war jedoch nicht in der Lage, ihre Erkenntnisse an ihre Mitbürger weiterzugeben, weil sie meinten, das, was sie von den Griechen gelernt hatten, lasse sich auf Lateinisch nicht ausdrücken. Meinem Eindruck nach haben wir aber in dieser Beziehung schon so große Fortschritte gemacht, daß wir nicht einmal in der Breite des Wortschatzes von den Griechen übertroffen werden.

ut me ad haec conferrem, animi aegritudo fortunae magna et gravi commota iniuria; cuius si maiorem aliquam levationem reperire potuissem, non ad hanc potissimum confugissem. Ea vero ipsa nulla ratione melius frui potui, quam si me non modo ad legendos libros, sed etiam ad totam philosophiam pertractandam dedissem. Omnes autem eius partes atque omnia membra tum facillume noscuntur, cum totae quaestiones scribendo explicantur; est enim admirabilis quaedam continuatio seriesque rerum, ut alia ex alia nexa et omnes inter se aptae conligataeque videantur. (10) Qui autem requirunt, quid quaque de re ipsi sentiamus, curiosius id faciunt, quam necesse est; non enim tam auctoritatis in disputando quam rationis momenta quaerenda sunt. Quin etiam obest plerumque iis, qui discere volunt, auctoritas eorum, qui se docere profitentur; desinunt enim suum iudicium adhibere, id habent ratum, quod ab eo, quem probant, iudicatum vident. Nec vero probare soleo id, quod de Pythagoreis accepimus, quos ferunt, si quid adfirmarent in disputando, cum ex iis quaereretur, quare ita esset, respondere solitos 'ipse dixit'; 'ipse' autem erat Pythagoras: tantum opinio praeiudicata poterat, ut etiam sine ratione valeret auctoritas. (11) Qui autem admirantur nos hanc potissimum disciplinam secutos, his quattuor Academicis libris satis responsum videtur. Nec vero desertarum relictarumque rerum patrocinium suscepimus; non enim hominum interitu

(9) Auch hat seelischer Kummer, hervorgerufen durch einen sehr schweren Schicksalsschlag[16], mich dazu gebracht, mich mit diesem Thema zu beschäftigen. Hätte ich dafür irgendwo eine größere Linderung finden können, würde ich nicht gerade zu dieser Form des Trostes Zuflucht genommen haben. Eben diesen Trost konnte ich indes auf keine andere Weise besser schöpfen als dadurch, daß ich mich nicht nur der Lektüre philosophischer Schriften, sondern auch der Bearbeitung der gesamten Philosophie widmete. Alle ihre Teile und alle ihre Zweige[17] lernt man aber dann am leichtesten kennen, wenn man sämtliche Probleme schriftlich behandelt; es gibt nämlich einen so bewundernswerten Zusammenhang und eine so bewundernswerte Verknüpfung der Gedanken, daß einer mit dem anderen verbunden und alle voneinander abhängig und miteinander verkettet scheinen. (10) Die Leute nun, die wissen wollen, was ich persönlich über jedes einzelne Problem denke, zeigen eine größere Neugier als nötig;[18] denn bei wissenschaftlichen Untersuchungen soll man nicht so sehr nach einer Autorität, als vielmehr nach der Schlagkraft der Beweisführung fragen. Ja, meistens ist die Autorität der als Lehrer auftretenden Männer für die Lernwilligen sogar schädlich. Denn sie verzichten dann auf ihr eigenes Urteil und halten die Lösung eines von ihnen akzeptierten Lehrers für die Wahrheit. Auch mißbillige ich immer das, was wir über die Pythagoreer gehört haben; wenn sie in einer Diskussion etwas behaupteten, sollen sie auf die Frage, warum dies so sei, stets nur geantwortet haben: »Er selbst hat das gesagt.« Dieser »er selbst« war aber Pythagoras. So stark war also der Einfluß der vorgefaßten Meinung, daß seine Autorität sogar ohne vernünftige Begründung anerkannt wurde.[19] (11) Den Leuten nun, die sich darüber wundern, daß ich mich gerade dieser philosophischen Richtung angeschlossen habe, ist wohl in meinen vier »Akademischen Büchern«[20] ausreichend Antwort gegeben. Auch habe ich nicht die Verteidigung aufgegebener und schon überwundener Lehrsätze

sententiae quoque occidunt, sed lucem auctoris fortasse desiderant. Ut haec in philosophia ratio contra omnia disserendi nullamque rem aperte iudicandi profecta a Socrate, repetita ab Arcesila, confirmata a Carneade usque ad nostram viguit aetatem; quam nunc propemodum orbam esse in ipsa Graecia intellego. Quod non Academiae vitio, sed tarditate hominum arbitror contigisse. Nam si singulas disciplinas percipere magnum est, quanto maius omnis; quod facere is necesse est, quibus propositum est veri reperiendi causa et contra omnes philosophos et pro omnibus dicere. (12) Cuius rei tantae tamque difficilis facultatem consecutum esse me non profiteor, secutum esse prae me fero. Nec tamen fieri potest, ut, qui hac ratione philosophentur, hi nihil habeant, quod sequantur. Dictum est omnino de hac re alio loco diligentius; sed quia nimis indociles quidam tardique sunt, admonendi videntur saepius. Non enim sumus ii, quibus nihil verum esse videatur, sed ii, qui omnibus veris falsa quaedam adiuncta esse dicamus tanta similitudine, ut in iis nulla insit certa iudicandi et adsentiendi nota. Ex quo exsistit et illud, multa esse probabilia, quae quamquam non perciperentur, tamen, quia visum quendam haberent insignem et inlustrem, his sapientis vita regeretur.

(13) Sed iam, ut omni me invidia liberem, ponam in medio sententias philosophorum de natura deorum. Quo quidem

übernommen; denn wenn Menschen sterben, werden dadurch nicht auch ihre Gedanken hinfällig, sondern brauchen vielleicht nur die Erhellung durch einen anerkannten Interpreten.[21] So behielt in der Philosophie die Methode, gegen alles zu sprechen und nichts definitiv zu entscheiden, die von Sokrates begründet,[22] von Arkesilaos wieder aufgegriffen und von Karneades bestätigt wurde, bis in unsere Zeit ihre Gültigkeit. Heutzutage hat sie, wie ich allerdings sehe, in Griechenland selbst fast keine Anhänger mehr.[23] Dies ist meines Erachtens nicht die Schuld der Akademie, sondern das Ergebnis menschlicher Trägheit. Denn wenn es schon schwierig ist, die einzelnen Lehren zu begreifen, wie viel schwieriger ist es dann, sie alle zu verstehen. Das müssen aber die Leute tun, die sich vorgenommen haben, im Interesse der Wahrheitsfindung[24] sowohl gegen alle Philosophen als auch für alle zu sprechen. (12) Ich behaupte nun nicht, ich besäße die Fähigkeit, dieser so großen und schweren Aufgabe gerecht zu werden, nehme jedoch für mich in Anspruch, mich darum bemüht zu haben. Es ist nämlich trotz allem nicht so, daß die Anhänger unserer philosophischen Methode keinen Maßstab hätten, an dem sie sich orientieren. Darüber ist andernorts[25] zwar schon eingehender gesprochen worden, doch da manche allzu unbelehrbar und begriffsstutzig sind, müssen sie wohl des öfteren belehrt werden. Ich bin ja nicht jemand, der nichts für wahr hält,[26] sondern betone nur, daß alle Wahrheiten mit gewissen falschen Ideen verbunden sind[27] und beides einander so sehr ähnelt, daß es hier kein verläßliches Entscheidungs- und Zustimmungskriterium gibt. Daraus leitet sich auch folgendes ab: Vieles ist wahrscheinlich, und obwohl man es nicht völlig erfassen kann, dient es dennoch, weil es eine ziemlich klare und deutliche Vorstellung vermittelt, dem Leben eines Weisen als Richtschnur.

(13) Doch will ich jetzt, um aller Anfeindung zu entgehen, die Meinungen der Philosophen über das Wesen der Götter darlegen. Hier müssen, wie mir scheint, alle zusammen auf

loco convocandi omnes videntur, qui, quae sit earum vera, iudicent; tum demum mihi procax Academia videbitur, si aut consenserint omnes aut erit inventus aliquis, qui, quid verum sit, invenerit. Itaque mihi libet exclamare ut in Synephebis:

> "Pro deum, popularium omnium, omnium adulescentium
> clamo, postulo, obsecro, oro, ploro atque inploro fidem"

non levissuma de re, ut queritur ille in civitate fieri facinora capitalia:

> "ab amico amante argentum accipere meretrix non vult",

(14) sed ut adsint, cognoscant, animadvertant, quid de religione, pietate, sanctitate, caerimoniis, fide, iure iurando, quid de templis, delubris, sacrificiisque sollemnibus, quid de ipsis auspiciis, quibus nos praesumus, existimandum sit – haec enim omnia ad hanc de dis inmortalibus quaestionem referenda sunt –: profecto eos ipsos, qui se aliquid certi habere arbitrantur, addubitare coget doctissimorum hominum de maxuma re tanta dissensio.
(15) Quod cum saepe alias, tum maxime animadverti, cum apud C. Cottam familiarem meum accurate sane et diligenter de dis inmortalibus disputatumst. Nam cum feriis Latinis ad eum ipsius rogatu arcessituque venissem, offendi

den Plan gerufen werden, damit sie darüber urteilen, welche Meinung der Wahrheit entspricht. Erst dann werde ich die Akademie für unverschämt halten, wenn sich entweder alle anderen einig sind oder wenn sich jemand finden läßt, der die Wahrheit entdeckt hat. Daher möchte ich wie in den »Synepheben« ausrufen:

»Aller Götter, aller Bürger, aller jungen Männer Schutz
ruf' ich, fordr' ich, fleh' ich weinend, jammernd und beschwörend an«[28],

und dies nicht wegen einer Lappalie, wie es jener tut, der sich über das Vorkommen von Kapitalverbrechen in der Bürgerschaft beklagt:

»Vom verliebten Freunde will Geld die Hetäre nicht nehmen«,

(14) sondern damit sie zugegen sind, erfahren und feststellen, was von Religion, Frömmigkeit, Gottesverehrung, Riten, Treu und Glauben, Eid, was von Tempeln, Heiligtümern, feierlichen Opfern, was besonders von den Auspizien, deren Leitung ich innehabe,[29] zu denken ist – denn alle diese Punkte müssen ja bei unserer wissenschaftlichen Untersuchung über das Wesen der Götter berücksichtigt werden: Gewiß sehen sich dann gerade die Leute, die sich im Besitz einiger sicherer Erkenntnisse glauben, gezwungen, ihr Wissen in Zweifel zu ziehen, wenn sie sehen, welch Uneinigkeit unter den bedeutendsten Gelehrten in einer so wesentlichen Frage herrscht.

(15) Dies ist mir schon oft aufgefallen, besonders jedoch damals, als bei meinem Freund C. Cotta sehr gewissenhaft und gründlich über die unsterblichen Götter diskutiert wurde. Denn als ich auf seine Bitte und Einladung hin an den Latinischen Feiertagen zu ihm kam, traf ich ihn in der

eum sedentem in exedra et cum C. Velleio senatore disputantem, ad quem tum Epicurei primas ex nostris hominibus deferebant. Aderat etiam Q. Lucilius Balbus, qui tantos progressus habebat in Stoicis, ut cum excellentibus in eo genere Graecis compararetur.
Tum ut me Cotta vidit, "Peroportune", inquit, "venis; oritur enim mihi magna de re altercatio cum Velleio, cui pro tuo studio non est alienum te interesse."
(16) "Atqui mihi quoque videor", inquam, "venisse, ut dicis, oportune. Tres enim trium disciplinarum principes convenistis. M. enim Piso si adesset, nullius philosophiae, earum quidem, quae in honore sunt, vacaret locus."
Tum Cotta "Si", inquit, "liber Antiochi nostri, qui ab eo nuper ad hunc Balbum missus est, vera loquitur, nihil est, quod Pisonem familiarem tuum desideres; Antiocho enim Stoici cum Peripateticis re concinere videntur, verbis discrepare; quo de libro, Balbe, velim scire, quid sentias."
"Egone?", inquit ille. "Miror Antiochum hominem in primis acutum non vidisse interesse plurimum inter Stoicos, qui honesta a commodis non nomine, sed genere toto diiungerent, et Peripateticos, qui honesta commiscerent cum commodis, ut ea inter se magnitudine et quasi gradibus, non genere differrent. Haec enim est non verborum parva, sed

Exedra[30] sitzend an; er unterhielt sich gerade mit dem Senator C. Velleius, dem die Epikureer seinerzeit den ersten Rang unter unseren Landsleuten zuerkannten. Ebenfalls anwesend war Q. Lucilius Balbus, der in der stoischen Lehre so große Fortschritte zu verzeichnen hatte, daß er mit den besten Griechen darin auf eine Stufe gestellt wurde.
Sowie Cotta mich sah, sagte er: »Du kommst genau im rechten Moment; denn zwischen Velleius und mir erhebt sich gerade in einer wichtigen Sache ein Streit; angesichts deiner Interessen träfe es sich gut, wenn du hier teilnähmst.«
(16) »Ja, auch ich habe den Eindruck«, erwiderte ich, »als sei ich, wie du sagst, im rechten Moment gekommen. Mit euch sind hier ja die führenden Vertreter dreier Schulen[31] zusammengekommen. Wäre nun auch noch Marcus Piso dabei, würde kein Repräsentant der heute anerkannten philosophischen Richtungen fehlen.«
Hierauf entgegnete Cotta: »Falls das Buch unseres Antiochos, das er kürzlich dem Balbus hier geschickt hat,[32] die Wahrheit sagt, hast du keinen Grund, deinen Freund Piso zu vermissen. Nach Antiochos' Meinung stimmen nämlich die Stoiker mit den Peripatetikern in der Substanz überein und weichen nur im Ausdruck voneinander ab.[33] Ich würde gerne wissen, mein Balbus, was du von diesem Buche hältst.«
»Ich?« antwortete er. »Mich wundert, wie Antiochos, ein sonst so kluger Kopf, nicht den gewaltigen Unterschied gesehen hat, der zwischen den Stoikern und den Peripatetikern besteht; erstere trennen das Sittlichgute[34] nicht nur terminologisch, sondern der ganzen Art nach vom Nützlichen, letztere wiederum vermischen das Sittlichgute und das Nützliche so, daß sich das eine vom anderen nur in der Größe und gleichsam stufenweise, nicht aber dem Wesen nach unterscheidet.[35] Dies ist freilich kein unbedeutender Streit um Worte, sondern ein ganz erheblicher um die Sache.

rerum permagna dissensio. (17) Verum hoc alias; nunc, quod coepimus, si videtur."
"Mihi vero", inquit Cotta, "videtur. Sed ut hic, qui intervenit", me intuens, "ne ignoret, quae res agatur, de natura agebamus deorum, quae cum mihi videretur perobscura, ut semper videri solet, Epicuri ex Velleio sciscitabar sententiam. Quam ob rem", inquit, "Vellei, nisi molestum est, repete, quae coeperas."
"Repetam vero, quamquam non mihi, sed tibi hic venit adiutor; ambo enim", inquit adridens, "ab eodem Philone nihil scire didicistis."
Tum ego: "Quid didicerimus, Cotta viderit, tu autem nolo existimes me adiutorem huic venisse, sed auditorem, et quidem aecum, libero iudicio, nulla eiusmodi adstrictum necessitate, ut mihi velim nolim sit certa quaedam tuenda sententia."
(18) Tum Velleius fidenter sane, ut solent isti, nihil tam verens, quam ne dubitare aliqua de re videretur, tamquam modo ex deorum concilio et ex Epicuri intermundiis descendisset, "Audite", inquit, "non futtilis commenticiasque sententias, non opificem aedificatoremque mundi Platonis de Timaeo deum, nec anum fatidicam Stoicorum Pronoeam, quam Latine licet Providentiam dicere, neque vero mundum ipsum animo et sensibus praeditum, rutundum, ardentem, volubilem deum, portenta et miracula non disserentium philosophorum, sed somniantium. (19) Quibus enim oculis animi intueri potuit vester Plato fabricam illam tanti

(17) Doch dazu ein andermal.[36] Jetzt wollen wir, wenn es euch recht ist, das begonnene Gespräch fortsetzen.«
»Mir ist es recht«, versetzte Cotta. »Doch damit unser neuer Gast weiß«, dabei schaute er mich an, »worum es geht: Wir wollten über das Wesen der Götter reden, eine Frage, die mir, wie immer, völlig ungeklärt vorkam, und ich erkundigte mich bei Velleius nach Epikurs Standpunkt. Deshalb«, so fügte er hinzu, »wiederhole doch, mein Velleius, wenn es dir nichts ausmacht, was du bereits gesagt hast.«
»Ich will es wohl wiederholen, obwohl unser Freund nicht zu meiner, sondern zu deiner Unterstützung gekommen ist. Ihr beide«, fuhr er lächelnd fort, »habt ja von demselben Philon gelernt, daß es kein sicheres Wissen gibt.«
Daraufhin ich: »Was wir gelernt haben, mag Cotta beurteilen. Ich möchte jedoch nicht, daß du glaubst, ich sei als sein Beistand gekommen, sondern sieh in mir nur einen Zuhörer, der frei urteilt und nicht unter dem Zwang steht, irgendeine feste Überzeugung wohl oder übel verteidigen zu müssen.«[37]
(18) Da sprach Velleius, ganz nach Art der Epikureer, natürlich sehr selbstbewußt, wobei er nichts so sehr fürchtete, wie den Anschein zu erwecken, er hege an irgend etwas einen Zweifel, und er redete so, als sei er gerade aus dem Rat der Götter und den Zwischenwelten Epikurs[38] herabgestiegen: »So hört denn keine nichtssagenden und freierfundenen Behauptungen, nichts von einem Gestalter und Baumeister der Welt[39], Platons Gott aus dem ›Timaios‹, auch nichts von einer schicksalkündenden alten Frau, der Pronoia der Stoiker, die man lateinisch als Providentia (Vorsehung) bezeichnen kann, erst recht nichts davon, daß die Welt selbst, mit Geist und Empfindungen begabt, ein kugelrunder, feuriger[40] und ständig kreisender Gott sei – Phantastereien und Wundermärchen von Philosophen, die nicht vernünftig diskutieren, sondern bloß so daherträumen. (19) Denn mit welchen geistigen Augen[41] konnte euer Pla-

operis, qua construi a deo atque aedificari mundum facit; quae molitio, quae ferramenta, qui vectes, quae machinae, qui ministri tanti muneris fuerunt; quemadmodum autem oboedire et parere voluntati architecti aer, ignis, aqua, terra potuerunt; unde vero ortae illae quinque formae, ex quibus reliqua formantur, apte cadentes ad animum afficiendum pariendosque sensus? Longum est ad omnia, quae talia sunt, ut optata magis quam inventa videantur; (20) sed illa palmaris, quod, qui non modo natum mundum introduxerit, sed etiam manu paene factum, is eum dixerit fore sempiternum. Hunc censes primis, ut dicitur, labris gustasse physiologiam, id est naturae rationem, qui quicquam, quod ortum sit, putet aeternum esse posse? Quae est enim coagmentatio non dissolubilis aut quid est, cuius principium aliquod sit, nihil sit extremum? Pronoea vero si vestra est, Lucili, eadem, requiro, quae paulo ante, ministros, machinas, omnem totius operis dissignationem atque apparatum; sin alia est, cur mortalem fecerit mundum, non, quemadmodum Platonicus deus, sempiternum. (21) Ab utroque autem sciscitor, cur mundi aedificatores repente extiterint, innumerabilia saecla dormierint; non enim, si mundus nullus erat, saecla non erant – saecla nunc dico non ea, quae dierum noctiumque numero annuis cursibus conficiuntur; nam fateor ea sine mundi conversione effici non potuisse; sed

ton diese kunstvolle Schöpfung eines so gewaltigen Werkes schauen, mit der er die Welt von seinem Gott errichten und erbauen läßt? Welche Technik, welche Werkzeuge, welche Hebebäume, welche Maschinen und welche Gehilfen wurden bei einem so großen Unternehmen eingesetzt? Wie aber konnten Luft, Feuer, Wasser und Erde dem Willen des Baumeisters nachkommen und gehorchen? Woraus sind ferner die bekannten fünf Formelemente[42] entstanden, aus denen sich alles übrige bildet und die so geeignete Verbindungen eingehen, daß sie die Seele beeinflussen und Empfindungen hervorrufen? Es würde zu lange dauern, auf all das einzugehen, was mehr dem Wunschdenken als echter Forschung entsprungen scheint. (20) Aber das ist dann doch die Krönung, daß der Philosoph, der erklärt hat, die Welt sei nicht nur entstanden, sondern dies sogar fast in Handarbeit, auch noch betonte, sie sei von ewiger Dauer. Wirst du nicht der Ansicht sein, dieser Mann habe an der Physiologie, d. h. der Naturphilosophie, nur eben, wie man so sagt, mit den Lippen genippt, wenn er es für möglich hält, daß etwas, was entstanden ist, ewig bestehen könne?[43] Welche Verbindung wäre nämlich unauflöslich, oder was für ein Phänomen gäbe es, das einen Anfang, aber kein Ende hätte? Falls jedoch, mein Lucilius, eure Pronoia genauso ist [wie der Gott Platons], frage ich ebenfalls, wie schon eben, nach den Gehilfen, den Maschinen und dem gesamten Plan und der Ausstattung des ganzen Werkes. Ist sie indes von anderer Art, dann will ich wissen, weshalb sie die Welt vergänglich[44] und nicht, wie der platonische Gott, ewig gemacht hat. (21) An euch beide[45] richte ich jedoch die Frage, warum die Baumeister der Welt plötzlich hervorgetreten sind, aber zahllose Jahrhunderte lang geschlafen haben.[46] Denn wenn auch noch keine Welt existierte, so gab es doch die Zeit – mit ›Zeit‹ meine ich jetzt nicht die, welche durch die Zahl der Tage und Nächte im jährlichen Ablauf bestimmt wird; ich gebe ja zu, daß diese ohne eine Umdrehung des Himmels nicht zustande kommen konnte. Trotzdem gab es seit un-

fuit quaedam ab infinito tempore aeternitas, quam nulla circumscriptio temporum metiebatur, spatio tamen, qualis ea fuerit, intellegi potest, quod ne in cogitationem quidem cadit, ut fuerit tempus aliquod, nullum cum tempus esset – (22) isto igitur tam inmenso spatio quaero, Balbe, cur Pronoea vestra cessaverit. Laboremne fugiebat? At iste nec attingit deum nec erat ullus, cum omnes naturae numini divino, caelum, ignes, terrae, maria, parerent. Quid autem erat, quod concupisceret deus mundum signis et luminibus tamquam aedilis ornare? Si, ut deus ipse melius habitaret, antea videlicet tempore infinito in tenebris tamquam in gurgustio habitaverat. Post autem: varietatene eum delectari putamus, qua caelum et terras exornatas videmus? Quae ista potest esse oblectatio deo? Quae si esset, non ea tam diu carere potuisset. (23) An haec, ut fere dicitis, hominum causa a deo constituta sunt? Sapientiumne? Propter paucos igitur tanta est rerum facta molitio. An stultorum? At primum causa non fuit, cur de inprobis bene mereretur; deinde quid est adsecutus, cum omnes stulti sint sine dubio miserrimi, maxime quod stulti sunt – miserius enim stultitia quid possumus dicere? – deinde quod ita multa sunt incommoda in vita, ut ea sapientes commodorum conpensatione leniant, stulti nec vitare venientia possint nec ferre praesentia. Qui vero mundum ipsum animantem sapientemque esse dixerunt, nullo modo viderunt, animi natura intellegentis in

endlicher Zeit eine Art Ewigkeit, die kein Zeitmaß erfaßte, von deren Dauer man sich dennoch einen Begriff machen kann, weil man sich überhaupt nicht vorzustellen vermag, daß so etwas wie Zeit existierte, obwohl es noch gar keine Zeiteinteilung gab – ; (22) weswegen also, dies meine Frage, Balbus, war eure Pronoia während dieser unermeßlichen Zeitspanne untätig? Scheute sie die Mühe? Aber ein Gott empfindet keine, und es gab auch gar keine, da alle Kräfte der Natur, Himmel[47], Feuer, Erde und Wasser, der göttlichen Macht gehorchten. Aus welchem Grunde aber hätte ein Gott wünschen sollen, wie ein Aedil[48] die Welt mit Sternzeichen und Himmelslichtern zu schmücken? War es die Absicht, besser zu wohnen, so hatte der Gott selbst vorher offenbar unendlich lange im Finstern wie in einem dunklen Loch gehaust. Und schließlich: Glauben wir wirklich, er habe an der reichen Vielfalt, mit der wir Himmel und Erde ausgeschmückt sehen, seine Freude? Worin sollte dabei das Vergnügen liegen für einen Gott? Wäre es nämlich eines, hätte er nicht so lange darauf verzichten können. (23) Oder hat, wie ihr immer sagt, die Gottheit all diese Schönheiten der Menschen wegen geschaffen?[49] Oder bloß wegen der Weisen? Nur für eine Minderheit wären demnach so gewaltige Anstrengungen unternommen worden. Oder wegen der Dummen?[50] Doch erstens hatte sie keinen Grund, sich um die Schlechten verdient zu machen. Zweitens: Was hat sie damit erreicht, da doch alle Dummköpfe zweifellos höchst bedauernswert sind, gerade weil sie dumm sind – was können wir nämlich als ein größeres Unglück bezeichnen als die Dummheit? –, und da schließlich das Leben so viele Unannehmlichkeiten bereithält, daß die Weisen diese zwar durch Annehmlichkeiten auszugleichen und zu mildern vermögen, die Dummen hingegen weder in der Lage sind, ihr Kommen zu vermeiden noch ihre Gegenwart zu ertragen. Die Leute nun, nach deren Worten die Welt selbst beseelt und weise ist, haben völlig außer acht gelassen, welche Gestalt das Wesen einer vernunftbegabten

quam figuram cadere posset. De quo dicam equidem paulo post, nunc autem hactenus: (24) admirabor eorum tarditatem, qui animantem inmortalem et eundem beatum, rutundum esse velint, quod ea forma neget ullam esse pulchriorem Plato: at mihi vel cylindri vel quadrati vel coni vel pyramidis videtur esse formosior. Quae vero vita tribuitur isti rutundo deo? Nempe ut ea celeritate contorqueatur, cui par nulla ne cogitari quidem possit; in qua non video, ubinam mens constans et vita beata possit insistere. Quodque in nostro corpore, si minima ex parte significatur, molestum sit, cur hoc idem non habeatur molestum in deo? Terra enim profecto, quoniam mundi pars est, pars est etiam dei; atqui terrae maxumas regiones inhabitabilis atque incultas videmus, quod pars earum adpulsu solis exarserit, pars obriguerit nive pruinaque longinquo solis abscessu; quae, si mundus est deus, quoniam mundi partes sunt, dei membra partim ardentia, partim refrigerata ducenda sunt.

(25) Atque haec quidem vestra, Lucili; qualia vero * * est, ab ultimo repetam superiorum. Thales enim Milesius, qui primus de talibus rebus quaesivit, aquam dixit esse initium rerum, deum autem eam mentem, quae ex aqua cuncta fingeret: si dei possunt esse sine sensu; et mentem cur aquae adiunxit, si ipsa mens constare potest vacans corpore? Anaximandri autem opinio est nativos esse deos longis intervallis orientis occidentisque, eosque innumerabilis esse mun-

Seele annehmen könnte. Darüber werde ich mich später äußern,[51] jetzt nur so viel: (24) Ich kann mich über die Beschränktheit derer nur wundern, die behaupten, die beseelte, unsterbliche und zudem glückselige Welt sei kugelrund, weil es nach Platons Auffassung[52] eine schönere Form nicht gebe. Mir jedoch erscheint die eines Zylinders, Würfels, Kegels oder die einer Pyramide schöner gestaltet. Was für ein Leben wird nun aber diesem kugelförmigen Gott zugeschrieben? Doch wohl, daß er sich mit einer derartigen Geschwindigkeit um sich selber dreht, daß man sich keine, die ihr vergleichbar wäre, auch nur vorstellen kann. Ich vermag aber nicht zu sehen, wo da für einen unerschütterlichen Geist und ein glückseliges Leben Raum sein könnte. Und was in unserem Körper, ist er auch nur an einer winzigen Stelle betroffen, als unangenehm empfunden würde, warum sollte das nicht auch für einen Gott als unangenehm gelten? Denn sicherlich ist die Erde, da sie Teil der Welt ist, auch Teil der Gottheit. Nun sehen wir aber riesige Gebiete der Erde unbewohnbar und unbebaut, weil der eine Teil durch die starke Sonneneinstrahlung verbrannt und der andere wegen der großen Entfernung zur Sonne in Schnee und Eis erstarrt ist. Da nun diese Gebiete Teile der Welt sind, muß man annehmen, daß, wenn die Welt Gott ist, die Gliedmaßen des Gottes teils glühend und teils eiskalt sind.

(25) Und das also sind eure Ansichten, mein Lucilius. Wie beschaffen dagegen * * ist, will ich, beim Ältesten der früheren Philosophen beginnend, noch einmal ins Gedächtnis rufen.[53] Thales von Milet nun, der als erster Probleme dieser Art untersuchte, erklärte das Wasser zum Urstoff der Dinge, zur Gottheit aber den Geist, der aus dem Wasser alles erschaffe:[54] gesetzt den Fall, Götter ohne Empfindungsvermögen seien denkbar. Und wieso hat er das Wasser mit dem Geist verbunden, wenn doch der Geist selbst körperlos existieren kann? Nach Anaximanders Meinung hingegen sind die Götter sterbliche Wesen, die in langen Zeitabständen auf- und untergehen[55], und so seien sie die unzähligen

dos. Sed nos deum nisi sempiternum intellegere qui possumus? (26) Post Anaximenes aera deum statuit eumque gigni esseque inmensum et infinitum et semper in motu: quasi aut aer sine ulla forma deus esse possit, cum praesertim deum non modo aliqua, sed pulcherrima specie deceat esse, aut non omne, quod ortum sit, mortalitas consequatur. Inde Anaxagoras, qui accepit ab Anaximene disciplinam, primus omnium rerum discriptionem et modum mentis infinitae vi ac ratione dissignari et confici voluit. In quo non vidit neque motum sensu iunctum et continentem infinito ullum esse posse neque sensum omnino, quo non ipsa natura pulsa sentiret. Deinde, si mentem istam quasi animal aliquod voluit esse, erit aliquid interius, ex quo illud animal nominetur; quid autem interius mente: cingatur igitur corpore externo; (27) quod quoniam non placet, aperta simplexque mens nulla re adiuncta, quae sentire possit, fugere intellegentiae nostrae vim et notionem videtur. Crotoniates autem Alcmaeo, qui soli et lunae reliquisque sideribus animoque praeterea divinitatem dedit, non sensit sese mortalibus rebus inmortalitatem dare. Nam Pythagoras, qui censuit animum esse per naturam rerum omnem intentum et commeantem, ex quo nostri animi carperentur, non vidit distractione humanorum animorum discerpi et lacerari deum, et cum miseri animi essent, quod plerisque contingeret, tum dei partem esse miseram, quod fieri non potest.

Weltkörper. Doch wie können wir uns eine Gottheit anders vorstellen als ewig?[56] (26) Später bezeichnete Anaximenes die Luft als eine Gottheit; sie werde erzeugt, sei unermeßlich, unbegrenzt und stets in Bewegung: so als könne die völlig gestaltlose Luft eine Gottheit sein, zumal ja doch ein Gott nicht nur ein beliebiges, sondern das schönste Erscheinungsbild haben sollte, oder als ob nicht alles Entstandene der Sterblichkeit[57] anheimfiele. Hierauf behauptete als erster Anaxagoras, der Anaximenes' Lehre übernahm, daß die geordnete Struktur aller Dinge durch die Kraft und Vernunft eines unendlichen Geistes bestimmt und zustande gebracht werde. Dabei übersah er, daß es weder eine mit Empfindungsvermögen verbundene und mit dem Unendlichen zusammenhängende Bewegung geben kann noch überhaupt eine Empfindung, es sei denn, ein empfindungsfähiges Wesen wäre durch einen Anstoß von außen zu einer Empfindung gelangt.[58] Außerdem: Wenn er diesen Geist da gewissermaßen als ein Lebewesen bezeichnete,[59] dann wird es ein inneres Prinzip geben müssen, das dies Lebewesen als solches definiert. Was aber ist das innerste Prinzip, wenn nicht der Geist? Er dürfte also von einem äußeren Körper umgeben sein. (27) Weil man dem aber nicht zustimmen kann, scheint der unverhüllte, einfache Geist, der mit nichts verbunden ist, was empfinden könnte, das Begriffsvermögen unseres Verstandes zu übersteigen. Alkmaion aus Kroton hingegen, welcher der Sonne, dem Mond, den übrigen Himmelskörpern und zusätzlich noch der Seele Göttlichkeit zuschrieb, merkte nicht, daß er damit sterblichen Dingen[60] Unsterblichkeit verlieh. Pythagoras freilich, der an die Existenz einer das gesamte Weltall durchdringenden und durchströmenden Seele glaubte, von der unsere Seelen abgepflückt würden, übersah dabei, daß durch die Abtrennung der menschlichen Seelen die Gottheit selber zerpflückt und zerrissen würde und daß, wenn die Seelen unglücklich sind, was auf die meisten zutrifft, dann auch ein Teil der Gottheit unglücklich wäre – das allerdings kann nicht sein.

(28) Cur autem quicquam ignoraret animus hominis, si esset deus? Quomodo porro deus iste, si nihil esset nisi animus, aut infixus aut infusus esset in mundo? Tum Xenophanes, qui mente adiuncta omne praeterea, quod esset infinitum, deum voluit esse, de ipsa mente item reprehendetur ut ceteri, de infinitate autem vehementius, in qua nihil neque sentiens neque coniunctum potest esse. Nam Parmenides quidem commenticium quiddam: coronae similem efficit – στεφάνην appellat – continentem ardorum lucis orbem, qui cingit caelum, quem appellat deum; in quo neque figuram divinam neque sensum quisquam suspicari potest. Multaque eiusdem monstra, quippe qui bellum, qui discordiam, qui cupiditatem ceteraque generis eiusdem ad deum revocet, quae vel morbo vel somno vel oblivione vel vetustate delentur; eademque de sideribus, quae reprehensa in alio iam in hoc omittantur. (29) Empedocles autem multa alia peccans in deorum opinione turpissume labitur. Quattuor enim naturas, ex quibus omnia constare censet, divinas esse vult; quas et nasci et extingui perspicuum est et sensu omni carere. Nec vero Protagoras, qui sese negat omnino de deis habere, quod liqueat, sint, non sint qualesve sint, quicquam videtur de natura deorum suspicari. Quid Democritus, qui tum imagines eorumque circumitus in deorum numero refert, tum illam naturam, quae imagines fundat ac mittat, tum sententiam intellegentiamque nostram, nonne in maximo errore versatur? Cum idem omnino, quia nihil semper

(28) Wieso aber sollte die Seele eines Menschen irgend etwas nicht wissen, wenn sie Gott wäre? Wie könnte ferner dieser Gott, wäre er nichts als Seele, mit der Welt verhaftet sein und sie durchfließen? Xenophanes dann, der in Verbindung mit dem Geist auch alles Unendliche zur Gottheit erklärte, wird man wegen seines Geist-Konzepts ebenso kritisieren müssen wie alle anderen[61], noch heftiger jedoch wegen seiner Vorstellung von der Unendlichkeit, in der es doch weder eine Empfindung noch eine Verbindung [mit etwas Äußerem] geben kann. Parmenides freilich dachte sich etwas ganz Abwegiges aus: Er erdichtet ein kranzförmiges Gebilde – er nennt es *stepháne* –, einen ununterbrochenen feurigen Lichterkreis, der den Himmel umspannt und den er als Gott bezeichnet;[62] darin kann aber niemand eine göttliche Gestalt oder Empfindungsvermögen auch nur vermuten. Und er bringt noch viele andere Abstrusitäten vor; denn er führt Krieg, Zwietracht, Begierde und die übrigen ähnlichen Übel, die durch Krankheit, Schlaf, Vergessen oder Alter wieder vergehen, auf die Gottheit zurück.[63] Und dasselbe behauptet er von den Gestirnen, was jedoch, da es schon bei einem anderen Philosophen[64] gerügt wurde, bei ihm jetzt nicht weiter kommentiert werden soll. (29) Empedokles indes, der sich auch sonst zahlreicher Irrtümer schuldig macht, verliert in ganz verwerflicher Weise bei seiner Theologie den Boden unter den Füßen. Er schreibt nämlich den vier Elementen, aus denen seiner Meinung nach alles besteht, göttlichen Charakter zu; dabei ist doch offensichtlich, daß diese entstehen und wieder untergehen[65] und bar sind jeder Empfindung. Doch auch Protagoras, der bestreitet, irgendein gesichertes Wissen über die Götter zu haben – ob sie existieren, nicht existieren oder wie sie sind –, scheint keine Vorstellung vom Wesen der Götter zu haben.[66] Was ist mit Demokrit, der bald die uns umschwebenden Bilder[67] zu den Göttern rechnet, mal jenes Wesen, das diese Bilder verströmt und aussendet, mal unser Denken und unsere Intelligenz – befindet er sich nicht gewaltig im Irrtum?

suo statu maneat, neget esse quicquam sempiternum, nonne deum omnino ita tollit, ut nullam opinionem eius reliquam faciat? Quid aer, quo Diogenes Apolloniates utitur deo, quem sensum habere potest aut quam formam dei? (30) Iam de Platonis inconstantia longum est dicere, qui in Timaeo patrem huius mundi nominari neget posse, in Legum autem libris, quid sit omnino deus, anquiri oportere non censeat. Quod vero sine corpore ullo deum vult esse – ut Graeci dicunt ἀσώματον –, id quale esse possit, intellegi non potest: careat enim sensu necesse est, careat etiam prudentia, careat voluptate; quae omnia una cum deorum notione conprehendimus. Idem et in Timaeo dicit et in Legibus et mundum deum esse et caelum et astra et terram et animos et eos, quos maiorum institutis accepimus. Quae et per se sunt falsa perspicue et inter se vehementer repugnantia. (31) Atque etiam Xenophon paucioribus verbis eadem fere peccat; facit enim in his, quae a Socrate dicta rettulit, Socratem disputantem formam dei quaeri non oportere, eundemque et solem et animum deum dicere et modo unum, tum autem plures deos; quae sunt isdem in erratis fere, quibus ea, quae de Platone dicimus. (32) Atque etiam Antisthenes in eo libro, qui physicus inscribitur, popularis deos multos, naturalem unum esse dicens tollit vim et naturam deorum. Nec multo secus Speusippus Platonem avunculum subsequens

Und wenn derselbe Mann die Existenz von etwas Ewigem[68] überhaupt bestreitet, weil nichts für immer in dem ihm eigenen Zustand verharre, beseitigt er dann nicht die Idee von Gott so radikal, daß keine Vorstellung mehr von ihm bleibt? Was ist mit der Luft, die Diogenes von Apollonia als Gottheit ansieht; welches Empfindungsvermögen könnte sie haben oder was für eine göttliche Gestalt? (30) Nun würde es zu weit führen, über Platons Inkonsequenz zu reden. Im ›Timaios‹ sagt er, ein Vater dieser Welt könne nicht angegeben werden,[69] in den Büchern über die ›Gesetze‹ vertritt er hingegen den Standpunkt, was Gott eigentlich sei, dürfe überhaupt nicht untersucht werden.[70] Wenn er aber die Gottheit ganz körperlos haben will[71] – *asómaton*, wie die Griechen sagen –, läßt sich nicht begreifen, wie das zugehen soll: Notwendigerweise hat sie dann nämlich kein Empfindungsvermögen, besitzt keinen Verstand, kennt keine Lust; dies alles schließen wir jedoch in den Gottesbegriff mit ein. Derselbe Platon sagt sowohl im ›Timaios‹ als auch in den ›Gesetzen‹, daß die Welt Gott sei,[72] desgleichen der Himmel, die Sterne, die Erde, die Seelen und die Götter, welche wir mit den Bräuchen unserer Vorfahren übernommen haben.[73] Diese Behauptungen sind offenkundig schon an sich falsch und miteinander völlig unvereinbar. (31) Nun begeht auch Xenophon, wenn auch mit weniger Worten, fast dieselben Irrtümer. Er läßt nämlich in den Schriften, in denen er Sokrates' Aussprüche aufgeschrieben hat, Sokrates darlegen, daß man nach der Gestalt der Gottheit nicht fragen dürfe, und läßt ihn außerdem sagen, die Sonne und die Seele seien Gottheiten, und mal soll es einen einzigen Gott geben, dann wiederum mehrere.[74] Diese Äußerungen enthalten fast dieselben Denkfehler, wie wir sie bei Platon feststellen. (32) Und auch Antisthenes behauptet in seiner Schrift mit dem Titel ›Physikos‹, es gebe viele Volksgötter, aber bloß einen wirklichen, und nimmt damit den Göttern ihre Bedeutung und Eigenart. Nicht viel anders versucht Speusippos, der Nachfolger seines Onkels Platon, dadurch

et vim quandam dicens, qua omnia regantur, eamque animalem, evellere ex animis conatur cognitionem deorum. (33) Aristotelesque in tertio de philosophia libro multa turbat a magistro suo Platone dissentiens; modo enim menti tribuit omnem divinitatem, modo mundum ipsum deum dicit esse, modo alium quendam praeficit mundo eique eas partis tribuit, ut replicatione quadam mundi motum regat atque tueatur, tum caeli ardorem deum dicit esse non intellegens caelum mundi esse partem, quem alio loco ipse designarit deum. Quomodo autem caeli divinus ille sensus in celeritate tanta conservari potest? Ubi deinde illi tot dii, si numeramus etiam caelum deum? Cum autem sine corpore idem vult esse deum, omni illum sensu privat, etiam prudentia. Quo porro modo deus moveri carens corpore aut quomodo semper se movens esse quietus et beatus potest? (34) Nec vero eius condiscipulus Xenocrates in hoc genere prudentior est, cuius in libris, qui sunt de natura deorum, nulla species divina describitur; deos enim octo esse dicit, quinque eos, qui in stellis vagis nominantur, unum, qui ex omnibus sideribus, quae infixa caelo sint, ex dispersis quasi membris simplex sit putandus deus, septimum solem adiungit octavamque lunam; qui quo sensu beati esse possint, intellegi non potest. Ex eadem Platonis schola Ponticus Heraclides puerilibus fabulis refersit libros et tamen modo mundum, tum mentem divinam esse putat, errantibus etiam stellis divinitatem tribuit sensuque deum privat et eius for-

daß er von einer bestimmten Kraft spricht, die alles lenke und beseelt sei, die Gotteserkenntnis aus den Herzen der Menschen herauszureißen. (33) Aristoteles stiftet im dritten Buch seiner ›Philosophie‹ viel Verwirrung, da er von seinem Lehrer Platon abweichende Ansichten vertritt. Bald nämlich[75] schreibt er dem Geist jede Art Göttlichkeit[76] zu, bald betont er, die Welt selbst sei Gott,[77] dann wieder läßt er die Welt von jemand anderem leiten und weist ihm die Aufgabe zu, durch eine Form der Rückbewegung[78] den Lauf der Welt zu bestimmen und zu erhalten, bald bezeichnet er das Himmelsfeuer[79] als Gott, ohne zu sehen, daß der Himmel ein Teil der Welt ist, die er selbst andernorts zur Gottheit erklärt hat. Wie aber kann sich jenes Gefühl des Himmels, göttlich zu sein, bei so großer Geschwindigkeit erhalten? Wo bleiben dann die so zahlreichen Götter, wenn wir auch den Himmel als Gott bezeichnen? Wenn jedoch derselbe Aristoteles Gott körperlos begreifen will, spricht er ihm jegliches Empfindungsvermögen ab, sogar die Vernunft. Wie wäre ferner ein Gott ohne Körper in der Lage, sich zu bewegen, oder, wenn er sich ständig bewegt,[80] imstande, ruhig und glückselig zu sein? (34) Doch auch sein Mitschüler Xenokrates ist in dieser Beziehung nicht klüger; in seinen Büchern ›Über das Wesen der Götter‹ findet sich keine Beschreibung des göttlichen Erscheinungsbildes; seiner Behauptung nach gibt es ja acht Götter, davon fünf, die zu den Planeten zählen, dann einen, der aus sämtlichen Fixsternen gebildet ist und den man sich als einen sozusagen aus verstreuten Gliedmaßen bestehenden, jedoch einfachen Gott vorstellen muß; als siebten fügt er die Sonne hinzu und als achten den Mond. Aufgrund welchen Wahrnehmungsvermögens diese Götter glückselig sein können, ist unverständlich. Herakleides von Pontos, ebenfalls aus der Schule Platons, hat seine Bücher mit Ammenmärchen vollgestopft, und doch hält er mal die Welt, mal den Geist für göttlich, schreibt auch den Planeten Göttlichkeit zu, enthebt die Gottheit ihres Empfindungsvermögens, geht von ihrer ver-

mam mutabilem esse vult eodemque in libro rursus terram et caelum refert in deos. (35) Nec vero Theophrasti inconstantia ferenda est; modo enim menti divinum tribuit principatum, modo caelo, tum autem signis sideribusque caelestibus. Nec audiendus eius auditor Strato is, qui physicus appellatur, qui omnem vim divinam in natura sitam esse censet, quae causas gignendi, augendi, minuendi habeat, sed careat omni et sensu et figura. (36) Zeno autem, ut iam ad vestros, Balbe, veniam, naturalem legem divinam esse censet eamque vim obtinere recta imperantem prohibentemque contraria. Quam legem quomodo efficiat animantem, intellegere non possumus; deum autem animantem certe volumus esse. Atque hic idem alio loco aethera deum dicit: si intellegi potest nihil sentiens deus, qui numquam nobis occurrit neque in precibus neque in optatis neque in votis. Aliis autem libris rationem quandam per omnium naturam rerum pertinentem vi divina esse adfectam putat. Idem astris hoc idem tribuit, tum annis, mensibus annorumque mutationibus. Cum vero Hesiodi Theogoniam, id est originem deorum, interpretatur, tollit omnino usitatas perceptasque cognitiones deorum; neque enim Iovem neque Iunonem neque Vestam neque quemquam, qui ita appelletur, in deorum habet numero, sed rebus inanimis atque mutis per quandam significationem haec docet tributa nomina. (37) Cuius discipuli Aristonis non minus magno in errore sententiast, qui neque formam dei intellegi posse censeat neque in dis sensum esse dicat dubitetque omnino, deus animans necne sit. Cleanthes autem, qui Zenonem audivit

änderlichen Gestalt[81] aus, und in demselben Buch rechnet er dann wieder die Erde und den Himmel zu Göttern. (35) Doch auch Theophrasts Inkonsequenz ist unerträglich; denn bald räumt er dem Geist die göttliche Vormacht ein, bald dem Himmel, dann jedoch den Sternzeichen und Gestirnen. Ebensowenig verdient sein Schüler Straton mit dem Beinamen ›der Physiker‹ Gehör: denn nach seiner Meinung liegt alle göttliche Macht in der Natur, welche zwar die Ursachen für Geburt, Wachstum und Verfall in sich trage, aber keinerlei Empfindungsvermögen[82] und keine Gestalt besitze. (36) Zenon indes, um jetzt zu euren Vertretern, mein Balbus, zu kommen, glaubt, das Naturgesetz sei göttlich und übe diese seine Macht aus, indem es das Richtige befehle und das Gegenteil verhindere.[83] Wie er dies Gesetz zu einem beseelten Wesen machen kann,[84] entzieht sich meinem Verständnis. Dabei wollen wir doch gewiß, daß eine Gottheit beseelt sei.[85] Und dieser selbe Zenon bezeichnet an anderer Stelle den Äther[86] als Gott: falls man sich einen völlig fühllosen Gott vorstellen kann, der sich uns niemals zeigt, weder bei Gebeten noch bei Wünschen, noch bei Gelübden. In anderen Schriften wiederum vertritt er die Ansicht, eine bestimmte Form der Vernunft[87] durchziehe alles Seiende und verfüge über göttliche Kraft. Derselbe Mann schreibt eben diese Eigenschaft auch den Sternen, dann den Jahren, Monaten und Jahreszeiten zu.[88] Wenn er hingegen Hesiods ›Theogonie‹, das heißt den Ursprung der Götter, interpretiert, zerstört er radikal die üblichen und bekannten Gottesvorstellungen;[89] er zählt nämlich weder Iuppiter noch Iuno, noch Vesta, noch irgendein anderes Wesen, das man göttlich nennt, zu den Göttern, sondern lehrt, daß leblose, stumme Dinge durch eine Art allegorischer Deutung diese Bezeichnungen erhalten haben. (37) Die Ansicht seines Schülers Ariston ist gleichfalls ganz irrig, da er meint, die Gestalt eines Gottes sei nicht vorstellbar, den Göttern das Empfindungsvermögen abspricht und überhaupt zweifelt, ob ein Gott beseelt sei oder nicht. Kleanthes hingegen, der

una cum eo, quem proxime nominavi, tum ipsum mundum deum dicit esse, tum totius naturae menti atque animo tribuit hoc nomen, tum ultimum et altissimum atque undique circumfusum et extremum omnia cingentem atque conplexum ardorem, qui aether nominetur, certissimum deum iudicat; idemque quasi delirans in his libris, quos scripsit contra voluptatem, tum fingit formam quandam et speciem deorum, tum divinitatem omnem tribuit astris, tum nihil ratione censet esse divinius. Ita fit, ut deus ille, quem mente noscimus atque in animi notione tamquam in vestigio volumus reponere, nusquam prorsus appareat. (38) At Persaeus eiusdem Zenonis auditor eos esse habitos deos, a quibus aliqua magna utilitas ad vitae cultum esset inventa, ipsasque res utiles et salutares deorum esse vocabulis nuncupatas, ut ne hoc quidem diceret, illa inventa esse deorum, sed ipsa divina; quo quid absurdius quam aut res sordidas atque deformis deorum honore adficere aut homines iam morte deletos reponere in deos, quorum omnis cultus esset futurus in luctu? (39) Iam vero Chrysippus, qui Stoicorum somniorum vaferrumus habetur interpres, magnam turbam congregat ignotorum deorum atque ita ignotorum, ut eos ne coniectura quidem informare possimus, cum mens nostra quidvis videatur cogitatione posse depingere. Ait enim vim divinam in ratione esse positam et in universae naturae animo atque mente ipsumque mundum deum dicit esse et eius animi fusionem universam, tum eius ipsius principa-

gemeinsam mit dem gerade Genannten Zenons Vorlesungen hörte, sagt einmal, die Welt selbst sei Gott, ein andermal erteilt er diesen Namen dem Geist und der Seele der gesamten Natur, und ein weiteres Mal behauptet er, mit größter Sicherheit lasse sich Gott als der feurige Stoff bestimmen, welcher das All am äußersten Rand umfließe und als letzter alles umhülle und umfasse, der sogenannte Äther.[90] Und in seinen Büchern gegen die Lust[91] denkt sich derselbe Kleanthes, gleichsam wie im Wahn, einmal eine bestimmte Gestalt und ein bestimmtes Äußeres der Götter aus, bald schreibt er den Sternen alle Göttlichkeit zu, dann wieder meint er, es gebe nichts Göttlicheres als die Vernunft. Das Ergebnis davon ist, daß der Gott, den wir mit unserem Verstand erkennen und der zu unserer geistigen Vorstellung wie angegossen paßt,[92] nirgends mehr sichtbar wird. (38) Persaios hingegen, ein anderer Schüler desselben Zenon, vertritt den Standpunkt, man habe die Personen, die irgend etwas sehr Nützliches für das Leben der Menschen erfunden hätten, für Götter gehalten und eben die nutzbringenden und vorteilhaften Dinge mit Götternamen bezeichnet; damit sagt er also nicht einmal, daß jene Erfindungen auf die Götter zurückgehen, sondern läßt sie selbst Gottheiten sein. Was aber ist unsinniger, als verächtlichen und häßlichen Dingen[93] göttliche Ehre zu erweisen oder bereits vom Tode ausgelöschte Menschen in den Rang von Göttern zu erheben, deren ganze Verehrung doch nur in Trauer bestehen könnte? (39) Chrysipp allerdings, der als raffiniertester Deuter stoischer Traumgespinste gilt, bietet eine große Zahl unbekannter Gottheiten auf, die so unbekannt sind, daß wir uns von ihnen nicht einmal eine mutmaßliche Vorstellung machen können, obwohl doch unser Verstand dank seiner Phantasie in der Lage zu sein scheint, sich von allem möglichen ein Bild zu machen. Er behauptet nämlich, die göttliche Kraft liege in der Vernunft und in der Seele und dem Geist der gesamten Natur, und erklärt weiter, die Welt selbst und die alles durchdringende Weltseele

tum, qui in mente et ratione versetur, communemque rerum naturam universam atque omnia continentem, tum fatalem vim et necessitatem rerum futurarum, ignem praeterea et eum, quem ante dixi, aethera, tum ea, quae natura fluerent atque manarent, ut et aquam et terram et aera, solem lunam sidera universitatemque rerum, qua omnia continerentur, atque etiam homines eos, qui inmortalitatem essent consecuti. (40) Idemque disputat aethera esse eum, quem homines Iovem appellarent, quique aer per maria manaret, eum esse Neptunum, terramque eam esse, quae Ceres diceretur, similique ratione persequitur vocabula reliquorum deorum. Idemque etiam legis perpetuae et aeternae vim, quae quasi dux vitae et magistra officiorum sit, Iovem dicit esse eandemque fatalem necessitatem appellat et sempiternam rerum futurarum veritatem; quorum nihil tale est, ut in eo vis divina inesse videatur. (41) Et haec quidem in primo libro de natura deorum; in secundo autem vult Orphei, Musaei, Hesiodi Homerique fabellas accommodare ad ea, quae ipse primo libro de deis inmortalibus dixerit, ut etiam veterrimi poetae, qui haec ne suspicati quidem sint, Stoici fuisse videantur. Quem Diogenes Babylonius consequens in eo libro, qui inscribitur de Minerva, partum Iovis ortumque virginis ad physiologiam traducens deiungit a fabula.

(42) Exposui fere non philosophorum iudicia, sed delirantium somnia. Nec enim multo absurdiora sunt ea, quae poetarum vocibus fusa ipsa suavitate nocuerunt. Qui et ira inflammatos et libidine furentis induxerunt deos fecerunt-

sei Gott, dann die Urkraft[94] dieser Welt, die sich in Verstand und Vernunft zeige, und die gemeinsame und alles umfassende Natur der Dinge, dann wieder die Macht des Fatums und die Notwendigkeit der Zukunft,[95] außerdem das Feuer und der eben erwähnte Äther[96], ein andermal das von Natur aus Fließende und Strömende, wie Wasser, Erde, Luft,[97] zudem Sonne, Mond, Sterne und das alles umschließende Weltall und schließlich sogar die Menschen, denen Unsterblichkeit zuteil geworden sei.[98] (40) Und derselbe Chrysipp trägt vor, der Äther sei das, was die Menschen Iuppiter nennen, die Luft, die über die Meere streiche, Neptun, die Erde das, was als Ceres bezeichnet werde, und in ähnlicher Weise geht er die Namen der übrigen Gottheiten durch. Derselbe Mann setzt auch die Macht des ständigen und ewigen Gesetzes, welches gewissermaßen Führer des Lebens und Lehrer der Pflichten sei, mit Iuppiter gleich, bezeichnet ebendies Gesetz als die vom Fatum verhängte Notwendigkeit und als ewige Wahrheit der Zukunft. Nichts davon ist aber so, daß ihm göttliche Macht innezuwohnen scheint. (41) Und all das steht im ersten Buch seiner Schrift ›Über das Wesen der Götter‹; im zweiten nun beabsichtigt er, die Märchen des Orpheus, Musaios, Hesiod und Homer mit dem in Einklang zu bringen, was er selbst im ersten Buch über die unsterblichen Götter gesagt hat, so daß es so wirkt, als seien sogar die ältesten Dichter, die von der Stoa noch nicht einmal etwas ahnen konnten, Stoiker gewesen. Ihm schließt sich Diogenes von Babylon in seiner Schrift ›Minerva‹ an, indem er Iuppiters Vaterschaft und die Geburt der jungfräulichen Göttin auf die Naturphilosophie überträgt und so aus dem Mythos herauslöst.

(42) Ich habe nun nicht etwa die Urteile von Philosophen aufgeführt, sondern die Phantasien von Wahnsinnigen. Auch nicht viel anstößiger sind übrigens die Geschichten, die, von Dichterworten verbreitet, gerade durch ihren Zauber Schaden gestiftet haben. Die Dichter haben uns die Götter als zornentflammte und vor Begierde rasende Wesen

que, ut eorum bella, proelia, pugnas, vulnera videremus, odia praeterea, discidia, discordias, ortus, interitus, querellas, lamentationes, effusas in omni intemperantia libidines, adulteria, vincula, cum humano genere concubitus mortalisque ex inmortali procreatos.
(43) Cum poetarum autem errore coniungere licet portenta magorum Aegyptiorumque in eodem genere dementiam, tum etiam vulgi opiniones, quae in maxima inconstantia veritatis ignoratione versantur.
Ea qui consideret quam inconsulte et temere dicantur, venerari Epicurum et in eorum ipsorum numero, de quibus haec quaestio est, habere debeat. Solus enim vidit primum esse deos, quod in omnium animis eorum notionem inpressisset ipsa natura. Quae est enim gens aut quod genus hominum, quod non habeat sine doctrina anticipationem quandam deorum, quam appellat πρόληψιν Epicurus, id est anteceptam animo rei quandam informationem, sine qua nec intellegi quicquam nec quaeri nec disputari potest. Quoius rationis vim atque utilitatem ex illo caelesti Epicuri de regula et iudicio volumine accepimus. (44) Quod igitur fundamentum huius quaestionis est, id praeclare iactum videtis. Cum enim non instituto aliquo aut more aut lege sit opinio constituta maneatque ad unum omnium firma consensio, intellegi necesse est esse deos, quoniam insitas eorum vel potius innatas cognitiones habemus; de quo autem omnium natura consentit, id verum esse necesse est; esse igitur deos confitendum est. Quod quoniam fere constat inter omnis non

vorgeführt und uns ihre Kriege, Schlachten, Kämpfe und Verwundungen sehen lassen, außerdem ihre Haßausbrüche, Zerwürfnisse, Zwistigkeiten, ihre Geburt und ihren Tod, ihr Klagen und Jammern, ihre jedes Maß sprengenden Leidenschaften, Ehebrüche, Fesselungen, ihren sexuellen Verkehr mit Menschen und Sterbliche, die von einem Unsterblichen gezeugt wurden.[99]

(43) Mit den Verirrungen der Dichter kann man allerdings auch die Ungeheuerlichkeiten der Magier[100] und die Verrücktheiten der Ägypter[101], die sich auf demselben Gebiet zeigen, auf eine Stufe stellen, ferner die Anschauungen der breiten Masse, die aus Unkenntnis der Wahrheit von höchster Inkonsequenz gekennzeichnet sind.

Wer darauf achtet, wie unüberlegt und grundlos diese Äußerungen sind, muß doch wohl Epikur verehren und ihn zu der Zahl eben derer rechnen, die Gegenstand unserer Erörterung sind. Er allein erkannte nämlich als erstes, daß es Götter gibt, weil die Natur selbst eine Vorstellung von ihnen in die Seelen aller Menschen eingeprägt hat. Denn welches Volk oder welcher Menschenschlag hätte nicht auch ohne Unterweisung einen bestimmten Vorbegriff von den Göttern? Ihn nennt Epikur *Prolepsis*, d. h. ein gewisses, in der Seele bereits vorgefaßtes Bild von einer Sache, ohne das man weder etwas verstehen noch untersuchen, noch wissenschaftlich erörtern kann.[102] Bedeutung und Nutzen dieser Lehre kennen wir aus jenem geradezu göttlichen Werk Epikurs ›Über Regel und Urteil‹.[103] (44) Was also das Fundament unserer Diskussion ist, seht ihr nun in schönster Klarheit gelegt. Weil ja der Glaube an die Götter nicht auf irgendeiner Anordnung, Sitte oder einem Gesetz gründet und ausnahmslos einhelliger Konsens besteht, muß man die Existenz von Göttern notwendigerweise einsehen, eben da wir eingepflanzte oder besser: angeborene Vorstellungen[104] von ihnen haben. Worin aber alle von Natur aus übereinstimmen, das muß zwangsläufig wahr sein; folglich muß man die Existenz von Göttern zugeben. Da hiervon fast alle

philosophos solum, sed etiam indoctos, fatemur constare illud etiam, hanc nos habere sive anticipationem, ut ante dixi, sive praenotionem deorum – sunt enim rebus novis nova ponenda nomina, ut Epicurus ipse πρόληψιν appellavit, quam antea nemo eo verbo nominarat –, hanc igitur habemus, ut deos beatos inmortales putemus. (45) Quae enim nobis natura informationem ipsorum deorum dedit, eadem insculpsit in mentibus, ut eos aeternos et beatos haberemus. Quod si ita est, vere exposita illa sententia est ab Epicuro, quod beatum aeternumque sit, id nec habere ipsum negotii quicquam nec exhibere alteri, itaque neque ira neque gratia teneri, quod, quae talia essent, inbecilla essent omnia.

Si nihil aliud quaereremus, nisi ut deos pie coleremus et ut superstitione liberaremur, satis erat dictum; nam et praestans deorum natura hominum pietate coleretur, cum et aeterna esset et beatissima – habet enim venerationem iustam, quicquid excellit –, et metus omnis a vi atque ira deorum pulsus esset; intellegitur enim a beata inmortalique natura et iram et gratiam segregari; quibus remotis nullos a superis inpendere metus. Sed ad hanc confirmandam opinionem anquirit animus et formam et vitam et actionem mentis atque agitationem in deo.

(46) Ac de forma quidem partim natura nos admonet, partim ratio docet. Nam a natura habemus omnes omnium gentium speciem nullam aliam nisi humanam deorum; quae enim forma alia occurrit umquam aut vigilanti cuiquam aut dormienti? Sed ne omnia revocentur ad primas notiones,

überzeugt sind – nicht nur die Philosophen, sondern auch die Ungebildeten –, bekunden wir, daß auch folgendes zutrifft: Wir besitzen einen Vorbegriff, wie ich eben sagte, oder eine Vorahnung von den Göttern – neuen Ideen muß man ja neue Namen geben, so wie Epikur selbst dafür das Wort ›Prolepsis‹ benutzte, was niemand vor ihm dafür verwendete –, wir besitzen also diese Vorahnung, welche uns auch dazu bringt, die Götter für glückselig und unsterblich zu halten. (45) Denn dieselbe Natur, die uns eine Vorstellung von den Göttern selbst gab, hat in unsere Seelen auch eingeprägt, sie für ewig und glückselig zu halten. Wenn dem so ist, hat Epikur auch jenen bekannten Satz wahrheitsgemäß formuliert: Etwas, das glückselig und ewig ist, empfindet selbst keinerlei Unannehmlichkeiten und bereitet sie auch keinem anderen; daher kennt es weder Zorn noch Sympathie, da alles Derartige ein Zeichen von Schwäche wäre.[105]

Ginge es uns nur darum, die Götter fromm zu verehren und uns vom Aberglauben zu befreien, wäre schon genug gesagt. Denn die Menschen würden dann das erhabene Wesen der Götter fromm verehren, weil es ewig und glückselig ist – alles Herausragende erfährt ja gebührende Verehrung –, und jede Furcht vor der Macht und dem Zorn der Götter wäre vertrieben. Man begreift nämlich, daß sich Zorn und Sympathie mit einem glückseligen und unsterblichen Wesen nicht vereinbaren lassen; gibt es diese Gefühle nicht, haben wir von den Himmlischen überhaupt nichts zu befürchten. Doch zur Bestärkung dieser Ansicht fragt unser Verstand nach der Gestalt, der Lebensweise und der geistigen Tätigkeit und Aktivität eines Gottes.

(46) Über die Gestalt gibt uns freilich teils die Natur Auskunft, teils belehrt uns der Verstand. Denn von Natur aus haben wir Menschen in allen Völkern von den Göttern nur eine rein menschliche Vorstellung; denn welch andere Gestalt erscheint jemals einem Menschen, ob er nun wach ist oder schläft? Doch um nicht alles auf die Vorbegriffe[106] zu-

ratio hoc idem ipsa declarat. (47) Nam cum praestantissumam naturam, vel quia beata est vel quia sempiterna, convenire videatur eandem esse pulcherrimam, quae conpositio membrorum, quae conformatio liniamentorum, quae figura, quae species humana potest esse pulchrior? Vos quidem, Lucili, soletis – nam Cotta meus modo hoc, modo illud –, cum artificium effingitis fabricamque divinam, quam sint omnia in hominis figura non modo ad usum, verum etiam ad venustatem apta, describere; (48) quod si omnium animantium formam vincit hominis figura, deus autem animans est, ea figura profecto est, quae pulcherrimast omnium. Quoniamque deos beatissimos esse constat, beatus autem esse sine virtute nemo potest nec virtus sine ratione constare nec ratio usquam inesse nisi in hominis figura, hominis esse specie deos confitendum est. (49) Nec tamen ea species corpus est, sed quasi corpus, nec habet sanguinem, sed quasi sanguinem. Haec quamquam et inventa sunt acutius et dicta subtilius ab Epicuro, quam ut quivis ea possit agnoscere, tamen fretus intellegentia vestra dissero brevius, quam causa desiderat. Epicurus autem, qui res occultas et penitus abditas non modo videat animo, sed etiam sic tractet ut manu, docet eam esse vim et naturam deorum, ut primum non sensu, sed mente cernatur, nec soliditate quadam nec ad numerum, ut ea, quae ille propter firmitatem στερέμνια appellat, sed imaginibus similitudine et transitione perceptis – cum infinita simillumarum imaginum species ex

rückzuführen, auch der Verstand selbst führt zu demselben Ergebnis. (47) Da es angemessen scheint, daß das alles überragende Wesen, sei es, weil es glückselig, sei es, weil es ewig ist, auch das schönste ist, welcher Körperbau, welche Bildung der Gesichtszüge, welche Gestalt und welche Erscheinung könnte die des Menschen an Schönheit übertreffen? Wenigstens ihr, Lucilius, – mein Cotta redet ja mal so, mal so[107] – pflegt, wenn ihr das kunstreiche Wirken der Götter darstellt, zu beschreiben, wie in der menschlichen Gestalt alles nicht nur dem Nutzen, sondern auch der Schönheit dient. (48) Wenn nun die Gestalt des Menschen die aller anderen Lebewesen an Schönheit übertrifft, ein Gott aber ein Lebewesen ist, dann ist ganz bestimmt diese Gestalt die schönste von allen. Und da weiter gilt, daß sich die Götter im Zustand höchster Glückseligkeit befinden, niemand aber ohne Tugend glückselig zu sein vermag, Tugend ohne Vernunft nicht bestehen und die Tugend nirgendwo anders als in der Gestalt des Menschen beherbergt sein kann, muß man zugeben, daß die Götter eine menschliche Gestalt haben. (49) Gleichwohl handelt es sich bei dieser Gestalt nicht um einen Körper, sondern nur um eine Art Körper, und sie besitzt auch kein Blut, sondern bloß eine Art Blut.[108] Allerdings hat Epikur diese Dinge mit zu großem Scharfsinn erschlossen und mit zu großer Genauigkeit formuliert, als daß sie jedermann verstehen könnte; dennoch rede ich, im Vertrauen auf eure Intelligenz, darüber weniger ausführlich, als es die Sache eigentlich erfordert. Epikur[109] aber, der Dunkles und tief Verborgenes nicht nur im Geiste sieht, sondern sogar fast wie mit Händen greift, lehrt,[110] die Macht und das Wesen der Götter sei so beschaffen, daß es erstens nicht mit den Sinnen, sondern mit dem Geist erkannt wird, auch nicht in einer gewissen Festigkeit und individuell einzeln wie die Dinge, die er wegen ihrer Festigkeit *Steremnien* nennt,[111] sondern durch Bilder, die in ihrer Ähnlichkeit (bzw. Artgleichheit) und durch ihren Übergang[112] wahrgenommen werden. Weil die unendliche Er-

innumerabilibus individuis existat et ad nos adfluat – cum maximis voluptatibus in eas imagines mentem intentam infixamque nostram intellegentiam capere, quae sit et beata natura et aeterna. (50) Summa vero vis infinitatis et magna ac diligenti contemplatione dignissima est. In qua intellegi necesse est eam esse naturam, ut omnia omnibus paribus paria respondeant; hanc ἰσονομίαν appellat Epicurus, id est aequabilem tributionem. Ex hac igitur illud efficitur, si mortalium tanta multitudo sit, esse inmortalium non minorem, et si, quae interimant, innumerabilia sint, etiam ea, quae conservent, infinita esse debere.

Et quaerere a nobis, Balbe, soletis, quae vita deorum sit quaeque ab is degatur aetas. (51) Ea videlicet, qua nihil beatius, nihil omnibus bonis affluentius cogitari potest. Nihil enim agit, nullis occupationibus est inplicatus, nulla opera molitur, sua sapientia et virtute gaudet, habet exploratum fore se semper cum in maximis, tum in aeternis voluptatibus. (52) Hunc deum rite beatum dixerimus, vestrum vero laboriosissimum. Sive enim ipse mundus deus est, quid potest esse minus quietum quam nullo puncto temporis intermisso versari circum axem caeli admirabili celeritate: nisi quietum autem nihil beatum est; sive in ipso mundo deus inest aliquis, qui regat, qui gubernet, qui cursus astrorum, mutationes temporum, rerum vicissitudines ordinesque conservet, terras et maria contemplans hominum commoda vitasque tueatur, ne ille est inplicatus molestis negotiis et operosis. (53) Nos autem beatam vitam in animi securitate et in omnium vacatione munerum ponimus. Docuit enim

scheinung der äußerst ähnlichen Bilder aus unzähligen Atomen[113] entsteht und zu uns[114] herbeiströmt, richte sich unser Geist mit höchster Lust angespannt und fest auf diese Bilder und gewinne die Erkenntnis, was ein glückseliges und ewiges Wesen ist. (50) Der Begriff der Unendlichkeit ist aber höchst wichtig und verdient eine intensive, sorgfältige Betrachtung. Dabei muß man notwendigerweise erkennen, daß in der Natur alles Gleiche jeweils Gleichem entspricht. Epikur redet hier von *isonomía*, das heißt der gleichmäßigen Verteilung. Daraus ergibt sich also folgendes: Wenn es so viele sterbliche Wesen gibt, gibt es auch genauso viele unsterbliche, und wenn die zerstörenden Kräfte zahllos sind, dann müssen auch die erhaltenden unbegrenzt sein.

Außerdem wollt ihr, mein Balbus, von uns immer wissen, wie das Leben der Götter aussieht und wie sie ihre Zeit verbringen. (51) Natürlich so, wie man es sich glücklicher und mit allen Gütern reicher gesegnet nicht vorstellen kann. Denn ein Gott tut nichts, ist in keine Geschäfte verwickelt, plagt sich mit keiner Arbeit, sondern freut sich seiner Weisheit und Tugend und verläßt sich darauf, stets in höchsten und vor allem in ewigen Wonnen zu leben. (52) Einen solchen Gott können wir mit Recht glückselig nennen, den euren aber nur mühsalbeladen. Wenn nämlich zum einen Welt und Gott identisch sind, was kann dann größere Unruhe bedeuten, als sich mit erstaunlicher Geschwindigkeit unausgesetzt um die Himmelsachse zu drehen? Ruhe ist indes für die Glückseligkeit unabdingbar. Wenn zum anderen ein Gott selbst in der Welt ist, einer, der sie lenkt und steuert, der sich um den Lauf der Sterne, den Wechsel der Jahreszeiten, die Wiederkehr und Ordnung der Naturerscheinungen kümmert und der, Länder und Meere im Blick habend, das Wohlergehen und Leben der Menschen schützt, dann ist dieser Gott fürwahr in beschwerliche und mühsame Aufgaben verstrickt. (53) Wir jedoch definieren das glückselige Leben als Seelenruhe und Freisein von allen Pflichten. Denn uns lehrte derselbe Meister, von dem wir auch alles übrige

nos idem, qui cetera, natura effectum esse mundum, nihil opus fuisse fabrica tamque eam rem esse facilem, quam vos effici negetis sine divina posse sollertia, ut innumerabiles natura mundos effectura sit, efficiat, effecerit. Quod quia, quemadmodum natura efficere sine aliqua mente possit, non videtis, ut tragici poetae, cum explicare argumenti exitum non potestis, confugitis ad deum. (54) Cuius operam profecto non desideraretis, si inmensam et interminatam in omnis partis magnitudinem regionum videretis, in quam se iniciens animus et intendens ita late longeque peregrinatur, ut nullam tamen oram ultimi videat, in qua possit insistere. In hac igitur inmensitate latitudinum, longitudinum, altitudinum infinita vis innumerabilium volitat atomorum, quae interiecto inani cohaerescunt tamen inter se et aliae alias adprehendentes continuantur; ex quo efficiuntur eae rerum formae et figurae, quas vos effici posse sine follibus et incudibus non putatis. Itaque inposuistis in cervicibus nostris sempiternum dominum, quem dies et noctes timeremus. Quis enim non timeat omnia providentem et cogitantem et animadvertentem et omnia ad se pertinere putantem curiosum et plenum negotii deum? (55) Hinc vobis extitit primum illa fatalis necessitas, quam εἱμαρμένην dicitis, ut, quicquid accidat, id ex aeterna veritate causarumque continuatione fluxisse dicatis. Quanti autem haec philosophia aestimandast, cui tamquam aniculis, et his quidem indoctis, fato fieri videantur omnia? Sequitur μαντικὴ vestra, quae Latine divinatio dicitur, qua tanta inbueremur superstitione,

gelernt haben, daß die Welt durch natürliche Kräfte hervorgebracht wurde, es überhaupt keiner Kunstfertigkeit bedurfte und diese Sache ebenso einfach sei, wie ihr es eurerseits für unmöglich erklärt, daß die Natur ohne göttlichen Schöpfergeist unzählige Welten erschaffen werde, erschaffe und erschaffen habe. Da ihr nicht seht, wie die Natur in der Lage ist, dies ohne irgendwelche Geistesgaben zustande zu bringen, nehmt ihr wie die Dichter der Tragödie, wenn euch am Ende keine Lösung des Handlungsknotens einfällt, Zuflucht bei einer Gottheit.[115] (54) Deren Eingreifen würdet ihr gewiß nicht brauchen, wenn ihr die unermeßliche und nach allen Seiten grenzenlose Weite der Räume sähet, in die sich unsere Seele hineinversetzt und versenkt und weit und breit durchwandert, ohne indes eine äußerste Begrenzung zu erblicken, wo sie haltmachen könnte. In dieser Unendlichkeit der Längen, Breiten und Höhen also schwirrt eine unendliche Menge zahlloser Atome umher, die trotz vorhandener Zwischenräume[116] beginnen, sich miteinander zu verbinden, und die dadurch, daß sie sich gegenseitig erfassen, eine ununterbrochene Reihe bilden. Daraus werden dann die Formen und Gestalten der Dinge, deren Entstehen ihr ohne Blasebälge und Ambosse für unmöglich haltet. Und so habt ihr uns einen ewigen Herrn in den Nacken gesetzt, den wir Tag und Nacht fürchten müssen. Wer nämlich sollte einen Gott nicht fürchten, der alles voraussieht, bedenkt und bemerkt, der glaubt, alles gehe ihn etwas an, sich für alles interessiert und überhäuft ist mit Geschäften? (55) Von daher habt ihr zuerst einmal jene bekannte Lehre von der schicksalhaften Notwendigkeit, die ihr *heimarméne*[117] nennt, entwickelt; sie bringt euch zu der Aussage, daß alles, was geschehe, Ausfluß der ewigen Wahrheit und die unaufhörliche Folge von Ursachen sei. Wieviel muß man aber von einer Philosophie halten, für die alles, wie für alte Weiblein, und zwar ungebildete, nach vorherbestimmtem Schicksal eintritt? Dann folgt noch eure *mantiké*, die auf lateinisch *divinatio* (›Weissagung‹) heißt und durch die

si vos audire vellemus, ut haruspices, augures, harioli, vates, coniectores nobis essent colendi. (56) His terroribus ab Epicuro soluti et in libertatem vindicati nec metuimus eos, quos intellegimus nec sibi fingere ullam molestiam nec alteri quaerere, et pie sancteque colimus naturam excellentem atque praestantem.
Sed elatus studio vereor, ne longior fuerim. Erat autem difficile rem tantam tamque praeclaram inchoatam relinquere; quamquam non tam dicendi ratio mihi habenda fuit, quam audiendi."

(57) Tum Cotta comiter, ut solebat, "Atqui", inquit, "Vellei, nisi tu aliquid dixisses, nihil sane ex me quidem audire potuisses. Mihi enim non tam facile in mentem venire solet, quare verum sit aliquid, quam quare falsum; idque cum saepe, tum, cum te audirem, paulo ante contigit. Roges me, qualem naturam deorum esse ducam: nihil fortasse respondeam; quaeras, putemne talem esse, qualis modo a te sit exposita: nihil dicam mihi videri minus.
Sed antequam adgrediar ad ea, quae a te disputata sunt, de te ipso dicam, quid sentiam. (58) Saepe enim de L. Crasso illo familiari tuo videor audisse, cum te togatis omnibus sine dubio anteferret et paucos tecum Epicureos e Graecia compararet, sed, quod ab eo te mirifice diligi intellegebam, arbitrabar illum propter benivolentiam uberius id dicere. Ego autem, etsi vereor laudare praesentem, iudico tamen de

wir, sollten wir auf euch hören, mit solchem Aberglauben erfüllt würden, daß wir auch Opferschauer, Vogelflugdeuter, Wahrsager, Seher und Traumdeuter verehren müßten.[118] (56) Epikur hat uns freilich von diesen Schreckbildern erlöst und in die Freiheit entlassen, und so fürchten wir auch nicht die, welche nach unserem Verständnis weder sich selbst Mühsal bereiten noch anderen zufügen wollen, sondern verehren ehrfürchtig und fromm ihr erhabenes und herrliches Wesen.

Doch ich habe Sorge, im Eifer des Gefechts zu ausführlich geworden zu sein. Es war aber auch schwierig, ein so bedeutendes und so wunderbares Thema bloß anzufangen und dann nicht zu beenden. Dennoch hätte ich nicht so viel reden, sondern mehr zuhören sollen.«

(57) Darauf erwiderte Cotta in seiner gewohnten Freundlichkeit: »Aber nein, mein Velleius; denn hättest du dich nicht geäußert, hättest du von mir bestimmt nichts hören können. Gewöhnlich fällt mir nämlich eher ein, warum eine Behauptung falsch ist, als warum sie zutrifft. Und das ist mir schon oft so ergangen, besonders aber eben, als ich dir zuhörte. Solltest du mich fragen, was ich über das Wesen der Götter denke, hätte ich vielleicht keine Antwort. Solltest du dich jedoch erkundigen, ob ich von der Richtigkeit deiner gemachten Ausführungen überzeugt sei, würde ich sagen: ganz und gar nicht.

Doch bevor ich zu deinen Äußerungen Stellung nehme, möchte ich dich erst wissen lassen, was ich persönlich von dir halte. (58) Ich glaube nämlich, oft mitangehört zu haben, wie dich dein Freund Lucius Crassus ohne Bedenken allen Römern vorzog und nur wenige Epikureer aus Griechenland mit dir auf eine Stufe stellte. Doch weil ich merkte, daß er dich außerordentlich schätzt, war ich der Meinung, er würde aus Zuneigung zu dir so überschwenglich reden. Auch wenn ich mich scheue, einen Anwesenden zu loben, muß ich trotzdem feststellen, daß du über ein nicht leicht

re obscura atque difficili a te dictum esse dilucide, neque sententiis solum copiose, sed verbis etiam ornatius, quam solent vestri. (59) Zenonem, quem Philo noster coryphaeum appellare Epicureorum solebat, cum Athenis essem, audiebam frequenter, et quidem ipso auctore Philone, credo ut facilius iudicarem, quam illa bene refellerentur, cum a principe Epicureorum accepissem, quemadmodum dicerentur. Non igitur ille ut plerique, sed isto modo ut tu, distincte, graviter, ornate. Sed quod in illo mihi usu saepe venit, idem modo, cum te audirem, accidebat, ut moleste ferrem tantum ingenium – bona venia me audies – in tam leves, ne dicam in tam ineptas sententias incidisse. Nec ego nunc ipse aliquid adferam melius. (60) Ut enim modo dixi, omnibus fere in rebus, sed maxime in physicis, quid non sit, citius quam, quid sit, dixerim. Roges me, quid aut quale sit deus: auctore utar Simonide, de quo cum quaesivisset hoc idem tyrannus Hiero, deliberandi sibi unum diem postulavit; cum idem ex eo postridie quaereret, biduum petivit; cum saepius duplicaret numerum dierum admiransque Hiero requireret, cur ita faceret, ‘quia, quanto diutius considero’, inquit, ‘tanto mihi res videtur obscurior.’ Sed Simoniden arbitror – non enim poeta solum suavis, verum etiam ceteroqui doctus sapiensque traditur –, quia multa venirent in mentem acuta atque suptilia, dubitantem, quid eorum esset verissimum, desperasse omnem veritatem. (61) Epicurus vero tuus – nam cum illo

durchschaubares, schwieriges Problem einleuchtend gesprochen hast, und dein Vortrag zeigte nicht nur eine Fülle von Gedanken, sondern auch eine Schönheit des Stils, die den Vertretern eurer Schule im allgemeinen abgeht. (59) Den Zenon, welchen unser Philon als das Oberhaupt der Epikureer zu bezeichnen pflegte, habe ich während meines Aufenthaltes in Athen regelmäßig gehört, und zwar hat mich Philon persönlich dazu veranlaßt, wohl damit ich besser beurteilen könne, wie leicht sich jene Lehre widerlegen lasse, wenn ich vom Meister der Epikureer die Art und Weise ihrer Argumentation gelernt hätte. Nun sprach jener nicht wie die meisten, sondern so wie du, also klar, nachdrücklich und elegant. Doch was mir bei ihm oft passierte, genau das geschah eben, als ich dir zuhörte: Ich ärgerte mich, daß ein so bedeutender Kopf auf so – du wirst mir den Ausdruck verzeihen – triviale, um nicht zu sagen alberne Gedankengänge hereingefallen war. Allerdings werde ich selber jetzt auch nichts Besseres beitragen. (60) Ich bin ja, wie gerade gesagt, bei fast allen Dingen, besonders aber bei der Naturphilosophie, schneller in der Lage festzustellen, was nicht stimmt, als was stimmt. Solltest du mich fragen, was und wie ein Gott sei, möchte ich mich auf Simonides berufen, der, als ihm der Tyrann Hieron dieselbe Frage stellte, einen Tag Bedenkzeit verlangte. Als er tags darauf wieder dasselbe fragte, bat er um zwei Tage. Da er die Zahl der Tage immer wieder verdoppelte und Hieron erstaunt den Grund für sein Verhalten wissen wollte, antwortete er: ›Weil mir die Sache, je länger ich über sie nachdenke, desto undurchschaubarer vorkommt.‹ Aber meines Erachtens hatte Simonides – er gilt nämlich nicht nur als reizvoller Dichter, sondern als ein auch sonst gelehrter und weiser Mann –, da ihm viel Scharfsinniges und Subtiles in den Sinn kam, Zweifel, was davon den höchsten Wahrheitsgehalt besäße, und daher die Hoffnung aufgegeben, die ganze Wahrheit zu finden.[119] (61) Dein Epikur jedoch – denn ich möchte mich lieber mit ihm als mit dir auseinandersetzen –, was bringt er vor, was,

malo disserere quam tecum – quid dicit, quod non modo philosophia dignum esset, sed mediocri prudentia? Quaeritur primum in ea quaestione, quae est de natura deorum, sintne dei necne sint. 'Difficile est negare.' Credo, si in contione quaeratur; sed in huius modi sermone et in consessu familiari facillimum. Itaque ego ipse pontifex, qui caerimonias religionesque publicas sanctissime tuendas arbitror, is hoc, quod primum est, esse deos, persuaderi mihi non opinione solum, sed etiam ad veritatem plane velim. Multa enim occurrunt, quae conturbent, ut interdum nulli esse videantur. (62) Sed vide, quam tecum agam liberaliter: quae communia sunt vobis cum ceteris philosophis, non attingam, ut hoc ipsum; placet enim omnibus fere mihique ipsi in primis deos esse. Itaque non pugno; rationem tamen eam, quae a te adfertur, non satis firmam puto. Quod enim omnium gentium generumque hominibus ita videretur, id satis magnum argumentum esse dixisti, cur esse deos confiteremur. Quod cum leve per se, tum etiam falsum est. Primum enim unde tibi notae sunt opiniones nationum? Equidem arbitror multas esse gentes sic inmanitate efferatas, ut apud eas nulla suspicio deorum sit. (63) Quid Diagoras, Atheos qui dictus est, posteaque Theodorus nonne aperte deorum naturam sustulerunt? Nam Abderites quidem Protagoras, cuius a te modo mentio facta est, sophistes temporibus illis vel maximus, cum in principio libri sic posuisset

wenn schon nicht mit der Philosophie, so doch wenigstens mit durchschnittlicher Klugheit vereinbar wäre?
Bei dieser Untersuchung über das Wesen der Götter geht es zuerst einmal um die Frage, ob es Götter gebe oder nicht. ›Die Existenz ist schwerlich zu bestreiten.‹ Wohl wahr, würde man die Frage in einer Volksversammlung stellen. Doch in einem Gespräch wie diesem und im engen Freundeskreis ist das ganz unproblematisch. Und so möchte ich, der ich selber Pontifex[120] bin und meine, daß die religiösen Bräuche und die öffentliche Götterverehrung äußerst gewissenhaft einzuhalten sind, von der ersten These – es gebe Götter – überzeugt werden, nicht nur aufgrund einer Vermutung, sondern auch durch einen klaren Wahrheitsnachweis.[121] Es begegnen einem ja viele Einwände, die einen so verwirren können, daß man bisweilen den Eindruck hat, es gebe gar keine Götter. (62) Doch schau, wie großzügig ich mit dir verfahren will: Die Standpunkte, die ihr mit den übrigen Philosophen teilt, werde ich nicht berühren, so wie diesen hier; denn fast alle, und ich selbst allemal, nehmen die Existenz der Götter für gegeben.[122] Also erhebe ich keinen Einspruch. Die von dir gelieferte Begründung halte ich jedoch für nicht genügend stichhaltig. Die Tatsache nämlich, daß die Menschen aller Völker und jedweder Couleur diesen Glauben haben, hast du als hinreichenden Beweis dafür bezeichnet, warum wir die Existenz der Götter zugestehen.[123] Das ist schon in sich haltlos, darüber hinaus sogar falsch. Denn zum ersten: Woher sind dir die Ansichten der verschiedenen Nationen bekannt? Meines Erachtens gibt es jedenfalls viele Völker, die in so wilder Barbarei leben, daß sie von den Göttern überhaupt keine Vorstellung haben.[124] (63) Und haben nicht auch Diagoras mit dem Beinamen ›der Atheist‹ und später Theodoros das Sein der Götter ganz offen geleugnet?[125] Der von dir eben erwähnte Protagoras aus Abdera nun, wohl der bedeutendste Sophist jener Zeit, wurde auf Befehl der Athener aus Stadt und Land verbannt, und man verbrannte seine Bücher in der Volksversamm-

'de divis neque, ut sint, neque, ut non sint, habeo dicere', Atheniensium iussu urbe atque agro est exterminatus librique eius in contione combusti; ex quo equidem existimo tardioris ad hanc sententiam profitendam multos esse factos, quippe cum poenam ne dubitatio quidem effugere potuisset. Quid de sacrilegis, quid de impiis periurisque dicemus?

'Tubulus si Lucius umquam,
si Lupus aut Carbo aut Neptuni filius',

ut ait Lucilius, putasset esse deos, tam periurus aut tam inpurus fuisset? (64) Non est igitur tam explorata ista ratio ad id, quod vultis, confirmandum, quam videtur. Sed quia commune hoc est argumentum aliorum etiam philosophorum, omittam hoc tempore; ad vestra propria venire malo.

(65) Concedo esse deos; doce me igitur, unde sint, ubi sint, quales sint corpore, animo, vita; haec enim scire desidero. Abuteris ad omnia atomorum regno et licentia; hinc quodcumque in solum venit, ut dicitur, effingis atque efficis. Quae primum nullae sunt. Nihil est enim ** quod vacet corpore, corporibus autem omnis obsidetur locus; ita nullum inane, nihil esse individuum potest. (66) Haec ego nunc physicorum oracla fundo, vera an falsa nescio, sed veri tamen similiora quam vestra. Ista enim flagitia Democriti sive etiam ante Leucippi, esse corpuscula quaedam levia, alia aspera, rutunda alia, partim autem angulata et hamata, curvata quaedam et quasi adunca, ex iis effectum esse caelum

lung, weil er am Anfang einer Schrift festgestellt hatte: ›Von den Göttern kann ich weder sagen, daß es sie gibt, noch, daß es sie nicht gibt.‹ Deswegen, so jedenfalls meine Meinung, zögerten dann viele Leute, sich zu dieser Ansicht zu bekennen, da man nicht einmal einen Zweifel straffrei hätte äußern dürfen. Was sollen wir ferner von den Tempelräubern, Frevlern und Meineidigen sagen?

›Falls jemals Lucius Tubulus,
falls Lupus oder Carbo oder ein Sohn des Neptun[126]‹,

wie Lucilius[127] sich ausdrückt, an die Götter geglaubt hätte, wäre er dann so eidbrüchig oder so lasterhaft gewesen? (64) Folglich ist das Argument, mit dem ihr eure Behauptung stützen wollt, nicht so zwingend, wie es scheint. Doch da sich dieser Beweis auch bei anderen Philosophen findet, will ich jetzt darauf nicht eingehen. Ich möchte lieber auf eure spezifischen Ansichten zu sprechen kommen.

(65) Ich räume ein, daß es Götter gibt. Zeige mir also, woher sie stammen, wo sie sich aufhalten, welche körperlichen und seelischen Eigenschaften sie haben und welches Leben sie führen. Darüber nämlich wünsche ich Auskunft. Du mißbrauchst für alles die Machtwillkür der Atome; aus ihnen bildest und schaffst du alles, worüber du, wie man so sagt, gerade immer stolperst. Zuerst einmal gibt es überhaupt keine Atome. Es existiert nämlich nichts ** [128], was körperlos wäre, sondern aller Raum ist von Körpern erfüllt. Somit kann es keine Leere und nichts Unteilbares geben. (66) Ich unterbreite euch nun die Orakelsprüche der Naturphilosophen; ob sie richtig oder falsch sind, weiß ich nicht, trotzdem treffen sie die Wahrheit eher als eure Aussagen. Denn diese skandalösen Äußerungen Demokrits bzw. seines Vorgängers Leukippos, es gebe Körperchen, von denen die einen glatt, die anderen rauh, wieder andere rund, einige aber auch eckig und hakenförmig, bestimmte krumm und nach innen gebogen seien, und daß aus diesen Himmel und Erde

atque terram nulla cogente natura, sed concursu quodam fortuito – hanc tu opinionem, C. Vellei, usque ad hanc aetatem perduxisti, priusque te quis de omni vitae statu quam de ista auctoritate deiecerit; ante enim iudicasti Epicureum te esse oportere, quam ista cognovisti: ita necesse fuit aut haec flagitia concipere animo aut susceptae philosophiae nomen amittere. (67) Quid enim mereas, ut Epicureus esse desinas? 'Nihil equidem', inquis, 'ut rationem vitae beatae veritatemque deseram.' Ista igitur est veritas? Nam de vita beata nihil repugno; quam tu ne in deo quidem esse censes, nisi plane otio langueat. Sed ubi est veritas? In mundis credo innumerabilibus omnibus minimis temporum punctis aliis nascentibus, aliis cadentibus; an in individuis corpusculis tam praeclara opera nulla moderante natura, nulla ratione fingentibus? Sed oblitus liberalitatis meae, qua tecum paulo ante uti coeperam, plura complector. Concedam igitur ex individuis constare omnia; quid ad rem? Deorum enim natura quaeritur. (68) Sint sane ex atomis; non igitur aeterni. Quod enim ex atomis, id natum aliquandost; si natum, nulli dei, antequam nati; et si ortus est deorum, interitus sit necesse est, ut tu paulo ante de Platonis mundo disputabas. Ubi igitur illud vestrum beatum et aeternum, quibus duobus verbis significatis deum? Quod cum efficere vultis, in dumeta conrepitis. Ita enim dicebas, non corpus

ohne den Zwang eines Naturgesetzes, sondern durch zufälliges Zusammentreffen entstanden seien – diese Auffassung, Gaius Velleius, hast du bis in die heutige Zeit vertreten, und eher könnte dich jemand zu einer Änderung deiner gesamten Lebensweise bringen als zur Aufgabe dieser für dich maßgeblichen Theorie. Du hast ja schon entschieden, Epikureer sein zu müssen, bevor du diese Lehre richtig kennengelernt hattest: So war es notwendig, sich entweder diese Abstrusitäten geistig anzueignen oder den Namen der gewählten Philosophie preiszugeben. (67) Was nämlich müßte man dir in Aussicht stellen, damit du kein Epikureer mehr sein wolltest? ›Nichts‹, sagst du, ›kann mich dazu bewegen, von der Lehre des glückseligen Lebens und von der Wahrheit zu lassen.‹ Das also ist deine Wahrheit? Ich wende mich überhaupt nicht gegen das glückselige Leben, welches, wie du meinst, ein Gott nur haben kann, wenn er in völliger Ruhe erstarrt. Aber wo ist die Wahrheit? Vermutlich in den unzähligen Welten, die in jedem winzigen Augenblick teils entstehen, teils vergehen? Oder in den unteilbaren Körperchen, die ohne jede Lenkung der Natur und ohne alles Eingreifen der Vernunft so herrliche Werke schaffen? Doch ich verzichte jetzt auf die Nachsicht, die ich noch eben[129] mit dir geübt habe, und komme zu weiteren Punkten. Ich will also einmal einräumen, daß alles aus Atomen besteht. Doch was hat das mit dem Thema zu tun? Denn unsere Frage gilt dem Wesen der Götter. (68) Mögen sie meinetwegen aus Atomen bestehen. Dann sind sie also nicht ewig. Denn was aus Atomen besteht, ist irgendwann einmal entstanden; ist es indes entstanden, so gab es keine Götter vor ihrer Entstehung; und wenn es einen Ursprung der Götter gibt, ist auch ihr Untergang unausweichlich, wie du vorhin bei der Welt Platons[130] zu erklären versuchtest.[131] Wo also bleibt dann eure bekannte Glückseligkeit und Ewigkeit, zwei Attribute, die ihr der Gottheit zuschreibt? Immer wenn ihr das beweisen wollt, verkriecht ihr euch im Gestrüpp [unverständlicher Behauptungen]. Denn das waren ja deine Worte: Ein Gott

esse in deo, sed quasi corpus, nec sanguinem, sed tamquam sanguinem.

(69) Hoc persaepe facitis, ut, cum aliquid non verisimile dicatis et effugere reprehensionem velitis, adferatis aliquid, quod omnino ne fieri quidem possit, ut satius fuerit illud ipsum, de quo ambigebatur, concedere quam tam inpudenter resistere. Velut Epicurus cum videret, si atomi ferrentur in locum inferiorem suopte pondere, nihil fore in nostra potestate, quod esset earum motus certus et necessarius, invenit, quomodo necessitatem effugeret, quod videlicet Democritum fugerat: ait atomum, cum pondere et gravitate directo deorsus feratur, declinare paululum. (70) Hoc dicere turpius est quam illud, quod vult, non posse defendere. Idem facit contra dialecticos; a quibus cum traditum sit in omnibus diiunctionibus, in quibus 'aut etiam aut non' poneretur, alterum utrum esse verum, pertimuit, ne, si concessum esset huius modi aliquid 'aut vivet cras aut non vivet Epicurus', alterutrum fieret necessarium: totum hoc 'aut etiam aut non' negavit esse necessarium; quo quid dici potuit obtusius? Urguebat Arcesilas Zenonem, cum ipse falsa omnia diceret, quae sensibus viderentur, Zenon autem nonnulla visa esse falsa, non omnia; timuit Epicurus, ne, si unum visum esset falsum, nullum esset verum: omnes sensus veri nuntios dixit esse. Nihil horum nisi valde inconsiderate; graviorem enim plagam accipiebat, ut leviorem repelleret.

(71) Idem facit in natura deorum: dum individuorum corporum concretionem fugit, ne interitus et dissipatio conse-

habe keinen Körper, nur eine Art Körper, und er habe auch kein Blut, sondern nur eine Art Blut.[132]

(69) So verfahrt ihr sehr oft: Wenn ihr etwas Unwahrscheinliches behauptet und Kritik vermeiden wollt, bringt ihr noch etwas vor, was absolut nicht sein kann, so daß es besser gewesen wäre, ihr hättet den strittigen Punkt zugegeben, als sich mit solcher Dreistigkeit dagegen zu wehren. Als Epikur zum Beispiel erkannte, daß nichts mehr in unserer Macht stände, wenn die Atome aufgrund ihres Eigengewichtes nach unten fielen, weil ihre Bewegung dann notwendig festläge,[133] fand er einen Ausweg, diese Zwangsläufigkeit auszuschalten, einen Ausweg, auf den Demokrit freilich nicht gekommen war: Er sagt einfach, das Atom ändere, wenn es durch Gewicht und Schwerkraft ganz senkrecht abwärts falle, ein ganz klein wenig seine Richtung.[134] (70) Eine solche Äußerung ist skandalöser, als eine gewünschte Behauptung nicht verteidigen zu können. Genauso geht er gegen die Dialektiker vor. Da sie, wie man weiß, die Position vertreten, bei allen Disjunktivsätzen, für die das Prinzip gelte ›Entweder etwas ist, oder es ist nicht‹, sei einer der beiden Teile wahr, hatte er die große Befürchtung, wenn man einen Satz wie ›Entweder wird Epikur morgen noch leben oder nicht mehr leben‹ akzeptiere, treffe eines von beiden zwangsläufig ein. So bestritt er die Notwendigkeit der ganzen Alternative.[135] Hätte man etwas noch Dümmeres sagen können? Arkesilaos setzte dem Zenon damit hart zu, daß er alle Sinneseindrücke für falsch erklärte, für Zenon jedoch nur manche falsch waren, nicht alle.[136] Epikur war nun in Sorge, daß überhaupt keine Wahrnehmung mehr richtig sei, wenn sich auch nur eine als falsch herausstellte. Somit erklärte er alle sinnlichen Eindrücke als Boten der Wahrheit. Alle diese Auslassungen sind denkbar unüberlegt. Er mußte nämlich einen noch schwereren Schlag einstecken, bloß um einen leichteren abzuwehren.

(71) Ebenso verfährt er beim Wesen der Götter: Während er bei ihnen die Zusammenballung unteilbarer Körper aus-

quatur, negat esse corpus deorum, sed tamquam corpus, nec sanguinem, sed tamquam sanguinem. Mirabile videtur, quod non rideat haruspex, cum haruspicem viderit; hoc mirabilius, quam vos inter vos risum tenere possitis? 'Non est corpus, sed quasi corpus': hoc intellegerem, quale esset, si in cereis diceretur aut fictilibus figuris; in deo quid sit quasi corpus aut quid sit quasi sanguis, intellegere non possum. Ne tu quidem, Vellei, sed non vis fateri.

(72) Ista enim a vobis quasi dictata redduntur, quae Epicurus oscitans halucinatus est, cum quidem gloriaretur, ut videmus in scriptis, se magistrum habuisse nullum. Quod et non praedicanti tamen facile equidem crederem, sicut mali aedificii domino glorianti se architectum non habuisse; nihil enim olet ex Academia, nihil ex Lycio, nihil ne e puerilibus quidem disciplinis. Xenocraten audire potuit – quem virum, dii inmortales –, et sunt, qui putent audisse; ipse non vult: credo plus nemini. Pamphilum quendam Platonis auditorem ait a se Sami auditum – ibi enim adulescens habitabat cum patre et fratribus, quod in eam pater eius Neocles agripeta venerat, sed cum agellus eum non satis aleret, ut opinor, ludi magister fuit –; (73) sed hunc Platonicum mirifice contemnit Epicurus: ita metuit, ne quid umquam didicisse videatur. In Nausiphane Democriteo tenetur; quem cum a se

schalten will, damit nicht auch Untergang und Auflösung daraus erfolge, sagt er, die Götter hätten keinen Körper, sondern nur eine Art Körper, und auch kein Blut, sondern bloß eine Art Blut. Es scheint verwunderlich, daß ein Opferschauer beim Anblick eines anderen Opferschauers nicht in Gelächter ausbricht. Muß man sich aber nicht noch mehr wundern, daß ihr euch in eurem Kreis das Lachen verbeißen könnt? ›Es ist kein Körper, sondern nur eine Art Körper.‹[137] Ich könnte begreifen, was damit gemeint ist, wenn man so über Wachs- oder Tonfiguren spräche. Doch was bei einem Gott eine Art Körper oder eine Art Blut bedeuten soll, übersteigt mein Verständnis. Das kannst nicht einmal du verstehen, mein Velleius, aber du willst es nicht zugeben. (72) Diese Sätze, die Epikur im Halbschlaf dahergeschwätzt hat, spult ihr nun ab, wie wenn sie euch diktiert worden wären, obwohl er sich, wie wir aus seinen Schriften ersehen, rühmte, überhaupt keinen Lehrer gehabt zu haben. Das würde ich ihm, auch ohne sein ausdrückliches Bekenntnis, ohne weiteres glauben, ebenso wie dem Eigentümer eines schlechtgebauten Hauses, wenn er stolz darauf verweist, keinen Architekten zu Rate gezogen zu haben. Bei ihm nämlich riecht nichts nach der Akademie, nichts nach dem Lykeion, nichts auch nur nach dem Schulbesuch eines Kindes. Dabei hätte er Xenokrates hören können – was für ein Mann, ihr unsterblichen Götter! –, und manche meinen auch, er habe es getan. Er selbst will es nicht zugeben: darin glaube ich keinem mehr als ihm. Die Vorlesungen eines gewissen Pamphilos, eines Platon-Schülers, hat er, wie er erzählt, auf Samos besucht – als junger Mann wohnte er ja da mit seinem Vater und seinen Brüdern, da sein Vater Neokles dort als Siedler eingewandert war; doch weil der kleine Hof ihn nicht ausreichend ernährte, wurde er, soviel ich weiß, Schulmeister. (73) Für diesen Platoniker zeigt Epikur allerdings eine erstaunliche Verachtung: Solche Angst hat er, er könne den Eindruck erwecken, jemals etwas gelernt zu haben. Bei Nausiphanes, einem Anhänger Demokrits, wird

non neget auditum, vexat tamen omnibus contumeliis. Atqui si haec Democritea non audisset, quid audierat, quid est in physicis Epicuri non a Democrito? Nam etsi quaedam commutavit, ut quod paulo ante de inclinatione atomorum dixi, tamen pleraque dicit eadem, atomos, inane, imagines, infinitatem locorum innumerabilitatemque mundorum, eorum ortus, interitus, omnia fere, quibus naturae ratio continetur.

Nunc istuc quasi corpus et quasi sanguinem quid intellegis? (74) Ego enim te scire ista melius quam me non fateor solum, sed etiam facile patior; cum quidem semel dicta sunt, quid est, quod Velleius intellegere possit, Cotta non possit? Itaque corpus quid sit, sanguis quid sit, intellego, quasi corpus et quasi sanguis quid sit, nullo prorsus modo intellego. Neque tu me celas, ut Pythagoras solebat alienos, nec consulto dicis occulte tamquam Heraclitus, sed, quod inter nos liceat, ne tu quidem intellegis. (75) Illud video pugnare te, species ut quaedam sit deorum, quae nihil concreti habeat, nihil solidi, nihil expressi, nihil eminentis, sitque pura, levis, perlucida. Dicemus igitur idem, quod in Venere Coa: corpus illud non est, sed simile corporis, nec ille fusus et candore mixtus rubor sanguis est, sed quaedam sanguinis similitudo; sic in Epicureo deo non rem, sed similitudines esse rerum.

Fac id, quod ne intellegi quidem potest, mihi esse persuasum; cedo mihi istorum adumbratorum deorum liniamenta atque formas! (76) Non deest hoc loco copia rationum, qui-

er jedoch überführt. Obwohl er gar nicht abstreitet, ihn gehört zu haben, kränkt er ihn durch Beleidigungen aller Art. Und selbst wenn er diese Theorien Demokrits wirklich nicht gehört hätte, was hatte er dann gehört, was in Epikurs Naturphilosophie stammt nicht von Demokrit?[138] Denn mag er auch einiges verändert haben – ich habe eben die Richtungsabweichung der Atome erwähnt –, sagt er doch meist dasselbe über die Atome, die Leere, die Bilder, die Unendlichkeit der Räume und die unermeßliche Zahl der Welten, über deren Ursprung und Untergang, also fast über alles, was die Naturphilosophie zum Inhalt hat.

Jetzt aber zu diesen sonderbaren Formulierungen ›eine Art Körper‹ und ›eine Art Blut‹, was meinst du damit?[139] (74) Denn ich gebe nicht nur offen zu, daß du darüber besser Bescheid weißt als ich, sondern kann es sogar gut akzeptieren. Wenn die Begriffe nun einmal so gefallen sind: Warum kann Velleius sie begreifen, Cotta aber nicht? Was ein Körper, was Blut ist, verstehe ich also wohl, was hingegen eine Art Körper und eine Art Blut ist, verstehe ich absolut nicht. Du verheimlichst mir ja nicht etwas, so wie es Pythagoras Nichteingeweihten gegenüber zu tun pflegte, und du redest auch nicht absichtlich rätselhaft wie Herakleitos, sondern – ein freies Wort sollte unter uns erlaubt sein – du verstehst es selber auch nicht. (75) Du streitest, wie ich sehe, für ein Erscheinungsbild der Götter, das nichts Verdichtetes, nichts Festes und keine ausgeprägten und hervortretenden Konturen hat und statt dessen rein, leicht und durchsichtig sein soll.[140] Also werden wir dasselbe sagen wie bei der Venus von Kos: Das ist kein Körper, nur das Abbild eines Körpers, und die ihn überziehende, mit hellem Weiß vermischte Röte ist kein Blut, sondern etwas Blutähnliches; ebenso hätte der epikureische Gott keinen wirklichen Körper, sondern bloß Ähnlichkeiten mit realen Eigenschaften.

Nimm einmal an, ich sei von dem, was man sich nicht einmal vorstellen kann, überzeugt. Also auf, zeige mir die Züge und Formen dieser Schatten-Götter! (76) Es fehlt auch

bus docere velitis humanas esse formas deorum; primum quod ita sit informatum, anticipatum mentibus nostris, ut homini, cum de deo cogitet, forma occurrat humana; deinde cum, quoniam rebus omnibus excellat natura divina, forma quoque esse pulcherrima debeat, nec esse humana ullam pulchriorem; tertiam rationem adfertis, quod nulla in alia figura domicilium mentis esse possit. (77) Primum igitur quidque considera, quale sit; arripere enim mihi videmini quasi vestro iure rem nullo modo probabilem.

Primum omnium quis tam caecus in contemplandis rebus umquam fuit, ut non videret species istas hominum conlatas in deos aut consilio quodam sapientium, quo facilius animos imperitorum ad deorum cultum a vitae pravitate converterent, aut superstitione, ut essent simulacra, quae venerantes deos ipsos se adire crederent? Auxerunt autem haec eadem poetae, pictores, opifices; erat enim non facile agentis aliquid et molientis deos in aliarum formarum imitatione servare.

Accessit etiam ista opinio fortasse, quod homini homine pulchrius nihil videatur. Sed tu hoc, physice, non vides, quam blanda conciliatrix et quasi sui sit lena natura? An putas ullam esse terra marique beluam, quae non sui generis belua maxime delectetur? Quod ni ita esset, cur non gestiret taurus equae contrectatione, equus vaccae? An tu aquilam aut leonem aut delphinum ullam anteferre censes figuram

hier nicht an einer Fülle von Gründen, mit denen ihr die menschliche Gestalt der Götter nachweisen wollt. Erstens, weil es in unseren Seelen eine angeborene, klare Vorstellung gebe, so daß dem Menschen beim Gedanken an eine Gottheit eine menschliche Gestalt vor Augen trete; zweitens, weil das göttliche Wesen, da es ja alles andere übertreffe, auch die schönste Gestalt haben müsse und es keine schönere als die menschliche gebe. Als dritten Beweis führt ihr an, daß der Geist in keiner anderen Gestalt seinen Wohnsitz haben könne. (77) Überlege nun zuerst einmal, was das alles bedeutet. Denn wie mir scheint, übernehmt ihr gleichsam eigenmächtig eine keineswegs einleuchtende Behauptung.

Erstens: Wer überhaupt wäre bei der Betrachtung dieser Fragen jemals so blind gewesen, nicht zu sehen, daß dieses menschliche Erscheinungsbild entweder von Philosophen in der bestimmten Absicht auf die Götter übertragen wurde, um unerfahrene Menschen leichter von ihrem verkehrten Lebenswandel abzubringen und zur Verehrung der Götter zu bewegen, oder aber aus Aberglauben, um Bilder zu haben, bei deren Verehrung die Leute meinen können, sich an die Götter selbst zu wenden? Genau dieselben Vorstellungen aber bekräftigten noch die Dichter, Maler und Bildhauer. Es wäre nämlich nicht leicht gewesen, den Glauben an tätige und handelnde Götter aufrechtzuerhalten, wenn man für sie das Vorbild anderer Gestalten gewählt hätte.

Hinzu kam vielleicht noch die Meinung, daß dem Menschen nichts schöner erscheint als eben der Mensch. Doch siehst du gar nicht, mein kluger Naturphilosoph, wie schmeichlerisch die Natur kuppelt und gleichsam um sich selber buhlt? Oder glaubst du etwa, es gebe auf dem Land oder im Meer ein einziges Tier, das sich nicht zu einem Tier der eigenen Gattung am stärksten hingezogen fühlte? Wäre dies nicht der Fall, warum sollte es dann einen Stier nicht nach einer Stute gelüsten oder einen Hengst nach einer Kuh? Oder denkst du, ein Adler, Löwe oder Delphin zöge irgendeine

suae? Quid igitur mirum, si hoc eodem modo homini natura praescripsit, ut nihil pulchrius quam hominem putaret ** et eam esse causam, cur deos hominum similis putaremus? (78) Quid censes: si ratio esset in beluis, non suo quasque generi plurimum tributuras fuisse? At mehercule ego – dicam enim, ut sentio –, quamvis amem ipse me, tamen non audeo dicere pulchriorem esse me, quam ille fuerit taurus, qui vexit Europam; non enim hoc loco de ingeniis aut de orationibus nostris, sed de specie figuraque quaeritur. Quodsi fingere nobis et iungere formas velimus, qualis ille maritimus Triton pingitur, natantibus invehens beluis adiunctis humano corpori, nolis esse. Difficili in loco versor; est enim vis tanta naturae, ut homo nemo velit nisi hominis similis esse – et quidem formica formicae. (79) Sed tamen cuius hominis? Quotus enim quisque formonsus est? Athenis cum essem, e gregibus epheborum vix singuli reperiebantur – video, quid adriseris, sed ita tamen se res habet. Deinde nobis, qui concedentibus philosophis antiquis adulescentulis delectamur, etiam vitia saepe iocunda sunt. Naevos in articulo pueri delectat Alcaeum; at est corporis macula naevos; illi tamen hoc lumen videbatur. Q. Catulus, huius collegae et familiaris nostri pater, dilexit municipem tuum Roscium, in quem etiam illud est eius:

andere Gestalt der eigenen vor? Was Wunder also, wenn die Natur in gleicher Weise dem Menschen vorgeschrieben hat, nichts schöner zu finden als den Menschen ** und daß dies der Grund dafür ist, warum wir die Götter für menschenähnliche Geschöpfe halten? (78) Was meinst du? Wenn die Tiere vernunftbegabt[141] wären, würde dann nicht jedes für sich der eigenen Gattung den Vorrang einräumen? Aber, beim Hercules – ich will nämlich meine Gedanken offen äußern –, so sehr ich mich selbst liebe, wage ich trotzdem nicht zu behaupten, ich sei schöner, als es jener bekannte Stier gewesen sein mag, der die Europe entführte. Die Frage gilt hier ja nicht unseren geistigen und rhetorischen Fähigkeiten, sondern dem Aussehen und der Gestalt. Würden wir aber Gestalten für uns ausdenken und zusammenfügen wollen, möchtest du bestimmt nicht so aussehen, wie jener Meeresgott Triton von den Malern dargestellt wird, wenn er auf schwimmenden Ungeheuern reitet, die mit seinem menschlichen Körper verwachsen sind. Ich bewege mich hier in schwierigem Gelände; denn der natürliche Instinkt ist so groß, daß kein einziger Mensch einem anderen Wesen ähneln will als eben dem Menschen – und gewiß auch die Ameise nur einer Ameise. (79) Doch welchem Menschen eigentlich? Wie wenige sind nämlich wirklich schön? Während meines Aufenthaltes in Athen fanden sich in den Gruppen der Epheben bloß wenige einzelne – ich sehe, warum du gelächelt hast, doch so ist es nun einmal. Ferner: Für uns, die wir uns im Einverständnis mit den alten Philosophen[142] von sehr jungen Männern angezogen fühlen, sind oftmals sogar ihre Fehler reizvoll. Ein Muttermal auf dem Knöchel seines Lieblings gefällt dem Alkaios. Zwar ist ein Muttermal ein körperlicher Fehler, ihm jedoch erschien es als besonderer Vorzug. Quintus Catulus, der Vater unseres Kollegen und Freundes hier,[143] liebte deinen Landsmann Roscius[144], auf den sich auch diese Verse von ihm beziehen:

'Constiteram exorientem Auroram forte salutans,
cum subito a laeva Roscius exoritur.
Pace mihi liceat caelestes dicere vestra:
mortalis visus pulchrior esse deo.'

Huic deo pulchrior; at erat, sicuti hodie est, perversissimis oculis: quid refert, si hoc ipsum salsum illi et venustum videbatur? (80) Redeo ad deos. Ecquos si non tam strabones at paetulos esse arbitramur, ecquos naevum habere, ecquos silos, flaccos, frontones, capitones, quae sunt in nobis, an omnia emendata in illis? Detur id vobis; num etiam una est omnium facies? Nam si plures, aliam esse alia pulchriorem necesse est, igitur aliquis non pulcherrimus deus; si una omnium facies est, florere in caelo Academiam necesse est: si enim nihil inter deum et deum differt, nulla est apud deos cognitio, nulla perceptio.
(81) Quid si etiam, Vellei, falsum illud omnino est, nullam aliam nobis de deo cogitantibus speciem nisi hominis occurrere: tamenne ista tam absurda defendes? Nobis fortasse sic occurrit, ut dicis; a parvis enim Iovem, Iunonem, Minervam, Neptunum, Vulcanum, Apollinem, reliquos deos ea facie novimus, qua pictores fictoresque voluerunt, neque solum facie, sed etiam ornatu, aetate, vestitu. At non Aegyptii nec Syri nec fere cuncta barbaria; firmiores enim videas apud eos opiniones esse de bestiis quibusdam quam apud nos de sanctissimis templis et simulacris deorum.

›Ich stand und grüßte gerade den Aufgang Auroras,
als plötzlich zur Linken mir Roscius erschien.
Es sei mir erlaubt, ihr Götter, zu sagen:
Wunderbarer als Gott däuchte der Sterbliche mir.‹

Für ihn war er schöner als ein Gott. Dabei schielte er, wie er es noch heute tut, ganz fürchterlich. Was aber macht das, wenn er gerade dies pikant und reizend fand? (80) Ich komme auf die Götter zurück. Wollen wir nicht meinen, daß manche von ihnen zwar nicht eben schielen, aber doch einen Silberblick haben, einige ein Muttermal, manche platte Nasen, Schlappohren, eine breite Stirn oder einen dicken Kopf, Schönheitsfehler, die es bei uns Menschen gibt? Oder ist bei ihnen alles ohne Fehl und Tadel? Auch dies mag man euch zugestehen. Doch haben sie etwa auch alle dasselbe Gesicht? Denn gibt es mehrere Gesichter, ist eines zwangsläufig schöner als das andere; folglich gibt es einen Gott, der nicht vollendet schön ist. Haben aber alle dasselbe Aussehen, muß im Himmel die Akademie in Blüte stehen: Falls sich nämlich ein Gott in nichts von einem anderen Gott unterscheidet, gibt es bei den Göttern keine Erkenntnis und keine Wahrnehmung.[145]

(81) Was aber, mein Velleius, wenn auch die These, uns komme beim Gedanken an einen Gott nur eine menschliche Gestalt in den Sinn, völlig falsch ist? Wirst du dann trotzdem etwas so Unsinniges noch verteidigen? Es geht uns vielleicht so, wie du sagst. Von klein auf kennen wir ja Iuppiter, Iuno, Minerva, Neptun, Vulcan, Apoll und die übrigen Gottheiten in dem Aussehen, das ihnen die Maler und Bildhauer haben geben wollen, und nicht nur in ihrem Aussehen, sondern auch in ihrem Schmuck, ihrem Alter, ihrer Kleidung. Aber das trifft nicht für die Ägypter zu, nicht für die Syrer und auch nicht für fast alle barbarischen Völker. Denn man kann beobachten, daß bei ihnen die Vorstellungen von der Göttlichkeit mancher Tiere fester sind als die von den ehrwürdigsten Tempeln und Götterbildern bei uns.

(82) Etenim fana multa spoliata et simulacra deorum de locis sanctissimis ablata videmus a nostris, at vero ne fando quidem auditumst crocodilum aut ibin aut faelem violatum ab Aegyptio. Quid igitur censes Apim illum sanctum Aegyptiorum bovem nonne deum videri Aegyptiis? Tam hercle quam tibi illam vestram Sospitam. Quam tu numquam ne in somnis quidem vides nisi cum pelle caprina, cum hasta, cum scutulo, cum calceolis repandis. At non est talis Argia nec Romana Iuno. Ergo alia species Iunonis Argivis, alia Lanuinis et quidem alia nobis Capitolini, alia Afris Hammonis Iovis. (83) Non pudet igitur physicum, id est speculatorem venatoremque naturae, ab animis consuetudine inbutis petere testimonium veritatis? Isto enim modo dicere licebit Iovem semper barbatum, Apollinem semper inberbem, caesios oculos Minervae, caeruleos Neptuni. Et quidem laudamus esse Athenis Volcanum eum, quem fecit Alcamenes, in quo stante atque vestito leviter apparet claudicatio non deformis: claudum igitur habebimus deum, quoniam de Volcano sic accepimus. Age et his vocabulis esse deos facimus, quibus a nobis nominantur? (84) At primum quot hominum linguae, tot nomina deorum; non enim ut tu Velleius, quocumque veneris, sic idem in Italia Volcanus, idem in Africa, idem in Hispania. Deinde nominum non magnus numerus ne in pontificiis quidem nostris, deorum autem innumerabilis. An sine nominibus sunt? Istud quidem ita vobis dicere necesse est; quid enim attinet,

(82) Unsere Landsleute haben ja, wie wir sehen, viele Heiligtümer geplündert und Götterbilder aus ihren hochheiligen Stätten fortgeschafft, doch hat man nicht einmal gerüchteweise gehört, daß ein Ägypter ein Krokodil, einen Ibis oder eine Katze entweiht hätte.[146] Warum also glaubst du nicht, daß die Ägypter den Apis, jenen bekannten heiligen Stier der Ägypter, als Gottheit betrachten? Das ist er, beim Hercules, für sie genauso wie für dich eure[147] berühmte Sospita. Diese siehst du nicht einmal im Schlaf anders als mit ihrem Ziegenfell, ihrer Lanze, ihrem kleinen Schild, ihren Schnabelschuhen. Doch so zeigt sich weder die argivische noch die römische Iuno. Folglich hat für die Argiver Iuno ein anderes Aussehen als für die Lanuvier, und ebenso ist für uns das Aussehen des kapitolinischen Iuppiter anders als das des Iuppiter Hammon für die Afrikaner. (83) Empfindet also ein Naturphilosoph, das heißt ein Erforscher und Erkunder der Natur[148], keine Scham, mit Hilfe von menschlichen Vorstellungen, die nur auf Gewohnheit beruhen, einen Wahrheitsbeweis antreten zu wollen? Denn auf die gleiche Weise dürfte man dann auch sagen, Iuppiter sei immer bärtig, Apoll immer bartlos, Minervas Augen seien graublau und meerblau[149] diejenigen Neptuns. Auch findet in Athen die Vulcan-Statue, ein Werk des Alkamenes, unser Lob, bei der, obwohl der Gott bekleidet dasteht, ein leichtes Hinken angedeutet ist, was nicht häßlich wirkt. Wir werden es also mit einem hinkenden Gott zu tun haben, weil uns die Tradition den Vulcan so überliefert hat. Weiter: Nehmen wir auch an, daß die Götter die Namen besitzen, mit denen wir sie bezeichnen? (84) Doch erstens gibt es für die Götter so viele Namen, wie es menschliche Sprachen gibt. Vulcan hat nämlich nicht so wie du, der du, egal, wohin du kommst, Velleius heißt, denselben Namen in Italien, Afrika oder Spanien.[150] Zweitens ist die Zahl der Götternamen nicht einmal in unseren Priesterbüchern[151] hoch, die der Götter jedoch ist unendlich. Oder sind sie überhaupt namenlos? Dies freilich müßtet ihr behaupten. Denn was

cum una facies sit, plura esse nomina? Quam bellum erat, Vellei, confiteri potius nescire, quod nescires, quam ista effutientem nauseare atque ipsum sibi displicere. An tu mei similem putas esse aut tui deus? Profecto non putas. Quid ergo, solem dicam aut lunam aut caelum deum? Ergo etiam beatum: quibus fruentem voluptatibus? Et sapientem: qui potest esse in eiusmodi trunco sapientia? Haec vestra sunt. (85) Si igitur nec humano corpore sunt di, quod docui, nec tali aliquo, quod tibi ita persuasum est, quid dubitas negare deos esse? Non audes. Sapienter id quidem, etsi hoc loco non populum metuis, sed ipsos deos. Novi ego Epicureos omnia sigilla venerantes. Quamquam video nonnullis videri Epicurum, ne in offensionem Atheniensium caderet, verbis reliquisse deos, re sustulisse. Itaque in illis selectis eius brevibusque sententiis, quas appellatis κυρίας δόξας, haec, ut opinor, prima sententia est: 'Quod beatum et inmortale est, id nec habet nec exhibet cuiquam negotium'; in hac ita exposita sententia sunt, qui existiment, quod ille inscitia plane loquendi fecerit, fecisse consulto: de homine minime vafro male existimant. (86) Dubium est enim, utrum dicat aliquid esse beatum et inmortale, an, si quod sit, id esse tale. Non animadvertunt hic eum ambigue locutum esse, sed multis aliis locis et illum et Metrodorum tam

nützt es, daß es mehrere Namen gibt, wenn doch alle gleich aussehen? Wie hübsch wäre es gewesen, Velleius, wenn du lieber zugegeben hättest, nicht zu wissen, was du nicht weißt, anstatt solches Zeug daherzuschwätzen, was dich anekelt und dich mit dir selber hadern läßt. Oder denkst du, ich oder du hätten Ähnlichkeit mit einem Gott? Das denkst du doch bestimmt nicht.

Was also, soll ich sagen, die Sonne, der Mond oder der Himmel seien Gottheiten? Also auch glückselig? Welche Wonnen genießt ein solcher Gott? Und weise soll er sein: Wie kann denn in einem solch fühllosen Block Weisheit vorhanden sein? Das aber sind eure Lehren![152] (85) Wenn folglich die Götter, wie ich gezeigt habe, keine menschliche Gestalt besitzen noch irgendeine andere, an die du fest glaubst, weshalb zögerst du dann, die Existenz der Götter zu bestreiten? Du traust dich nicht. Und zwar in weiser Einsicht, auch wenn du dich in diesem Punkt nicht vor dem Volk fürchtest, sondern vor den Göttern selbst. Ich persönlich kenne Epikureer, die alle erdenklichen Götterbilder verehren. Gleichwohl sehe ich auch, daß es manchen[153] so scheint, als habe Epikur, um bei den Athenern keinen Anstoß zu erregen, die Götter nur dem Wortlaut nach beibehalten, in Wirklichkeit aber abgeschafft. Und so findet sich in seiner bekannten Auswahl kurzer Sinnsprüche, die ihr ›Kyriai doxai‹ nennt, an erster Stelle, glaube ich, dieser Satz: ›Was glückselig und unsterblich ist, empfindet selbst keine Unannehmlichkeit und bereitet sie auch keinem anderen.‹ Mit diesem so formulierten Gedanken soll er nach Ansicht mancher Leute eine bestimmte Absicht verfolgt haben, während er sich nur aus Unvermögen, sich präzise auszudrücken, so geäußert hat. Sie haben eine schlechte Meinung von einem Mann, dem jegliche Raffinesse fehlt. (86) Es ist nämlich fraglich, ob er behauptet, es gebe ein glückseliges und unsterbliches Wesen, oder ob er sagt, es habe, falls es existiert, diese Eigenschaften. Sie merken nicht, daß er hier zweideutig gesprochen hat, daß er hingegen an vielen ande-

aperte quam paulo ante te. Ille vero deos esse putat, nec quemquam vidi, qui magis ea, quae timenda esse negaret, timeret, mortem dico et deos: quibus mediocres homines non ita valde moventur, his ille clamat omnium mortalium mentes esse perterritas; tot milia latrocinantur morte proposita, alii omnia, quae possunt, fana conpilant: credo aut illos mortis timor terret aut hos religiones.

(87) Sed quoniam non audes – iam enim cum ipso Epicuro loquar – negare esse deos, quid est, quod te inpediat aut solem aut mundum aut mentem aliquam sempiternam in deorum numero ponere? 'Numquam vidi' inquit, 'animam rationis consilique participem in ulla alia nisi humana figura.' Quid solis numquidnam aut lunae aut quinque errantium siderum simile vidisti? Sol duabus unius orbis ultimis partibus definiens motum cursus annuos conficit; huius hanc lustrationem eiusdem incensa radiis menstruo spatio luna complet; quinque autem stellae eundem orbem tenentes, aliae propius a terris, aliae remotius, ab isdem principiis disparibus temporibus eadem spatia conficiunt. Num quid tale, Epicure, vidisti? (88) Ne sit igitur sol, ne luna, ne stellae, quoniam nihil esse potest, nisi quod attigimus aut vidimus. Quid deum ipsum numne vidisti? Cur igitur credis esse? Omnia tollamus ergo, quae aut historia nobis aut ratio

ren Stellen, so wie auch Metrodoros, ebenso offen Position bezogen hat wie du gerade eben. Er glaubt wirklich an die Existenz der Götter, und doch habe ich noch keinen gesehen, der die Dinge, die man nach seiner Lehre nicht zu fürchten braucht, mehr fürchtet, ich meine den Tod und die Götter. Durchschnittliche Menschen lassen sich von diesen Vorstellungen nicht besonders beeindrucken, er aber verkündet lauthals, alle Sterblichen empfänden vor ihnen eine panische Angst. So viele Tausende begehen, die Todesstrafe vor Augen, Raubüberfälle, andere plündern alle Heiligtümer, die sie nur können: Ja, ich bin davon überzeugt, daß jene die Furcht vor dem Tode schreckt und diese ihre religiösen Bedenken.

(87) Doch da du dich ja nicht traust – ich will jetzt nämlich mit Epikur persönlich reden –, die Existenz der Götter zu leugnen, welchen Hinderungsgrund hast du dann, die Sonne, das Weltall oder irgendeine ewige geistige Kraft nicht zu den Göttern zu zählen? ›Ich habe‹, antwortet er, ›eine mit Vernunft und Einsicht begabte Seele immer nur in einer menschlichen Gestalt gefunden.‹ Wie denn, hast du denn sonst schon je so etwas wie die Sonne, den Mond oder die fünf Planeten[154] gesehen? Die Sonne vollendet ihren Jahreslauf, indem sie ihre Bewegung zwischen den äußersten Punkten eines einzigen Kreises[155] begrenzt. Ebendiese Bahn durchläuft der durch ihre Strahlen erleuchtete Mond innerhalb eines Monats. Die fünf Gestirne indes, die denselben Kreis beschreiben, durchmessen – die einen näher an der Sonne, die anderen weiter entfernt – von identischen Ausgangspunkten aus in unterschiedlichen Zeiträumen dieselben Strecken. Hast du, Epikur, solches etwa sonst schon gesehen? (88) Dann gäbe es folglich weder die Sonne noch den Mond, noch die Planeten, weil ja nur das existieren kann, was wir berührt oder gesehen haben. Und weiter: Hast du denn etwa schon eine Gottheit selbst gesehen? Wieso hältst du dann an ihrer Existenz fest? Laßt uns also alles beiseite schieben, was uns die Geschichte oder die Wissenschaft an

nova adfert. Ita fit, ut mediterranei mare esse non credant. Quae sunt tantae animi angustiae, ut, si Seriphi natus esses nec umquam egressus ex insula, in qua lepusculos vulpeculasque saepe vidisses, non crederes leones et pantheras esse, cum tibi, quales essent, dicerentur, si vero de elephanto quis diceret, etiam rideri te putares.

(89) Et tu quidem, Vellei, non vestro more, sed dialecticorum, quae funditus gens vestra non novit, angustia argumenti sententiam conclusisti. Beatos esse deos sumpsisti: concedimus. Beatum autem esse sine virtute neminem posse: id quoque damus, et libenter quidem. Virtutem autem sine ratione constare non posse: conveniat id quoque necesse est. Adiungis nec rationem esse nisi in hominis figura. Quem tibi hoc daturum putas? Si enim ita esset, quid opus erat te gradatim istuc pervenire? Sumpsisses tuo iure. Quod autem est istuc gradatim? Nam a beatis ad virtutem, a virtute ad rationem video te venisse gradibus; a ratione ad humanam figuram quod modo accedis? Praecipitare istuc quidem est, non descendere.

(90) Nec vero intellego, cur maluerit Epicurus deos hominum similes dicere quam homines deorum. Quaeres, quid intersit; si enim hoc illi simile sit, esse illud huic. Video, sed hoc dico, non ab hominibus formae figuram venisse ad

neuen Erkenntnissen bringt. Als nächstes käme, daß die Menschen im Binnenland nicht an die Existenz des Meeres glauben. Was wäre dies für eine gewaltige geistige Beschränktheit! Denn wärest du auf Seriphos geboren und hättest die Insel, auf der du kleine Hasen und Füchse des öfteren gesehen hättest, niemals verlassen, würdest du konsequenterweise nicht glauben, daß es Löwen und Panther gibt, obwohl man sie dir beschriebe, und du müßtest annehmen, man mache sich sogar über dich lustig, wenn man dir auch noch von einem Elefanten erzählte.

(89) Allerdings hast du deinen Satz, mein Velleius, nicht in der bei euch üblichen Weise, sondern nach der dialektischen Methode, die euren Leuten völlig unbekannt ist, in einer recht gedrängten Beweisführung zu einem Schluß zusammengefaßt.[156] Dabei bist du von der Glückseligkeit der Götter ausgegangen: Ich bin damit einverstanden. Niemand aber könne ohne Tugend glückselig sein: Auch das räume ich ein, und zwar gern. Tugend könne jedoch ohne Vernunft nicht bestehen: Auch hiermit muß man übereinstimmen. Nun fügst du hinzu, Vernunft könne nur einer menschlichen Gestalt innewohnen. Wer, meinst du, wird dir das zubilligen? Wäre das nämlich der Fall, wieso war es dann nötig, schrittweise dahin zu gelangen? Du hättest es mit vollem Recht für gegeben annehmen können. Wie steht es jedoch mit diesem schrittweisen Vorgehen? Denn, wie ich sehe, bist du Schritt für Schritt von den Glückseligen zur Tugend und von der Tugend zur Vernunft gekommen. Doch wie gelangst du von der Vernunft zur menschlichen Gestalt? Das ist in der Tat ein Absturz, kein schrittweiser Abstieg.

(90) Ich verstehe aber auch nicht, warum Epikur die Götter lieber als die Ebenbilder der Menschen statt die Menschen als die Ebenbilder der Götter bezeichnen wollte. Du wirst nach dem Unterschied fragen; wenn nämlich A Ähnlichkeit habe mit B, dann ähnele B auch A. Das sehe ich auch so, aber was ich damit meine: Die Götter haben ihre äußere

deos; di enim semper fuerunt, nati numquam sunt, si quidem aeterni sunt futuri; at homines nati; ante igitur humana forma quam homines, eaque erant forma dii inmortales: non ergo illorum humana forma, sed nostra divina dicenda est.

Verum hoc quidem, ut voletis; illud quaero, quae fuerit tanta fortuna – nihil enim ratione in rerum natura factum esse vultis –, (91) sed tamen quis iste tantus casus, unde tam felix concursus atomorum, ut repente homines deorum forma nascerentur? Seminane deorum decidisse de caelo putamus in terras et sic homines patrum similes extitisse? Vellem diceretis; deorum cognationem agnoscerem non invitus. Nihil tale dicitis, sed casu esse factum, ut essemus similes deorum. Et nunc argumenta quaerenda sunt, quibus hoc refellatur. Utinam tam facile vera invenire possim quam falsa convincere.

Etenim enumerasti memoriter et copiose, ut mihi quidem admirari luberet in homine esse Romano tantam scientiam, usque a Thale Milesio de deorum natura philosophorum sententias. (92) Omnesne tibi illi delirare visi sunt, qui sine manibus et pedibus constare deum posse decreverint?

Ne hoc quidem vos movet considerantis, quae sit utilitas quaeque oportunitas in homine membrorum, ut iudicetis membris humanis deos non egere? Quid enim pedibus opus est sine ingressu, quid manibus, si nihil conprehendendum est, quid reliqua discriptione omnium corporis partium, in

Gestalt nicht von den Menschen; die Götter waren ja immer da, sie sind niemals geboren worden, wenn sie denn ewig sein sollen. Doch die Menschen wurden geboren; also gab es eine menschliche Gestalt früher als die Menschen, und diese Gestalt besaßen die unsterblichen Götter; demzufolge darf man ihre Gestalt nicht menschlich, sondern muß die unsere göttlich nennen.

Möge es so sein, wie ihr wollt. Meine Frage jedoch lautet, was das für ein außerordentlicher Glücksfall war – nach eurem Willen ist ja in der Welt nichts nach vernünftiger Planung geschehen – , (91) aber dennoch: Was war das für ein gewaltiger Zufall[157], woher rührte ein so glückliches Zusammentreffen der Atome, daß plötzlich Menschen in göttlicher Gestalt auf die Welt kamen? Sollen wir glauben, der Same der Götter sei vom Himmel auf die Erde gefallen und so seien die Menschen ihren Vätern ähnlich geworden?[158] Ich wünschte, das wäre eure Behauptung. Eine Verwandtschaft mit den Göttern würde ich sehr gerne anerkennen! Doch ihr sagt nichts dergleichen, sondern besteht darauf, daß wir rein zufällig den Göttern ähneln: Und jetzt müssen Beweise gesucht werden, um diese These zu widerlegen. Wäre ich doch ebenso leicht in der Lage, die Wahrheit zu finden, wie ich nachweisen kann, wenn etwas falsch ist.

Nun hast du aus dem Gedächtnis und so ausführlich, daß ich eine solche Wissensfülle bei einem Römer wohl bewundern möchte, aufgezählt, welche Ansichten die Philosophen, angefangen bei Thales von Milet, über das Wesen der Götter vertreten.[159] (92) Wirkten auf dich denn wirklich alle verrückt, die sich auf den Standpunkt stellten, ein Gott könne auch ohne Hände und Füße existieren?

Gelangt ihr nicht einmal dann, wenn ihr beim Menschen den Nutzen und die Zweckmäßigkeit der Gliedmaßen bedenkt, zu der Auffassung, daß die Götter keine menschlichen Gliedmaßen brauchen? Denn wozu sind Füße nötig, wenn man nicht geht, wozu Hände, wenn nichts anzufassen ist, wozu der übrige differenzierte Aufbau aller Körperteile,

qua nihil inane, nihil sine causa, nihil supervacuaneum est, itaque nulla ars imitari sollertiam naturae potest. Habebit igitur linguam deus et non loquetur, dentes, palatum, fauces nullum ad usum, quaeque procreationis causa natura corpori adfinxit, ea frustra habebit deus; nec externa magis quam interiora, cor, pulmones, iecur, cetera – quae detracta utilitate quid habent venustatis, quandoquidem haec esse in deo propter pulchritudinem voltis?

(93) Istisne fidentes somniis non modo Epicurus et Metrodorus et Hermarchus contra Pythagoram, Platonem Empedoclemque dixerunt, sed meretricula etiam Leontium contra Theophrastum scribere ausast – scito illa quidem sermone et Attico, sed tamen: tantum Epicuri hortus habuit licentiae. Et soletis queri: Zeno quidem etiam litigabat; quid dicam Albucium; nam Phaedro nihil elegantius, nihil humanius, sed stomachabatur senex, si quid asperius dixeram, cum Epicurus Aristotelem vexarit contumeliosissime, Phaedoni Socratico turpissime maledixerit, Metrodori sodalis sui fratrem Timocraten, quia nescio quid in philosophia dissentiret, totis voluminibus conciderit, in Democritum ipsum, quem secutus est, fuerit ingratus, Nausiphanem magistrum suum, a quo nonnihil didicerat, tam male acceperit. Zeno quidem non eos solum, qui tum erant, Apollodorum, Sillim, ceteros, figebat maledictis, sed Socraten ipsum parentem philosophiae Latino verbo utens scurram Atticum fuisse dicebat, Chrysippum numquam nisi Chrysippam vocabat. (94) Tu ipse paulo ante cum tamquam senatum philosopho-

bei dem nichts unnütz, nichts unbegründet, nichts überflüssig ist und somit auch keine Kunst den schöpferischen Geist der Natur nachahmen kann? Ein Gott wird also eine Zunge haben und nicht sprechen, desgleichen Zähne, Gaumen, Kehle, ohne davon Gebrauch zu machen, und auch die Organe, welche die Natur dem Körper zur Fortpflanzung beigegeben hat, wird ein Gott ganz umsonst besitzen. Und ebenso zwecklos wie die äußeren Organe sind die inneren: Herz, Lunge, Leber und alle restlichen – denn, fällt der Nutzen weg, welche Attraktivität haben sie noch, da sie ja eures Erachtens um der Schönheit willen bei einem Gott vorhanden sein sollen?

(93) Haben nicht, im Vertrauen auf solche Traumgespinste, nicht nur Epikur, Metrodoros und Hermarchos gegen Pythagoras, Platon und Empedokles gesprochen, sondern hatte nicht sogar die kleine Hetäre Leontion den Mut, gegen Theophrast zu schreiben? Durchaus treffend und in schönem Attisch, aber trotzdem: Eine so große Frechheit herrschte im Garten Epikurs[160]. Und ihr beklagt euch ständig. Zenon freilich verfaßte sogar Streitschriften. Albucius muß ich gar nicht erst erwähnen. Zwar war niemand so kultiviert und umfassend gebildet wie Phaidros, doch im Alter ärgerte er sich stets, wenn ich allzu schroff geredet hatte, obwohl doch Epikur den Aristoteles ganz wüst beschimpft, den Sokratiker Phaidon übelst verleumdet, Timokrates, den Bruder seines Kollegen Metrodoros, mit dessen Philosophie er aus irgendwelchen Gründen nicht übereinstimmte, in ganzen Schriftrollen niedergemacht, sich gegen Demokrit selbst, dessen Lehren er folgte, undankbar gezeigt und seinen Lehrer Nausiphanes, von dem er manches gelernt hatte, so schlecht gemacht hat. Zenon freilich überhäufte nicht nur seine Zeitgenossen Apollodoros, Sillis und alle anderen mit Schmähungen, sondern sagte, sogar Sokrates selbst, der Vater der Philosophie, sei, ein lateinisches Wort verwendend, ein ›attischer Hanswurst‹ gewesen, und Chrysippos nannte er immer nur Chrysippe. (94) Als du selber eben gleichsam

rum recitares, summos viros desipere, delirare, dementis esse dicebas. Quorum si nemo verum vidit de natura deorum, verendum est, ne nulla sit omnino.

Nam ista, quae vos dicitis, sunt tota commenticia, vix digna lucubratione anicularum. Non enim sentitis, quam multa vobis suscipienda sint, si inpetraritis, ut concedamus eandem hominum esse et deorum figuram. Omnis cultus et curatio corporis erit eadem adhibenda deo, quae adhibetur homini, ingressus, cursus, accubitio, inclinatio, sessio, conprehensio, ad extremum etiam sermo et oratio. (95) Nam quod et maris deos et feminas esse dicitis, quid sequatur, videtis. Equidem mirari satis non possum, unde ad istas opiniones vester ille princeps venerit.

Sed clamare non desinitis retinendum hoc esse, deus ut beatus inmortalisque sit. Quid autem obstat, quominus sit beatus, si non sit bipes, aut ista, sive beatitas sive beatitudo dicendast – utrumque omnino durum, sed usu mollienda nobis verba sunt –, verum ea, quaecumque est, cur aut in solem illum aut in hunc mundum aut in aliquam mentem aeternam figura membrisque corporis vacuam cadere non potest? (96) Nihil aliud dicis nisi 'Numquam vidi solem aut mundum beatum.' Quid mundum praeter hunc umquamne vidisti? Negabis. Cur igitur non sescenta milia esse mundorum, sed innumerabilia ausus es dicere? 'Ratio docuit.' Ergo hoc te ratio non docebit, cum praestantissima natura quaeratur eaque beata et aeterna, quae sola divina naturast, ut in-

den Senat der Philosophen namentlich herzähltest, hast du über die bedeutendsten Männer geäußert, sie seien dumm, verrückt und wahnsinnig. Wenn nun niemand von ihnen die Wahrheit über das Wesen der Götter gesehen hat, steht zu befürchten, daß es dies Wesen überhaupt nicht gibt.

Denn das, was ihr vorbringt, ist völlig erdichtet, kaum wert, daß die alten Weiber abends am Spinnrocken darüber plaudern. Ihr merkt nämlich gar nicht, zu welchen Zugeständnissen ihr gezwungen wärt, wenn ihr uns dazu brächtet, zuzugeben, daß Menschen und Götter dieselbe Gestalt besitzen. Ein Gott müßte seinen Körper ja dann genauso pflegen und gebrauchen wie ein Mensch, also gehen, laufen, liegen, sich bücken, sitzen, zupacken, schließlich sogar sprechen und Reden halten. (95) Und wenn ihr behauptet, es gebe sowohl männliche als auch weibliche Gottheiten, seht ihr doch die Konsequenzen. Ich kann mich allerdings nicht genug wundern, wie euer berühmter Meister zu solchen Ansichten gekommen ist.

Trotzdem hört ihr nicht auf, lauthals zu betonen, man müsse daran festhalten, daß ein Gott glückselig und unsterblich sei. Was aber hindert ihn, glückselig zu sein, wenn er keine zwei Beine hat, oder warum kann diese Glückseligkeit, mag man sie *beatitas* oder *beatitudo* nennen[161] – beide Wörter sind sperrig, aber wir müssen sie verwenden und so zu geläufigen Begriffen machen –, warum also kann diese wie immer geartete Glückseligkeit auf die Sonne dort oder die Welt hier oder irgendeinen ewigen Geist, dem Gestalt und Gliedmaßen fehlen, nicht zutreffen? (96) Du entgegnest bloß: ›Ich habe noch nie eine glückselige Sonne oder Welt gesehen.‹ Ja, hast du denn je eine andere Welt außer der unseren gesehen? Du wirst nein sagen. Wieso hast du dann die Behauptung gewagt, es gebe nicht 600 000, sondern unzählige Welten?[162] ›Die Vernunft hat es bewiesen.‹ Wenn man nun nach dem vollkommensten Wesen fragt, und zwar einem glückseligen und ewigen – diese Eigenschaften haben nur für ein göttliches Gültigkeit –, wird dir dann die Ver-

mortalitate vincamur ab ea natura, sic animi praestantia vinci, atque ut animi, item corporis? Cur igitur, cum ceteris rebus inferiores simus, forma pares sumus; ad similitudinem enim deo propius accedebat humana virtus quam figura. (97) An quicquam tam puerile dici potest – ut eundem locum diutius urgeam –, quam si ea genera beluarum, quae in rubro mari Indiave gignantur, nulla esse dicamus? Atqui ne curiosissimi quidem homines exquirendo audire tam multa possunt, quam sunt multa, quae terra, mari, paludibus, fluminibus existunt; quae negemus esse, quia numquam vidimus?
Ipsa vero quam nihil ad rem pertinet, quae vos delectat maxime, similitudo. Quid canis nonne similis lupo atque, ut Ennius,

> 'simia quam similis turpissuma bestia nobis';

at mores in utroque dispares. Elephanto beluarum nulla prudentior; ad figuram quae vastior? (98) De bestiis loquor; quid inter ipsos homines nonne et simillimis formis dispares mores et moribus figura dissimilis?
Etenim si semel, Vellei, suscipimus genus hoc argumenti, attende, quo serpat. Tu enim sumebas nisi in hominis figura rationem inesse non posse; sumet alius nisi in terrestri, nisi

nunft nicht klar zeigen, daß wir, so wie wir von diesem Wesen durch seine Unsterblichkeit übertroffen werden, an seine geistige Vollkommenheit gleichfalls nicht heranreichen, und zwar an seine geistige ebensowenig wie an seine körperliche? Weshalb also sollen wir, wenn wir in allen Belangen unterlegen sind, dem Gott in der Gestalt gleichen? Denn einem Gott nähert sich der Mensch eher mit seiner Tugend als mit seiner Gestalt. (97) Oder läßt sich denn, um denselben Punkt noch weiter zu kritisieren, etwas so Kindisches sagen, wie die Existenz der Tierarten, die im Roten Meer[163] oder in Indien vorkommen, zu bestreiten? Doch nicht einmal die wißbegierigsten Menschen sind bei ihren Forschungen in der Lage, von allen Lebewesen, die auf dem Lande, im Meer, in Sümpfen und Flüssen leben, in vollem Umfang Kunde zu erhalten. Sollen wir ihr Vorhandensein leugnen, nur weil wir sie niemals gesehen haben?

Wie völlig unerheblich für unser Thema ist indes gerade das, woran ihr besonderen Gefallen findet, die Ähnlichkeit! Wie? Sieht nicht der Hund dem Wolf ähnlich und, wie Ennius sagt,

> ›Wie ähnlich ist uns doch das häßlichste Tier,
> der Affe‹.[164]

Jedoch ist der Charakter bei beiden verschieden. Kein Tier ist klüger als der Elefant; aber welches der Gestalt nach plumper? (98) Ich rede von Tieren. Doch finden sich nicht auch unter den Menschen selbst bei ganz ähnlichem Aussehen ungleiche Charaktere und desgleichen ein Erscheinungsbild, das dem Charakter überhaupt nicht entspricht?

Denn wenn wir uns einmal, mein Velleius, auf diese Art der Beweisführung einlassen, dann gib acht, wohin sie allmählich führt. Du gingst ja davon aus, daß nur in der menschlichen Gestalt die Vernunft beherbergt sein könne. Jemand anders wird davon ausgehen, sie sei nur in einem auf der

in eo, qui natus sit, nisi in eo, qui adoleverit, nisi in eo, qui didicerit, nisi in eo, qui ex animo constet et corpore caduco et infirmo, postremo nisi in homine atque mortali. Quod si in omnibus his rebus obsistis, quid est, quod te forma una conturbet? His enim omnibus, quae proposui, adiunctis in homine rationem esse et mentem videbas; quibus detractis deum tamen nosse te dicis, modo liniamenta maneant. Hoc est non considerare, sed quasi sortiri, quid loquare.

(99) Nisi forte ne hoc quidem adtendis, non modo in homine, sed etiam in arbore, quicquid supervacuaneum sit aut usum non habeat, obstare. Quam molestum est uno digito plus habere. Quid ita? Quia nec speciem nec usum alium quinque desiderant. Tuus autem deus non digito uno redundat, sed capite, collo, cervicibus, lateribus, alvo, tergo, poplitibus, manibus, pedibus, feminibus, cruribus. Si, ut inmortalis sit, quid haec ad vitam membra pertinent, quid ipsa facies? Magis illa, cerebrum, cor, pulmones, iecur: haec enim sunt domicilia vitae; oris quidem habitus ad vitae firmitatem nihil pertinet.

(100) Et eos vituperabas, qui ex operibus magnificis atque praeclaris, cum ipsum mundum, cum eius membra caelum, terras, maria, cumque horum insignia solem, lunam stellasque vidissent, cumque temporum maturitates, mutationes, vicissitudinesque cognovissent, suspicati essent aliquam excellentem esse praestantemque naturam, quae haec effecis-

Erde lebenden Geschöpf möglich, nur in einem, das geboren wurde, nur in einem, das herangereift ist, nur in einem, das etwas gelernt hat, nur in einem, das aus Seele und einem hinfälligen und schwachen Körper besteht, schließlich nur in einem Menschen, das heißt einem Sterblichen. Falls du diesen Annahmen in allen Punkten widersprichst, wieso stört dich dann als einziges die äußere Gestalt? Du hast ja gesehen, daß bloß in Verbindung mit den von mir genannten Eigenschaften der Mensch auch Vernunft und Geist besitzt. Gleichwohl behauptest du, du könnest einen Gott auch ohne diese Eigenschaften erkennen, wofern nur die Umrisse erhalten blieben. Das aber heißt nicht nachdenken, sondern gewissermaßen dem Zufall überlassen, was du sagst.

(99) Vielleicht achtest du auch einmal darauf, daß nicht nur beim Menschen, sondern auch schon beim Baum alles Überflüssige oder Nutzlose hinderlich ist. Wie unangenehm wäre es, auch nur einen Finger mehr zu haben! Wieso das? Weil die fünf weder für die Schönheit noch für den Gebrauch einen weiteren vermissen lassen. Dein Gott hingegen hat nicht etwa bloß einen Finger zu viel, sondern auch Kopf, Hals, Nacken, Hüften, Bauch, Rücken, Knie, Hände, Füße, Schenkel und Schienbeine. Besitzt er dies alles, um unsterblich zu sein, welche Rolle spielen dann diese Gliedmaßen für sein Leben, welche Rolle gerade das Gesicht? Wichtiger wären doch Gehirn, Herz, Lunge und Leber; sie sind nämlich Sitz des Lebens. Die Gesichtszüge aber haben auf die Lebensdauer keinerlei Einfluß.

(100) Und dann wolltest du noch die Philosophen[165] kritisieren, welche die Welt an sich und ihre Teile, den Himmel, die Länder, die Meere und deren Herrlichkeiten, die Sonne, den Mond und die Sterne betrachtet, das rechtzeitige Eintreten, den Wechsel und die Veränderungen der Jahreszeiten erkannt und aufgrund dieser großartigen und wunderbaren Schöpfungen die Existenz eines herausragenden, außergewöhnlichen Wesens vermutet haben, welches all dies ge-

set, moveret, regeret, gubernaret. Qui etiamsi aberrant a coniectura, video tamen, quid sequantur: tu quod opus tandem magnum et egregium habes, quod effectum divina mente videatur, ex quo esse deos suspicere? 'Habebam', inquis, 'in animo insitam informationem quandam dei.' Et barbati quidem Iovis, galeatae Minervae: num igitur esse talis putas? (101) Quanto melius haec vulgus imperitorum, qui non membra solum hominis deo tribuant, sed usum etiam membrorum; dant enim arcum, sagittas, hastam, clipeum, fuscinam, fulmen, et si actiones, quae sint deorum, non vident, nihil agentem tamen deum non queunt cogitare. Ipsi, qui inridentur, Aegyptii nullam beluam nisi ob aliquam utilitatem, quam ex ea caperent, consecraverunt; velut ibes maximam vim serpentium conficiunt, cum sint aves excelsae cruribus rigidis corneo proceroque rostro; avertunt pestem ab Aegypto, cum volucris anguis ex vastitate Libyae vento Africo invectas interficiunt atque consumunt, ex quo fit, ut illae nec morsu vivae noceant nec odore mortuae. Possum de ichneumonum utilitate, de crocodilorum, de faelium dicere, sed nolo esse longus. Ita concludam, tamen beluas a barbaris propter beneficium consecratas, vestrorum deorum non modo beneficium nullum extare, sed ne factum quidem omnino.

(102) 'Nihil habet', inquit, 'negotii.' Profecto Epicurus quasi pueri delicati nihil cessatione melius existimat. At ipsi tamen pueri, etiam cum cessant, exercitatione aliqua ludicra

schaffen habe, in Bewegung halte, lenke und steuere. Auch wenn sie sich von ihrer Vermutung aus irren, erkenne ich trotzdem ihre Absicht. Du allerdings, welches große und außergewöhnliche Werk hast du vor Augen, das für dich die Schöpfung eines göttliches Geistes zu sein scheint und dich die Existenz der Götter erahnen läßt? ›Ich hatte‹, antwortest du, ›in meiner Seele eine eingepflanzte gewisse Vorstellung von der Gottheit‹. Und zwar von einem bärtigen Iuppiter und einer helmtragenden Minerva. Glaubst du wirklich, sie sähen so aus? (101) Wieviel besser hält es damit die Masse der Ungebildeten, da sie dem Gott nicht nur menschliche Glieder zuschreibt, sondern auch eine Verwendung dieser Glieder: Sie gibt ihm nämlich Bogen, Pfeile, Lanze, Schild, Dreizack und Blitz, und wenn sie auch die Tätigkeiten der Götter nicht sieht, kann sie sich dennoch keine Gottheit vorstellen, die gar nichts tut. Selbst die stets verlachten Ägypter haben ein Tier nur vergöttlicht, wenn es ihnen irgendeinen Nutzen brachte. So vernichten beispielsweise die Ibisse eine gewaltige Menge von Schlangen, weil diese Vögel einen hohen Wuchs, harte Beine und einen langen Schnabel aus Horn besitzen. Sie bewahren Ägypten vor der Seuche, indem sie die geflügelten Schlangen[166], welche der Wind Afrikas[167] aus der Wüste Libyens ins Land weht, töten und verzehren, so daß diese Unwesen weder als Lebende mit ihrem Biß noch als Tote mit ihrem Gestank Schaden stiften. Ich könnte noch über den Nutzen der Ichneumone[168], Krokodile und Katzen sprechen, will aber nicht zu ausführlich werden. So möchte ich dann folgenden Schluß ziehen: Die Tiere wurden von den Barbaren wenigstens wegen eines nützlichen Dienstes vergöttlicht, während sich bei euren Göttern keinerlei Wohltat, ja nicht einmal überhaupt eine Tat zeigt.

(102) ›Ein Gott ist frei von aller Beschwernis‹, sagt er. Epikur hält wahrhaftig, so wie verzogene Kinder, nichts für besser als den Müßiggang. Doch selbst die Kinder haben, auch wenn sie nichts tun, Freude an irgendeiner unterhalt-

delectantur: deum sic feriatum volumus cessatione torpere, ut, si se commoverit, vereamur, ne beatus esse non possit? Haec oratio non modo deos spoliat motu et actione divina, sed etiam homines inertis efficit, si quidem agens aliquid ne deus quidem esse beatus potest.

(103) Verum sit sane, ut vultis, deus effigies hominis et imago: quod eius est domicilium, quae sedes, qui locus, quae deinde actio vitae, quibus rebus, id quod vultis, beatus est? Utatur enim suis bonis oportet et fruatur, qui beatus futurus est. Nam locus quidem his etiam naturis, quae sine animis sunt, suus est cuique proprius, ut terra infimum teneat, hanc inundet aqua, superior aeri, aetheriis ignibus altissima ora reddatur; bestiarum autem terrenae sunt aliae, partim aquatiles, aliae quasi ancipites in utraque sede viventes, sunt quaedam etiam, quae igne nasci putentur appareantque in ardentibus fornacibus saepe volitantes. (104) Quaero igitur, vester deus primum ubi habitet, deinde quae causa eum loco moveat, si modo movetur aliquando, post, cum hoc proprium sit animantium, ut aliquid adpetant, quod sit naturae accommodatum, deus quid appetat, ad quam denique rem motu mentis ac rationis utatur, postremo quomodo beatus sit, quomodo aeternus. Quicquid enim horum attigerit, ulcus est: ita male instituta ratio exitum reperire non potest.

(105) Sic enim dicebas, speciem dei percipi cogitatione, non sensu, nec esse in ea ullam soliditatem, neque eandem ad numerum permanere, eamque esse eius visionem, ut simili-

samen Beschäftigung. Wollen wir den tatenlosen Gott so im Nichtstun erstarren lassen, daß wir, sollte er sich nur rühren, befürchten müssen, er könne nicht mehr glückselig sein? Eine solche Äußerung spricht den Göttern nicht nur jede göttliche Bewegung und Aktivität ab, sondern macht auch die Menschen träge, sofern nicht einmal mehr ein Gott, der tätig ist, glückselig sein kann.

(103) Doch angenommen, der Gott sei, so wie ihr das wollt, ein Bild und Abbild des Menschen. Wo ist seine Wohnung, wo sein Sitz und Platz? Ferner, welches Leben führt er, und wodurch ist er, worauf ihr ja besteht, glückselig? Jemand, der glückselig sein soll, müßte nämlich seine Güter verwenden und genießen. Denn selbst von den seelenlosen Wesen hat jedes seinen ureigenen Platz: Die Erde nimmt die unterste Stelle ein, das Wasser überflutet sie; der darüberliegende Raum ist der Luft und der oberste den himmlischen Feuerkörpern zugewiesen. Von den Tieren aber leben die einen auf dem Land, andere im Wasser, wieder andere sind gleichsam als Doppelwesen in beiden Elementen zu Hause, und es gibt sogar welche, die angeblich durch das Feuer entstehen und die man oft in brennenden Öfen herumflattern sieht.[169] (104) Ich frage also erstens, wo euer Gott wohnt, zweitens, weshalb er seinen Platz verläßt, wofern er sich überhaupt einmal bewegt, dann – da es für Lebewesen charakteristisch ist, etwas, was ihrer Natur entspricht, zu begehren –, was ein Gott begehrt, wofür er denn überhaupt seinen Geist und Verstand einsetzt, und letztens, auf welche Weise er glückselig ist, auf welche Weise ewig. Egal nämlich, welche dieser Fragen Epikur berührt, es ist eine wunde Stelle: Eine so schlecht aufgebaute Lehre kann zu keinem Ergebnis führen.

(105) Dies waren ja deine Worte:[170] Die Erscheinung des Gottes werde durch geistige Tätigkeit, nicht durch die Sinne erfaßt, und sie habe keine (räumliche) Festigkeit und bleibe auch nicht individuell die gleiche, und sein Bild sei so beschaffen, daß es in seiner Ähnlichkeit (bzw. Artgleichheit)

tudine et transitione cernatur neque deficiat umquam ex infinitis corporibus similium imaginum accessio, ex eoque fieri, ut in haec intenta mens nostra beatam illam naturam et sempiternam putet. Hoc, per ipsos deos, de quibus loquimur, quale tandem est? Nam si tantummodo ad cogitationem valent nec habent ullam soliditatem nec eminentiam, quid interest, utrum de hippocentauro an de deo cogitemus; omnem enim talem conformationem animi ceteri philosophi motum inanem vocant, vos autem adventum in animos et introitum imaginum dicitis. (106) Ut igitur, Ti. Gracchum cum videor contionantem in Capitolio videre de M. Octavio deferentem sitellam, tum eum motum animi dico esse inanem, tu autem et Gracchi et Octavi imagines remanere, quae, in Capitolium cum pervenerint, tum ad animum meum referantur – hoc idem fieri in deo, cuius crebra facie pellantur animi, ex quo esse beati atque aeterni intellegantur. (107) Fac imagines esse, quibus pulsentur animi: species dumtaxat obicitur quaedam; num etiam cur ea beata sit, cur aeterna?

Quae autem istae imagines vestrae aut unde? A Democrito omnino haec licentia; sed et ille reprehensus a multis est, nec vos exitum reperitis totaque res vacillat et claudicat. Nam quid est, quod minus probari possit, omnium in me incidere imagines, Homeri, Archilochi, Romuli, Numae, Pythagorae, Platonis – nec ea forma, qua illi fuerunt: quomodo illi ergo? Et quorum imagines: Orpheum poetam docet Aristoteles numquam fuisse et hoc Orphicum carmen

und durch den Übergang wahrgenommen werde[171] und der aus den zahllosen Atomen erfolgende Strom ähnlicher Bilder niemals aufhöre; als Folge davon glaube unser darauf gerichteter Geist an die Glückseligkeit und Ewigkeit dieses Wesens. Gerade bei den Göttern, über die wir hier reden, was soll das bloß alles bedeuten? Falls sie nämlich nur unser Denken angehen und weder körperliche Dichte noch ausgeprägte Konturen besitzen, welchen Unterschied macht es dann, ob wir an einen Hippokentaur[172] oder an eine Gottheit denken? Denn jede derartige Vorstellung der Seele bezeichnen alle anderen Philosophen als leere Seelenregung[173], ihr jedoch sprecht von Bildern, die zur Seele kommen und in sie eindringen. (106) Wenn ich also z. B. vor meinem inneren Auge sehe, wie Tiberius Gracchus auf dem Kapitol zum Volk redet und über Marcus Octavius abstimmen läßt, bezeichne ich diese Seelenregung als leer, du hingegen behauptest, die Bilder des Gracchus und des Octavius blieben erhalten, so daß sie, nachdem sie aufs Kapitol gelangt seien, zu meiner Seele zurückströmten; und dasselbe geschehe bei der Gottheit, von deren häufigem Erscheinen die Seele getroffen werde und so die Götter als glückselige und ewige Wesen erkenne. (107) Angenommen, es gäbe Bilder, von denen die Seele getroffen wird: Es wird jedoch nur eine bestimmte Erscheinung vermittelt. Ergibt sich etwa auch, warum diese glückselig, warum sie ewig ist?

Welcher Art aber sind diese eure Bilder, und woher kommen sie? Diese frechen Behauptungen stammen jedenfalls von Demokrit.[174] Doch er wurde schon von vielen kritisiert, und auch ihr findet keine schlüssige Erklärung; die ganze Sache hat weder Hand noch Fuß. Denn was läßt sich weniger beweisen als die Tatsache, daß die Bilder eines Homer, Archilochos, Romulus, Numa, Pythagoras und Platon alle in mich eindringen – und zwar nicht in der Gestalt, die sie wirklich besaßen? Wie sind sie also dann? Und wessen Bilder sind es? Aristoteles weist nach, daß der Dichter Orpheus niemals gelebt hat, und die berühmte ›Orphische

Pythagorei ferunt cuiusdam fuisse Cercopis; at Orpheus, id est imago eius, ut vos vultis, in animum meum saepe incurrit. (108) Quid quod eiusdem hominis in meum aliae, aliae in tuum; quid quod earum rerum, quae numquam omnino fuerunt neque esse potuerunt, ut Scyllae, ut Chimaerae; quid quod hominum, locorum, urbium earum, quas numquam vidimus; quid quod, simulac mihi collibitum est, praesto est imago; quid quod etiam ad dormientem veniunt invocatae? Tota res, Vellei, nugatoria est. Vos autem non modo oculis imagines, sed etiam animis inculcatis: tanta est inpunitas garriendi. (109) At quam licenter! 'Fluentium frequenter transitio fit visionum, ut e multis una videatur.' Puderet me dicere non intellegere, si vos ipsi intellegeretis, qui ista defenditis. Quomodo enim probas continenter imagines ferri, aut si continenter, quomodo aeterne? 'Innumerabilitas', inquit, 'suppeditat atomorum.' Num eadem ergo ista faciet, ut sint omnia sempiterna? Confugis ad aequilibritatem – sic enim ἰσονομίαν, si placet, appellemus – et ais, quoniam sit natura mortalis, inmortalem etiam esse oportere. Isto modo, quoniam homines mortales sunt, sint aliqui inmortales, et quoniam nascuntur in terra, nascantur in aqua. 'Et quia sunt, quae interimant, sint, quae conservent.' Sint sane, sed ea conservent, quae sunt; deos istos esse non sentio. (110) Omnis tamen ista rerum effigies ex individuis quomodo corporibus oritur? Quae etiamsi essent, quae nulla sunt, pellere sepse et agitari inter se concursu fortasse

Dichtung‹ soll das Werk eines gewissen Kerkops, eines Pythagoreers, gewesen sein; dennoch drängt sich Orpheus, beziehungsweise nach eurer Meinung sein Bild, oft meiner Vorstellung auf. (108) Wie kommt es außerdem, daß die Bilder ein und desselben Menschen in meiner Seele anders sind als in deiner?[175] Daß Bilder von Wesen existieren, die es überhaupt nie gab noch geben konnte, wie die der Skylla und Chimaira?[176] Ferner Bilder von Menschen, Orten und Städten, die wir noch nie gesehen haben?[177] Daß sich mir, sobald ich möchte, das Bild zeigt?[178] Daß solche Bilder sogar im Schlaf ungerufen kommen?[179] Die ganze Sache, mein Velleius, ist völliger Humbug. Ihr aber drängt nicht nur den Augen, sondern sogar den Seelen Bilder auf: Was für ein unverantwortliches Geschwätz! (109) Und wie dreist ihr vorgeht! ›Häufig geschieht das Vorüberziehen der in unsere Seele fließenden Bilder so, daß von vielen lediglich eines wahrgenommen wird.‹ Ich schämte mich zu sagen, daß ich das nicht verstehe, falls ihr, die ihr solches verteidigt, es nur selbst verstehen würdet. Denn wie willst du beweisen, daß pausenlos Bilder übertragen werden, oder wenn wirklich pausenlos, wie dann ewig? ›Dafür sorgt‹, sagt er, ›die unendliche Zahl der Atome.‹ Ist diese folglich etwa dafür verantwortlich, daß alles ewig ist?[180] Du nimmst Zuflucht beim Gesetz des Gleichgewichts[181] – denn so möchte ich, wenn's recht ist, die *isonomía* nennen – und betonst, es müsse, da es ein sterbliches Wesen gebe, auch ein unsterbliches geben. Daher wären, da die Menschen ja sterblich sind, einige auch unsterblich, und weil sie auf der Erde geboren werden, müßten andere im Wasser auf die Welt kommen. ›Und weil es Kräfte gibt, die zerstören, müssen auch solche existieren, die bewahren.‹ Meinetwegen; doch nur wirklich vorhandene können bewahren.[182] Daß dies nun die Götter sein sollen, sehe ich allerdings nicht ein.[183] (110) Wie aber entsteht diese ganze Gestaltung der Dinge aus den Atomen? Auch wenn diese nichtexistierenden Atome existierten, wären sie bei ihrem Zusammenprall vielleicht imstande, sich anzusto-

possent, formare, figurare, colorare, animare non possint. Nullo igitur modo inmortalem deum efficitis.
Videamus nunc de beato. Sine virtute certe nullo modo; virtus autem actuosa; et deus vester nihil agens; expers virtutis igitur; ita ne beatus quidem. (111) Quae ergo vita? 'Suppeditatio', inquis, 'bonorum nullo malorum interventu.' Quorum tandem bonorum? Voluptatum, credo, nempe ad corpus pertinentium; nullam enim novistis nisi profectam a corpore et redeuntem ad corpus animi voluptatem. Non arbitror te velle similem esse Epicureorum reliquorum, quos pudeat quarundam Epicuri vocum, quibus ille testatur se ne intellegere quidem ullum bonum, quod sit seiunctum a delicatis et obscenis voluptatibus; quas quidem non erubescens persequitur omnis nominatim. (112) Quem cibum igitur aut quas potiones aut quas vocum aut florum varietates aut quos tactus, quos odores adhibebis ad deos, ut eos perfundas voluptatibus? Ac poetae quidem nectar, ambrosiam ad epulas conparant et aut Iuventatem aut Ganymedem pocula ministrantem; tu autem, Epicure, quid facies? Neque enim, unde habeat ista deus tuus, video nec, quomodo utatur. Locupletior igitur hominum natura ad beate vivendum est quam deorum, quod pluribus generibus fruitur voluptatum. (113) At has levioris ducis voluptates, quibus quasi titillatio – Epicuri enim hoc verbum est – adhibetur sensibus. Quousque ludis? Nam etiam Philo noster ferre non poterat aspernari Epicureos mollis et delicatas voluptates. Summa

ßen und gegenseitig hin- und herzutreiben, doch gestalten, bilden, Farben und Leben verleihen könnten sie nicht. In keiner Weise gelingt euch also der Nachweis eines unsterblichen Gottes.

Laßt uns jetzt sehen, wie es mit der Glückseligkeit steht. Ohne Tugend ist sie gewiß unmöglich. Tugend aber ist aktiv, und euer Gott tut nichts; folglich besitzt er keine Tugend, somit ist er auch nicht glückselig. (111) Was für ein Leben führt er dann? ›In einem Überfluß an Gütern‹, erwiderst du, ›ohne daß dabei irgendwelche Übel auftreten.‹ An welchen Gütern denn? Es sind doch wohl die Lustempfindungen, und natürlich solche, die den Körper betreffen; denn ihr kennt ja nur eine Lust der Seele, die dem Körper entspringt und wieder zu ihm zurückkehrt. Ich bin nun nicht der Ansicht, du wollest den übrigen Epikureern gleichen; diese sollten sich bestimmter Äußerungen Epikurs schämen, mit denen er bezeugt, daß er sich ein Gut nicht einmal denken kann, wofern es in keinem Zusammenhang mit sinnlichen und wollüstigen Vergnügungen stehe. Und ohne zu erröten, zählt er sie dann namentlich auf.[184] (112) Welche Speise also, welche Getränke, welche bunte Vielfalt an Tönen oder Farben, welche Berührungsreize oder welche Düfte wirst du den Göttern zukommen lassen, um sie mit Lustgefühlen zu erfüllen? Die Dichter bereiten ihnen immerhin Nektar und Ambrosia zum Mahle und lassen Iuventas und Ganymed die Becher reichen. Du jedoch, Epikur, was wirst du tun? Ich sehe nämlich weder, woher dein Gott solche Gaben bekommen, noch wie er sich ihrer bedienen könnte. Folglich sind die Menschen von Natur aus für ein glückliches Leben reicher ausgestattet als die Götter, da sie mehrere Arten von Freuden genießen können. (113) Du aber hältst diese Genüsse, mit denen die Sinne gleichsam nur gekitzelt werden – denn so drückt Epikur sich aus – für allzu unbedeutend. Wie weit treibst du deinen Scherz? Sogar unser Philon konnte es ja nicht ertragen, daß die Epikureer üppige sinnliche Genüsse verachte-

enim memoria pronuntiabat plurimas Epicuri sententias is ipsis verbis, quibus erant scriptae. Metrodori vero, qui est Epicuri collega sapientiae, multo inpudentiora recitabat; accusat enim Timocratem fratrem suum Metrodorus, quod dubitet omnia, quae ad beatam vitam pertineant, ventre metiri, neque id semel dicit, sed saepius. Adnuere te video, nota enim tibi sunt; proferrem libros, si negares. Neque nunc reprehendo, quod ad voluptatem omnia referantur – alia est ea quaestio –, sed doceo deos vestros esse voluptatis expertes, ita vestro iudicio ne beatos quidem. (114) 'At dolore vacant.' Satin est id ad illam abundantem bonis vitam beatissimam? 'Cogitat', inquiunt, 'adsidue beatum esse se; habet enim nihil aliud, quod agitet in mente.' Conprehende igitur animo et propone ante oculos deum nihil aliud in omni aeternitate nisi 'mihi pulchre est' et 'ego beatus sum' cogitantem. Nec tamen video, quomodo non vereatur iste deus beatus, ne intereat, cum sine ulla intermissione pulsetur agiteturque atomorum incursione sempiterna cumque ex ipso imagines semper afluant. Ita nec beatus est vester deus nec aeternus.

(115) 'At etiam de sanctitate, de pietate adversus deos libros scripsit Epicurus.' At quomodo in his loquitur: ut Ti. Coruncanium aut P. Scaevolam pontifices maximos te audire dicas, non eum, qui sustulerit omnem funditus religionem nec manibus ut Xerxes, sed rationibus deorum inmortalium templa et aras everterit. Quid est enim, cur deos ab homini-

ten. Dank seines hervorragenden Gedächtnisses pflegte er nämlich die meisten Lehrsätze, die Epikur niedergeschrieben hatte, im genauen Wortlaut vorzutragen. Von Metrodoros aber, Epikurs philosophischem Kollegen, zitierte er noch viel schamlosere Äußerungen. Denn Metrodoros greift sogar seinen eigenen Bruder Timokrates an, weil der Bedenken hat, für alles, was zu einem glücklichen Leben gehört, den Bauch als Maßstab zu nehmen, und das sagt er nicht bloß einmal, sondern des öfteren. Ich sehe, wie du zustimmend nickst, das alles ist dir ja bekannt. Auch würde ich seine Schriften holen, solltest du es abstreiten. Im Moment kritisiere ich nicht, daß alles auf die Lust bezogen wird – das ist ein anderes Problem –, sondern ich weise bloß nach, daß eure Götter keine Lust kennen und folglich auch nach eurem Urteil nicht glückselig sind. (114) ›Aber sie sind frei von Schmerz.‹ Reicht das denn aus für jenes an Gütern überreiche, vollendet glückliche Leben? ›Ein Gott‹, sagen die Epikureer, ›ist sich seiner immerwährenden Glückseligkeit bewußt; er hat nämlich nichts sonst, was seinen Geist beschäftigen könnte.‹ Mach dir das doch einmal klar und stell dir einen Gott vor Augen, der in aller Ewigkeit nichts anderes denkt als ›Mir geht es gut‹ und ›Ich, ich bin glückselig‹. Auch sehe ich trotz allem nicht, wie dieser glückselige Gott nicht doch seinen Untergang fürchten muß, da er ohne Unterlaß durch den ewigen Anprall der Atome gestoßen und getrieben wird[185] und da ihm selber ständig Bilder entströmen. Somit ist euer Gott weder glückselig noch ewig. (115) ›Aber auch über die Frömmigkeit und die Götterverehrung hat Epikur Schriften verfaßt.‹[186] Doch in welchem Ton spricht er darin: so, daß man meint, die Oberpriester Tiberius Coruncanius oder Publius Scaevola zu hören, aber nicht den, der aller Religion radikal den Boden entzogen und die Tempel und Altäre der unsterblichen Götter zwar nicht mit seinen eigenen Händen, so wie Xerxes, wohl aber mit seinen Beweisführungen umgestürzt hat. Denn aus welchen Gründen müssen, wie du sagst, die Götter von den

bus colendos dicas, cum dei non modo homines non colant, sed omnino nihil curent, nihil agant? (116) 'At est eorum eximia quaedam praestansque natura, ut ea debeat ipsa per se ad se colendam elicere sapientem.' An quicquam eximium potest esse in ea natura, quae sua voluptate laetans nihil nec actura sit umquam neque agat neque egerit? Quae porro pietas ei debetur, a quo nihil acceperis, aut quid omnino, cuius nullum meritum sit, ei deberi potest? Est enim pietas iustitia adversum deos; cum quibus quid potest nobis esse iuris, cum homini nulla cum deo sit communitas? Sanctitas autem est scientia colendorum deorum; qui quamobrem colendi sint, non intellego nullo nec accepto ab his nec sperato bono. (117) Quid est autem, quod deos veneremur propter admirationem eius naturae, in qua egregium nihil videmus?

Nam superstitione, quod gloriari soletis, facile est liberari, cum sustuleris omnem vim deorum. Nisi forte Diagoram aut Theodorum, qui omnino deos esse negabant, censes superstitiosos esse potuisse; ego ne Protagoram quidem, cui neutrum licuerit, nec esse deos nec non esse. Horum enim sententiae omnium non modo superstitionem tollunt, in qua inest timor inanis deorum, sed etiam religionem, quae deorum cultu pio continetur. (118) Quid i, qui dixerunt totam de dis inmortalibus opinionem fictam esse ab hominibus sapientibus rei publicae causa, ut, quos ratio non posset, eos ad officium religio duceret, nonne omnem religionem

Menschen verehrt werden, wenn sich doch die Götter nicht nur um die Menschen nicht sorgen, sondern sich um überhaupt nichts kümmern und ganz untätig sind? (116) ›Aber ihr Wesen ist so außerordentlich und vollkommen, daß es schon aus sich heraus den Weisen zur Verehrung reizen muß.‹ Kann denn etwas Außerordentliches in einem Wesen vorhanden sein, das sich nur seiner eigenen Lust freut, niemals etwas tun will noch jetzt tut, noch je getan hat? Welchen frommen Respekt ist man außerdem einem Wesen schuldig, von welchem man nichts bekommen hat, oder was kann man überhaupt jemandem schulden, der ohne jedes Verdienst ist? *Pietas* ist nämlich das rechte Verhalten gegenüber den Göttern. In welchem Rechtsverhältnis können wir jedoch mit ihnen stehen, wenn der Mensch keine Gemeinsamkeit mit der Gottheit aufweist? *Sanctitas* dagegen ist die Wissenschaft von den Regeln der Götterverehrung. Weshalb sie nun verehrt werden sollten, begreife ich nicht, da man von ihnen weder etwas Gutes bekommen noch zu erhoffen hat. (117) Warum aber sollten wir die Götter verehren – aus Bewunderung für ein Wesen, an dem wir nichts Außergewöhnliches entdecken?

Denn die Befreiung vom Aberglauben, deren ihr euch immer rühmt, ist einfach, wenn man den Göttern alle Macht abspricht. Es sei denn, man hält für möglich, daß Diagoras und Theodoros, welche die Existenz von Göttern rundweg bestritten, abergläubisch gewesen seien. Ich persönlich glaube das nicht einmal von Protagoras, dem keines von beiden einleuchtete, weder die Existenz noch die Nicht-Existenz der Götter. Die Lehrmeinungen aller dieser Männer beseitigen nicht nur den Aberglauben, der ja nur eine grundlose Furcht vor den Göttern beinhaltet, sondern auch die Religion, welche in der frommen Verehrung der Götter besteht. (118) Weiter: Diejenigen, nach deren Ansicht der ganze Glaube an die unsterblichen Götter von weisen Männern im Staatsinteresse erfunden wurde, damit die Religion die Menschen zur Pflichterfüllung führe, bei denen die Ver-

funditus sustulerunt? Quid Prodicus Cius, qui ea, quae prodessent hominum vitae, deorum in numero habita esse dixit, quam tandem religionem reliquit? (119) Quid qui aut fortis aut claros aut potentis viros tradunt post mortem ad deos pervenisse eosque esse ipsos, quos nos colere, precari venerarique soleamus, nonne expertes sunt religionum omnium? Quae ratio maxime tractata ab Euhemero est, quem noster et interpretatus est et secutus praeter ceteros Ennius; ab Euhemero autem et mortes et sepulturae demonstrantur deorum; utrum igitur hic confirmasse videtur religionem an penitus totam sustulisse? Omitto Eleusinem sanctam illam et augustam,

> 'ubi initiantur gentes orarum ultimae',

praetereo Samothraciam eaque, quae Lemni

> 'nocturno aditu occulta coluntur
> silvestribus saepibus densa';

quibus explicatis ad rationemque revocatis rerum magis natura cognoscitur quam deorum.

(120) Mihi quidem etiam Democritus, vir magnus in primis, cuius fontibus Epicurus hortulos suos inrigavit, nutare videtur in natura deorum. Tum enim censet imagines divinitate praeditas inesse in universitate rerum, tum principia mentis, quae sunt in eodem universo, deos esse dicit, tum animantes imagines, quae vel prodesse nobis solent vel

nunft das nicht vermag, haben die nicht jede Religiosität radikal vernichtet? Was ist mit Prodikos von Keos, der behauptete, die für das menschliche Leben nützlichen Dinge seien zu Gottheiten erhoben worden – was für eine Religion hat er denn noch übrig gelassen? (119) Und die Leute, welche lehren, tapfere, berühmte oder mächtige Männer seien nach ihrem Tod zu den Göttern emporgestiegen und genau diesen würde immer unsere Hochachtung, unser Gebet und unsere Verehrung gelten,[187] sind nicht auch sie bar aller religiösen Gefühle? Diese Theorie wurde vor allem von Euhemeros entwickelt, den unser Ennius übersetzt hat und dem er mehr als allen anderen gefolgt ist. Euhemeros aber beweist, daß die Götter sowohl sterben als auch bestattet werden. Hat er damit also die Religion gestärkt oder sie eher ganz außer Kraft gesetzt? Ich spreche nicht von jenem heiligen und erhabenen Eleusis,

> ›wo die entferntesten Völker der Erde in die Mysterien man einweiht‹,

ich übergehe Samothrake und was auf Lemnos

> ›man in nächtlicher Begehung verehrt geheimnisvoll,
> von waldigen Hecken umsäumt‹.[188]

Denn wenn man all dies erklärt und auf seinen vernünftigen Kern zurückführt, erkennt man eher das Wesen der Natur als das der Götter.[189]

(120) In meinen Augen freilich schwankt sogar Demokrit, dieser ausnehmend große Mann, mit dessen Quellen Epikur sein Gärtlein[190] bewässerte, in seinem Urteil über das Wesen der Götter. Bald nämlich glaubt er, im Weltall gebe es Bilder, die Göttlichkeit besäßen, bald behauptet er, die Urkräfte des Geistes, die sich in demselben Weltganzen befänden, seien Gottheiten,[191] bald denkt er dies von beseelten Bildern, die uns zu nützen oder zu schaden pflegen, bald

nocere, tum ingentis quasdam imagines tantasque, ut universum mundum conplectantur extrinsecus. Quae quidem omnia sunt patria Democriti quam Democrito digniora; (121) quis enim istas imagines conprehendere animo potest, quis admirari, quis aut cultu aut religione dignas iudicare?

Epicurus vero ex animis hominum extraxit radicitus religionem, cum dis inmortalibus et opem et gratiam sustulit. Cum enim optimam et praestantissumam naturam dei dicat esse, negat idem esse in deo gratiam: tollit id, quod maxime proprium est optimae praestantissumaeque naturae. Quid enim melius aut quid praestantius bonitate et beneficentia; qua cum carere deum vultis, neminem deo nec deum nec hominem carum, neminem ab eo amari, neminem diligi vultis: ita fit, ut non modo homines a deis, sed ipsi dei inter se ab aliis alii neglegantur. Quanto Stoici melius, qui a vobis reprehenduntur: censent autem sapientes sapientibus etiam ignotis esse amicos; nihil est enim virtute amabilius, quam qui adeptus erit, ubicumque erit gentium, a nobis diligetur. (122) Vos autem quid mali datis, cum in inbecillitate gratificationem et benivolentiam ponitis. Ut enim omittam vim et naturam deorum, ne homines quidem censetis, nisi inbecilli essent, futuros beneficos et benignos fuisse? Nulla est caritas naturalis inter bonos? Carum ipsum verbum est amoris, ex quo amicitiae nomen est ductum; quam si ad fructum

von bestimmten riesigen Bildern, die so groß seien, daß sie das gesamte Weltall von außen umschlössen.[192] Alle diese Äußerungen passen allerdings besser zu Demokrits Vaterstadt[193] als zu Demokrit selber. (121) Denn wer könnte sich solche Bilder vorstellen, wer sie bewundern, wer sie der Verehrung oder einer religiösen Empfindung für würdig halten?

Epikur jedoch hat die Religiosität aus den Herzen der Menschen mit Stumpf und Stiel herausgerissen, indem er den unsterblichen Göttern sowohl Hilfsbereitschaft als auch Liebesfähigkeit absprach. Obwohl er nämlich das Wesen der Gottheit als das denkbar beste und vorzüglichste bezeichnet, bestreitet er zugleich, daß ein Gott der Zuneigung fähig wäre. Damit beseitigt er das, was für das denkbar beste und vorzüglichste Wesen besonders charakteristisch ist. Denn was ist besser oder was vorzüglicher als Güte und Wohltätigkeit? Wenn ihr nun diese Eigenschaften einem Gott aberkennen wollt, dann ist für euch auch einem Gott niemand, egal ob Gott oder Mensch, ans Herz gewachsen, und er schenkt niemandem seine Liebe, niemandem seine Wertschätzung. Daraus ergibt sich, daß nicht nur die Menschen den Göttern, sondern die Götter selbst den anderen Göttern gleichgültig sind. Wieviel besser halten es die Stoiker, die von euch getadelt werden: Ihres Erachtens ist aber ein Weiser einem Weisen freundlich gesinnt, auch wenn er ihn nicht kennt; denn es gibt nichts Liebenswerteres als die Tugend, und wer in ihrem Besitze ist, den werden wir lieben, wo auch immer auf der Welt er lebt.[194] (122) Welches Unheil richtet ihr hingegen an, wenn ihr Gefälligkeit und Wohlwollen als Schwäche auslegt! Und um nicht vom machtvollen Wesen der Götter zu sprechen: Meint ihr denn, auch die Menschen seien bloß aus Schwäche wohltätig und gütig? Gibt es gar keine natürliche Zuneigung (*caritas*) unter den Guten? Eben das Wort *carus* (›lieb‹) gehört zum Begriff *amor* (›Liebe‹), wovon wiederum die Vokabel *amicitia* (›Freundschaft‹) abgeleitet ist. Wenn wir hier lediglich unse-

nostrum referemus, non ad illius commoda, quem diligemus, non erit ista amicitia, sed mercatura quaedam utilitatum suarum. Prata et arva et pecudum greges diliguntur isto modo, quod fructus ex is capiuntur, hominum caritas et amicitia gratuita est; quanto igitur magis deorum, qui nulla re egentes et inter se diligunt et hominibus consulunt. Quod ni ita sit, quid veneramur, quid precamur deos, cur sacris pontifices, cur auspiciis augures praesunt, quid optamus a deis inmortalibus, quid vovemus? 'At etiam liber est Epicuri de sanctitate.' (123) Ludimur ab homine non tam faceto quam ad scribendi licentiam libero. Quae enim potest esse sanctitas, si dii humana non curant, quae autem animans natura nihil curans? Verius est igitur nimirum illud, quod familiaris omnium nostrum Posidonius disseruit in libro quinto de natura deorum, nullos esse deos Epicuro videri, quaeque is de deis inmortalibus dixerit, invidiae detestandae gratia dixisse; neque enim tam desipiens fuisset, ut homunculi similem deum fingeret, liniamentis dumtaxat extremis, non habitu solido, membris hominis praeditum omnibus, usu membrorum ne minimo quidem, exilem quendam atque perlucidum, nihil cuiquam tribuentem, nihil gratificantem, omnino nihil curantem, nihil agentem. Quae natura primum nulla esse potest, idque videns Epicurus re tollit, oratione relinquit deos; (124) deinde si maxime talis est deus, ut nulla gratia, nulla hominum caritate tenea-

ren Nutzen und nicht die Vorteile des von uns geliebten Menschen im Auge haben, wird daraus nicht Freundschaft, sondern eine Art Handel um des eigenen Nutzens willen. Wiesen, Felder und Viehherden liebt man auf diese Weise, weil man aus ihnen Gewinn zieht, menschliche Zuneigung und Freundschaft aber sind uneigennützig. Das gilt erst recht für die Götter, die nichts brauchen und sich doch untereinander lieben und für die Menschen sorgen. Wäre dem nicht so: Warum verehren wir dann die Götter, warum beten wir zu ihnen, warum leiten Priester die Opfer, Auguren die Auspizien[195], warum bringen wir den unsterblichen Göttern Wünsche, warum Gelübde entgegen? ›Doch es gibt auch ein Buch Epikurs über die Frömmigkeit.‹[196] (123) Wir werden von einem Mann verspottet, der nicht gerade witzig ist, sondern sich vielmehr die Freiheit herausnimmt zu schreiben, wie ihm der Sinn steht. Wie nämlich wäre Frömmigkeit möglich, wenn sich die Götter um die menschlichen Angelegenheiten nicht kümmern, und wie ein beseeltes Wesen, das sich um überhaupt nichts kümmert? Also kommt gewiß jene Feststellung, die unser aller Freund Poseidonios in seinem fünften Buch ›Über das Wesen der Götter‹[197] getroffen hat, der Wahrheit näher: Epikur glaube anscheinend gar nicht an die Götter, und was er über die unsterblichen Götter gesagt habe, sei nur der Absicht entsprungen, gehässige Kritik zu vermeiden; auch sei er nicht so bar aller Vernunft gewesen, daß er sich die Gottheit als das Abbild eines schwachen Menschen ausgedacht hätte, eine Gottheit mit bloß äußeren Konturen, ohne feste Substanz, ausgestattet mit allen menschlichen Körperteilen, ohne sie im mindesten gebrauchen zu können, ein kraftloses und durchscheinendes Etwas, das niemandem etwas gewährt, sich niemandem gefällig erweist, sich um rein gar nichts kümmert und nichts tut. Ein solches Wesen kann es erstens nicht geben, und weil sich Epikur dessen bewußt ist, beseitigt er faktisch die Götter und behält sie nur den Worten nach bei. (124) Zweitens, wenn ein Gott wirklich so ist, daß er den Menschen gegen-

tur, valeat – quid enim dicam 'propitius sit'; esse enim propitius potest nemini, quoniam, ut dicitis, omnis in inbecillitate est et gratia et caritas."

über keine Spur von Wohlwollen und Liebe empfindet, dann möge er sich verabschieden – denn weshalb sollte ich sagen ›Er sei mir gnädig‹? Er kann ja niemandem gnädig sein, da, wie ihr behauptet, alles Wohlwollen und alle Liebe nur auf Schwäche beruhen.«[198]

Liber secundus

(1) Quae cum Cotta dixisset, tum Velleius "Ne ego", inquit, "incautus, qui cum Academico et eodem rhetore congredi conatus sim. Nam neque indisertum Academicum pertimuissem nec sine ista philosophia rhetorem quamvis eloquentem; neque enim flumine conturbor inanium verborum nec subtilitate sententiarum, si orationis est siccitas. Tu autem, Cotta, utraque re valuisti; corona tibi et iudices defuerunt. Sed ad ista alias; nunc Lucilium, si ipsi commodum est, audiamus."

(2) Tum Balbus: "Eundem equidem mallem audire Cottam, dum, qua eloquentia falsos deos sustulit, eadem veros inducat. Est enim et philosophi et pontificis et Cottae de dis inmortalibus habere non errantem et vagam ut Academici, sed ut nostri stabilem certamque sententiam. Nam contra Epicurum satis superque dictum est; sed aveo audire, tu ipse, Cotta, quid sentias."

"An", inquit, "oblitus es, quid initio dixerim, facilius me, talibus praesertim de rebus, quid non sentirem quam, quid sentirem, posse dicere? (3) Quod si haberem aliquid, quod liqueret, tamen te vicissim audire vellem, cum ipse tam multa dixissem."

Tum Balbus: "Geram tibi morem et agam quam brevissume potero; etenim convictis Epicuri erroribus longa de mea

Zweites Buch

(1) Nachdem Cotta dies vorgebracht hatte, sagte Velleius: »Ja, ich war wirklich unvorsichtig, daß ich versucht habe, mich mit einem Akademiker und dazu noch einem guten Redner auf einen Streit einzulassen. Denn vor einem sprachlich ungeschickten Akademiker hätte ich mich ebensowenig gefürchtet wie vor einem Redner ohne diese philosophische Bildung, wäre er auch noch so sprachgewandt. Ich gerate nämlich weder durch einen Schwall nichtssagender Worte noch durch eine spitzfindige Gedankenführung in Verwirrung, wenn der Vortrag trocken ist. Doch du, mein Cotta, hast in beiden Punkten geglänzt; dir haben nur viele Zuhörer und die Richter gefehlt. Aber zu deinen Ausführungen ein andermal. Jetzt wollen wir, wenn es ihm selbst recht ist, Lucilius hören.«
(2) Da entgegnete Balbus: »Ich freilich hätte lieber noch einmal Cotta gehört, sofern er mit derselben Beredsamkeit, mit der er die falschen Götter entlarvt hat, nun die wahren vorführt. Es gehört sich ja für einen Philosophen, Oberpriester und Mann wie Cotta, keine schwankende und ungewisse Meinung über die unsterblichen Götter zu haben, so wie die Akademiker, sondern, wie die Vertreter unserer Schule, eine feste und klare Überzeugung.[199] Gegen Epikur jedenfalls ist schon mehr als genug gesagt worden. Ich aber möchte hören, was du, mein Cotta, persönlich denkst.«
»Hast du etwa vergessen«, antwortete dieser, »was ich anfangs[200] erklärt habe, nämlich daß ich, zumal bei solchen Fragen, leichter sagen kann, womit ich nicht einverstanden bin, als das, was ich für richtig halte? (3) Selbst wenn ich Klarheit besäße, würde ich dennoch lieber erst dich hören, da ich selbst schon so viel geredet habe.«
Daraufhin sprach Balbus: »Ich will deinem Wunsch nachkommen und mich möglichst kurz fassen; denn nachdem Epikurs Irrtümer aufgedeckt sind, entfällt ein langer Teil

disputatione detracta oratio est. Omnino dividunt nostri totam istam de dis inmortalibus quaestionem in partis quattuor. Primum docent esse deos, deinde quales sint, tum mundum ab his administrari, postremo consulere eos rebus humanis. Nos autem hoc sermone, quae priora duo sunt, sumamus; tertium et quartum, quia maiora sunt, puto esse in aliud tempus differenda."
"Minime vero", inquit Cotta; "nam et otiosi sumus et his de rebus agimus, quae sunt etiam negotiis anteponenda."

(4) Tum Lucilius "Ne egere quidem videtur", inquit, "oratione prima pars. Quid enim potest tam apertum tamque perspicuum, cum caelum suspeximus caelestiaque contemplati sumus, quam esse aliquod numen praestantissimae mentis, quo haec regantur? Quod ni ita esset, qui potuisset adsensu omnium dicere Ennius

'Aspice hoc sublime candens, quem invocant omnes
Iovem' –

illum vero et Iovem et dominatorem rerum et omnia motu regentem et, ut idem Ennius,

'patrem divumque hominumque'

et praesentem ac praepotentem deum? Quod qui dubitet, haud sane intellego, cur non idem, sol sit an nullus sit, dubitare possit. (5) Quid enim est hoc illo evidentius? Quod nisi cognitum conprehensumque animis haberemus, non tam

meines Vortrags. Im allgemeinen gliedern die Vertreter unserer Schule die gesamte Untersuchung über die unsterblichen Götter in vier Abschnitte. Zuerst weisen sie nach, daß die Götter existieren, zweitens, welche Eigenschaften sie haben, dann, daß die Welt von ihnen verwaltet wird, und schließlich, daß sie sich um die menschlichen Belange kümmern. Ich will aber bei unserem Gespräch hier nur die ersten beiden Punkte aufgreifen; meines Erachtens sollten der dritte und vierte, da sie zu umfangreich sind, auf einen anderen Zeitpunkt verschoben werden.«
»Aber keineswegs«, versetzte Cotta, »wir haben ja doch Zeit und sprechen über Probleme, die sogar den Geschäften vorgehen müssen.«

(4) Da sagte Lucilius: »Der erste Teil bedarf wohl auch gar keiner weiteren Ausführung.[201] Denn was kann, wenn wir zum Himmel aufschauen und die Erscheinungen dort betrachten, so offensichtlich und so einleuchtend sein wie die Existenz einer mit herausragenden Geisteskräften begabten Macht, von der all dies gelenkt wird? Denn wäre dies nicht der Fall, wie hätte dann Ennius mit allgemeiner Zustimmung sagen können:

›Blick auf zu dieser strahlenden Höhe, die alle als Iuppiter anrufen‹,[202]

als Iuppiter aber und Herrn der Welt, der alles durch sein Wirken regiert und, wie wiederum Ennius sagt, als

›Vater der Götter und der Menschen‹[203]

und als den allgegenwärtigen und allmächtigen Gott? Bei jemandem, der daran zweifelt, verstehe ich freilich gar nicht, wieso er nicht ebenso an der Existenz der Sonne zweifeln sollte. (5) Denn wieso ist das eine augenscheinlicher als das andere? Wenn wir die Existenz der Götter nicht mit unse-

stabilis opinio permaneret nec confirmaretur diuturnitate temporis nec una cum saeclis aetatibusque hominum inveterare potuisset. Etenim videmus ceteras opiniones fictas atque vanas diuturnitate extabuisse. Quis enim hippocentaurum fuisse aut Chimaeram putat quaeve anus tam excors inveniri potest, quae illa, quae quondam credebantur, apud inferos portenta extimescat? Opinionis enim commenta delet dies, naturae iudicia confirmat.

Itaque et in nostro populo et in ceteris deorum cultus religionumque sanctitates existunt in dies maiores atque meliores; (6) idque evenit non temere nec casu, sed quod et praesentes saepe di vim suam declarant, ut et apud Regillum bello Latinorum, cum A. Postumius dictator cum Octavio Mamillio Tusculano proelio dimicaret, in nostra acie Castor et Pollux ex equis pugnare visi sunt, et recentiore memoria idem Tyndaridae Persem victum nuntiaverunt. P. enim Vatinius avus huius adulescentis, cum e praefectura Reatina Romam venienti noctu duo iuvenes cum equis albis dixissent regem Persem illo die captum, cum senatui nuntiavisset, primo quasi temere de re publica locutus in carcerem coniectus est, post a Paulo litteris allatis cum idem dies constitisset, et agro a senatu et vacatione donatus est. Atque etiam cum ad fluvium Sagram Crotoniatas Locri maximo proelio

rem Geist erkannt und begriffen hätten, so würde dieser Glaube nicht so fest bestehen bleiben, würde sich nicht im Laufe der Zeit verstärken und hätte auch mit den Jahrhunderten und Generationen der Menschen nicht immer tiefere Wurzeln schlagen können. Wir sehen ja auch, wie die übrigen, unrealistischen und grundlosen Ansichten mit der Länge der Zeit dahinschwanden. Wer nämlich glaubt noch, daß es einen Hippokentauren[204] oder eine Chimaira wirklich gegeben hat, oder welches alte Weib läßt sich noch finden, das so einfältig wäre, sich vor jenen Ungeheuern in der Unterwelt, an die man einst glaubte, zu fürchten? Denn die Hirngespinste der Phantasie vernichtet die Zeit, die Urteile indes, die im Einklang mit der Natur stehen, bestätigt sie. Daher werden sowohl bei unserem Volk als auch bei allen übrigen die Verehrung der Götter und der Respekt vor den religiösen Gebräuchen von Tag zu Tag stärker und besser.[205]

(6) Und dies geschieht nicht unüberlegt oder zufällig, sondern weil die Götter oft mit ihrer persönlichen Gegenwart ihre Macht bezeugen: So konnte man z. B. sehen, wie am See Regillus im Latinerkrieg, als der Diktator Aulus Postumius mit Octavius Mamillius bei Tusculum Krieg führte, Kastor und Pollux in unserem Heer zu Pferde kämpften, und in jüngerer Vergangenheit meldeten dieselben Tyndariden die Niederlage des Perseus. Als nämlich Publius Vatinius, der Großvater des hier lebenden jungen Mannes, nachts aus seinem Verwaltungsbezirk Reate nach Rom unterwegs war, hatten ihm zwei junge Männer auf weißen Pferden mitgeteilt, der König Perseus sei an diesem Tage gefangengenommen worden. Nachdem er den Senat davon unterrichtet hatte, wurde er, weil er in angeblich unverantwortlicher Weise über Staatsangelegenheiten geredet hatte, zuerst ins Gefängnis geworfen, später jedoch, da durch einen Brief des Paulus ebendieser Tag bestätigt worden war, vom Senat mit einem Landgut und Steuerfreiheit beschenkt. Und auch als am Sagra die Lokrer die Bürger von Kroton in einer gewaltigen Schlacht entscheidend besiegt hatten,

devicissent, eo ipso die auditam esse eam pugnam ludis Olympiae memoriae proditum est. Saepe Faunorum voces exauditae, saepe visae formae deorum quemvis aut non hebetem aut impium deos praesentes esse confiteri coegerunt.

(7) Praedictiones vero et praesensiones rerum futurarum quid aliud declarant nisi hominibus a dis ea, quae sint, ostendi, monstrari, portendi, praedici, ex quo illa ostenta, monstra, portenta, prodigia dicuntur. Quod si ea ficta credimus licentia fabularum, Mopsum, Tiresiam, Amphiaraum, Calchantem, Helenum – quos tamen augures ne ipsae quidem fabulae adscivissent, si res omnino repudiarent –, ne domesticis quidem exemplis docti numen deorum conprobabimus? Nihil nos P. Clodi bello Punico primo temeritas movebit, qui etiam per iocum deos inridens, cum cavea liberati pulli non pascerentur, mergi eos in aquam iussit, ut biberent, quoniam esse nollent? Qui risus classe devicta multas ipsi lacrimas, magnam populo Romano cladem attulit. Quid collega eius L. Iunius eodem bello nonne tempestate classem amisit, cum auspiciis non paruisset? Itaque Clodius a populo condemnatus est, Iunius necem sibi ipse conscivit.

(8) C. Flaminium Coelius religione neglecta cecidisse apud Transumenum scribit cum magno rei publicae vulnere. Quorum exitio intellegi potest eorum imperiis rem publicam amplificatam, qui religionibus paruissent. Et si con-

wurde diese Schlacht, wie die Überlieferung erzählt, noch am selben Tag bei den Spielen von Olympia bekannt.[206] Des öfteren vernahm man die Stimmen von Faunen, des öfteren sah man die Erscheinungen von Göttern, und so wurde ein jeder, sofern er nicht beschränkt oder ungläubig war, gezwungen, die Gegenwart von Göttern zuzugeben.

(7) Was allerdings beweisen die Voraussagen und Vorahnungen der Zukunft anderes, als daß den Menschen von den Göttern das, was geschieht, angedeutet, angekündigt und vorausgesagt wird, woher ja auch die Begriffe Wunderzeichen, Andeutungen, Ankündigungen und Vorzeichen[207] ihre Namen haben? Wenn wir nun alle Geschichten von Mopsos, Teiresias, Amphiaraos, Kalchas und Helenos für willkürliche Erfindungen des Mythos halten – jedoch hätten auch gerade die Sagen diese Männer nicht als Auguren aufgenommen, wenn sie ihr Wirken in Bausch und Bogen ablehnten –, werden wir nicht zumindest durch die Beispiele bei uns belehrt, das Walten der Götter anzuerkennen? Wird uns denn die Verwegenheit des Publius Clodius im Ersten Punischen Krieg völlig gleichgültig lassen? Er verspottete die Götter, wenn auch nur im Scherz; denn als die aus ihrem Käfig freigelassenen Hühner kein Futter anrühren wollten, ließ er sie ins Wasser werfen, damit sie wenigstens tränken, da sie nicht hatten fressen wollen. Dieser Spott kostete ihn selbst – seine Flotte wurde besiegt – viele Tränen, das römische Volk aber eine schwere Niederlage. Und weiter, verlor nicht im selben Krieg sein Amtskollege Lucius Iunius durch einen Sturm seine Flotte, weil er die Auspizien nicht beachtet hatte? Und so wurde Clodius vom Volk verurteilt, und Iunius gab sich selbst den Tod. (8) Coelius schreibt, Gaius Flaminius sei am Trasumenischen See gefallen, da er die religiösen Vorschriften mißachtet hatte, und habe damit dem Staat eine schwere Wunde geschlagen. Aus dem Untergang dieser Männer kann man schließen, daß der Staat dann mächtiger wurde, wenn seine Befehlshaber den religiösen Normen gehorcht hatten.[208] Und wenn wir unsere Verhält-

ferre volumus nostra cum externis, ceteris rebus aut pares aut etiam inferiores reperiemur, religione, id est cultu deorum, multo superiores. (9) An Atti Navi lituus ille, quo ad investigandum suem regiones vineae terminavit, contemnendus est? Crederem, nisi eius augurio rex Hostilius maxima bella gessisset. Sed neglegentia nobilitatis augurii disciplina omissa, veritas auspiciorum spreta est, species tantum retenta; itaque maximae rei publicae partes, in is bella, quibus rei publicae salus continetur, nullis auspiciis administrantur, nulla peremnia servantur, nulla ex acuminibus, nulla, cum viri vocantur, ex quo in procinctu testamenta perierunt; tum enim bella gerere nostri duces incipiunt, cum auspicia posuerunt. (10) At vero apud maiores tanta religionis vis fuit, ut quidam imperatores etiam se ipsos dis inmortalibus capite velato verbis certis pro re publica devoverent. Multa ex Sibyllinis vaticinationibus, multa ex haruspicum responsis commemorare possum, quibus ea confirmentur, quae dubia nemini debent esse. Atqui et nostrorum augurum et Etruscorum haruspicum disciplinam P. Scipione C. Figulo consulibus res ipsa probavit. Quos cum Ti. Gracchus consul iterum crearet, primus rogator, ut eos rettulit,

nisse einmal mit denen ausländischer Völker vergleichen, werden wir feststellen, daß wir ihnen auf anderen Gebieten entweder gleich oder sogar unterlegen sind, sie aber hinsichtlich der Religion, d. h. der Götterverehrung[209], bei weitem übertreffen. (9) Oder darf man etwa den berühmten Krummstab[210] des Attus Navius verachten, mit dem er seinen Weinberg in Bezirke abgrenzte, um ein Schwein zu finden?[211] Ich wäre einverstanden, hätte nicht der König Hostilius[212] auf der Grundlage von Attus' Augurium die wichtigsten Kriege geführt. Doch seitdem durch die Gleichgültigkeit des Adels die Auguralwissenschaft immer mehr in Vergessenheit geraten war, setzte man sich über die Wahrheit der Auspizien hinweg und hielt sich nur noch an die äußere Form. Daher werden die wichtigsten Bereiche der Staatsführung, darunter die Kriege, auf denen das Wohl des Staates beruht, ohne Auspizien verwaltet; man beachtet nicht mehr die Peremnien[213], leitet von dem Leuchten der Lanzenspitzen[214] keine Vorzeichen mehr ab, holt keine mehr ein bei der Einberufung der Soldaten; deswegen sind auch die Testamente vor Beginn der Kampfhandlungen[215] in Vergessenheit geraten. Erst dann nämlich beginnen unsere Heerführer ihre Kriege, wenn sie das Recht, Auspizien durchzuführen, abgegeben haben.[216] (10) Bei unseren Vorfahren hingegen besaß die Religion einen so mächtigen Einfluß, daß sich manche Generäle sogar persönlich, verhüllten Hauptes und eine bestimmte Formel sprechend, den unsterblichen Göttern als Opfer für den Staat darbrachten.[217] Aus den Sibyllinischen Weissagungen und aus den Bescheiden der Opferschauer könnte ich nun vieles anführen, wodurch sich das bekräftigen ließe, was für niemanden zweifelhaft sein sollte. Unter dem Konsulat des Publius Scipio und Gaius Figulus fand aber die wissenschaftliche Lehre unserer Auguren und der etruskischen Opferschauer ihre Bestätigung in der Realität. Denn als Tiberius Gracchus, zum zweiten Male Konsul, diese Männer wählen lassen wollte, fiel der Stimmenauszähler der ersten Zenturie, ge-

ibidem est repente mortuus. Gracchus cum comitia nihilo minus peregisset remque illam in religionem populo venisse sentiret, ad senatum rettulit. Senatus, quos ad soleret, referendum censuit. Haruspices introducti responderunt non fuisse iustum comitiorum rogatorem. Tum Gracchus, ut e patre audiebam, incensus ira: (11) 'Itane vero, ego non iustus, qui et consul rogavi et augur et auspicato? An vos Tusci ac barbari auspiciorum populi Romani ius tenetis et interpretes esse comitiorum potestis?' Itaque tum illos exire iussit. Post autem e provincia litteras ad collegium misit se, cum legeret libros, recordatum esse vitio sibi tabernaculum captum fuisse hortos Scipionis, quod, cum pomerium postea intrasset habendi senatus causa, in redeundo, cum idem pomerium transiret, auspicari esset oblitus; itaque vitio creatos consules esse. Augures rem ad senatum; senatus, ut abdicarent consules; abdicaverunt. Quae quaerimus exempla maiora: vir sapientissimus atque haud sciam an omnium praestantissimus peccatum suum, quod celari posset, confiteri maluit quam haerere in re publica religionem, consules summum imperium statim deponere quam id tenere punctum temporis contra religionem. (12) Magna augurum auctoritas; quid haruspicum ars nonne divina? Haec et innumerabilia ex eodem genere qui videat, nonne cogatur confiteri

rade als er ihre Wahl verkündet hatte, auf der Stelle plötzlich tot um. Da Gracchus die Wahlversammlung trotzdem zu Ende geführt hatte und dann merkte, daß dieser Vorfall im Volk auf religiöse Bedenken gestoßen war, erstattete er dem Senat Meldung. Der Senat beschloß, das Problem den üblichen Instanzen vorzulegen. Die Opferschauer wurden hereingeführt und gaben die Auskunft, der Vorsteher der Wahl sei nicht ordnungsgemäß eingesetzt gewesen. Daraufhin rief Gracchus, wie ich von meinem Vater mehrfach hörte, zornentbrannt aus: (11) ›So wäre also auch ich nicht ordnungsgemäß vorgegangen, ich, der ich als Konsul und Augur und nach Abhaltung der Auspizien die Wahlversammlung geleitet habe? Oder übt ihr Etrusker und Barbaren[218] etwa das Auspizienrecht des römischen Volkes aus und könnt über die Gültigkeit von Wahlen bestimmen?‹ So ließ er sie dann abtreten. Später jedoch schickte er aus der Provinz[219] einen Brief an sein Augurenkollegium: Er habe sich beim Lesen der heiligen Bücher erinnert, fälschlicherweise Scipios Park als Standort für sein Augurenzelt gewählt zu haben; denn nachdem er danach das Pomerium betreten habe, um eine Senatssitzung abzuhalten, habe er, als er wieder über das Pomerium gekommen sei, vergessen, Auspizien durchzuführen;[220] folglich seien die Konsuln nicht rechtmäßig gewählt. Die Auguren brachten die Angelegenheit vor den Senat; der Senat forderte den Rücktritt der Konsuln; sie traten zurück. Brauchen wir noch überzeugendere Beispiele? Der überaus weise Mann, vielleicht der vortrefflichste überhaupt, wollte seinen Fehler, den er hätte verheimlichen können, lieber zugeben, als das Volk mit einer Religionsverletzung zu belasten, und die Konsuln wollten ihr Amt lieber sofort niederlegen, als es, sei es auch nur für einen kurzen Moment, unter Bruch der religiösen Vorschriften zu behalten. (12) Groß ist das Ansehen der Auguren; doch ist nicht auch die Kunst der Opferschauer göttlich? Wer diese Vorfälle und unzählige andere der gleichen Art betrachtet, sollte der nicht genötigt sein, sich zur Exi-

deos esse? Quorum enim interpretes sunt, eos ipsos esse certe necesse est; deorum autem interpretes sunt; deos igitur esse fateamur. At fortasse non omnia eveniunt, quae praedicta sunt. Ne aegri quidem quia non omnes convalescunt, idcirco ars nulla medicina est. Signa ostenduntur a dis rerum futurarum; in his si qui erraverunt, non deorum natura, sed hominum coniectura peccavit.

Itaque inter omnis omnium gentium summa constat; omnibus enim innatum est et in animo quasi insculptum esse deos. (13) Quales sint, varium est, esse nemo negat. Cleanthes quidem noster quattuor de causis dixit in animis hominum informatas deorum esse notiones. Primam posuit eam, de qua modo dixi, quae orta esset ex praesensione rerum futurarum; alteram, quam ceperimus ex magnitudine commodorum, quae percipiuntur caeli temperatione, fecunditate terrarum aliarumque commoditatum complurium copia; (14) tertiam, quae terreret animos fulminibus, tempestatibus, nimbis, nivibus, grandinibus, vastitate, pestilentia, terrae motibus et saepe fremitibus lapideisque imbribus et guttis imbrium quasi cruentis, tum labibus aut repentinis terrarum hiatibus, tum praeter naturam hominum pecudumque portentis, tum facibus visis caelestibus, tum stellis is, quas Graeci κομήτας, nostri cincinnatas vocant, quae nuper bello Octaviano magnarum fuerunt calamitatum praenuntiae, tum sole geminato, quod, ut e patre audivi, Tuditano et Aquilio consulibus evenerat, quo quidem anno

stenz von Göttern zu bekennen? Denn Wesen, für die es Deuter gibt, müssen gewiß auch selbst existieren. Nun gibt es aber Deuter der Götter; laßt uns somit auch eingestehen, daß es Götter gibt. Doch vielleicht treffen nicht alle Vorhersagen ein. Aber weil nicht alle Kranken wieder gesund werden, kann man auch nicht schließen, es gebe deshalb überhaupt keine Heilkunst. Die Götter geben uns Zeichen der Zukunft. Sollte man sich in ihrer Auslegung getäuscht haben, lag der Fehler nicht im Wesen der Götter, sondern in der Interpretation der Menschen.

Damit steht bei allen Menschen auf der ganzen Welt[221] die Hauptsache fest: alle haben nämlich einen angeborenen und gleichsam in die Seele eingemeißelten Glauben an die Existenz von Göttern. (13) Wie sie sind, darüber gehen die Meinungen auseinander, aber daß es sie gibt, bestreitet niemand. Unser Kleanthes nun erklärte, die Vorstellungen[222] von den Göttern hätten sich aus vier Gründen in der Seele der Menschen herausgebildet. Als ersten nannte er den, über den ich mich eben geäußert habe[223] und der sich aus der Vorahnung künftiger Geschehnisse[224] ergebe. Der zweite Grund liege in der Größe der Vorteile, die uns durch das gemäßigte Klima, die Fruchtbarkeit der Erde und eine Fülle mehrerer anderer Annehmlichkeiten geboten würden. (14) Der dritte Grund sei der Schrecken, den die Menschen bei Blitzen, Unwettern, Wolkenbrüchen, Schneestürmen, Hagelschlag, Verwüstungen, Seuchen, Erdbeben und oftmaligem unterirdischen Dröhnen, bei Steinregen und blutartigen Regenfällen empfänden, aber auch bei Erdrutschen und plötzlich auftretenden Erdspalten, ferner bei unnatürlichen Mißgeburten von Menschen und Vieh, außerdem bei Fackelerscheinungen am Himmel und bei den Sternen, welche die Griechen als *kométai* bezeichnen und unsere Landsleute als Haarsterne bezeichnen und die kürzlich im Octavianischen Krieg Vorboten großer Unglücksfälle[225] waren; dann bei der Doppelsonne[226], die sich, wie mir mein Vater erzählte, während des Konsulats des Tuditanus und Aqui-

P. Africanus, sol alter, extinctus est, quibus exterriti homines vim quandam esse caelestem et divinam suspicati sunt; (15) quartam causam esse eamque vel maximam aequabilitatem motus conversionemque caeli, solis, lunae siderumque omnium distinctionem, utilitatem, pulchritudinem, ordinem, quarum rerum aspectus ipse satis indicaret non esse ea fortuita: ut, si quis in domum aliquam aut in gymnasium aut in forum venerit, cum videat omnium rerum rationem, modum, disciplinam, non possit ea sine causa fieri iudicare, sed esse aliquem intellegat, qui praesit et cui pareatur, multo magis in tantis motionibus tantisque vicissitudinibus, tam multarum rerum atque tantarum ordinibus, in quibus nihil umquam inmensa et infinita vetustas mentita sit, statuat necesse est ab aliqua mente tantos naturae motus gubernari. (16) Chrysippus quidem, quamquam est acerrimo ingenio, tamen ea dicit, ut ab ipsa natura didicisse, non ut ipse repperisse videatur. 'Si enim', inquit, 'est aliquid in rerum natura, quod hominis mens, quod ratio, quod vis, quod potestas humana efficere non possit, est certe id, quod illud efficit, homine melius; atqui res caelestes omnesque eae, quarum est ordo sempiternus, ab homine confici non possunt; est igitur id, quo illa conficiuntur, homine melius. Id autem quid potius dixeris quam deum? Etenim si di non sunt, quid esse potest in rerum natura homine melius; in eo enim solo est ratio, qua nihil potest esse praestantius; esse autem homi-

lius gezeigt hatte, gerade in dem Jahr, in dem Publius Africanus, unsere andere Sonne, erlosch: Vorzeichen, welche die Menschen zutiefst erschreckten und die Existenz einer göttlichen Himmelsmacht erahnen ließen.[227] (15) Der vierte und bei weitem wichtigste Grund beruhe auf der gleichmäßigen Bewegung und Umdrehung des Himmels, der Sonne und des Mondes und auf den getrennten Bahnen, dem Nutzen, der Schönheit und Ordnung aller Gestirne; schon ein Blick darauf beweise zur Genüge, daß dies alles nicht zufällig sei; genauso, wie wenn jemand in ein Haus, ein Gymnasium oder auf ein Forum käme und dort in allem das planvolle Vorgehen, die Gesetzmäßigkeit und Disziplin sähe, nicht meinen könnte, all das geschehe ohne Ursache, sondern einsehen müßte, daß jemand da ist, der die Leitung innehat und dem man gehorcht; angesichts so gewaltiger Bewegungen und Veränderungen, angesichts der geordneten Bahnen so zahlreicher riesiger Körper, die sich trotz ihres unermeßlichen und unendlichen Alters niemals irgendwie geirrt haben, muß er dann erst recht feststellen, daß so eindrucksvolle Bewegungen innerhalb der Natur durch einen vernunftbegabten Geist gesteuert werden. (16) Obwohl nun Chrysipp ein äußerst kluger Kopf ist, erweckt er, wenn er darüber spricht, den Eindruck, als habe er dies alles von der Natur selbst gelernt und nicht etwa persönlich herausgefunden. ›Wenn es nämlich‹, so sagt er, ›im Weltall etwas gibt, was der Verstand des Menschen, seine Vernunft, seine Körperkraft und das menschliche Können nicht zu leisten vermag, dann ist das, was jenes bewirkt, gewiß fähiger als der Mensch. Nun können aber die Himmelserscheinungen und alles, was einer ewigen Ordnung untersteht, vom Menschen nicht geschaffen werden; folglich ist die Kraft, die das alles leistet, dem Menschen überlegen. Wie jedoch kann man sie treffender bezeichnen als mit dem Wort „Gott"? Wenn es nämlich keine Götter gibt, was kann dann dem Menschen im Weltall überlegen sein? Denn nur er besitzt Vernunft, das Wunderbarste, was sich denken läßt. Gäbe es allerdings

nem, qui nihil in omni mundo melius esse quam se putet, desipientis adrogantiae est; ergo est aliquid melius. Est igitur profecto deus.' (17) An vero, si domum magnam pulchramque videris, non possis adduci, ut, etiamsi dominum non videas, muribus illam et mustelis aedificatam putes –: tantum ergo ornatum mundi, tantam varietatem pulchritudinemque rerum caelestium, tantam vim et magnitudinem maris atque terrarum si tuum ac non deorum inmortalium domicilium putes, nonne plane desipere videare? An ne hoc quidem intellegimus, omnia supera esse meliora, terram autem esse infimam, quam crassissimus circumfundat aer: ut ob eam ipsam causam, quod etiam quibusdam regionibus atque urbibus contingere videmus, hebetiora ut sint hominum ingenia propter caeli pleniorem naturam, hoc idem generi humano evenerit, quod in terra, hoc est in crassissima regione mundi, conlocati sint. (18) Et tamen ex ipsa hominum sollertia esse aliquam mundi mentem et eam quidem acriorem et divinam existimare debemus. Unde enim hanc homo 'arripuit', ut ait apud Xenophontem Socrates? Quin et umorem et calorem, qui est fusus in corpore, et terrenam ipsam viscerum soliditatem, animum denique illum spirabilem si quis quaerat, unde habeamus, apparet; quorum aliud a terra sumpsimus, aliud ab umore, aliud ab igni, aliud ab aere eo, quem spiritum dicimus. Illud autem, quod vincit haec omnia, rationem dico et, si placet pluribus verbis,

einen Menschen, der die Ansicht verträte, nichts auf der ganzen Welt sei vorzüglicher als er selber, wäre dies ein Zeichen törichter Anmaßung. Demnach ist etwas Vorzüglicheres vorhanden; folglich gibt es tatsächlich einen Gott.‹[228] (17) Oder aber: Wenn du ein schönes, großes Haus siehst, könntest du, auch wenn du seinen Besitzer nicht zu Gesicht bekämst, nicht zu der Annahme gebracht werden, es sei für Mäuse und Wiesel[229] gebaut. Würde es also nicht so aussehen, als hättest du völlig den Verstand verloren, wenn du glaubtest, dieser so reiche Schmuck des Weltalls, die so große Mannigfaltigkeit und Schönheit der Himmelskörper, die so elementare Gewalt und Größe des Meeres und der Erde seien deine eigene Wohnstätte und nicht die der unsterblichen Götter?[230] Sehen wir denn nicht wenigstens ein, daß alles Höhere das Bessere ist, die Erde jedoch, die von der dichtesten Lufthülle umgeben ist, den untersten Platz einnimmt? Daher trifft aus ebendiesem Grund genau dasselbe, was nach unserer Beobachtung auch in gewissen Gebieten und Städten der Fall ist – nämlich daß wegen einer dichteren Beschaffenheit der Atmosphäre der Verstand der Menschen dort schwerfälliger ist –, auch auf das Menschengeschlecht zu, weil es auf der Erde, das heißt der atmosphärisch dichtesten Gegend des Weltalls, beheimatet ist. (18) Und dennoch müssen wir gerade aus der Intelligenz der Menschen folgern, daß es eine geistige Kraft des Weltalls gibt, und zwar eine schärfer denkende und göttliche. Denn woher hat der Mensch sonst diesen Geist ›an sich gerissen‹, wie Sokrates bei Xenophon sagt?[231] Ja, auch wenn jemand fragen sollte, woher wir diese, unseren Körper durchströmende Feuchtigkeit und Wärme haben, woher gerade die erdige Festigkeit des Fleisches und schließlich jene luftartige Seele, so ist die Antwort klar. Das eine haben wir von der Erde bekommen, das andere vom Wasser, wieder anderes vom Feuer und das vierte von der Luft, die wir Atem nennen.[232] Das hingegen, was all dies übertrifft, ich meine die Vernunft oder, um es mit mehr Worten zu beschreiben, den

mentem, consilium, cogitationem, prudentiam, ubi invenimus, unde sustulimus? An cetera mundus habebit omnia, hoc unum, quod plurimi est, non habebit? Atqui certe nihil omnium rerum melius est mundo, nihil praestabilius, nihil pulchrius, nec solum nihil est, sed ne cogitari quidem quicquam melius potest. Et si ratione et sapientia nihil est melius, necesse est haec inesse in eo, quod optimum esse concedimus. (19) Quid vero tanta rerum consentiens, conspirans, continuata cognatio quem non coget ea, quae dicuntur a me, conprobare? Possetne uno tempore florere, dein vicissim horrere terra, aut tot rebus ipsis se inmutantibus solis accessus discessusque solstitiis brumisque cognosci, aut aestus maritimi fretorumque angustiae ortu aut obitu lunae commoveri, aut una totius caeli conversione cursus astrorum dispares conservari? Haec ita fieri omnibus inter se concinentibus mundi partibus profecto non possent, nisi ea uno divino et continuato spiritu continerentur.

(20) Atque haec cum uberius disputantur et fusius, ut mihi est in animo facere, facilius effugiunt Academicorum calumniam; cum autem, ut Zeno solebat, brevius angustiusque concluduntur, tum apertiora sunt ad reprendendum. Nam ut profluens amnis aut vix aut nullo modo, conclusa autem aqua facile conrumpitur, sic orationis flumine reprensoris convicia diluuntur, angustia autem conclusae rationis non facile se ipsa tutatur. Haec enim, quae dilatantur a

Verstand, die Überlegung, das Denken und die Klugheit, wo haben wir sie gefunden, woher genommen? Sollte denn das Weltall alles andere beinhalten, ohne das eine zu besitzen, was den höchsten Wert hat? Aber sicherlich ist von allen Dingen nichts besser als die Welt, nichts vorzüglicher, nichts schöner, und es gibt nicht nur nichts Besseres, sondern man kann sich auch nichts Besseres vorstellen. Und wenn es nichts Besseres gibt als Vernunft und Weisheit, muß sich dies beides in dem befinden, was wir als das Beste anerkennen. (19) Ferner: Wen aber wird die so eindrucksvoll übereinstimmende, zusammenhängende und kontinuierliche Verwandtschaft der Dinge nicht zwingen, meinen Ausführungen zuzustimmen? Könnte denn die Erde zu einem Zeitpunkt in Blüte stehen und dann wiederum vor Frost erstarren? Oder ließe sich, da sich so viele Dinge selbst stets verwandeln,[233] das Nahen und der Rückzug der Sonne während der Sommer- und Wintersonnenwende feststellen, oder könnten die Gezeiten der Meere und der Meerengen beim Auf- und Untergang des Mondes in Bewegung geraten oder die Gestirne[234] bei nur einer Umdrehung des Himmels ihre unterschiedlichen Bahnen beibehalten? Diese Prozesse wären, da alle Teile der Welt miteinander in Einklang stehen, so gewiß unmöglich, falls sie nicht durch einen einzigen göttlichen, ununterbrochen tätigen Atem[235] aufrechterhalten würden.

(20) Wenn nun diese Gedanken recht ausführlich und eingehend diskutiert werden, so wie es meine Absicht ist, entgehen sie leichter der böswilligen Kritik der Akademiker. Wenn man sie jedoch, wie es Zenons Art war, allzu knapp und gedrängt zusammenfaßt, bieten sie dem Tadel eine größere Angriffsfläche. Denn so wie ein dahinströmender Fluß kaum oder gar nicht, ein eingefaßtes Gewässer indes ohne weiteres verschmutzt werden kann, so werden durch den Fluß der Rede die Vorwürfe eines Kritikers fortgespült, die Knappheit eines gedrängten Beweises allerdings vermag sich nicht leicht selbst zu schützen. Das nämlich, was ich

nobis, Zeno sic premebat: (21) 'Quod ratione utitur, id melius est quam id, quod ratione non utitur; nihil autem mundo melius; ratione igitur mundus utitur.' Similiter effici potest sapientem esse mundum, similiter beatum, similiter aeternum; omnia enim haec meliora sunt quam ea, quae sunt his carentia, nec mundo quicquam melius. Ex quo efficietur esse mundum deum. (22) Idemque hoc modo: 'Nullius sensu carentis pars aliqua potest esse sentiens; mundi autem partes sentientes sunt; non igitur caret sensu mundus.' Pergit idem et urguet angustius: 'Nihil', inquit, 'quod animi quodque rationis est expers, id generare ex se potest animantem compotemque rationis; mundus autem generat animantis compotesque rationis; animans est igitur mundus composque rationis.' Idemque similitudine, ut saepe solet, rationem conclusit hoc modo: 'Si ex oliva modulate canentes tibiae nascerentur, num dubitares, quin inesset in oliva tibicini quaedam scientia? Quid si platani fidiculas ferrent numerose sonantes: idem scilicet censeres in platanis inesse musicam. Cur igitur mundus non animans sapiensque iudicetur, cum ex se procreet animantis atque sapientis?'

(23) Sed quoniam coepi secus agere, atque initio dixeram – negaram enim hanc primam partem egere oratione, quod esset omnibus perspicuum deos esse –, tamen id ipsum rationibus physicis, id est naturalibus, confirmari volo. Sic enim res se habet, ut omnia, quae alantur et quae crescant, contineant in se vim caloris, sine qua neque ali possent nec crescere. Nam omne, quod est calidum et igneum, cietur et

hier ausführlich ausbreite, drängte Zenon so zusammen: (21) ›Was Vernunft besitzt, ist besser als das, was keine Vernunft besitzt; es gibt aber nichts Besseres als das Weltall; folglich besitzt das Weltall Vernunft.‹ In ähnlicher Weise läßt sich nachweisen, daß das Weltall weise, glückselig oder ewig ist. Denn alles, was über diese Eigenschaften verfügt, ist besser als das, was diese nicht hat, und etwas Besseres als das Weltall gibt es nicht; daraus wird sich folgern lassen, daß das Weltall eine Gottheit ist. (22) Und derselbe Zenon zieht folgenden Schluß: ›Kein Wesen, das in einem seiner Teile bar jeder Empfindung ist, kann Empfindung haben; die Teile des Weltalls besitzen aber Empfindung, also ist das Weltall nicht ohne Empfindung.‹ Er fährt fort und schließt noch knapper: ›Nichts‹, so sagt er, ›was ohne Seele und Vernunft ist, kann aus sich heraus etwas Beseeltes und Vernunftbegabtes hervorbringen; das Weltall bringt indes beseelte und vernunftbegabte Wesen hervor, also ist das Weltall beseelt und vernunftbegabt.‹ Und er hat dann, wie er es oft macht, mit einem Vergleich folgenden Schluß gezogen: ›Wenn auf einem Ölbaum wohltönende Flöten wüchsen, würde man dann etwa zweifeln, daß der Ölbaum einige Kenntnis im Flötenspiel hätte? Oder wenn Platanen kleine Harfen trügen, die rhythmisch klängen: Natürlich würde man gleichfalls annehmen, daß in den Platanen Musikalität vorhanden sei. Weshalb also sollte man das Weltall nicht für beseelt und weise halten, da es doch aus sich heraus beseelte und weise Wesen erzeugt?‹

(23) Aber weil ich nun angefangen habe, doch anders zu verfahren, als ich zu Beginn angekündigt hatte – ich hatte ja bestritten, daß dieser erste Teil einer Ausführung bedürfe, da die Existenz der Götter für alle Menschen völlig einsichtig sei[236] –, will ich dennoch gerade diesen Gedanken mit physikalischen, das heißt der Natur entlehnten, Beweisgründen untermauern. Es verhält sich nämlich so: Alles, was sich nährt und wächst, trägt eine Wärmekraft in sich, ohne die es sich weder nähren noch wachsen könnte. Denn alles, was

agitur motu suo; quod autem alitur et crescit, motu quodam utitur certo et aequabili; qui quam diu remanet in nobis, tam diu sensus et vita remanet, refrigerato autem et extincto calore occidimus ipsi et extinguimur. (24) Quod quidem Cleanthes his etiam argumentis docet, quanta vis insit caloris in omni corpore: negat enim esse ullum cibum tam gravem, quin is nocte et die concoquatur; cuius etiam in reliquiis inest calor iis, quas natura respuerit. Iam vero venae et arteriae micare non desinunt quasi quodam igneo motu animadversumque saepe est, cum cor animantis alicuius evolsum ita mobiliter palpitaret, ut imitaretur igneam celeritatem. Omne igitur, quod vivit, sive animal sive terra editum, id vivit propter inclusum in eo calorem. Ex quo intellegi debet eam caloris naturam vim habere in se vitalem per omnem mundum pertinentem.

(25) Atque id facilius cernemus toto genere hoc igneo, quod tranat omnia, suptilius explicato. Omnes igitur partes mundi – tangam autem maximas – calore fultae sustinentur. Quod primum in terrena natura perspici potest. Nam et lapidum conflictu atque tritu elici ignem videmus et recenti fossione terram fumare calentem atque etiam ex puteis iugibus aquam calidam trahi, et id maxime fieri temporibus hibernis, quod magna vis terrae cavernis contineatur caloris eaque hieme sit densior ob eamque causam calorem insitum in terris contineat artius. (26) Longa est oratio multaeque rationes, quibus doceri possit omnia, quae terra concipiat

warm und feurig ist, wird durch seine eigene Bewegung angeregt und hin- und hergetrieben. Was sich aber nährt und wächst, zeigt eine bestimmte, gleichmäßige Bewegung. Solange diese in uns wirkt, bleiben Empfindungsfähigkeit und Leben erhalten; erkaltet oder erlischt jedoch die Wärme, sterben und verlöschen wir. (24) Wieviel Wärmekraft in jedem Körper steckt, unterstreicht nun Kleanthes auch mit folgenden Beweisen: Er sagt nämlich, es gebe keine Speise, die so schwer im Magen liege, daß sie nicht im Laufe eines Tages oder einer Nacht verdaut werden könne. Sogar in ihren Resten, welche die Natur wieder ausgeschieden hat, ist noch Wärme enthalten. Außerdem pulsieren die Venen und Arterien unaufhörlich in einer Art feuriger Bewegung, und schon oft hat man festgestellt, daß das herausgerissene Herz eines Tieres[237] so rasch zuckt, daß es dem Flackern des Feuers ähnelt. Also lebt alles Lebendige, sei es ein beseeltes Wesen, sei es eine Pflanze, aufgrund der in ihm enthaltenen Wärme. Dem muß man entnehmen, daß diese natürliche Wärme eine Lebenskraft in sich birgt, die sich durch das ganze Weltall erstreckt.

(25) Dies nun werden wir noch leichter einsehen, wenn dieser ganze feurige Stoff, der alles durchzieht, genauer erklärt ist. Alle Teile des Weltalls[238] – ich will hier aber nur die wichtigsten streifen – erhalten sich also dank der Wärme. Das läßt sich zuerst an der natürlichen Beschaffenheit der Erde ablesen. Denn wir sehen, daß beim Zusammenschlagen und Aneinanderreiben von Steinen Funken hervorsprühen und die Erde, wenn sie frisch umgegraben wurde, vor Wärme dampft; ferner daß aus nie versiegenden Brunnen warmes Wasser geschöpft wird und dies vornehmlich zur Winterszeit geschieht, weil eine gewaltige Wärmemenge in den Höhlungen der Erde enthalten, die Erde im Winter dichter ist und deshalb die in ihrem Boden befindliche Wärme fester zusammenhält. (26) In einem langen Vortrag ließen sich viele Gründe nennen, um schlüssig zu beweisen, daß alle Samenkörner, welche die Erde aufnimmt, und alle

semina quaeque ipsa ex se generata stirpibus infixa contineat, ea temperatione caloris et oriri et augescere. Atque aquae etiam admixtum esse calorem primum ipse liquor aquae declarat et fusio, quae neque conglaciaret frigoribus neque nive pruinaque concresceret, nisi eadem se admixto calore liquefacta et dilapsa diffunderet; itaque et aquilonibus reliquisque frigoribus adiectis durescit umor, ut idem vicissim mollitur tepefactus et tabescit calore. Atque etiam maria agitata ventis ita tepescunt, ut intellegi facile possit in tantis illis umoribus esse inclusum calorem; nec enim ille externus et adventicius habendus est tepor, sed ex intumis maris partibus agitatione excitatus, quod nostris quoque corporibus contingit, cum motu atque exercitatione recalescunt. Ipse vero aer, qui natura est maxime frigidus, minime est expers caloris; (27) ille vero et multo quidem calore admixtus est: ipse enim oritur ex respiratione aquarum; earum enim quasi vapor quidam aer habendus est, is autem existit motu eius caloris, qui aquis continetur, quam similitudinem cernere possumus in his aquis, quae effervescunt subditis ignibus. Iam vero reliqua quarta pars mundi: ea et ipsa tota natura fervida est et ceteris naturis omnibus salutarem impertit et vitalem calorem. (28) Ex quo concluditur, cum omnes mundi partes sustineantur calore, mundum etiam ipsum simili parique natura in tanta diuturnitate servari, eoque

Pflanzen, die sie aus sich heraus erzeugt und mit den Wurzeln in sich festhält, durch dieses angemessene Temperaturverhältnis aufgehen und wachsen. Und daß auch dem Wasser Wärme beigemischt ist, zeigt zum ersten schon die flüssige Beschaffenheit des Wassers und seine Neigung, sich auszudehnen; denn es würde bei Kälte nicht gefrieren noch sich zu Schnee und Reif[239] verdichten, wenn es sich nicht ebenfalls durch einen Zutritt von Wärme verflüssigen, schmelzen und ausbreiten würde. Daher wird auch eine Flüssigkeit, wenn sie die Nordwinde und andere Fröste berühren, hart und andererseits, wenn sie sich erwärmt hat, wieder weich und schmilzt aufgrund der Wärme. Und sogar die von den Winden aufgepeitschten Meere erwärmen sich so, daß man leicht erkennen kann, daß in diesen so gewaltigen Wassermassen Wärme vorhanden ist. Nun darf man jedoch nicht glauben, diese Wärme trete von außen hinzu, sondern sie kommt infolge der heftigen Bewegung aus den tiefsten Tiefen des Meeres hervor, ein Vorgang, der auch in unserem Körper abläuft, wenn er sich durch Bewegung und Training erhitzt. Die Luft selbst aber, die von Natur aus besonders kalt ist, ist keinesfalls bar aller Wärme. (27) Sie ist im Gegenteil sogar mit viel Wärme vermischt: Sie selbst bildet sich nämlich aus der Verdunstung der Gewässer; denn man muß die Luft gleichsam als den Dampf ansehen, der aus diesen Gewässern aufsteigt. Der wiederum hat seinen Ursprung in der Bewegung der in den Gewässern befindlichen Wärme. Ein ähnliches Phänomen können wir beim Wasser beobachten, das auf einer Feuerstelle zum Sieden gebracht wird. Jetzt jedoch haben wir es mit dem noch ausstehenden vierten Element des Weltalls zu tun: Dieses ist seiner ganzen Natur nach selber heiß und versorgt alle übrigen Urstoffe mit seiner heilsamen Lebenswärme. (28) Das führt zu folgendem Schluß: Da alle Teile des Weltalls durch die Wärme in Gang gehalten werden, wird auch das Weltall selbst durch einen ähnlichen oder gleichen Stoff in seiner so langen Dauer erhalten, und das um so mehr, als man einse-

magis, quod intellegi debet calidum illud atque igneum ita in omni fusum esse natura, ut in eo insit procreandi vis et causa gignendi, a quo et animantia omnia et ea, quorum stirpes terra continentur, et nasci sit necesse et augescere.
(29) Natura est igitur, quae contineat mundum omnem eumque tueatur, et ea quidem non sine sensu atque ratione. Omnem enim naturam necesse est, quae non solitaria sit neque simplex, sed cum alio iuncta atque conexa, habere aliquem in se principatum, ut in homine mentem, in belua quiddam simile mentis, unde oriantur rerum adpetitus; in arborum autem et earum rerum, quae gignuntur e terra, radicibus inesse principatus putatur. Principatum autem id dico, quod Graeci ἡγεμονικὸν vocant, quo nihil in quoque genere nec potest nec debet esse praestantius. Ita necesse est illud etiam, in quo sit totius naturae principatus, esse omnium optumum omniumque rerum potestate dominatuque dignissimum. (30) Videmus autem in partibus mundi – nihil est enim in omni mundo, quod non pars universi sit – inesse sensum atque rationem. In ea parte igitur, in qua mundi inest principatus, haec inesse necessest, et acriora quidem atque maiora. Quocirca sapientem esse mundum necesse est, naturamque eam, quae res omnes conplexa teneat, perfectione rationis excellere, eoque deum esse mundum omnemque vim mundi natura divina contineri.
Atque etiam mundi ille fervor purior, perlucidior mobiliorque multo ob easque causas aptior ad sensus commovendos quam hic noster calor, quo haec, quae nota nobis sunt,

hen muß, daß dieses warme, ja feurige Element in der ganzen Natur so verbreitet ist, daß in ihm die Kraft der Zeugung und der Grund des Gebärens[240] liegt, wodurch dann alle beseelten Wesen als auch die Pflanzen, die in der Erde wurzeln, notwendigerweise entstehen und wachsen.

(29) Es gibt also einen Urstoff, der das ganze Weltall in sich schließt und schützt, und zwar einen, der Empfindungsvermögen und Vernunft besitzt. Denn jeder Organismus, der nicht für sich alleine existiert und nicht nur aus einem Teil besteht, sondern noch mit einem anderen verbunden und verknüpft ist, muß eine vorherrschende Kraft in sich haben, so wie der Mensch die Seele und das Tier etwas der Seele Ähnliches, aus der heraus alle Triebe entstehen. Bei den Bäumen aber und den Gewächsen, welche die Erde hervorbringt, glaubt man, die vorherrschende Kraft befinde sich in den Wurzeln. Mit vorherrschender Kraft nun meine ich das, was die Griechen als *hegemonikón*[241] bezeichnen, das Vorzüglichste in jeder Gattung, das von nichts übertroffen werden kann oder darf. So ist notwendigerweise auch das Wesen, dem die vorherrschende Kraft der gesamten Natur innewohnt, das Allerbeste und verdient wie nichts sonst, die Herrschaft und Gewalt über alle Dinge auszuüben. (30) Wir sehen aber, daß die Teile des Weltalls – es gibt ja auf der ganzen Welt nichts, was nicht Teil des Ganzen wäre – Empfindungsvermögen und Vernunft besitzen. Folglich sind in dem Teil, welcher die vorherrschende Kraft des Weltalls enthält,[242] diese beiden Eigenschaften unbedingt vorhanden, und zwar in noch schärferer und stärkerer Ausprägung. Deshalb besitzt das Weltall zwangsläufig Weisheit, und das Wesen, das alle Dinge umfangen hält, zeichnet sich durch vollendete Vernunft aus; daher muß das Weltall eine Gottheit sein und die ganze Kraft des Weltalls auf einem göttlichen Wesen beruhen.

Und auch jener Feuerstoff des Weltalls ist reiner, durchsichtiger, viel beweglicher und aus diesen Gründen besser in der Lage, die Sinne zu erregen, als unsere Wärme hier[243], welche

retinentur et vigent. (31) Absurdum igitur est dicere, cum homines bestiaeque hoc calore teneantur et propterea moveantur ac sentiant, mundum esse sine sensu, qui integro et libero et puro eodemque acerrimo et mobilissimo ardore teneatur, praesertim cum is ardor, qui est mundi, non agitatus ab alio neque externo pulsu, sed per se ipse ac sua sponte moveatur; nam quid potest esse mundo valentius, quod pellat atque moveat calorem eum, quo ille teneatur. (32) Audiamus enim Platonem quasi quendam deum philosophorum; cui duo placet esse genera motus, unum suum, alterum externum, esse autem divinius, quod ipsum ex sua sponte moveatur, quam quod pulsu agitetur alieno. Hunc autem motum in solis animis esse ponit ab isque principium motus esse ductum putat. Quapropter, quoniam ex mundi ardore motus omnis oritur, is autem ardor non alieno inpulsu, sed sua sponte movetur, animus sit necesse est; ex quo efficitur animantem esse mundum.

Atque ex hoc quoque intellegi poterit in eo inesse intellegentiam, quod certe est mundus melior quam ulla natura. Ut enim nulla pars est corporis nostri, quae non minoris sit, quam nosmet ipsi sumus, sic mundum universum pluris esse necesse est quam partem aliquam universi. Quod si ita est, sapiens sit mundus necesse est. Nam ni ita esset, hominem, qui esset mundi pars, quoniam rationis esset particeps, pluris esse quam mundum omnem oporteret.

(33) Atque etiam si a primis inchoatisque naturis ad ultimas perfectasque volumus procedere, ad deorum naturam per-

die uns bekannten Erscheinungen am Leben erhält und gedeihen läßt. (31) Es wäre somit unsinnig zu behaupten, obwohl Menschen und Tiere durch diese Wärme erhalten werden und sich dank ihrer bewegen und fühlen, sei das Weltall empfindungslos, obschon es doch von einem lauteren, freien, reinen und zudem äußerst durchdringenden und beweglichen Feuerstoff durchzogen ist, zumal diese dem Weltall eigene Wärme nicht durch einen fremden oder äußeren Anstoß, sondern durch sich selbst und spontan in Bewegung kommt. Denn was kann kraftvoller sein als das Weltall, um der Wärme, durch die es erhalten wird, einen Antrieb zu geben und sie zu bewegen? (32) Laßt uns doch hören, was Platon, gewissermaßen ein Gott unter den Philosophen, dazu sagt.[244] Seiner Meinung nach gibt es zwei Arten der Bewegung, eine eigene und eine zweite, von außen kommende; was sich aber aus sich selbst heraus und spontan bewegt, sei göttlicher als das, was durch fremden Anstoß in Bewegung gerät. Diese Eigenbewegung nun schreibt er nur den Seelen zu und leitet von ihnen den Anfang aller Bewegung ab. Da ja jede Bewegung aus dem Feuerstoff des Weltalls entsteht, dieser Feuerstoff sich jedoch nicht durch fremden Anstoß, sondern spontan in Bewegung setzt, muß er mit der Seele identisch sein. Daraus folgt, daß das Weltall beseelt ist.

Und aufgrund dessen wird man auch einsehen können, daß das Weltall Intelligenz besitzt, weil es ja gewiß besser ist als jedes andere Wesen. Wie es nämlich keinen Teil unseres Körpers gibt, der nicht weniger wert wäre als wir selber, so muß auch das gesamte Weltall einen höheren Wert haben als irgendein Teil des Ganzen. Wenn dies so ist, muß das Weltall weise sein. Denn wäre dem nicht so, müßte der Mensch als Teil des Weltalls, eben weil er Vernunft besitzt, mehr wert sein als das ganze Weltall.

(33) Und auch wenn wir von den ersten, noch unvollkommenen Geschöpfen bis zu den höchsten und vollkommenen fortschreiten wollen, müssen wir zwangsläufig zum Wesen

veniamus necesse est. Prima enim animadvertimus a natura sustineri ea, quae gignantur e terra, quibus natura nihil tribuit amplius, quam ut ea alendo atque augendo tueretur. (34) Bestiis autem sensum et motum dedit et cum quodam adpetitu accessum ad res salutares, a pestiferis recessum. Hoc homini amplius, quod addidit rationem, qua regerentur animi adpetitus, qui tum remitterentur, tum continerentur. Quartus autem est gradus et altissimus eorum, qui natura boni sapientesque gignuntur, quibus a principio innascitur ratio recta constansque, quae supra hominem putanda est deoque tribuenda, id est mundo, in quo necesse est perfectam illam atque absolutam inesse rationem. (35) Neque enim dici potest in ulla rerum institutione non esse aliquid extremum atque perfectum. Ut enim in vite, ut in pecude, nisi quae vis obstitit, videmus naturam suo quodam itinere ad ultimum pervenire, atque ut pictura et fabrica ceteraeque artes habent quendam absoluti operis effectum, sic in omni natura ac multo etiam magis necesse est absolvi aliquid ac perfici. Etenim ceteris naturis multa externa, quominus perficiantur, possunt obsistere, universam autem naturam nulla res potest impedire, propterea quod omnis naturas ipsa cohibet et continet. Quocirca necesse est esse quartum illum et altissimum gradum, quo nulla vis possit accedere. (36) Is autem est gradus, in quo rerum omnium natura ponitur; quae quoniam talis est, ut et praesit omnibus et eam nulla

der Götter gelangen. Als erstes nehmen wir nämlich wahr, daß die Gewächse der Erde von der Natur am Leben gehalten werden; diesen Pflanzen gewährt die Natur nichts weiter, als daß sie sie schützt, indem sie sie nährt und wachsen läßt. (34) Den Tieren jedoch hat sie Empfindungsvermögen und Bewegung gegeben und, verbunden mit einem gewissen Instinkt, das Verlangen nach Dingen, die ihnen guttun, und eine Abneigung gegen alles, was ihnen schadet. Den Menschen hat sie noch reicher beschenkt, da sie ihm noch die Vernunft dazugab, mit der das Begehren der Seele kontrolliert werden kann, indem ihm mal stattgegeben, mal Zügel angelegt werden. Die vierte und höchste Stufe nehmen aber die Wesen ein, die von Natur aus gut und weise auf die Welt kommen und denen von Beginn an die richtige und gleichbleibende Vernunft angeboren ist; diese muß man als übermenschlich ansehen und der Gottheit zuweisen, das heißt dem Weltall, dem diese vollendete und vollkommene Vernunft notwendigerweise innewohnt. (35) Denn es läßt sich ebensowenig bestreiten, daß es in jeder Einrichtung der realen Welt etwas Höchstes und Vollkommenes gibt. Wie wir nämlich beim Weinstock und auch beim Vieh sehen, daß die Natur, außer wenn irgendeine Macht es ihr verwehrte, auf einem bestimmten, ihr eigenem Weg zur Vollendung gelangt, und so wie die Malerei, die Architektur und die übrigen Künste die gewisse Verwirklichung eines vollkommenen Werkes erreichen, so muß in der Natur als ganzer, und zwar in noch viel höherem Maße, etwas Vollkommenes und Vollendetes erreicht werden. Zwar können den übrigen Geschöpfen viele äußere Hindernisse, die ihre Vollendung vereiteln, in den Weg treten, nichts jedoch kann die gesamte Natur hindern, weil sie ja selbst alle Geschöpfe umfaßt und enthält. Daher gibt es notwendigerweise jene vierte und höchste Stufe, an die keine andere Kraft heranreichen kann. (36) Dies ist jedoch die Stufe, auf der das ganze Weltall beruht. Weil sich dieses nun dadurch auszeichnet, daß es alles beherrscht und von nichts beeinträch-

res possit inpedire, necesse est intellegentem esse mundum et quidem etiam sapientem.
Quid autem est inscitius quam eam naturam, quae omnis res sit conplexa, non optumam dici, aut, cum sit optuma, non primum animantem esse, deinde rationis et consilii compotem, postremo sapientem. Qui enim potest aliter esse optima? Neque enim si stirpium similis sit aut etiam bestiarum, optuma putanda sit potius quam deterruma. Nec vero, si rationis particeps sit nec sit tamen a principio sapiens, non sit deterior mundi potius quam humana condicio. Homo enim sapiens fieri potest, mundus autem, si in aeterno praeteriti temporis spatio fuit insipiens, numquam profecto sapientiam consequetur; ita erit homine deterior. Quod quoniam absurdum est, et sapiens a principio mundus et deus habendus est.
(37) Neque enim est quicquam aliud praeter mundum, quoi nihil absit quodque undique aptum atque perfectum expletumque sit omnibus suis numeris et partibus. Scite enim Chrysippus, ut clipei causa involucrum, vaginam autem gladii, sic praeter mundum cetera omnia aliorum causa esse generata, ut eas fruges atque fructus, quos terra gignit, animantium causa, animantes autem hominum, ut ecum vehendi causa, arandi bovem, venandi et custodiendi canem; ipse autem homo ortus est ad mundum contemplandum et imitandum – nullo modo perfectus, sed quaedam particula perfecti. (38) Sed mundus quoniam omnia conplexus est neque est quicquam, quod non insit in eo, perfectus undique est; qui igitur potest ei deesse id, quod est optimum? Nihil autem est mente et ratione melius; ergo haec mundo deesse

tigt werden kann, muß das Weltall Intelligenz und sogar Weisheit besitzen.
Was aber verrät mehr Unwissenheit, als das Wesen, das alle Dinge in sich schließt, nicht als das beste zu bezeichnen, oder, da es das beste ist, nicht zu sagen, daß es erstens beseelt, zweitens der Vernunft und Einsicht fähig und schließlich weise ist. Denn wie könnte es sonst das beste sein? Wäre es nämlich den Pflanzen und sogar den Tieren ähnlich, dürfte man es nicht für das beste halten, sondern eher für das schlechteste. Wenn es indes vernunftbegabt und dennoch nicht von Anfang an weise wäre, würde die Welt in einer schlechteren Lage sein als der Mensch. Denn ein Mensch kann weise werden, das Weltall aber wird, wenn es in der Ewigkeit der Vergangenheit nicht weise war, bestimmt niemals Weisheit erlangen; somit wäre es schlechter als der Mensch. Weil das ja unsinnig ist, muß das Weltall von Anbeginn an als weise und als ein göttliches Wesen angesehen werden.
(37) Auch existiert ja außer dem Weltall nichts, das so beschaffen wäre, daß ihm nichts fehlt, das überall zweckmäßig und vollkommen und im Hinblick auf alle seine Glieder und Teile vollendet ist. Treffend nämlich sagt Chrysipp:[245] Wie es für den Schild die Hülle gebe und die Scheide für das Schwert, so seien, abgesehen vom Weltall, alle übrigen Dinge für andere Zwecke entstanden: so die unterschiedlichen Früchte, welche die Erde hervorbringt, für die Tiere, die Tiere aber für die Menschen, das Pferd zum Reiten, der Ochse zum Pflügen, der Hund zum Jagen und Wachehalten. Der Mensch selbst ist jedoch erschaffen, um das Weltall zu betrachten und nachzuahmen[246] – keineswegs ein vollkommenes Wesen,[247] aber ein kleiner Teil des Vollkommenen.
(38) Doch da ja das Weltall alles umfaßt und es nichts gibt, was nicht zugleich in ihm wäre, ist es in jeder Hinsicht vollkommen. Wie könnte ihm folglich gerade das fehlen, was das Beste ist? Nichts aber ist besser als Verstand und Vernunft; somit können diese Eigenschaften dem Weltall nicht

non possunt. Bene igitur idem Chrysippus, qui similitudines adiungens omnia in perfectis et maturis docet esse meliora, ut in equo quam in eculeo, in cane quam in catulo, in viro quam in puero; item quod in omni mundo optimum sit, id in perfecto aliquo atque absoluto esse debere; (39) est autem nihil mundo perfectius, nihil virtute melius; igitur mundi est propria virtus. Nec vero hominis natura perfecta est, et efficitur tamen in homine virtus; quanto igitur in mundo facilius; est ergo in eo virtus. Sapiens est igitur et propterea deus.

Atque hac mundi divinitate perspecta tribuenda est sideribus eadem divinitas; quae ex mobilissima purissimaque aetheris parte gignuntur neque ulla praeterea sunt admixta natura totaque sunt calida atque perlucida, ut ea quoque rectissime et animantia esse et sentire atque intellegere dicantur. (40) Atque ea quidem tota esse ignea duorum sensuum testimonio confirmari Cleanthes putat, tactus et oculorum. Nam solis calor et candor inlustrior est quam ullius ignis, quippe qui in inmenso mundo tam longe lateque conluceat, et is eius tactus est, ut non solum tepefaciat, sed etiam saepe conburat, quorum neutrum faceret, nisi esset igneus. 'Ergo', inquit, 'cum sol igneus sit Oceanique alatur umoribus,' – quia nullus ignis sine pastu aliquo possit permanere – 'necesse est aut ei similis sit igni, quem adhibemus ad usum atque victum, aut ei, qui corporibus animantium continetur. (41) Atqui hic noster ignis, quem usus vitae

fehlen. Überzeugend verfährt also derselbe Chrysipp[248], wenn er Vergleiche anschließt und durch sie nachweist, daß bei einem vollkommenen und ausgereiften Geschöpf alles besser ist, das Pferd zum Beispiel dem Fohlen, der Hund dem Welpen, der Mann dem Knaben überlegen ist; ebenso müsse dann das, was im gesamten Weltall das Beste sei, in einem vollkommenen und vollendeten Wesen verwirklicht sein.[249] (39) Es gibt aber nichts Vollkommeneres als das Weltall, nichts Besseres als die Tugend; mithin ist die Tugend Eigenschaft des Weltalls. Nun ist jedoch die Natur des Menschen nicht vollkommen, und trotzdem läßt sich in ihr Tugend entwickeln; um wieviel leichter dann im Weltall. Es besitzt also Tugend. Folglich ist es weise und deswegen eine Gottheit.

Wenn man sich von der Göttlichkeit des Weltalls überzeugt hat, muß man auch den Gestirnen dieselbe Göttlichkeit zuerkennen. Sie entstehen aus dem beweglichsten und reinsten Teil des Äthers, ohne jede Beimischung eines anderen Stoffes, und sind durch und durch heiß und durchsichtig, so daß sich von ihnen völlig zu Recht sagen läßt, sie seien beseelt und hätten Empfindungsvermögen und Intelligenz. (40) Daß die Gestirne gänzlich von feuriger Beschaffenheit sind, glaubt Kleanthes aufgrund des Zeugnisses zweier Sinne, des Tast- und Sehsinnes, beweisen zu können. Denn die Glut und der Glanz der Sonne ist strahlender als sonst bei einem Feuer, weil sie ja in dem unermeßlichen Weltall nach allen Richtungen hin leuchtet und weil sie das, was sie berührt, nicht nur erwärmt, sondern oft sogar versengt; beides wäre ihr unmöglich, wenn sie nicht aus Feuer bestünde. ›Da also‹, sagt Kleanthes, ›die Sonne feurig ist und sich von der Feuchtigkeit des Weltmeeres ernährt‹ – kein Feuer könnte nämlich ohne irgendwelche Nahrung ständig brennen –, ›muß sie entweder dem Feuer ähneln, das wir zum täglichen Gebrauch und für die Zubereitung unserer Nahrung nutzen, oder aber dem Feuer, das sich im Körper der Lebewesen befindet. (41) Allerdings ist dieses unser Feuer,

requirit, confector est et consumptor omnium idemque, quocumque invasit, cuncta disturbat ac dissipat; contra ille corporeus vitalis et salutaris omnia conservat, alit, auget, sustinet sensuque adficit.' Negat ergo esse dubium, horum ignium sol utri similis sit, cum is quoque efficiat, ut omnia floreant et in suo quaeque genere pubescant. Quare cum solis ignis similis eorum ignium sit, qui sunt in corporibus animantium, solem quoque animantem esse oportet, et quidem reliqua astra, quae oriantur in ardore caelesti, qui aether vel caelum nominatur.

(42) Cum igitur aliorum animantium ortus in terra sit, aliorum in aqua, in aere aliorum, absurdum esse Aristoteli videtur in ea parte, quae sit ad gignenda animantia aptissima, animal gigni nullum putare. Sidera autem aetherium locum optinent; qui quoniam tenuissimus est et semper agitatur et viget, necesse est, quod animal in eo gignatur, id et sensu acerrumo et mobilitate celerrima esse. Quare cum in aethere astra gignantur, consentaneum est in his sensum inesse et intellegentiam, ex quo efficitur in deorum numero astra esse ducenda. Etenim licet videre acutiora ingenia et ad intellegendum aptiora eorum, qui terras incolant eas, in quibus aer sit purus ac tenuis, quam illorum, qui utantur crasso caelo atque concreto. (43) Quin etiam cibo, quo utare, interesse aliquid ad mentis aciem putant. Probabile est igitur praestantem intellegentiam in sideribus esse, quae et aetheriam partem mundi incolant et marinis terrenisque umoribus

das wir für den täglichen Bedarf benötigen, eine vernichtende und allesverzehrende Kraft, und dort, wo es um sich greift, zerstört und vernichtet es alles. Jenes körpereigene lebenspendende und heilsame Feuer hingegen bewahrt, nährt, fördert und schützt alles und verleiht ihm Empfindungsvermögen.‹ Seines Erachtens unterliege es somit keinem Zweifel, welchem dieser beiden Feuer die Sonne ähnlich sei, da auch sie bewirke, daß alles erblühe und jedes Geschöpf seiner Art gemäß heranreife. Weil die Sonne also Ähnlichkeit mit dem Feuer aufweise, das sich im Körper der beseelten Wesen finde, muß auch die Sonne beseelt sein und die übrigen Gestirne desgleichen, da sie in der himmlischen Hitze entstehen, die als Äther oder Himmel[250] bezeichnet wird.

(42) Wenn nun also die einen Lebewesen ihren Ursprung auf der Erde haben, andere im Wasser und wiederum andere in der Luft, wirkt auf Aristoteles die Annahme unsinnig, daß gerade in der Region, die für das Erzeugen beseelter Geschöpfe am besten geeignet ist, überhaupt kein Lebewesen hervorgebracht wird.[251] Die Gestirne aber haben ihren Platz im Äther. Weil dieser bekanntlich äußerst fein, fortwährend in Bewegung und voller Kraft ist, muß sich das Lebewesen, das dort erzeugt wird, durch ein besonders ausgeprägtes Empfindungsvermögen und sehr schnelle Beweglichkeit auszeichnen. Da die Sterne im Äther entstehen, ist es deshalb ganz natürlich, daß ihnen Empfindungsvermögen und Intelligenz eignet; folglich muß man die Gestirne zu den Göttern rechnen. Darüber hinaus läßt sich auch bei den Menschen, die Gebiete bewohnen, wo die Luft rein und dünn ist, ein scharfsinnigerer und denkfähigerer Geist feststellen als bei denen, die dicke und schwere Luft atmen. (43) Ja, man glaubt sogar, die Nahrung, die man zu sich nimmt, sei von einiger Bedeutung für die Schärfe des Verstandes.[252] Mithin ist es wahrscheinlich, daß die Gestirne eine überragende Intelligenz besitzen, sowohl weil sie im ätherischen Teil des Weltalls beheimatet sind als auch weil

longo intervallo extenuatis alantur. Sensum autem astrorum atque intellegentiam maxume declarat ordo eorum atque constantia – nihil est enim, quod ratione et numero moveri possit sine consilio –, in quo nihil est temerarium, nihil varium, nihil fortuitum. Ordo autem siderum et in omni aeternitate constantia neque naturam significat – est enim plena rationis – neque fortunam, quae amica varietati constantiam respuit. Sequitur ergo, ut ipsa sua sponte, suo sensu ac divinitate moveantur. (44) Nec vero Aristoteles non laudandus in eo, quod omnia, quae moventur, aut natura moveri censuit aut vi aut voluntate; moveri autem solem et lunam et sidera omnia; quae autem natura moverentur, haec aut pondere deorsum aut levitate in sublime ferri, quorum neutrum astris contingeret, propterea quod eorum motus in orbem circumque ferretur; nec vero dici potest vi quadam maiore fieri, ut contra naturam astra moveantur – quae enim potest maior esse? –; restat igitur, ut motus astrorum sit voluntarius.

Quae qui videat, non indocte solum, verum etiam impie faciat, si deos esse neget. Nec sane multum interest, utrum id neget an eos omni procuratione atque actione privet; mihi enim, qui nihil agit, esse omnino non videtur. Esse igitur deos ita perspicuum est, ut, id qui neget, vix eum sanae mentis existimem.

sie sich von der Meeres- und Erdfeuchtigkeit ernähren, die wegen der weiten Entfernung nur verdünnt zu ihnen gelangt. Das Empfindungsvermögen und die Denkfähigkeit der Sterne tritt jedoch vor allem in ihrer Ordnung und Unwandelbarkeit zutage – denn es gibt nichts, was sich ohne Berechnung vernünftig und regelmäßig bewegen könnte –, wobei nichts unbedacht ist, nichts veränderlich, nichts zufällig. Die Ordnung der Sterne und ihre ewig dauernde Beständigkeit deutet nun weder auf eine bloße Naturkraft – sie ist ja völlig vernunftgesteuert – noch auf Zufall, der doch den Wechsel liebt und die Beständigkeit verabscheut. Somit folgt, daß sich die Gestirne aus eigenem Antrieb, aus eigener Empfindung und kraft ihrer Göttlichkeit bewegen. (44) Aristoteles verdient aber besonderes Lob für seine Ansicht, daß alles, was sich bewegt, entweder von Natur aus oder durch eine äußere Kraft oder durch den freien Willen in Bewegung gerät.[253] Sonne, Mond und alle Gestirne würden sich aber bewegen; was nun von Natur aus in Bewegung gesetzt werde, falle entweder wegen seines Gewichtes nach unten oder steige wegen seiner Leichtigkeit in die Höhe; keines von beidem treffe auf die Gestirne zu, weil ihre Bewegung eine kreisförmige Bahn beschreibe. Man kann andererseits auch nicht behaupten, irgendeine stärkere Macht veranlasse, daß sich die Gestirne entgegen dem Naturgesetz bewegen – denn welche Macht könnte stärker sein? –; also bleibt nur der Schluß, daß die Bewegung der Gestirne auf freiem Willen beruht.[254]

Wer dies einsieht, würde sich nicht nur ungebildet, sondern sogar gottlos verhalten, falls er die Existenz von Göttern bestritte. Es macht nämlich auch keinen großen Unterschied, ob er sie leugnet oder ob er ihnen bloß jegliche Fürsorge und Aktivität abspricht. Mir jedenfalls scheint einer, der nichts tut,[255] überhaupt nicht vorhanden zu sein. Die Existenz der Götter ist damit so einleuchtend, daß es mir kaum möglich wäre, jemandem, der sie leugnet, gesunden Menschenverstand zuzutrauen.

(45) Restat, ut, qualis eorum natura sit, consideremus; in quo nihil est difficilius quam a consuetudine oculorum aciem mentis abducere. Ea difficultas induxit et vulgo imperitos et similes philosophos inperitorum, ut nisi figuris hominum constitutis nihil possent de dis inmortalibus cogitare; cuius opinionis levitas confutata a Cotta non desiderat orationem meam. Sed cum talem esse deum certa notione animi praesentiamus, primum ut sit animans, deinde ut in omni natura nihil eo sit praestantius, ad hanc praesensionem notionemque nostram nihil video, quod potius accommodem, quam ut primum hunc ipsum mundum, quo nihil excellentius fieri potest, animantem esse et deum iudicem.

(46) Hic, quam volet, Epicurus iocetur, homo non aptissimus ad iocandum minimeque resipiens patriam, et dicat se non posse intellegere, qualis sit volubilis et rutundus deus; tamen ex hoc, quod etiam ipse probat, numquam me movebit. Placet enim illi esse deos, quia necesse sit praestantem esse aliquam naturam, qua nihil sit melius. Mundo autem certe nihil est melius; nec dubium, quin, quod animans sit habeatque sensum et rationem et mentem, id sit melius quam id, quod iis careat. (47) Ita efficitur animantem, sensus, mentis, rationis mundum esse compotem; qua ratione deum esse mundum concluditur. Sed haec paulo post facilius cognoscentur ex iis rebus ipsis, quas mundus efficit. Interea, Vellei, noli, quaeso, prae te ferre vos plane expertes

(45) Bleibt noch, die Eigenschaften ihres Wesens zu betrachten.[256] Dabei ist nichts schwieriger, als die Schärfe des Geistes von der üblichen Sicht unserer Augen unabhängig zu machen.[257] Diese Schwierigkeit hat ganz allgemein die Laien und die den Laien ähnlichen Philosophen[258] dazu gebracht, sich die unsterblichen Götter nur in menschlicher Gestalt vorstellen zu können. Die Haltlosigkeit dieser Ansicht ist von Cotta nachgewiesen und bedarf deshalb keiner weiteren Ausführung meinerseits. Doch weil wir aufgrund eines sicheren Vorwissens unserer Seele eine Vorahnung vom Wesen eines Gottes haben, nämlich erstens, daß er beseelt ist, und zweitens, daß es im gesamten Weltall nichts Besseres gibt als ihn, sehe ich nichts, was ich zu diesem unseren Vorgefühl und dieser Vorkenntnis[259] besser hinzufügen könnte als meine Überzeugung, daß zuerst einmal diese Welt selbst, deren Herrlichkeit alles übertrifft, beseelt und eine Gottheit ist.
(46) Hier soll nun Epikur, der überhaupt kein Talent zum Spotten hat und vom Witz seiner Vaterstadt[260] nichts erkennen läßt, ruhig nach Herzenslust spotten, und er soll auch sagen, daß sich ein dauernd kreisender und runder Gott seiner Vorstellung entziehe. Gleichwohl wird er mich niemals von der Meinung, die er sogar selbst billigt, abbringen. Er ist nämlich mit der Existenz von Göttern einverstanden, weil es notwendigerweise ein hervorragendes Wesen geben müsse, das von nichts übertroffen werde. Gewiß aber existiert nichts Besseres als die Welt; und zweifellos ist das, was beseelt ist, Empfindungsvermögen, Vernunft und Verstand besitzt, besser als das, dem diese Eigenschaften fehlen.
(47) Daraus folgt, daß das Weltall beseelt und mit Empfindungsvermögen, Verstand und Vernunft begabt ist. Auf diese Weise ergibt sich, daß das Weltall ein göttliches Wesen ist. Doch das wird man gleich[261] noch leichter anhand eben der Werke, die das Weltall hervorbringt, einsehen. In der Zwischenzeit bitte ich dich, mein Velleius, nicht so deutlich zu zeigen, daß ihr überhaupt keine wissenschaftliche

esse doctrinae. Conum tibi ais et cylindrum et pyramidem pulchriorem quam sphaeram videri. Novum etiam oculorum iudicium habetis. Sed sint ista pulchriora dumtaxat aspectu – quod mihi tamen ipsum non videtur; quid enim pulchrius ea figura, quae sola omnes alias figuras complexa continet quaeque nihil asperitatis habere, nihil offensionis potest, nihil incisum angulis, nihil anfractibus, nihil eminens, nihil lacunosum; cumque duae formae praestantissimae sint, ex solidis globus – sic enim σφαῖραν interpretari placet –, ex planis autem circulus aut orbis, qui κύκλος Graece dicitur, his duabus formis contingit solis, ut omnes earum partes sint inter se simillumae a medioque tantum absit extremum, quo nihil fieri potest aptius. (48) Sed si haec non videtis, quia numquam eruditum illum pulverem attigistis, ne hoc quidem physici intellegere potuistis, hanc aequabilitatem motus constantiamque ordinum in alia figura non potuisse servari? Itaque nihil potest indoctius, quam quod a vobis adfirmari solet. Nec enim hunc ipsum mundum pro certo rutundum esse dicitis, nam posse fieri, ut sit alia figura, innumerabilesque mundos alios aliarum esse formarum. (49) Quae, si, bis bina quot essent, didicisset, Epicurus certe non diceret; sed dum palato, quid sit optimum, iudicat, 'caeli palatum', ut ait Ennius, non suspexit.

Nam cum duo sint genera siderum, quorum alterum spatiis inmutabilibus ab ortu ad occasum commeans nullum umquam cursus sui vestigium inflectat, alterum autem continuas conversiones duas isdem spatiis cursibusque conficiat,

Bildung habt. Ein Kegel, sagst du, ein Zylinder und eine Pyramide erschienen dir schöner als eine Kugel. Sogar eure Augen fällen ein merkwürdig neues Urteil. Mögen diese Körper allerdings, wenn auch nur äußerlich, schöner wirken – trotzdem kommt gerade dies mir nicht so vor; denn was ist noch schöner als die Figur, welche als einzige alle anderen Figuren umfaßt und in sich schließt, welche keine Unebenheit und nichts, woran man sich stößt, aufweisen kann, die keinen Einschnitt durch Winkel und Krümmungen, die nichts Hervortretendes, nichts Lückenhaftes an sich hat.[262] Und da es nur zwei vollkommene Formen gibt, unter den festen die Kugel – denn so möchte ich *sphaîra* übersetzen –, unter den flächenhaften aber den Zirkel oder Kreis, der auf griechisch *kýklos* heißt, trifft es auch bloß für diese beiden Formen zu, daß alle ihre Teile einander völlig ähnlich und alle Punkte auf dem äußersten Rand von der Mitte gleich weit entfernt sind, so daß nichts zweckmäßiger eingerichtet sein kann als dies. (48) Wenn ihr das jedoch nicht einseht, weil ihr euch niemals mit jenem gelehrten Staub[263] befaßt habt, konntet ihr dann als Naturphilosophen[264] auch nicht einmal das begreifen, daß diese Regelmäßigkeit der Bewegung und die Beständigkeit der geordneten Bahnen bei keinem anderen Körper hätte aufrechterhalten werden können? Dabei ist nichts unwissenschaftlicher als das, was ihr zu behaupten pflegt. Ihr sagt nämlich, dieses Weltall sei nicht mit Sicherheit rund, denn es könne auch eine andere Gestalt haben, und die unzähligen Welten hätten jeweils unterschiedliche Formen. (49) Hätte Epikur gelernt, was zwei mal zwei ist, würde er sich bestimmt nicht so äußern. Aber während er mit dem Gaumen entscheidet, was das Beste ist, hat er nicht, wie sich Ennius ausdrückt, zum ›Gaumen des Himmels‹[265] aufgeblickt.

Denn weil es zwei Arten von Sternen[266] gibt, von denen die einen in unveränderlichen Entfernungen von Ost nach West ziehen, ohne je einen Deut von ihrer Bahn abzuweichen, die anderen aber beständig zwei Umdrehungen[267] in denselben

ex utraque re et mundi volubilitas, quae nisi in globosa forma esse non posset, et stellarum rutundi ambitus cognoscuntur.

Primusque sol, qui astrorum tenet principatum, ita movetur, ut, cum terras larga luce compleverit, easdem modo his, modo illis ex partibus opacet; ipsa enim umbra terrae soli officiens noctem efficit. Nocturnorum autem spatiorum eadem est aequabilitas, quae diurnorum. Eiusdemque solis tum accessus modici, tum recessus et frigoris et caloris modum temperant. Circumitus enim solis orbium quinque et sexaginta et trecentorum quarta fere diei parte addita conversionem conficiunt annuam; inflectens autem sol cursum tum ad septem triones, tum ad meridiem aestates et hiemes efficit et ea duo tempora, quorum alterum hiemi senescenti adiunctum est, alterum aestati: ita ex quattuor temporum mutationibus omnium, quae terra marique gignuntur, initia causaeque ducuntur. (50) Iam solis annuos cursus spatiis menstruis luna consequitur, cuius tenuissimum lumen facit proximus accessus ad solem, digressus autem longissimus quisque plenissimum. Neque solum eius species ac forma mutatur tum crescendo, tum defectibus in initia recurrendo, sed etiam regio; quae cum est aquilonia aut australis, in lunae quoque cursu est et brumae quaedam et solstitii similitudo, multaque ab ea manant et fluunt, quibus et animantes alantur augescantque et pubescant maturitatemque adsequantur, quae oriuntur e terra.

(51) Maxume vero sunt admirabiles motus earum quinque stellarum, quae falso vocantur errantes; nihil enim errat,

Abständen und Bahnen vollenden, läßt sich aus beiden sowohl das Kreisen des Weltalls, das nur bei einer Kugelform möglich ist, als auch die kreisförmigen Umläufe der Sterne erkennen.

Und als erste bewegt sich die Sonne, die den ersten Platz unter den Sternen einnimmt, so, daß sie, wenn sie die Länder in helles Licht getaucht hat, dieselben Länder bald auf dieser, bald auf jener Seite im Schatten läßt; denn der Erdschatten selbst tritt der Sonne entgegen und bewirkt so die Nacht. Dabei herrscht nun ein gleiches Verhältnis in der Länge der Nächte wie der Tage. Und die angemessene Annäherung und Entfernung der Sonne bestimmt das richtige Maß von Kälte und Wärme. Denn 365 kreisförmige Umläufe der Sonne plus etwa ein Vierteltag ergeben eine jährliche Umdrehung. Dadurch aber, daß die Sonne ihren Lauf bald gen Norden, bald gen Mittag lenkt, bewirkt sie Sommer und Winter und die beiden Jahreszeiten, von denen die eine auf den scheidenden Winter, die andere auf den schwindenden Sommer folgt: So hat im Wechsel der vier Jahreszeiten alles, was auf der Erde und im Meer entsteht, seinen Anfang und seinen Ursprung. (50) Die jährlichen Umläufe der Sonne legt nun der Mond mit seinen monatlichen Bahnen zurück;[268] die größte Annäherung an die Sonne läßt sein Licht am schwächsten, gerade die weiteste Entfernung aber am vollsten erscheinen. Und nicht nur sein Aussehen und seine Form ändern sich dadurch, daß er bald zunimmt, bald abnimmt und zu seinen Anfängen zurückkehrt, sondern es ändert sich auch sein Standort; wenn der Mond im Norden oder Süden steht, gibt es auch bei der Mondbahn eine gewisse Ähnlichkeit mit der Winter- und Sommersonnenwende, und von ihm strömt und geht vieles aus, wodurch die Lebewesen genährt werden und wachsen und das, was der Erde entsprießt, gedeiht und zur Reife gelangt.[269]

(51) Besondere Bewunderung verdienen jedoch die Bewegungen der fünf[270] Sterne, die fälschlicherweise Irrsterne heißen. Nichts nämlich irrt umher, was in aller Ewigkeit

quod in omni aeternitate conservat progressus et regressus reliquosque motus constantis et ratos. Quod eo est admirabilius in is stellis, quas dicimus, quia tum occultantur, tum rursus aperiuntur, tum adeunt, tum recedunt, tum antecedunt, tum autem subsecuntur, tum celerius moventur, tum tardius, tum omnino ne moventur quidem, sed ad quoddam tempus insistunt. Quarum ex disparibus motionibus magnum annum mathematici nominaverunt, qui tum efficitur, cum solis et lunae et quinque errantium ad eandem inter se comparationem confectis omnium spatiis est facta conversio; (52) quae quam longa sit, magna quaestio est; esse vero certam et definitam necesse est. Nam ea, quae Saturni stella dicitur Φαίνωνque a Graecis nominatur, quae a terra abest plurimum, XXX fere annis cursum suum conficit, in quo cursu multa mirabiliter efficiens tum antecedendo, tum retardando, tum vespertinis temporibus delitiscendo, tum matutinis rursum se aperiendo nihil inmutat sempiternis saeclorum aetatibus, quin eadem isdem temporibus efficiat. Infra autem hanc propius a terra Iovis stella fertur, quae Φαέθον dicitur, eaque eundem XII signorum orbem annis duodecim conficit easdemque, quas Saturni stella, efficit in cursu varietates. (53) Huic autem proximum inferiorem orbem tenet Πυρόεις, quae stella Martis appellatur, eaque quattuor et viginti mensibus sex, ut opinor, diebus minus eundem lustrat orbem, quem duae superiores. Infra hanc autem stella Mercuri est – ea Στίλβων appellatur a Graecis –, quae anno fere vertenti signiferum lustrat orbem neque a sole longius umquam unius signi intervallo discedit tum antevertens, tum subsequens. Infima est quinque errantium terraeque proxuma stella Veneris, quae Φωσφόρος Graece,

seine Vorwärts-, Rückwärts- und sonstigen Bewegungen beständig und sicher beibehält. Dies ist bei den genannten Sternen um so bewundernswerter, als sie sich bald verbergen, bald wieder zeigen, bald näherkommen, bald sich entfernen, bald [der Sonne] vorausgehen, bald aber ihr nachfolgen, sich bald schneller, bald langsamer bewegen, bald sich überhaupt nicht regen, sondern für eine gewisse Zeit stillstehen. Auf ihre ungleichen Bewegungen haben die Mathematiker das ›Große Jahr‹ gegründet, welches dann eintritt, wenn die Sonne, der Mond und die fünf Irrsterne nach Vollendung der Umlaufbahnen aller wieder dieselbe Stellung zueinander eingenommen haben.[271] (52) Wie lange diese Umdrehung dauert,[272] ist ein großes Problem, sie liegt aber notwendigerweise fest und ist genau abgegrenzt. Denn der sogenannte Stern des Saturn, der bei den Griechen Phainon heißt und von der Erde am weitesten entfernt ist, vollendet seine Bahn in etwa 30 Jahren; auf dieser Bahn leistet er erstaunlich viel, indem er bald vorauseilt, bald zurückbleibt, bald in den Abendstunden schwindet, bald sich am Morgen wieder zeigt und dennoch in den ewigen Zeitläuften der Jahrhunderte nichts verändert, sondern sich stets gleich verhält. Unterhalb von ihm nun kreist, näher an der Erde, der Stern des Iuppiter, welcher als Phaethon bezeichnet wird; er durchläuft denselben Kreis der zwölf Sternzeichen innerhalb von 12 Jahren und weist in seinem Lauf dieselben Veränderungen auf wie der Saturn. (53) Die diesem nächste untere Bahn aber gehört Pyroeis, Mars geheißen, und dieser Stern durchmißt in, glaube ich, 24 Monaten minus 6 Tagen denselben Kreis wie die beiden zuvor genannten. Unterhalb von diesem nun befindet sich der Stern des Mercur – bei den Griechen hat er den Namen Stilbon –, welcher etwa in Jahresfrist den Tierkreis durchwandert und dessen Abstand zur Sonne sich niemals auf mehr als ein einziges Sternbild beläuft, wobei er ihr bald vorangeht, bald nachfolgt. Der unterste der fünf Irrsterne und der Erde am nächsten ist der Stern der Venus, der Phosphoros auf griechisch und auf

Lucifer Latine dicitur, cum antegreditur solem; cum subsequitur autem, Ἕσπερος; ea cursum anno conficit et latitudinem lustrans signiferi orbis et longitudinem, quod idem faciunt stellae superiores, neque umquam ab sole duorum signorum intervallo longius discedit tum antecedens, tum subsequens. (54) Hanc igitur in stellis constantiam, hanc tantam tam variis cursibus in omni aeternitate convenientiam temporum non possum intellegere sine mente, ratione, consilio. Quae cum in sideribus inesse videamus, non possumus ea ipsa non in deorum numero reponere.

Nec vero eae stellae, quae inerrantes vocantur, non significant eandem mentem atque prudentiam. Quarum est cotidiana conveniens constansque conversio nec habent aetherios cursus neque caelo inhaerentes, ut plerique dicunt physicae rationis ignari; non est enim aetheris ea natura, ut vi sua stellas conplexa contorqueat, nam tenuis ac perlucens et aequabili calore suffusus aether non satis aptus ad stellas continendas videtur; (55) habent igitur suam sphaeram stellae inerrantes ab aetheria coniunctione secretam et liberam. Earum autem perennes cursus atque perpetui cum admirabili incredibilique constantia declarant in his vim et mentem esse divinam, ut haec ipsa qui non sentiat deorum vim habere, is nihil omnino sensurus esse videatur.

(56) Nulla igitur in caelo nec fortuna nec temeritas nec erratio nec vanitas inest contraque omnis ordo, veritas, ratio,

lateinisch Lucifer (Morgenstern) heißt, wenn er der Sonne vorauseilt; folgt er ihr jedoch, nennt man ihn Hesperos (Abendstern). Er vollzieht seinen Umlauf in einem Jahr und durchmißt dabei den Tierkreis der Länge und der Breite nach, was die vorigen Sterne ebenfalls tun, doch nie beträgt sein Abstand zur Sonne mehr als zwei Sternzeichen, wobei er ihr bald vorauseilt, bald nachfolgt. (54) Diese Beständigkeit bei den Sternen also, diese so große Übereinstimmung der Zeiten, die trotz so unterschiedlichen Bahnen in aller Ewigkeit bestehen bleibt, kann ich mir ohne Vernunft, Berechnung und Planungsfähigkeit nicht vorstellen. Da wir nun sehen, daß die Sterne diese Eigenschaften besitzen, können wir nicht umhin, sie selbst zu den Göttern zu rechnen.

Doch auch die Sterne, die man als Fixsterne bezeichnet, verweisen auf denselben Verstand und dieselbe Klugheit. Sie vollziehen in beständiger Harmonie ihre tägliche Umdrehung; ihre Bahnen sind allerdings nicht an den Äther[273] gebunden, noch haften sie am Himmelsgebäude, was sehr viele Leute behaupten, die sich in der Naturwissenschaft überhaupt nicht auskennen. Der Äther ist ja aufgrund seiner Beschaffenheit nicht in der Lage, mit eigener Kraft die Sterne zu erfassen und im Kreise zu drehen; denn der dünne, durchsichtige und mit gleichmäßiger Wärme durchzogene Äther scheint nicht hinlänglich geeignet, die Sterne festzuhalten. (55) Es haben somit die Fixsterne eine eigene Kreisbahn, die von einer Verbindung mit dem Äther getrennt und unabhängig ist. Ihre ewigen, gleichbleibenden Bahnen indes beweisen mit ihrer erstaunlichen und unglaublichen Beständigkeit, daß ihnen göttliche Kraft und göttlicher Geist innewohnen, so daß jemand, der nicht spürt, daß gerade darin Götterkraft liegt, für überhaupt nichts ein Gespür hat.

(56) Es gibt am Himmel also weder Zufall noch Willkür, noch Irrtum, noch Unzuverlässigkeit, sondern im Gegenteil lauter Ordnung, Wahrheit, klare Berechnung und Bestän-

constantia, quaeque his vacant ementita et falsa plenaque erroris, ea circum terras infra lunam, quae omnium ultima est, in terrisque versantur. Caelestem ergo admirabilem ordinem incredibilemque constantiam, ex qua conservatio et salus omnium omnis oritur, qui vacare mente putat, is ipse mentis expers habendus est.

(57) Haut ergo, ut opinor, erravero, si a principe investigandae veritatis huius disputationis principium duxero. Zeno igitur naturam ita definit, ut eam dicat ignem esse artificiosum ad gignendum progredientem via. Censet enim artis maxume proprium esse creare et gignere, quodque in operibus nostrarum artium manus efficiat, id multo artificiosius naturam efficere, id est, ut dixi, ignem artificiosum magistrum artium reliquarum. Atque hac quidem ratione omnis natura artificiosa est, quod habet quasi viam quandam et sectam, quam sequatur. (58) Ipsius vero mundi, qui omnia conplexu suo coercet et continet, natura non artificiosa solum, sed plane artifex ab eodem Zenone dicitur, consultrix et provida utilitatum oportunitatumque omnium. Atque ut ceterae naturae suis seminibus quaeque gignuntur, augescunt, continentur, sic natura mundi omnes motus habet voluntarios, conatusque et adpetitiones, quas ὁρμὰς Graeci vocant, et is consentaneas actiones sic adhibet, ut nosmet ipsi, qui animis movemur et sensibus. Talis igitur mens mundi cum sit ob eamque causam vel prudentia vel providentia appellari recte possit – Graece enim πρόνοια dicitur –, haec potissimum providet et in iis maxime est occu-

digkeit; und was diese Eigenschaften nicht hat, was erlogen, falsch und voller Irrtum ist, befindet sich in Erdnähe unterhalb des Mondes[274], welcher von allen Gestirnen der unterste ist, und auf der Erde. Wer folglich meint, die bewundernswerte Ordnung und unglaubliche Unwandelbarkeit des Himmels, welche die Ursache für die gesamte Bewahrung und Sicherheit aller Erscheinungen[275] bildet, besitze keinen Verstand, der muß selbst für bar allen Verstandes gehalten werden.

(57) Ich werde somit, denke ich, nicht in die Irre gehen, wenn ich die Grundlage dieser Erörterung von dem Fürsten der Wahrheitsforscher übernehme. Zenon also definiert die Natur als ein schöpferisch wirkendes Feuer, das methodisch vorgeht, um etwas zu erschaffen. Er glaubt nämlich, Hauptmerkmal der Kunst sei es, etwas zu erschaffen und hervorzubringen.[276] Und was bei den Werken unserer Künste die Hand leiste, das bewirke noch viel kunstreicher die Natur, das heißt, wie ich eben gesagt habe, das schöpferische Feuer, der Lehrer aller anderen Künste. Nach dieser Theorie ist nun die ganze Natur künstlerisch tätig, weil sie gleichsam einen bestimmten Weg und eine Richtung hat, die sie verfolgen muß. (58) Von der Natur des Weltalls selbst, das alles einschließt und umfaßt, sagt derselbe Zenon, sie sei nicht nur schöpferisch tätig, sondern eine vollendete Künstlerin, die sich um den Nutzen und Vorteil aller Geschöpfe kümmere und sorge. Und wie die übrigen Organismen, die alle aus ihrem arteigenen Samen erzeugt werden, wachsen und Bestand haben, so besitzt die Natur des Weltalls lauter vom Willen gesteuerte Bewegungen, Absichten und Bestrebungen, die bei den Griechen *hormaí* heißen, und sie verrichtet die diesen entsprechenden Handlungen so wie wir selbst, die wir uns aufgrund unserer geistigen Kräfte und Empfindungen bewegen. Weil also der Weltgeist so beschaffen ist und deshalb mit Recht als Voraussicht oder Vorsehung bezeichnet werden kann – auf griechisch nennt man ihn ja *prónoia* –, sorgt er vornehmlich dafür und ist vorrangig damit

pata, primum ut mundus quam aptissimus sit ad permanendum, deinde ut nulla re egeat, maxume autem ut in eo pulchritudo sit atque omnis ornatus.

(59) Dictum est de universo mundo, dictum etiam est de sideribus, ut iam propemodum appareat multitudo nec cessantium deorum nec ea, quae agant, molientium cum labore operoso ac molesto. Non enim venis et nervis et ossibus continentur nec his escis aut potionibus vescuntur, ut aut nimis acres aut nimis concretos umores colligant, nec is corporibus sunt, ut casus aut ictus extimescant aut morbos metuant ex defetigatione membrorum, quae verens Epicurus monogrammos deos et nihil agentes commentus est. (60) Illi autem pulcherruma forma praediti purissimaque in regione caeli collocati ita feruntur moderanturque cursus, ut ad omnia conservanda et tuenda consensisse videantur.

Multae autem aliae naturae deorum ex magnis beneficiis eorum non sine causa et a Graeciae sapientissimis et a maioribus nostris constitutae nominataeque sunt. Quicquid enim magnam utilitatem generi adferret humano, id non sine divina bonitate erga homines fieri arbitrabantur. Itaque tum illud, quod erat a deo natum, nomine ipsius dei nuncupabant, ut cum fruges Cererem appellamus, vinum autem Liberum, ex quo illud Terenti

'sine Cerere et Libero friget Venus',

beschäftigt, sicherzustellen, daß das Weltall erstens für seine Fortdauer bestens eingerichtet ist, zweitens, daß ihm nichts fehlt, hauptsächlich aber, daß es sich durch Schönheit und jede Art von Schmuck auszeichnet.

(59) Wir haben über das Weltall in seiner Gesamtheit gesprochen, wir haben auch über die Gestirne geredet, so daß schon eine ganze Reihe von Göttern sichtbar ist, die weder untätig sind noch das, was sie tun, mit mühevoller, beschwerlicher Arbeit ins Werk setzen.[277] Sie bestehen nämlich nicht aus Adern, Muskeln und Knochen und nähren sich auch nicht von solchen Speisen und Getränken, die ihre Körpersäfte allzu scharf oder allzu dick machen; ferner sind ihre Körper nicht so, daß sie sich vor Fall oder Stoß ängstigen oder infolge einer Überanstrengung ihrer Glieder vor Krankheiten fürchten müßten, Gefahren, die Epikur sah und sich daher schattenhafte und passive Götter ausdachte.[278] (60) Jene Götter jedoch, welche die schönste Gestalt[279] haben und in der reinsten Gegend des Himmels wohnen, bewegen sich und lenken ihre Bahnen so, daß sie offenbar übereingekommen sind, alles zu bewahren und zu schützen.

Viele andere Arten von Gottheiten[280] aber wurden wegen ihrer großen Wohltaten nicht ohne Grund von den weisesten Männern Griechenlands wie auch von unseren Vorfahren als Götter eingesetzt und so bezeichnet. Denn was immer der Menschheit großen Nutzen bringe, könne, so meinten sie, nicht ohne den Menschen bezeugte göttliche Güte zustande kommen. Deshalb gaben sie auch dem, was ein Gott hatte entstehen lassen, den Namen der Gottheit selbst; so nennen wir die Feldfrüchte Ceres und den Wein Liber; von daher erklärt sich auch das bekannte Terenz-Wort:

›Ohne Ceres und Liber friert die Venus.‹[281]

(61) tum autem res ipsa, in qua vis inest maior aliqua, sic appellatur, ut ea ipsa vis nominetur deus, ut Fides, ut Mens, quas in Capitolio dedicatas videmus proxume a M. Aemilio Scauro, ante autem ab A. Atilio Calatino erat Fides consecrata. Vides Virtutis templum, vides Honoris a M. Marcello renovatum, quod multis ante annis erat bello Ligustico a Q. Maxumo dedicatum. Quid Opis, quid Salutis, quid Concordiae, Libertatis, Victoriae; quarum omnium rerum quia vis erat tanta, ut sine deo regi non posset, ipsa res deorum nomen optinuit. Quo ex genere Cupidinis et Voluptatis et Lubentinae Veneris vocabula consecrata sunt, vitiosarum rerum neque naturalium – quamquam Velleius aliter existimat, sed tamen ea ipsa vitia naturam vehementius saepe pulsant. (62) Utilitatum igitur magnitudine constituti sunt ei di, qui utilitates quasque gignebant, atque is quidem nominibus, quae paulo ante dicta sunt, quae vis sit in quoque declaratur deo.

Suscepit autem vita hominum consuetudoque communis, ut beneficiis excellentis viros in caelum fama ac voluntate tollerent. Hinc Hercules, hinc Castor et Pollux, hinc Aesculapius, hinc Liber etiam – hunc dico Liberum Semela natum, non eum, quem nostri maiores auguste sancteque Liberum cum Cerere et Libera consecraverunt, quod quale sit ex mysteriis intellegi potest; sed quod ex nobis natos liberos

(61) Dann aber wird auch die Sache selbst, der irgendeine besondere Kraft[282] innewohnt, so benannt, daß eben diese Kraft als Gott bezeichnet wird, wie zum Beispiel Fides (Treue) und Mens (Verstand); ihnen beiden hat, wie wir sehen, Marcus Aemilius Scaurus auf dem Kapitol unlängst einen Tempel geweiht; zuvor aber war von Aulus Atilius Calatinus bereits der Fides ein Heiligtum gestiftet worden. Man sieht den Tempel der Virtus (Tapferkeit), man sieht den von Marcus Marcellus wiederhergestellten Tempel des Honos (Ehre), welcher vor vielen Jahren von Quintus Maximus im Ligurischen Krieg geweiht worden war. Wozu noch die Tempel der Ops (Reichtum), der Salus (Heil), der Concordia (Eintracht), der Libertas (Freiheit) und der Victoria (Sieg) erwähnen? Da die Macht all dieser Wesenheiten so stark war, daß sie ohne einen Gott nicht gesteuert werden konnte, erhielt eben die Eigenschaft selbst den Namen eines Gottes. Auf diese Weise sind auch die Begriffe Cupido (Verlangen), Voluptas (Genuß) und Venus Lubentina (sinnliche Lust) zu Göttern erhoben worden; sie bezeichnen zwar Fehlerhaftes und Unnatürliches – Velleius denkt darüber allerdings anders[283]–, doch machen gerade diese Laster der menschlichen Natur oft ziemlich heftig zu schaffen. (62) Infolge des großen Nutzens wurden also diejenigen zu Göttern erhoben, die für alle Formen des Nutzens verantwortlich waren, und mit den eben angeführten Benennungen zeigt man, welche Bedeutung jedem Gott zu eigen ist.

Das Zusammenleben der Menschen und eine gemeinsame Gewohnheit aber haben dafür Sorge getragen, höchst verdienstvolle Männer – um ihren Ruf zu verherrlichen und ihnen Beweise des Wohlwollens zu geben[284] – in den Himmel zu erheben. Daher haben wir Hercules, Kastor und Pollux, Aesculap, auch Liber – hier meine ich Semeles Sohn Liber und nicht den, welchen unsere Vorfahren ehrfurchtsvoll und fromm zusammen mit Ceres und Libera[285] als Gottheit verehrten; was das bedeutet, läßt sich aus den Mysterien er-

appellamus, idcirco Cerere nati nominati sunt Liber et Libera, quod in Libera servant, in Libero non item –, hinc etiam Romulum, quem quidam eundem esse Quirinum putant. Quorum cum remanerent animi atque aeternitate fruerentur, rite di sunt habiti, cum et optimi essent et aeterni.
(63) Alia quoque ex ratione et quidem physica magna fluxit multitudo deorum, qui induti specie humana fabulas poetis subpeditaverunt, hominum autem vitam superstitione omni referserunt. Atque hic locus a Zenone tractatus post a Cleanthe et Chrysippo pluribus verbis explicatus est. Nam vetus haec opinio Graeciam opplevit, esse exsectum Caelum a filio Saturno, vinctum autem Saturnum ipsum a filio Iove: (64) physica ratio non inelegans inclusa est in impias fabulas. Caelestem enim altissimam aetheriamque naturam, id est igneam, quae per sese omnia gigneret, vacare voluerunt ea parte corporis, quae coniunctione alterius egeret ad procreandum. Saturnum autem eum esse voluerunt, qui cursum et conversionem spatiorum ac temporum contineret. Qui deus Graece id ipsum nomen habet: Κρόνος enim dicitur, qui est idem χρόνος, id est spatium temporis. Saturnus autem est appellatus, quod saturaretur annis; ex se enim natos comesse fingitur solitus, quia consumit aetas temporum spatia annisque praeteritis insaturabiliter expletur. Vinctus autem a Iove, ne inmoderatos cursus haberet atque ut eum siderum vinclis alligaret. Sed ipse Iuppiter, id est iuvans pa-

kennen. Doch weil wir unsere Kinder *liberi* nennen, deswegen gab man Ceres' Kindern die Namen Liber und Libera; das behält man bei der Libera bei, bei Liber jedoch nicht. Daher haben wir auch Romulus, von dem manche glauben, er sei mit Quirinus identisch. Da ihre Seelen weiterleben und die Ewigkeit genießen, wurden sie mit Recht für Götter gehalten, weil sie sowohl ganz hervorragende Männer als auch unsterblich waren.

(63) Auch eine andere Theorie, und zwar eine naturwissenschaftliche, war die Quelle einer großen Menge von Göttern, die, in menschliche Gestalt gekleidet, den Dichtern Stoff für ihre Mythen lieferten, das Leben der Menschen jedoch mit Aberglauben aller Art vollstopften. Dieser von Zenon behandelte Gesichtspunkt wurde später von Kleanthes und Chrysipp[286] noch ausführlicher entwickelt. Griechenland war ja von der alten Überzeugung durchdrungen, (der Himmelsgott) Caelus sei von seinem Sohn Saturn entmannt, Saturn selbst aber von seinem Sohn Iuppiter in Fesseln gelegt worden: (64) Dabei hat man einen – nicht reizlosen – naturwissenschaftlichen Grund in die frevelhaften Mythen einfließen lassen. Denn man wollte, daß das himmlische, höchste und ätherische, das heißt feurige Element, welches alles aus sich heraus erzeugt, nicht den Körperteil besitze, der zur Zeugung die Vereinigung mit einem anderen nötig hat. Saturn aber sollte der Gott sein, der den Verlauf und Wechsel der Zeiträume und Jahreszeiten lenke. Dieser Gott trägt im Griechischen eben diese Bezeichnung. Man nennt ihn nämlich Kronos, was dasselbe ist wie *chrónos*, das heißt ›Zeitraum‹. Saturn hingegen wurde so genannt, weil er sich angeblich an den Jahren sättigt.[287] In der allgemeinen Vorstellung pflegt er ja seine Kinder aufzufressen, weil die Zeit die Zeitabschnitte aufzehrt und sich mit den verflossenen Jahren unaufhörlich den Bauch vollschlägt. Iuppiter aber hat ihn gefesselt, damit er keine unkontrollierten Bahnen ziehe und um ihn an die Bewegungen der Sterne zu binden. Doch Iuppiter selbst, das heißt ›der hel-

ter, quem conversis casibus appellamus a iuvando Iovem, a poetis

'pater divomque hominumque'

dicitur, a maioribus autem nostris optumus maxumus, et quidem ante optimus, id est beneficentissimus, quam maximus, quia maius est certeque gratius prodesse omnibus quam opes magnas habere – (65) hunc igitur Ennius, ut supra dixi, nuncupat ita dicens

'Aspice hoc sublime candens, quem invocant omnes Iovem'

planius quam alio loco idem

'Cui, quod in me est, execrabor hoc, quod lucet, quicquid est';

hunc etiam augures nostri, cum dicunt 'Iove fulgente tonante': dicunt enim 'caelo fulgente et tonante'. Euripides autem, ut multa praeclare, sic hoc breviter:

'Vides sublime fusum immoderatum aethera,
qui terram tenero circumiectu amplectitur:
hunc summum habeto divum, hunc perhibeto Iovem!'

(66) Aer autem, ut Stoici disputant, interiectus inter mare et caelum Iunonis nomine consecratur, quae est soror et coniux Iovis, quod ei et similitudo est aetheris et cum eo summa coniunctio. Effeminarunt autem eum Iunonique tri-

fende Vater‹ (*pater iuvans*), den wir in den obliquen Kasus, von ›helfen‹ (*iuvare*)[288] abgeleitet, ›Helfer‹ (Iovem) nennen, wird von den Dichtern

> ›Vater der Götter und der Menschen‹[289]

genannt, von unseren Vorfahren aber ›der Beste und der Größte‹, und zwar zuerst ›der Beste‹, das heißt ›Wohltätigste‹, und dann erst ›der Größte‹, weil es bedeutender und gewiß dankenswerter ist, allen zu nützen, als große Macht zu besitzen. (65) Diesen Iuppiter also bezeichnet Ennius, wie ich schon erwähnte,[290] mit folgenden Worten:

> ›Schau auf zu dieser strahlenden Höhe, die alle als Iuppiter anrufen.‹

Er spricht hier deutlicher als an einer anderen Stelle:

> ›Dem, was dort leuchtet, was es auch sei, werde ich weihen, was in mir ist‹.[291]

Diesen haben auch unsere Auguren im Sinn, wenn sie sagen ›Wenn Iuppiter blitzt und donnert‹, sie meinen damit nämlich ›Wenn der Himmel blitzt und donnert‹. Euripides aber drückt sich, wie er auch vieles sonst vortrefflich formuliert, kurz so aus:

> ›Du siehst den erhabenen, weiten, unendlichen Äther,
> der die Erde in zarter Umarmung umfängt:
> Ihn halte für göttlich, ihn nenne Iuppiter!‹[292]

(66) Die Luft nun, die sich nach stoischer Lehre zwischen Meer und Himmel erstreckt, wird unter Iunos Namen verehrt; sie ist Iuppiters Schwester und Gattin, weil sie Ähnlichkeit mit dem Äther aufweist und mit ihm in engster Verbindung steht. Man hat aber die Luft zu einem weiblichen

buerunt, quod nihil est eo mollius. Sed Iunonem item a iuvando credo nominatam. Aqua restabat et terra, ut essent ex fabulis tria regna divisa. Datum est igitur Neptuno alterum, Iovis, ut volumus, fratri, maritimum omne regnum, nomenque productum, ut Portunus a porta, sic Neptunus a nando, paulum primis litteris immutatis. Terrena autem vis omnis atque natura Diti patri dedicata est, qui dives ut apud Graecos Πλούτων, quia et recidunt omnia in terras et oriuntur e terris. Cui nuptam dicunt Proserpinam – quod Graecorum nomen est; ea enim est, quae Περσεφόνη Graece nominatur –, quam frugum semen esse volunt absconditamque quaeri a matre fingunt. (67) Mater autem est a gerendis frugibus Ceres tamquam Geres, casuque prima littera itidem immutata ut a Graecis; nam ab illis quoque Δημήτηρ quasi γῆ μήτηρ nominata est. Iam qui magna verteret, Mavors, Minerva autem, quae vel minueret vel minaretur. Cumque in omnibus rebus vim haberent maxumam prima et extrema, principem in sacrificando Ianum esse voluerunt, quod ab eundo nomen est ductum, ex quo transitiones, perviae, iani foresque in liminibus profanarum aedium ianuae nominantur. Nam Vestae nomen a Graecis – ea est enim, quae ab illis Ἑστία dicitur –; vis autem eius ad aras et focos pertinet, itaque in ea dea, quod est rerum custos intumarum, omnis et precatio et sacrificatio extrema est. (68) Nec

Wesen gemacht[293] und der Iuno zugewiesen, weil es nichts Weicheres gibt als sie. Iuno freilich hat ihren Namen, glaube ich, ebenfalls von *iuvare* (›helfen‹).[294] Blieb noch das Wasser und die Erde, damit die drei Reiche der Mythen entsprechend verteilt wären. Dem Neptun, einem, wie wir denken, Bruder Iuppiters, wurde also die Herrschaft über alle Meere gegeben, und so wie der Name Portunus von *porta* (›Tor‹) kommt und etwas verlängert wurde, so leitete man Neptunus von *nare* (›schwimmen‹)[295] ab, wobei man lediglich die ersten Buchstaben etwas veränderte. Der ganze Bereich und das Wesen der Erde wurde aber dem Vater Dis geweiht, das heißt ›dem Reichen‹, so wie er bei den Griechen Pluton heißt, weil alles in die Erde zurückfällt und der Erde entspringt. Mit ihm war angeblich Proserpina verheiratet – was ein griechisches Wort ist; denn sie ist identisch mit der Göttin, die auf griechisch Persephone genannt wird –; man sagt, sie sei der Samen der Feldfrüchte, und stellt sich vor, sie sei [in der Unterwelt] verborgen und werde von ihrer Mutter gesucht. (67) Der Name ihrer Mutter Ceres, so viel wie Geres, bezieht sich nun auf das Bringen (*gerendis*[296]) der Feldfrüchte, und zufällig änderte man hier den ersten Buchstaben genauso wie die Griechen; auch von ihnen wurde sie ja Deméter, gleichsam *gē méter* (›Erdmutter‹), genannt. Mars aber heißt so, weil er Großes wendet (*magna verteret*)[297], Minerva jedoch, weil sie entweder verkleinert (*minueret*) oder droht (*minaretur*).[298] Und da bei allen Dingen der Beginn und das Ende von größter Wichtigkeit sind, sollte beim Opfern Ianus der erste sein; dieser Name leitet sich von *ire* (›gehen‹) ab, weshalb die Durchgänge und Torbögen *iani* und die Türen am Eingang von Wohnhäusern *ianuae* genannt werden. Der Name Vesta freilich stammt von den Griechen – denn sie ist dieselbe, die bei ihnen Hestía heißt.[299] Ihre Macht aber erstreckt sich auf die Altäre und Herdfeuer; daher bildet diese Göttin, weil sie die Hüterin der Angelegenheiten im Hausinneren ist, bei jedem Gebet und Opfer den Abschluß.[300] (68) Fast dieselbe Bedeutung

longe absunt ab hac vi di Penates, sive a penu ducto nomine – est enim omne, quo vescuntur homines, penus – sive ab eo, quod penitus insident; ex quo etiam penetrales a poetis vocantur. Iam Apollinis nomen est Graecum. Quem solem esse volunt, Dianam autem et lunam eandem esse putant, cum Sol dictus sit vel quia solus ex omnibus sideribus est tantus vel quia, cum est exortus, obscuratis omnibus solus apparet, luna a lucendo nominata sit; eadem est enim Lucina itaque, ut apud Graecos Dianam eamque Luciferam, sic apud nostros Iunonem Lucinam in pariendo invocant. Quae eadem Diana Omnivaga dicitur non a venando, sed quod in septem numeratur tamquam vagantibus; (69) Diana dicta, quia noctu quasi diem efficeret. Adhibetur autem ad partus, quod i maturescunt aut septem nonnumquam aut, ut plerumque, novem lunae cursibus, qui, quia mensa spatia conficiunt, menses nominantur; concinneque, ut multa, Timaeus, qui, cum in historia dixisset, qua nocte natus Alexander esset, eadem Dianae Ephesiae templum deflagravisse, adiunxit minime id esse mirandum, quod Diana, quom in partu Olympiadis adesse voluisset, afuisset domo. Quae autem dea ad res omnes veniret, Venerem nostri nominaverunt atque ex ea potius venustas quam Venus ex venustate.

(70) Videtisne igitur, ut a physicis rebus bene atque utiliter inventis tracta ratio sit ad commenticios et fictos deos.

haben die Penaten, mag nun ihr Name von *penus* kommen – *penus* ist nämlich alles, wovon sich die Menschen ernähren – oder daher, weil sie im Hausinneren (*penitus*) wohnen;[301] deswegen werden sie von den Dichtern auch Penetrales genannt. Ferner ist der Name Apollon griechisch.[302] Er wird mit der Sonne gleichgesetzt,[303] hingegen gelten Diana und der Mond als identisch; während der Sonnengott (Sol) seinen Namen entweder davon hat, weil er als einziger (*solus*) von allen Sternen so groß ist oder weil er nach seinem Aufgang alle anderen verdunkelt und allein (*solus*) sichtbar ist,[304] dürfte die Mondgöttin (Luna) nach *lucere* (›leuchten‹) benannt sein; sie ist nämlich gleichbedeutend mit Lucina, und so ruft man, wie man bei den Griechen zu Diana und zwar als Lucifera (›Lichtbringerin‹) betet, bei uns während einer Geburt die Iuno Lucina an. Daß sie aber auch Diana Omnivaga (›überall umherstreifend‹) heißt, kommt nicht von *venari* (›jagen‹), sondern daher, weil sie zu den sieben[305] gewissermaßen umherstreifenden (*vagantes*) Gestirnen gerechnet wird. (69) Sie wird Diana genannt, weil sie nachts gleichsam den Tag (*dies*) hervorbringt. Sie nun ruft man zu den Geburten zu Hilfe, weil diese in manchmal sieben oder, wie meist, in neun Umläufen des Mondes zur Reife gelangen; diese Umläufe werden, da sie abgemessene Zeiträume (*mensa spatia*) beschreiben, als Monate (*menses*) bezeichnet.[306] Treffend, wie so oft, äußerte sich Timaios: Nachdem er in seinem Geschichtswerk erwähnt hatte, daß in eben der Nacht, in der Alexander auf die Welt kam, der Artemis-Tempel in Ephesos niedergebrannt sei,[307] fügte er noch hinzu, dies sei auch keineswegs verwunderlich, da Diana, weil sie bei der Niederkunft der Olympias dabeisein wollte, nicht zu Hause gewesen sei. Die Göttin aber, die zu allen Dingen kommt (*venire*), nannten unsere Landsleute Venus, und *venustas* (›Anmut‹) ist eher von ihr abgeleitet als Venus von *venustas*.[308]

(70) Seht ihr also nicht, wie sich das menschliche Denken von guten und nützlichen Wahrnehmungen natürlicher Vor-

Quae res genuit falsas opiniones erroresque turbulentos et superstitiones paene aniles. Et formae enim nobis deorum et aetates et vestitus ornatusque noti sunt, genera praeterea, coniugia, cognationes, omniaque traducta ad similitudinem inbecillitatis humanae. Nam et perturbatis animis inducuntur: accepimus enim deorum cupiditates, aegritudines, iracundias; nec vero, ut fabulae ferunt, bellis proeliisque caruerunt, nec solum, ut apud Homerum, cum duo exercitus contrarios alii dei ex alia parte defenderent, sed etiam, ut cum Titanis, ut cum Gigantibus sua propria bella gesserunt. Haec et dicuntur et creduntur stultissime et plena sunt futtilitatis summaeque levitatis. (71) Sed tamen his fabulis spretis ac repudiatis deus pertinens per naturam cuiusque rei, per terras Ceres, per maria Neptunus, alii per alia, poterunt intellegi, qui qualesque sint quoque eos nomine consuetudo nuncupaverit. Quos deos et venerari et colere debemus. Cultus autem deorum est optumus idemque castissimus atque sanctissimus plenissimusque pietatis, ut eos semper pura, integra, incorrupta et mente et voce veneremur. Non enim philosophi solum, verum etiam maiores nostri superstitionem a religione separaverunt. (72) Nam qui totos dies precabantur et immolabant, ut sibi sui liberi superstites essent, superstitiosi sunt appellati, quod nomen patuit postea latius; qui autem omnia, quae ad cultum deorum pertinerent, diligenter retractarent et tamquam relegerent, sunt

gänge hat abbringen und sich erlogene und erdichtete Götter hat einreden lassen? Dies führte zu falschen Ansichten, verwirrenden Irrtümern und fast altweiberhaftem Aberglauben. Uns nämlich sind Aussehen, Alter, Kleidung und Schmuck der Götter bekannt,[309] außerdem ihre Abstammung, ihre Ehen und Verwandtschaften,[310] und fast alles wurde analog zu den menschlichen Schwächen dargestellt. Denn man führt sie auch in ihren seelischen Erregungen vor: Wir kennen ja die Leidenschaften der Götter, ihren Kummer und ihre Zornesausbrüche; auch lieferten sie sich, wie die Mythen erzählen, Kriege und Schlachten, und zwar nicht nur wie bei Homer[311], wo die Götter in unterschiedlichen Lagern zwei verfeindete Heere verteidigten, sondern sie haben sogar, wie zum Beispiel mit den Titanen und Giganten, ihre eigenen Kriege geführt. Solche Dinge werden auf ganz törichte Weise erzählt und geglaubt und sind doch vollkommen nichtig und gänzlich haltlos. (71) Doch auch wenn man diese Mythen verwirft und zurückweist, wird man trotzdem von der Gottheit, die das Wesen einer jeden Naturerscheinung durchdringt – wie Ceres die Erde, Neptun das Meer, andere Götter wiederum andere Bereiche[312] –, begreifen können, wer und wie sie sind und mit welchen Namen man sie gewöhnlich bezeichnet hat. Diese müssen wir als Götter anbeten und verehren.[313] Die beste und zugleich reinste, heiligste und frommste Götterverehrung besteht aber darin, daß wir sie stets mit reinem, lauterem und unverdorbenem Herzen und ebensolchen Worten anbeten. Denn nicht nur die Philosophen, sondern auch schon unsere Vorfahren haben den Aberglauben von der wahren Religion geschieden. (72) Diejenigen nämlich, welche ganze Tage lang beteten und opferten, damit ihre Kinder am Leben blieben (*superstites essent*), wurden *superstitiosi* genannt, ein Begriff, dessen Bedeutung sich später ausweitete.[314] Die hingegen, welche alles, was zur Götterverehrung gehörte, sorgfältig bedachten und gewissermaßen immer wieder durchgingen (*relegerent*),[315] wurden, von *relegere* ab-

dicti religiosi ex relegendo, tamquam elegantes ex eligendo, tamquam ex diligendo diligentes, ex intellegendo intellegentes; his enim in verbis omnibus inest vis legendi eadem, quae in religioso. Ita factum est in superstitioso et religioso alterum vitii nomen, alterum laudis. Ac mihi videor satis et esse deos et quales essent ostendisse.

(73) Proximum est, ut doceam deorum providentia mundum administrari. Magnus sane locus est et a vestris, Cotta, vexatus, ac nimirum vobiscum omne certamen est. Nam vobis, Vellei, minus notum est, quemadmodum quidque dicatur; vestra enim solum legitis, vestra amatis, ceteros causa incognita condemnatis. Velut a te ipso hesterno die dictumst anum fatidicam Pronoean a Stoicis induci, id est Providentiam. Quod eo errore dixisti, quia existumas ab iis providentiam fingi quasi quandam deam singularem, quae mundum omnem gubernet et regat. (74) Sed id praecise dicitur: ut, si quis dicat Atheniensium rem publicam consilio regi, desit illud 'Arii pagi', sic, cum dicimus providentia mundum administrari, deesse arbitrato 'deorum', plene autem et perfecte sic dici existumato: providentia deorum mundum administrari. Ita salem istum, quo caret vestra natio, in inridendis nobis nolitote consumere, et mercule, si me audiatis, ne experiamini quidem; non decet, non datum est, non potestis. Nec vero hoc in te unum convenit mori-

geleitet, als religiös bezeichnet, so wie sich *elegantes* von *eligere*, *diligentes* von *diligere* und *intellegentes* von *intellegere* herleitet. In all diesen Wörtern steckt nämlich dieselbe Bedeutung von *legere* (›lesen, auswählen‹) wie in *religiosus*. So erhielt der Begriff *superstitiosus* (›abergläubisch‹) einen negativen, der Begriff *religiosus* (›fromm‹) jedoch einen positiven Sinn. Und meines Erachtens habe ich jetzt die Existenz und Wesensart der Götter ausführlich genug erklärt.

(73) Als nächstes gilt es nachzuweisen, daß das Weltall durch die Vorsehung der Götter geleitet wird.[316] Das ist ein sehr wichtiger Punkt, und er wurde von den Anhängern eurer Lehre, mein Cotta, heftig bekämpft, und natürlich muß der ganze Streit deshalb mit euch geführt werden. Denn euch [Epikureern], mein lieber Velleius, ist zu wenig bekannt, was dazu jeweils auf welche Weise gesagt wird; ihr lest und liebt ja bloß eure eigenen Schriften; alle anderen verurteilt ihr, ohne überhaupt den von ihnen verfochtenen Standpunkt zu kennen. Zum Beispiel hast du selbst gestern[317] behauptet, die Stoiker führten ein schicksalkündendes altes Weib, die Pronoia, ein, das heißt die Vorsehung.[318] Dabei bist du einem Irrtum aufgesessen, da du annimmst, sie würden sich die Vorsehung gewissermaßen als eine besondere Gottheit vorstellen, die das ganze Weltall lenke und führe. (74) Doch das ist nur eine verkürzte Ausdrucksweise: Denn wenn jemand sagt, der Staat der Athener werde durch den Rat regiert, so würde der Zusatz ›des Areopags‹ fehlen; ebenso muß man, wenn wir sagen, die Vorsehung lenke das Weltall, davon ausgehen, daß der Zusatz ›der Götter‹ fehlt. Vollständig aber und ohne Verkürzung lautet, mußt du wissen, der Satz so: Das Weltall wird durch die Vorsehung der Götter gelenkt. Hört also auf, euren Witz, der eurer Sippschaft ohnehin abgeht, damit zu verschwenden, uns zu verspotten, und, beim Hercules, wenn ihr auf mich hörtet, würdet ihr es auch gar nicht erst versuchen. Es gehört sich nicht, es ist euch nicht gegeben, ihr könnt es nicht. Dies

bus domesticis ac nostrorum hominum urbanitate limatum, sed cum in reliquos vestros, tum in eum maxime, qui ista peperit, hominem sine arte, sine litteris, insultantem in omnes, sine acumine ullo, sine auctoritate, sine lepore.

(75) Dico igitur providentia deorum mundum et omnes mundi partes et initio constitutas esse et omni tempore administrari. Eamque disputationem tris in partes nostri fere dividunt. Quarum prima pars est, quae ducitur ab ea ratione, quae docet esse deos; quo concesso confitendum est eorum consilio mundum administrari. Secunda est autem, quae docet omnes res subiectas esse naturae sentienti ab eaque omnia pulcherrume geri; quo constituto sequitur ab animantibus principiis eam esse generatam. Tertius est locus, qui ducitur ex admiratione rerum caelestium atque terrestrium.

(76) Primum igitur aut negandum est esse deos, quod et Democritus simulacra et Epicurus imagines inducens quodam pacto negat, aut, qui deos esse concedant, is fatendum est eos aliquid agere idque praeclarum; nihil est autem praeclarius mundi administratione; deorum igitur consilio administratur. Quod si aliter est, aliquid profecto sit necesse est melius et maiore vi praeditum quam deus, quale id cumque est, sive inanima natura sive necessitas vi magna incitata haec pulcherrima opera efficiens, quae videmus; (77) non est

trifft zwar nicht auf dich zu, der du wie kein zweiter durch die häuslichen Traditionen und die Weltläufigkeit unserer Landsleute geschliffene Umgangsformen erworben hast, wohl aber auf alle eure übrigen Vertreter und erst recht auf den, der diese Lehre erfunden hat, ein Mann ohne theoretische Kenntnis und Bildung, der ohne jeden Scharfsinn, ohne Autorität und ohne Humor über alle anderen herfällt.
(75) Ich behaupte also, daß das Weltall und alle Teile des Weltalls durch die Vorsehung der Götter sowohl ursprünglich geordnet wurde[319] als auch zu jeder Zeit verwaltet wird. Diese Erörterung untergliedern unsere Philosophen gewöhnlich in drei Abschnitte. Der erste bezieht sich auf die Beweisführung, welche die Existenz von Göttern aufzeigt; wird diese anerkannt, muß man zugeben, daß das Weltall nach ihrem Plan geleitet wird. Der zweite Teil weist nach, daß alles einem mit Empfindungsvermögen begabten Wesen[320] unterworfen ist und daß von ihm alles auf das herrlichste geführt wird. Steht dies fest, folgt weiter, daß dies Wesen von beseelten Urkräften geschaffen wurde. Der dritte Beweis gründet sich auf die Bewunderung, die man den himmlischen und irdischen Erscheinungen entgegenbringt.
(76) Zuerst muß man also entweder die Existenz von Göttern bestreiten, was sowohl Demokrit, wenn er Bilder, als auch Epikur, wenn er Abbilder[321] einführt, gewissermaßen tun, oder diejenigen, welche die Existenz der Götter anerkennen, müssen einräumen, daß diese etwas tun, und zwar etwas Großartiges; es gibt aber nichts Großartigeres als die Verwaltung des Weltalls, folglich wird es nach dem Ratschluß der Götter geleitet. Ist dem jedoch nicht so, muß es selbstverständlich etwas geben, was besser und mit noch größerer Macht ausgestattet ist als ein Gott, wie immer dieses Etwas auch beschaffen sein mag, sei es ein unbeseeltes Wesen oder eine von einer gewaltigen Kraft angetriebene Notwendigkeit, welche all die herrlichen Werke hervorbringt, die wir sehen. (77) Das Wesen der Götter wäre dann

igitur natura deorum praepotens neque excellens, si quidem ea subiecta est ei vel necessitati vel naturae, qua caelum, maria, terrae regantur. Nihil est autem praestantius deo; ab eo igitur mundum necesse est regi; nulli igitur est naturae oboediens aut subiectus deus; omnem ergo regit ipse naturam. Etenim si concedimus intellegentes esse deos, concedimus etiam providentes et rerum quidem maxumarum. Ergo utrum ignorant, quae res maxumae sint quoque eae modo tractandae et tuendae, an vim non habent, qua tantas res sustineant et gerant? At et ignoratio rerum aliena naturae deorum est, et sustinendi muneris propter inbecillitatem difficultas minime cadit in maiestatem deorum. Ex quo efficitur id, quod volumus, deorum providentia mundum administrari. (78) Atqui necesse est, cum sint di – si modo sunt, ut profecto sunt –, animantis esse, nec solum animantes, sed etiam rationis compotes inter seque quasi civili conciliatione et societate coniunctos, unum mundum ut communem rem publicam atque urbem aliquam regentis. (79) Sequitur, ut eadem sit in is, quae humano in genere, ratio, eadem veritas utrobique sit eademque lex, quae est recti praeceptio pravique depulsio. Ex quo intellegitur prudentiam quoque et mentem a deis ad homines pervenisse – ob eamque causam maiorum institutis Mens, Fides, Virtus, Concordia consecratae et publice dedicatae sunt; quae qui convenit penes deos esse negare, cum eorum augusta et sancta simulacra veneremur: quod si inest in hominum genere mens, fi-

also nicht übermächtig und herausgehoben, wenn es dieser Notwendigkeit oder dem Naturgesetz unterworfen ist, das den Himmel, die Meere und Erdteile beherrscht. Nun ist aber nichts vorzüglicher als ein Gott, somit muß das Weltall von ihm regiert werden; ein Gott ist demnach keinem anderen Wesen gehorsam oder untertan; also lenkt er selbst die ganze Welt. Denn wenn wir ferner zugestehen, daß die Götter Denkvermögen besitzen, sagen wir damit auch, daß sie vorausschauen können, und zwar die bedeutendsten Dinge. Wissen sie folglich nicht, was die bedeutendsten Dinge sind und wie sie behandelt und bewahrt werden müssen, oder haben sie nicht die Macht, so wichtige Aufgaben zu übernehmen und durchzuführen? Allerdings ist Unkenntnis dem Wesen der Götter fremd, und eine auf Schwäche zurückzuführende Schwierigkeit, seine Aufgabe zu erfüllen, ist mit der Erhabenheit der Götter gänzlich unvereinbar. Daraus ergibt sich das von uns Gewünschte[322]: Das Weltall wird durch die Vorsehung der Götter gelenkt. (78) Aber da es Götter gibt – wenn sie denn so sind, wie sie tatsächlich sind –, müssen sie beseelt sein, und nicht nur beseelt, sondern auch vernunftbegabt und müssen in einer Art bürgerlichen Verbindung und Gesellschaft leben und dabei das eine Weltall[323] wie einen gemeinsamen Staat und eine gemeinsame Stadt regieren.[324] (79) Daraus folgt, daß sie dieselbe Vernunft haben wie die Menschen und daß auf beiden Seiten dieselbe Wahrheit und dasselbe Gesetz gilt: das Rechte anzuordnen und das Schlechte zu bekämpfen. Hieraus läßt sich ersehen, daß auch die Klugheit und der Verstand von den Göttern zu den Menschen gekommen sind – und deshalb wurden aufgrund von Einrichtungen unserer Vorfahren Mens (Verstand), Fides (Treu und Glauben), Virtus (Tapferkeit) und Concordia (Eintracht) zu Göttern erhoben und von Staats wegen in Tempeln verehrt.[325] Wie paßt es dann, den Göttern diese Eigenschaften abzusprechen, da wir doch ihre erhabenen und heiligen Bilder anbeten? Denn wenn die Menschen Verstand, Treu und Glau-

des, virtus, concordia, unde haec in terram nisi ab superis defluere potuerunt? –, cumque sit in nobis consilium, ratio, prudentia, necesse est deos haec ipsa habere maiora, nec habere solum, sed etiam his uti in maxumis et optumis rebus. (80) Nihil autem nec maius nec melius mundo; necesse est ergo eum deorum consilio et providentia administrari. Postremo cum satis docuerimus hos esse deos, quorum insignem vim et inlustrem faciem videremus, solem dico et lunam et vagas stellas et inerrantes et caelum et mundum ipsum et earum rerum vim, quae inessent in omni mundo cum magno usu et commoditate generis humani, efficitur omnia regi divina mente atque prudentia. Ac de prima quidem parte satis dictum est.

(81) Sequitur, ut doceam omnia subiecta esse naturae, eaque ab ea pulcherrime geri. Sed quid sit ipsa natura, explicandum est ante breviter, quo facilius id, quod docere volumus, intellegi possit. Namque alii naturam esse censent vim quandam sine ratione cientem motus in corporibus necessarios, alii autem vim participem rationis atque ordinis tamquam via progredientem declarantemque, quid cuiusque rei causa efficiat, quid sequatur, cuius sollertiam nulla ars, nulla manus, nemo opifex consequi possit imitando; seminis enim vim esse tantam, ut id, quamquam sit perexiguum, tamen, si inciderit in concipientem conprendentemque naturam nanctumque sit materiam, qua ali augerique possit, ita

ben, Tapferkeit und Eintracht besitzen, von wo aus konnten diese Fähigkeiten auf die Erde gelangen, wenn nicht von den himmlischen Göttern?[326] Und weil uns Menschen Einsicht, Verstand und Klugheit zu eigen sind, müssen die Götter gerade diese Eigenschaften noch viel ausgeprägter haben, und diese nicht nur haben, sondern auch bei den größten und besten Aufgaben unter Beweis stellen. (80) Es gibt jedoch nichts Größeres und nichts Besseres als das Weltall, demnach muß es nach göttlichem Plan und göttlicher Vorsehung regiert werden. Endlich: Da ich ausreichend bewiesen habe,[327] daß die Erscheinungen, deren außerordentlichen Einfluß und strahlendes Aussehen wir vor Augen haben, göttliche Wesen sind, ich meine die Sonne, den Mond, die Planeten, die Fixsterne, den Himmel, das Weltall selbst und die Macht der Dinge, die zum großen Nutzen und Vorteil der Menschen der ganzen Welt innewohnen, folgt mithin, daß alles durch göttlichen Verstand und göttliche Klugheit gelenkt wird. Und somit wäre zum ersten Teil genug gesagt.

(81) Nun will ich zeigen, daß alles einer Naturkraft unterworfen ist und von ihr auf das herrlichste gesteuert wird. Aber vorher muß ich noch kurz entwickeln, was eben diese Naturkraft ist, damit sich leichter begreifen läßt, was ich beweisen will. Denn die einen[328] meinen, die Natur sei eine ganz bestimmte Kraft, welche in den Körpern die notwendigen Bewegungen ohne Überlegung auslöse, andere[329] wiederum denken, sie sei eine vernunftbegabte, ordnungschaffende Kraft, die gleichsam methodisch vorgehe und erkläre, was sie im Interesse einer jeden Sache hervorbringe und welche Absicht sie damit verfolge, und deren schöpferische Fähigkeiten keine Kunst, keine manuelle Technik und kein Werkmeister durch Nachahmung erreichen könne. Die Kraft des Samens sei nämlich trotz seiner Winzigkeit so groß, daß er, wenn er in eine aufnehmende und umfangende Substanz falle und auf einen Stoff treffe, der ihm Nahrung und Wachstum ermögliche, alle Dinge ihrer Art entspre-

fingat et efficiat in suo quidque genere, partim ut tantummodo per stirpes alantur suas, partim ut moveri etiam et sentire et appetere possint et ex sese similia sui gignere. (82) Sunt autem, qui omnia naturae nomine appellent, ut Epicurus, qui ita dividit, omnium, quae sint, naturam esse corpora et inane quaeque iis accidant. Sed nos, cum dicimus natura constare administrarique mundum, non ita dicimus, ut glaebam aut fragmentum lapidis aut aliquid eiusmodi nulla cohaerendi natura, sed ut arborem, ut animal, in quibus nulla temeritas, sed ordo apparet et artis quaedam similitudo.

(83) Quod si ea, quae a terra stirpibus continentur, arte naturae vivunt et vigent, profecto ipsa terra eadem vi continetur arte naturae, quippe quae gravidata seminibus omnia pariat et fundat ex sese, stirpes amplexa alat et augeat ipsaque alatur vicissim a superis externisque naturis; eiusdemque exspirationibus et aer alitur et aether et omnia supera. Ita si terra natura tenetur et viget, eadem ratio in reliquo mundo est; stirpes enim terrae inhaerent, animantes autem adspiratione aeris sustinentur; ipseque aer nobiscum videt, nobiscum audit, nobiscum sonat, nihil enim eorum sine eo fieri potest; quin etiam movetur nobiscum, quacumque enim imus, qua movemur, videtur quasi locum dare et cedere. (84) Quaeque in medium locum mundi, qui est infimus, et quae a medio in superum quaeque conversione

chend so bilde und erschaffe, daß sich die einen durch ihre eigenen Wurzeln ernähren, andere jedoch auch die Fähigkeit besitzen, sich zu bewegen, zu empfinden, zu begehren und aus sich heraus Geschöpfe zu erzeugen, die ihnen ähneln. (82) Es gibt aber auch Leute, die alles Vorhandene als Natur bezeichnen, so wie Epikur, nach dessen Einteilung alles, was existiert, Atome sind, leerer Raum oder das, was den Atomen [in der Leere] widerfährt.[330] Doch wenn wir sagen, das Weltall bestehe durch die Natur und werde von ihr gelenkt, meinen wir damit nicht, die Welt sei wie ein Erdklumpen oder ein Felsbrocken oder etwas dieser Art, dem jeder organische Zusammenhang[331] fehlt, sondern wir sehen sie wie einen Baum oder wie ein Lebewesen, bei denen keine Zufälligkeit, sondern Ordnung und eine gewisse Ähnlichkeit mit der Kunst zutage tritt.

(83) Wenn nun die Pflanzen, welche von der Erde durch Wurzeln erhalten werden, dank der Kunst der Natur leben und gedeihen, dann wird doch gewiß auch die Erde selbst mit derselben Kraft durch die Kunst der Natur erhalten, weil sie ja, durch den Samen befruchtet, alles aus sich heraus erzeugt und sprießen läßt, die Wurzeln umfängt, ihnen Nahrung und Wachstum ermöglicht und sich selbst wiederum von höheren und außerhalb von ihr befindlichen Substanzen speist; und von den Ausdünstungen der Erde nähren sich die Luft, der Äther und alle Himmelskörper. Wenn die Erde so durch die Natur erhalten wird und gedeiht, gibt es dieselbe Gesetzmäßigkeit auch im übrigen Weltall. Die Wurzeln haften nämlich in der Erde, die beseelten Geschöpfe aber werden durch das Einatmen der Luft am Leben gehalten; und die Luft selbst sieht mit uns,[332] hört mit uns und spricht mit uns,[333] da ja nichts von alledem ohne sie geschehen kann. Ja, sie bewegt sich sogar mit uns, denn wohin wir auch immer gehen, wohin wir uns bewegen, da scheint sie uns gewissermaßen Platz zu machen und vor uns zurückzuweichen. (84) Und was sich zum Mittelpunkt des Weltalls, der den untersten Platz[334] einnimmt,

rutunda circum medium feruntur, ea continentem mundi efficiunt unamque naturam. Et cum quattuor genera sint corporum, vicissitudine eorum mundi continuata natura est. Nam ex terra aqua, ex aqua oritur aer, ex aere aether, deinde retrorsum vicissim ex aethere aer, inde aqua, ex aqua terra infima. Sic naturis is, ex quibus omnia constant, sursus deorsus, ultro citro commeantibus mundi partium coniunctio continetur. (85) Quae aut sempiterna sit necessest hoc eodem ornatu, quem videmus, aut certe perdiuturna, permanens ad longinquum et inmensum paene tempus. Quorum utrumvis ut sit, sequitur natura mundum administrari. Quae enim classium navigatio aut quae instructio exercitus aut, rursus ut ea, quae natura efficit, conferamus, quae procreatio vitis aut arboris, quae porro animantis figura conformatioque membrorum tantam naturae sollertiam significat, quantam ipse mundus? Aut igitur nihil est, quod sentiente natura regatur, aut mundum regi confitendum est. (86) Etenim qui reliquas naturas omnes earumque semina contineat, qui potest ipse non natura administrari; ut, si qui dentes et pubertatem natura dicat existere, ipsum autem hominem, cui ea existant, non constare natura, non intellegat ea, quae ecferant aliquid ex sese, perfectiores habere naturas quam ea, quae ex his efferantur. Omnium autem rerum, quae natura administrantur, seminator et sator et parens, ut ita dicam, atque educator et altor est mundus

was sich von der Mitte in die Höhe bewegt und was sich in Kreisen um die Mitte dreht,[335] all das macht die zusammenhängende und einheitliche Natur des Weltalls aus. Und da es vier Arten von Elementen gibt, wird die Natur der Welt durch deren wechselseitige Umwandlungen in ununterbrochenem Zusammenhang gehalten. Denn aus der Erde entsteht Wasser, aus Wasser Luft, aus Luft der Äther, dann wieder umgekehrt aus dem Äther Luft, daraus Wasser, aus dem Wasser ganz unten die Erde. So wird dadurch, daß diese Elemente, aus denen alles besteht, auf- und ab- und hin- und herwandern, die Verbindung zwischen den Teilen des Weltalls gesichert. (85) Diese Verbindung muß nun in derselben Ordnung[336], wie wir sie sehen, ewig oder jedenfalls äußerst beständig sein und einen langen und fast unendlichen Zeitraum überdauern.[337] Ob nun das eine oder andere zutrifft: Es folgt daraus, daß das Weltall durch die Natur gelenkt wird. Denn wenn man die Fahrt von Flotten oder die Aufstellung eines Heeres oder, um wieder die Leistungen der Natur zum Vergleich heranzuziehen, das Werden eines Weinstocks oder Baumes, die Gestalt eines Lebewesens und den Bau seiner Glieder betrachtet, wo zeigt sich da die ebenso große Kunstfertigkeit einer Schöpferkraft, wie sie das Weltall selbst zu erkennen gibt? Folglich gibt es entweder nichts, was durch die Bewußtsein habende Natur geleitet wird, oder aber man muß zugeben, daß das Weltall unter ihrer Leitung steht. (86) Denn wie kann das Weltall, das alle übrigen Wesen und deren Samen in sich birgt, selbst nicht durch die Natur gelenkt werden? Wollte zum Beispiel jemand sagen, Zähne und Geschlechtsreife seien zwar Werke der Natur, doch der Mensch selbst, der sie entwikkelt, sei kein natürlicher Organismus, so würde er nicht begreifen, daß das, was aus sich selbst heraus etwas entstehen läßt, vollkommenere Eigenschaften hat als das, was aus ihm entsteht. Für alle Dinge aber, welche durch die Natur gesteuert werden, ist das Weltall zugleich Sämann, Pflanzer und sozusagen Vater, desgleichen Erzieher und Ernährer,

omniaque sicut membra et partes suas nutricatur et continet. Quod si mundi partes natura administrantur, necesse est mundum ipsum natura administrari. Cuius quidem administratio nihil habet in se, quod reprehendi possit; ex his enim naturis, quae erant, quod effici optimum potuit, effectum est. (87) Doceat ergo aliquis potuisse melius; sed nemo umquam docebit, et si quis corrigere aliquid volet, aut deterius faciet aut id, quod fieri non potuerit, desiderabit. Quod si omnes mundi partes ita constitutae sunt, ut neque ad usum meliores potuerint esse neque ad speciem pulchriores, videamus, utrum ea fortuitane sint an eo statu, quo cohaerere nullo modo potuerint nisi sensu moderante divinaque providentia. Si igitur meliora sunt ea, quae natura, quam illa, quae arte perfecta sunt, nec ars efficit quicquam sine ratione, ne natura quidem rationis expers est habenda. Qui igitur convenit, signum aut tabulam pictam cum aspexeris, scire adhibitam esse artem, cumque procul cursum navigii videris, non dubitare, quin id ratione atque arte moveatur, aut cum solarium vel discriptum vel ex aqua contemplere, intellegere declarari horas arte, non casu, mundum autem, qui et has ipsas artes et earum artifices et cuncta conplectatur, consilii et rationis esse expertem putare. (88) Quod si in Scythiam aut in Brittanniam sphaeram aliquis tulerit hanc, quam nuper familiaris noster effecit Posidonius, cuius singulae conversiones idem efficiunt in sole et in luna et in quinque stellis errantibus, quod efficitur in caelo singulis diebus et noctibus, quis in illa barbaria dubitet,

und es sorgt für Nahrung und Erhaltung aller, als wären es seine eigenen Glieder und Teile. Wenn also die Teile des Weltalls unter der Leitung der Natur stehen, muß auch das Weltall selbst von der Natur gelenkt werden. Diese Verwaltung weist freilich nichts auf, was Tadel verdiente; denn aus den vorhandenen Urstoffen wurde das Bestmögliche geschaffen. (87) Es soll mir also einer beweisen, daß Besseres möglich gewesen wäre; allerdings wird keiner diesen Beweis liefern können, und falls jemand etwas verbessern will, wird er es entweder schlechter machen oder etwas verlangen, was unmöglich war.

Wenn nun alle Teile des Weltalls so eingerichtet sind, daß sie unter dem Gesichtspunkt des Nutzens und für das Auge nicht schöner sein konnten, dann laßt uns einmal sehen, ob sie zufällig so sind oder ob sie sich in dem Zustand, der alles zusammenhält, nur befinden können, wenn sie einem denkenden Wesen und der göttlichen Vorsehung unterstehen. Sind somit die Leistungen der Natur besser als die der Kunst und bringt die Kunst ohne planerische Vernunft nichts zustande, dann darf man auch die Natur nicht für vernunftlos halten. Wie also paßt folgendes zusammen: Wenn man eine Statue oder ein Gemälde anschaut, weiß man, daß hier Kunst am Werke war; wenn man in der Ferne die Fahrt eines Schiffes sieht, steht außer Zweifel, daß es mit Berechnung und technischem Können gelenkt wird; betrachtet man eine Sonnen- oder Wasseruhr[338], begreift man, daß die Stunden durch wissenschaftliche Kunst und nicht durch Zufall angezeigt werden – andererseits aber glaubt man, das Weltall, das eben diese Künste und ihre Meister und überhaupt alles in sich schließt, verfüge über kein Planungsvermögen und keine Vernunft. (88) Brächte nun jemand nach Skythien oder Britannien den Himmelsglobus, welchen unser Freund Poseidonios neulich anfertigte und dessen einzelne Umdrehungen genau die Bewegungen bei der Sonne, dem Mond und den fünf Planeten[339] abbilden, die sich bei Tag und Nacht jeweils auch am Himmel beob-

quin ea sphaera sit perfecta ratione; hi autem dubitant de mundo, ex quo et oriuntur et fiunt omnia, casune ipse sit effectus aut necessitate aliqua an ratione ac mente divina, et Archimedem arbitrantur plus valuisse in imitandis sphaerae conversionibus quam naturam in efficiendis; praesertim cum multis partibus sint illa perfecta quam haec simulata sollertius. (89) Atqui ille apud Accium pastor, qui navem numquam ante vidisset, ut procul divinum et novum vehiculum Argonautarum e monte conspexit, primo admirans et perterritus hoc modo loquitur:

> 'tanta moles labitur
> fremibunda ex alto ingenti sonitu et strepitu:
> prae se undas volvit, vertices vi suscitat,
> ruit prolapsa, pelagus respergit, reflat;
> ita dum interruptum credas nimbum volvier,
> dum quod sublime ventis expulsum rapi
> saxum aut procellis, vel globosos turbines
> existere ictos undis concursantibus –
> nisi quas terrestres pontus strages conciet
> aut forte Triton fuscina evertens specus
> subter radices penitus undanti in freto
> molem ex profundo saxeam ad caelum eruit':

achten lassen – wer in jenen Barbarenländern würde bezweifeln, daß dieser Himmelsglobus nach genauer Berechnung hergestellt wurde? Diese Philosophen jedoch[340] sind sich im Hinblick auf das Weltall, aus dem alles entsteht und hervorgeht, im Zweifel, ob es einem Zufall oder irgendeiner Notwendigkeit oder göttlicher Vernunft und Intelligenz seinen Ursprung verdankt, und sie denken, Archimedes habe, als er die Umdrehungen der Himmelskugel nachbildete,[341] mehr geleistet als die Natur bei ihrer Erschaffung; und das, obwohl doch das Werk der Natur in vielerlei Hinsicht eine größere Kunstfertigkeit aufweist als diese Kopie. (89) Jener Hirte bei Accius[342] aber, der noch niemals ein Schiff gesehen hatte,[343] äußert sich, sobald er von einem Berg aus das göttliche, neuartige Gefährt der Argonauten in der Ferne erblickt hatte, in seinem anfänglichen Staunen und Erschrecken auf folgende Weise:

›Eine gewaltige Masse gleitet
schnaubend aus der hohen See mit ungeheurem Getöse und Rauschen:
Vor sich her wälzt sie Wogen, wirbelt Strudel kraftvoll auf,
stürzt vorwärtsgebeugt dahin, das Meer schäumt, schwillt an;
bald scheint es, eine geborstene Regenwolke wälze sich so heran,
bald meint man, ein Fels, hochgeschleudert von
Winden oder Stürmen, werde in die Höhe gerissen
oder es entständen geballte Wirbel, getroffen vom Zusammenprall der Wogen –
wenn nicht das Meer die Erde doch vernichten will,
oder vielleicht Triton, mit seinem Dreizack Grotten sprengend
aus dem Boden tief unten im wogenden Meer
eine felsige Masse aus der Tiefe zum Himmel emporjagt‹.

dubitat primo, quae sit ea natura, quam cernit ignotam; idemque iuvenibus visis auditoque nautico cantu:

> 'sicut † inciti atque alacres rostris perfremunt
> delphini'

– item alia multa –

> 'Silvani melo
> consimilem ad aures cantum et auditum refert.'

(90) Ergo ut hic primo aspectu inanimum quiddam sensuque vacuum se putat cernere, post autem signis certioribus, quale sit id, de quo dubitaverat, incipit suspicari, sic philosophi debuerunt, si forte eos primus aspectus mundi conturbaverat, postea, cum vidissent motus eius finitos et aequabiles omniaque ratis ordinibus moderata inmutabilique constantia, intellegere inesse aliquem non solum habitatorem in hac caelesti ac divina domo, sed etiam rectorem et moderatorem et tamquam architectum tanti operis tantique muneris.

Nunc autem mihi videntur ne suspicari quidem, quanta sit admirabilitas caelestium rerum atque terrestrium.

(91) Principio enim terra sita in media parte mundi circumfusa undique est hac animali spirabilique natura, cui nomen est aer – Graecum illud quidem, sed perceptum iam tamen usu a nostris; tritum est enim pro Latino. Hunc rursus am-

Zuerst ist er sich nicht im klaren, was das für ein Wesen ist, das er da sieht und nicht kennt; doch nachdem er junge Männer erblickt und den Gesang der Seeleute gehört hat, fährt er fort:

›Wie wenn mit ihren Mäulern laut schnauben †
aufgeregte und muntere Delphine‹,

und sagt ebenso noch vieles andere:

›dem Liede des Silvanus
ähnlich ist der Gesang, den meinen Ohren zu hören
es bringt.‹

(90) So wie dieser Hirte also beim ersten Anblick glaubt, er habe ein Wesen ohne Seele und Empfindungsvermögen vor sich, später indes aufgrund deutlicherer Anzeichen zu ahnen beginnt, worum es sich bei dem anfangs rätselhaften Gebilde handelt, so hätten die Philosophen, falls sie der erste Blick auf das Weltall verwirrt haben sollte, doch dann, als sie dessen klar bestimmte und gleichmäßige Bewegungen gesehen und erkannt hatten, daß alles von einer festen Ordnung und von unveränderlicher Regelmäßigkeit beherrscht wird, verstehen müssen, daß in diesem himmlischen und göttlichen Haus nicht nur irgendein Bewohner lebt, sondern vielmehr der Lenker und Leiter und gewissermaßen der Architekt dieses so großen Werkes und so gewaltigen Weltgebäudes.

Wie mir nun aber scheint, haben sie nicht einmal eine Ahnung davon, welche tiefe Bewunderung die himmlischen und irdischen Erscheinungen verdienen.

(91) Zunächst nämlich ist die im Mittelpunkt des Weltalls gelegene Erde[344] allseits von diesem belebenden, hauchartigen Element umgeben, das als *aer* (›Luft‹) bezeichnet wird – dies ist zwar ein griechisches Wort,[345] doch unseren Landsleuten bereits ganz vertraut, es ist ja auch im Lateini-

plectitur inmensus aether, qui constat ex altissimis ignibus – mutuemur hoc quoque verbum dicaturque tam aether Latine, quam dicitur aer, etsi interpretatur Pacuvius:

'hoc, quod memoro, nostri caelum, Grai
perhibent aethera' –

quasi vero non Graius hoc dicat. 'At Latine loquitur.' Si quidem nos non quasi Graece loquentem audiamus; docet idem alio loco:

'Graiugena: de isto aperit ipsa oratio.'

(92) Sed ad maiora redeamus. Ex aethere igitur innumerabiles flammae siderum exsistunt, quorum est princeps sol omnia clarissima luce conlustrans, multis partibus maior atque amplior quam terra universa, deinde reliqua sidera magnitudinibus inmensis. Atque hi tanti ignes tamque multi non modo nihil nocent terris rebusque terrestribus, sed ita prosunt, ut, si moti loco sint, conflagrare terras necesse sit a tantis ardoribus moderatione et temperatione sublata.
(93) Hic ego non mirer esse quemquam, qui sibi persuadeat corpora quaedam solida atque individua vi et gravitate ferri mundumque effici ornatissimum et pulcherrimum ex eorum corporum concursione fortuita? Hoc qui existimat fieri potuisse, non intellego, cur non idem putet, si innumerabiles

schen geläufig. Diese Luft wiederum umschließt der unermeßliche Äther, der aus den Feuern der höchsten Sphären besteht – auch diesen Begriff wollen wir entlehnen, und man sollte auf lateinisch ebenso *aether* wie *aer* sagen, auch wenn Pacuvius übersetzt:

›Das, wovon ich spreche, nennen die Unsrigen Himmel,
die Griechen Äther‹[346],

so als ob hier nicht ein Grieche spräche. ›Aber er redet doch lateinisch.‹ Allerdings; sofern wir in ihm nicht jemanden hören sollen, der eigentlich griechisch spricht. Derselbe Pacuvius verdeutlicht es nämlich an anderer Stelle:

›Ein Grieche von Geburt: Das zeigt schon seine Redeweise.‹[347]

(92) Doch laßt uns zu Wichtigerem zurückkehren. Aus dem Äther entstehen also die unzähligen Flammenkörper der Gestirne, allen voran die Sonne, die mit ihrem gleißenden Licht alles erleuchtet und in vielerlei Hinsicht größer und ausgedehnter ist als die ganze Erde; dann kommen die übrigen Gestirne von unermeßlicher Größe. Und nicht nur, daß diese so gewaltigen und so zahlreichen Feuer der Erde und den irdischen Dingen keinen Schaden bringen, sie sind sogar insofern nützlich, als die Erde von den gewaltigen Gluten zwangsläufig in Feuer aufginge, würden sie sich von der Stelle bewegen, weil dann das rechte Maß und das richtige Verhältnis außer Kraft gesetzt wären.
(93) Muß ich mich hier nicht wundern, daß jemand die Überzeugung vertritt, bestimmte feste, unteilbare Atome[348] bewegten sich durch ihre Schwerkraft und unser so herrlich ausgestattetes, wunderbares Weltall entstehe durch den zufälligen Zusammenprall dieser Körper? Wenn jemand das für möglich hält, verstehe ich nicht, wieso er nicht gleich-

unius et viginti formae litterarum vel aureae vel qualeslibet aliquo coiciantur, posse ex iis in terram excussis annales Enni, ut deinceps legi possint, effici; quod nescio an ne in uno quidem versu possit tantum valere fortuna. (94) Isti autem quemadmodum adseverant ex corpusculis non colore, non qualitate aliqua – quam ποιότητα Graeci vocant –, non sensu praeditis, sed concurrentibus temere atque casu mundum esse perfectum, vel innumerabiles potius in omni puncto temporis alios nasci, alios interire: quod si mundum efficere potest concursus atomorum, cur porticum cur templum cur domum cur urbem non potest, quae sunt minus operosa et multo quidem faciliora. Certe ita temere de mundo effuttiunt, ut mihi quidem numquam hunc admirabilem caeli ornatum – qui locus est proxumus – suspexisse videantur. (95) Praeclare ergo Aristoteles 'Si essent', inquit, 'qui sub terra semper habitavissent bonis et inlustribus domiciliis, quae essent ornata signis atque picturis instructaque rebus his omnibus, quibus abundant i, qui beati putantur, nec tamen exissent umquam supra terram, accepissent autem fama et auditione esse quoddam numen et vim deorum, deinde aliquo tempore patefactis terrae faucibus ex illis abditis sedibus evadere in haec loca, quae nos incolimus, atque exire potuissent: cum repente terram et maria caelumque vidissent, nubium magnitudinem ventorumque vim cognovissent aspexissentque solem eiusque cum magnitudinem pulchritudinemque, tum etiam efficientiam cognovis-

falls denkt, es könnten sich – wenn man die zahllosen Formen der 21 Buchstaben[349], seien sie golden oder sonst wie, irgendwo zusammenwürfe – aus diesen auf die Erde geschütteten Buchstaben die Annalen des Ennius ergeben, so daß man sie nacheinander lesen könnte. Vermutlich vermag jedoch nicht einmal bei einem einzigen Vers der Zufall so viel zustande zu bringen. (94) Wie aber können diese Philosophen da[350] ernstlich behaupten, daß aus Atomen, die weder Farbe noch sonst eine Eigenschaft – die Griechen nennen diese *poiótes* – und auch kein Empfindungsvermögen haben, sondern blindlings und zufällig aufeinandertreffen, das Weltall geschaffen wurde oder daß in jedem Augenblick vielmehr unzählige Welten teils entstehen, teils untergehen? Wenn nun der Zusammenprall der Atome das Weltall hervorbringen kann, wieso dann nicht auch eine Säulenhalle, einen Tempel, ein Haus oder eine Stadt, was doch weniger Mühe macht und gewiß viel einfacher geht? In der Tat plappern sie so unüberlegt über das Weltall daher, daß es zumindest mir so scheint, als hätten sie noch niemals zu diesem bewundernswerten Schmuck des Himmels – zu diesem Punkt komme ich gleich – aufgeblickt. (95) Treffend formuliert es daher Aristoteles:[351] ›Wenn es Menschen gäbe, die stets unter der Erde gewohnt hätten, in gut eingerichteten, herrlichen Wohnungen, geschmückt mit Statuen und Gemälden, ausgestattet mit allem, was Menschen, die als glücklich gelten, in Fülle besitzen, die jedoch noch nie auf die Erde hinaufgekommen wären, aber durch Hörensagen etwas vom Walten einer Gottheit und von einer göttlichen Macht erfahren hätten, und dann, da sich irgendwann die Schlünde der Erde geöffnet hätten, jene verborgenen Wohnsitze hätten verlassen und zu den Orten, die wir bewohnen, hätten herauskommen können: wenn sie nun plötzlich die Erde, die Meere und den Himmel gesehen, den Umfang der Wolken und die Gewalt der Winde kennengelernt, die Sonne erblickt und deren Größe und Schönheit, besonders auch ihr Wirken erkannt hätten, weil sie durch die Verbrei-

sent, quod is diem efficeret toto caelo luce diffusa, cum autem terras nox opacasset, tum caelum totum cernerent astris distinctum et ornatum lunaeque luminum varietatem tum crescentis, tum senescentis, eorumque omnium ortus et occasus atque in omni aeternitate ratos inmutabilesque cursus – quae cum viderent, profecto et esse deos et haec tanta opera deorum esse arbitrarentur.' (96) Atque haec quidem ille; nos autem tenebras cogitemus tantas, quantae quondam eruptione Aetnaeorum ignium finitimas regiones obscuravisse dicuntur, ut per biduum nemo hominem homo agnosceret, cum autem tertio die sol inluxisset, tum ut revixisse sibi viderentur: quod si hoc idem ex aeternis tenebris contingeret, ut subito lucem aspiceremus, quaenam species caeli videretur? Sed adsiduitate cotidiana et consuetudine oculorum adsuescunt animi neque admirantur neque requirunt rationes earum rerum, quas semper vident, proinde quasi novitas nos magis quam magnitudo rerum debeat ad exquirendas causas excitare. (97) Quis enim hunc hominem dixerit, qui, cum tam certos caeli motus, tam ratos astrorum ordines tamque inter se omnia conexa et apta viderit, neget in his ullam inesse rationem eaque casu fieri dicat, quae, quanto consilio gerantur, nullo consilio adsequi possumus. An, cum machinatione quadam moveri aliquid videmus ut sphaeram, ut horas, ut alia permulta, non dubitamus, quin illa opera sint rationis, cum autem impetum caeli cum ad-

tung ihres Lichtes am ganzen Himmel den Tag bringt, und wenn sie andererseits, sobald die Nacht die Länder beschattet, dann den ganzen Himmel sähen, von Sternen besät und geschmückt, und den Lichtwechsel des Mondes, wie er bald zu-, bald abnimmt, und den Auf- und Untergang all dieser Gestirne und ihre in alle Ewigkeit festgesetzten und unveränderlichen Bahnen – wenn sie dies alles sähen, würden sie gewiß glauben, daß es Götter gibt und daß diese gewaltigen Werke göttlichen Ursprungs sind.‹ (96) So also spricht Aristoteles. Wir aber wollen uns eine Finsternis vorstellen, so unergründlich wie die, welche einst beim Feuerausbruch des Aetna[352] die angrenzenden Gebiete derart verdunkelt haben soll, daß zwei Tage lang kein Mensch einen anderen erkennen konnte, als aber am dritten Tage die Sonne wieder schien, die Menschen glaubten, sie seien neu geboren. Wenn sich dasselbe allerdings nach ewiger Finsternis ereignete, nämlich daß wir plötzlich das Licht erblickten, wie würde die Pracht des Himmels dann auf uns wirken? Doch durch die tägliche Wiederholung und die Gewöhnung der Augen ist der Geist damit vertraut, er staunt nicht mehr und fragt auch nicht nach den Ursachen der Erscheinungen, die er ständig vor sich sieht, gerade als ob uns mehr das Ungewohnte als die Größe der Dinge dazu auffordern müßte, nach den Gründen zu forschen. (97) Denn wer könnte jemanden wie diesen noch als Menschen bezeichnen: Obwohl er die so zuverlässigen Bewegungen am Himmel, die so genau berechnete Ordnung der Gestirne vor Augen hat und erkennt, wie harmonisch alles miteinander verbunden ist, bestreitet er, daß dem irgendeine Vernunft innewohnt, und behauptet, diese Vorgänge, bei denen unsere Intelligenz die große Umsicht, mit der sie gesteuert werden, nicht begreifen kann, geschähen rein zufällig. Wenn wir nun sehen, wie sich mit Hilfe einer Mechanik etwas bewegt, zum Beispiel ein Himmelsglobus[353], eine Uhr oder vieles andere mehr, haben wir keine Bedenken, dies als das Erzeugnis einer berechnenden Vernunft zu betrachten. Sehen wir hingegen,

mirabili celeritate moveri vertique videamus constantissime conficientem vicissitudines anniversarias cum summa salute et conservatione rerum omnium, dubitamus, quin ea non solum ratione fiant, sed etiam excellenti divinaque ratione?

(98) Licet enim iam remota suptilitate disputandi oculis quodam modo contemplari pulchritudinem rerum earum, quas divina providentia dicimus constitutas.

Ac principio terra universa cernatur locata in media sede mundi, solida et globosa et undique ipsa in sese nutibus suis conglobata, vestita floribus, herbis, arboribus, frugibus, quorum omnium incredibilis multitudo insatiabili varietate distinguitur. Adde huc fontum gelidas perennitates, liquores perlucidos amnium, riparum vestitus viridissimos, speluncarum concavas altitudines, saxorum asperitates, inpendentium montium altitudines inmensitatesque camporum; adde etiam reconditas auri argentique venas infinitamque vim marmoris. (99) Quae vero et quam varia genera bestiarum vel cicurum vel ferarum, qui volucrium lapsus atque cantus, qui pecudum pastus, quae vita silvestrium. Quid iam de hominum genere dicam, qui quasi cultores terrae constituti non patiuntur eam nec inmanitate beluarum efferari nec stirpium asperitate vastari quorumque operibus agri, insulae litoraque collucent distincta tectis et urbibus.

wie sich die Himmelskörper mit erstaunlicher Geschwindigkeit bei ihrem Umlauf bewegen und drehen und wie der Umlauf ganz regelmäßig den Wechsel der Jahreszeiten bewirkt und damit für das uneingeschränkte Wohl und die Erhaltung aller Dinge sorgt, können wir dann bezweifeln, daß alledem nicht nur eine berechnende Vernunft zugrunde liegt, sondern vielmehr die überragende Vernunft einer Gottheit?

(98) Man kann ja jetzt einmal auf scharfsinnige Erörterungen verzichten und gleichsam mit den Augen die Schönheit der Dinge betrachten, die, wie wir sagen, durch die göttliche Vorsehung geschaffen wurden.

Und zunächst schaue man auf die Erde als ganze: Sie liegt im Mittelpunkt des Weltalls, ist fest, kugelförmig und infolge ihrer Schwerkraft auf allen Seiten in sich abgerundet; sie trägt ein Kleid aus Blumen, Kräutern, Bäumen und Feldfrüchten, deren unglaubliche Menge sich durch eine unerschöpfliche Vielfalt auszeichnet. Nimm dazu noch das unversiegbare Sprudeln kalter Quellen, das glasklare Wasser der Ströme, die saftiggrünen Ränder der Ufer, die gewölbten Tiefen der Grotten, die Schroffheit der Felsen, die Höhe überhängender Berge und die unendliche Weite der Ebenen; nimm dazu auch die verborgenen Gold- und Silberadern und die unermeßliche Menge des Marmors. (99) Und was für Tiere, wie viele verschiedene Arten, zahme und wilde! Wie die Vögel fliegen und singen, wie die Herden weiden, welch Leben die Tiere des Waldes führen! Was soll ich erst von den Menschen sagen, die, gleichsam zu Hütern der Erde bestimmt, nicht zulassen, daß diese durch das Wüten reißender Tiere zur Wildnis und durch die Ausbreitung wilden Gestrüpps zum Dickicht wird, und durch deren Wirken die Fluren, Inseln und Küsten im Schmucke ihrer Häuser und Städte prangen. Wären wir imstande, all das mit dem Auge so zu sehen, wie wir es uns im Geiste vorstellen können, würde niemand mehr, sofern er die Erde als Ganzes im

Quae si, ut animis, sic oculis videre possemus, nemo cunctam intuens terram de divina ratione dubitaret.
(100) At vero quanta maris est pulchritudo, quae species universi, quae multitudo et varietas insularum, quae amoenitates orarum ac litorum, quot genera quamque disparia partim submersarum, partim fluitantium et innantium beluarum, partim ad saxa nativis testis inhaerentium. Ipsum autem mare sic terram adpetens litoribus eludit, ut una ex duabus naturis conflata videatur.
(101) Exin mari finitimus aer die et nocte distinguitur, isque tum fusus et extenuatus sublime fertur, tum autem concretus in nubes cogitur umoremque colligens terram auget imbribus, tum effluens huc et illuc ventos efficit. Idem annuas frigorum et calorum facit varietates idemque et volatus alitum sustinet et spiritu ductus alit et sustentat animantes.
Restat ultimus et a domiciliis nostris altissimus omnia cingens et coercens caeli conplexus, qui idem aether vocatur, extrema ora et determinatio mundi, in quo cum admirabilitate maxima igneae formae cursus ordinatos definiunt.
(102) E quibus sol, cuius magnitudine multis partibus terra superatur, circum eam ipsam volvitur, isque oriens et occidens diem noctemque conficit et modo accedens, tum autem recedens binas in singulis annis reversiones ab extremo contrarias facit, quarum in intervallo tum quasi tristitia quadam contrahit terram, tum vicissim laetificat, ut cum caelo

Blick hätte, die Existenz einer göttlichen Vernunft bezweifeln.

(100) Doch wie groß ist erst die Schönheit des Meeres, welch wunderbaren Anblick bietet es in seiner Gesamtheit! Welche Fülle und Mannigfaltigkeit der Inseln! Welche Lieblichkeit der Küsten und Gestade! Wie viele und wie unterschiedliche Arten von Tieren! Einige leben tief unten im Wasser, manche treiben auf der Oberfläche und schwimmen in den Fluten, wieder andere haften mit ihren eigenen Schalen an den Riffen. Das Meer selbst aber strebt dem Land entgegen und umspült die Küsten, so daß es scheint, als seien zwei Elemente zu einem einzigen verschmolzen.

(101) Alsdann: Die an das Meer grenzende Luft[354] wechselt am Tag und in der Nacht ihre Farbe,[355] und mal steigt sie, ausgedehnt und verdünnt, nach oben, dann aber ballt sie sich, wieder verdichtet, zu Wolken zusammen, nimmt Feuchtigkeit auf und befruchtet die Erde durch Regen, mal läßt sie, indem sie in verschiedene Richtungen strömt, Winde aufkommen. Dieselbe Luft bewirkt den jährlichen Wechsel von Kälte- und Hitzeperioden, und sie trägt auch die Vögel auf ihrem Flug und nährt und erhält als Atem[356] die Lebewesen.

Bleibt nun noch die höchste und von unseren Wohnsitzen am weitesten entfernte Umgrenzung des Himmels, die alles umschließt und umfaßt und auch als Äther bezeichnet wird;[357] sie bildet den äußersten Rand und die Grenze des Weltalls, wo die feurigen Körper auf höchst bewundernswerte Weise ihre geordneten Bahnen ziehen. (102) Von diesen dreht sich die Sonne, die mit ihrer Größe die Erde um ein Vielfaches übertrifft, um eben diese Erde, und ihr Auf- und Untergang verursacht Tag und Nacht; indem sie bald näherkommt, sich bald aber wieder entfernt, vollendet sie vom äußersten Ende [ihrer Bahn] zwei entgegengesetzte Umkehrungen pro Jahr;[358] in der Zeit dazwischen hüllt sie die Erde zum einen in eine Art Trauer, dann erfüllt sie diese wiederum mit Freude, so daß sie sich mit dem Himmel zu-

hilarata videatur. (103) Luna autem, quae est, ut ostendunt mathematici, maior quam dimidia pars terrae, isdem spatiis vagatur, quibus sol, sed tum congrediens cum sole, tum degrediens et eam lucem, quam a sole accepit, mittit in terras et varias ipsa lucis mutationes habet, atque etiam tum subiecta atque opposita soli radios eius et lumen obscurat, tum ipsa incidens in umbram terrae, cum est e regione solis, interpositu interiectuque terrae repente deficit. Isdemque spatiis eae stellae, quas vagas dicimus, circum terram feruntur eodemque modo oriuntur et occidunt, quarum motus tum incitantur, tum retardantur, saepe etiam insistunt, (104) quo spectaculo nihil potest admirabilius esse, nihil pulchrius. Sequitur stellarum inerrantium maxima multitudo, quarum ita descripta distinctio est, ut ex notarum figurarum similitudine nomina invenerint."

Atque hoc loco me intuens "Utar", inquit, "carminibus Arateis, quae a te admodum adulescentulo conversa ita me delectant, quia Latina sunt, ut multa ex is memoria teneam. Ergo, ut oculis adsidue videmus, sine ulla mutatione aut varietate

> 'cetera labuntur celeri caelestia motu
> cum caeloque simul noctesque diesque feruntur',

(105) quorum contemplatione nullius expleri potest animus naturae constantiam videre cupientis.

sammen aufgeheitert zu haben scheint. (103) Der Mond indes, der, wie die Mathematiker zeigen, größer ist als die Hälfte der Erde,[359] durchläuft zwar dieselben Räume wie die Sonne, aber mal mit der Sonne zusammentreffend, sich mal von ihr abwendend, sendet er einerseits das Licht, das er von der Sonne empfangen hat, auf die Erde und hat andererseits selbst verschiedene Lichtwechsel; doch mal steht er auch unterhalb und vor der Sonne und verdunkelt so deren Strahlen und Licht, mal fällt er selbst in den Erdschatten, wenn er der Sonne direkt gegenüber steht, und durch das Dazwischentreten der Erde verfinstert er sich plötzlich. Und in denselben Räumen kreisen die sogenannten Planeten um die Erde und gehen auf die gleiche Weise auf und unter; ihre Bewegungen werden mal beschleunigt, mal verlangsamt, oft kommen sie sogar zum Stillstand; (104) nichts kann bewundernswerter, nichts schöner sein als dieses Schauspiel. Es folgt die riesige Menge der Fixsterne, die sich zu so klaren Konstellationen ordnen, daß sie aufgrund der Ähnlichkeit mit bekannten Gestalten ihre Namen bekommen haben.«

Und hier blickte er (Balbus) mich an und sagte: »Ich möchte Verse Arats anführen, die du als sehr junger Mann[360] übersetzt hast und die mir, weil sie nun auf lateinisch vorliegen, so viel Freude machen, daß ich viele von ihnen auswendig weiß. Wie wir also mit eigenen Augen ständig sehen: Ohne jede Veränderung oder ohne jeden Wechsel

›gleiten die übrigen Sterne am Himmel in schneller Bewegung,
bringen zugleich mit dem Himmel die Nächte und Tage herbei uns‹.[361]

(105) An deren Betrachtung kann sich kein Mensch sattsehen, wenn er die Beständigkeit der Natur erkennen will.

'Extremusque adeo duplici de cardine vertex
dicitur esse polus.'

Hunc circum Arctoe duae feruntur numquam occidentes.

'Ex his altera apud Graios Cynosura vocatur,
altera dicitur esse Helice',

cuius quidem clarissimas stellas totis noctibus cernimus, quas

'nostri Septem soliti vocitare Triones';

(106) paribusque stellis similiter distinctis eundem caeli verticem lustrat parva Cynosura.

'Hac fidunt duce nocturna Phoenices in alto.
Sed prior illa magis stellis distincta refulget
et late prima confestim a nocte videtur.
Haec vero parva est, sed nautis usus in hac est;
nam cursu interiore brevi convertitur orbe.'

Et quo sit earum stellarum admirabilior aspectus,

'has inter veluti rapido cum gurgite flumen
torvus Draco serpit supter supraque revolvens
sese conficiensque sinus e corpore flexos'.

›Und den äußersten Scheitel der zweiseits reichenden Achse[362]
nennt man den Pol.‹

Um diesen kreisen die beiden Bären, die niemals untergehen.

›Einer von beiden heißt bei den Griechen Kynosura,
man Helike den anderen nennt‹.

Die ganze Nacht hindurch sehen wir deren überaus helle Sterne, welche

›unsere Leute die Septentriones pflegen zu nennen‹.

(106) Und mit gleich vielen, ähnlich verteilten Sternen erleuchtet die kleine Kynosura denselben Himmelsscheitel.

›Ihrer nächtlichen Führung vertraut auf dem Meer der Phoinikier.
Aber der erste, im Schmuck seiner Sterne, leuchtet viel heller
und ist gleich bei Anbruch der Nacht weit sichtbar zu schauen.
Klein ist der andre, doch für die Schiffer von wichtigem Nutzen;
denn auf der inneren Bahn dreht er sich auf kürzerem Kreise.‹

Und damit der Anblick der Sterne noch mehr Bewunderung hervorruft,

›kriecht zwischen ihnen wie ein Strom mit reißendem Strudel
auf und nieder sich wälzend der grimmig drohende Drache,
und seinen biegsamen Körper dreht er in bauschiger Windung‹.

(107) Eius cum totius est praeclara species, tum in primis aspicienda est figura capitis atque ardor oculorum:

> 'Huic non una modo caput ornans stella relucet,
> verum tempora sunt duplici fulgore notata
> e trucibusque oculis duo fervida lumina flagrant
> atque uno mentum radianti sidere lucet;
> opstipum caput, ac tereti cervice reflexum
> optutum in cauda maioris figere dicas.'

(108) Et relicum quidem corpus Draconis totis noctibus cernimus,

> 'hoc caput hic paulum sese subitoque recondit,
> ortus ubi atque obitus parti admiscetur in una'.

Id autem caput attingens

> 'defessa velut maerentis imago
> vertitur',

quam quidem Graeci

> 'Engonasin vocitant, genibus quia nixa feratur'.
> 'Hic illa eximio posita est fulgore Corona.'

(107) Seine ganze Erscheinung ist herrlich, doch besonders muß man die Form seines Kopfes und das Feuer seiner Augen betrachten:

›Diesem leuchtet nicht nur ein Stern als Schmuck seines Hauptes,
sondern die Schläfen sind markiert von doppeltem Glanze,
und aus den trotzigen Augen flammen zwei feurige Lichter,
und von nur einem strahlenden Stern sein Kinn ist erleuchtet;
gleichwohl könnte man sagen, sein Haupt, zur Seite gebogen,
schaue auf schlankem Nacken zum Schweif des größren Gestirnes.‹

(108) Und den übrigen Leib des Drachens sehen wir in allen Nächten,

›dieses Haupt verbirgt sich hier plötzlich ein wenig,
wo sich sein Auf- und Untergang in einem vereinen‹.

Dieses Haupt aber berührend,

›dreht sich
das müde Bild wie das eines Menschen in Trauer‹,

welches freilich die Griechen

›Engonasin nennen, weil's auf den Knien seine Bahn zieht.‹
›Hier auch steht die Krone in ihrem herrlichen Glanze.‹

Atque haec quidem a tergo, propter caput autem Anguitenens,

(109) 'quem claro perhibent Ophiuchum nomine Graii'.
'Hic pressu duplici palmarum continet Anguem
atque eius ipse manet religatus corpore torto;
namque virum medium Serpens sub pectora cingit.
Ille tamen nitens graviter vestigia ponit
atque oculos urget pedibus pectusque Nepai.'

Septentriones autem sequitur

'Arctophylax, vulgo qui dicitur esse Bootes,
quod quasi temone adiunctam prae se quatit Arctum'.

(110) Dein quae sequuntur: huic enim Booti

'supter praecordia fixa videtur
stella micans radiis, Arcturus nomine claro';

cui subiecta fertur

'Spicum inlustre tenens splendenti corpore Virgo'.

Atque ita demetata signa sunt, ut in tantis descriptionibus divina sollertia appareat:

Und zwar steht sie in seinem Rücken, neben seinem Kopf indes befindet sich der Schlangenhalter,

(109) ›dem die Griechen den ruhmvollen Namen
Ophiuchos gegeben‹.
›Dieser hält mit doppeltem Druck seiner Hände die
Schlange
und bleibt selbst gebunden an ihren gewundenen
Körper;
denn die Schlange umfaßt den Mann gleich unter
dem Busen.
Jener jedoch, gewaltig sich stemmend, setzt fest seine
Schritte,
mit seinen Füßen bedrängt er die Brust und die
Augen der Nepa.‹

Den Septentrionen aber folgt

›Arktophylax; ihn nennen gewöhnlich die Menschen
Bootes,
weil er die Bärin, wie an die Deichsel gespannt, vor
sich hertreibt‹.

(110) Dann die folgenden Sternbilder: denn diesem Bootes

›scheint an die Brust geheftet
von hellen Strahlen leuchtend Arkturos mit
rühmlichem Namen‹.

Unterhalb von ihm zieht

›strahlenden Körpers die Jungfrau, die leuchtende
Ähre in Händen‹.

Und die Sternzeichen sind so voneinander abgegrenzt, daß in dieser so herrlichen Einteilung die göttliche Schöpferkunst zutage tritt:

'Et Natos Geminos invisses sub caput Arcti;
subiectus mediaest Cancer, pedibusque tenetur
magnus Leo tremulam quatiens e corpore flammam.'

Auriga

'sub laeva Geminorum obductus parte feretur.
Adversum caput huic Helice truculenta tuetur.
At Capra laeum umerum clara optinet.'

Tum quae secuntur:

'Verum haec est magno atque inlustri praedita signo,
contra Haedi exiguum iaciunt mortalibus ignem.'

Cuius sub pedibus

'corniger est valido conixus corpore Taurus'.

(111) Eius caput stellis conspersum est frequentibus;

'has Graeci stellas Hyadas vocitare suerunt'

a pluendo – ὕειν enim est pluere –, nostri imperite Suculas, quasi a subus essent, non ab imbribus nominatae. Minorem

›Unter dem Haupte des Bären kannst du die Zwillinge sehen;
darunter steht in der Mitte der Krebs, von ihm wird gehalten,
aus seinem Körper schüttelnd die Flammen, der mächtige Löwe.‹

Der Fuhrmann

›wird auf der linken Seite des Zwillingsgestirns seine Bahn ziehn.
Gegen sein Haupt gewendet schaut auf ihn die grimme Helike.
Aber die Ziege strahlt hell auf der Schulter, der linken.‹

Dann heißt es weiter:

›Dieser jedoch ist ein großes, strahlendes Sternbild zu eigen,
aber die Böckchen senden den Sterblichen ein schwaches Licht nur.‹

Ihm zu Füßen

›stemmt sich der Stier, der gehörnte, auf seinen kräftigen Körper‹.

(111) Sein Haupt ist von zahlreichen Sternen übersät;

›diese Sterne pflegten die Griechen Hyaden zu nennen‹,

abgeleitet von ›regnen‹ – *hýein* heißt nämlich ›regnen‹. Doch aus Unkenntnis bezeichnen unsere Landsleute sie als Suculae (Schweinchen), so als käme ihr Name vom Schwein und

autem Septentrionem Cepheus passis palmis post terga subsequitur;

> 'namque ipsum ad tergum Cynosyrae vertitur Arcti'.

Hunc antecedit

> 'obscura specie stellarum Cassiepia'.
> 'Hanc autem inlustri versatur corpore propter
> Andromeda aufugiens aspectu maesta parentis.'
> 'Huic Equos ille iubam quatiens fulgore micanti
> summum contingit caput alvo, stellaque iungens
> una tenet duplices communi lumine formas
> aeternum ex astris cupiens conectere nodum.'
> 'Exin contortis Aries cum cornibus haeret.'

Quem propter

> 'Pisces, quorum alter paulum praelabitur ante
> et magis horriferis aquilonis tangitur auris'.

(112) Ad pedes Andromedae Perseus describitur,

> 'quem summa ab regione aquilonis flamina pulsant'.

nicht vom Regen.[363] Dem kleineren der Septentrionen folgt nun im Rücken mit ausgebreiteten Händen Kepheus;

›er kreist genau ja im Rücken der bärigen Kynosura‹.

Ihm geht voran

›vom schwachen Schein ihrer Sterne verdunkelt Kassiopeia‹.
›Neben dieser jedoch steht mit ihrem strahlenden Leibe
Andromeda, welche traurig flieht den Anblick der Mutter.‹
›Ihren Scheitel berührt mit schüttelnder Mähne und strahlend
mit seinem Leibe das Pferd, und ein einziges Sternbild vereinigt
im gemeinsamen Licht die doppelt geformten Gestalten,
wünschend, aus Sternen den ewigwährenden Knoten zu knüpfen.‹
›Daran hängt der Widder mit seinen gebogenen Hörnern.‹

Neben ihm

›ziehen die Fische, von denen der eine ein wenig vorausschwimmt
und von den schaurigen Winden des Nordens stärker berührt wird‹.

(112) Zu Füßen Andromedas wird Perseus beschrieben;

›ihm schlagen aus dem weitesten Norden die Stürme entgegen‹.

Cuius

> 'propter laeum genum'
> 'Vergilias tenui cum luce videbis'.
> 'Inde Fides leviter posita et convexa videtur.'

Inde

> 'est ales Avis lato sub tegmine caeli'.

Capiti autem Equi proxima est Aquari dextra totusque deinceps Aquarius. Tum

> 'gelidum valido de pectore frigus anhelans
> corpore semifero magno Capricornus in orbe;
> quem cum perpetuo vestivit lumine Titan,
> brumali flectens contorquet tempore currum'.

(113) Hic autem aspicitur

> 'sese ostendens emergit Scorpios alte
> posteriore trahens flexum vi corporis Arcum'.
> 'Quem propter nitens pinnis convolvitur Ales.'
> 'At propter se Aquila ardenti cum corpore portat.'

Deinde Delphinus.

> 'Exinde Orion obliquo corpore nitens.'

Neben

›dessen linkem Knie‹
›wirst die Vergilien du sehn in bläßlichem Lichte‹.
›Dann die Leier sich zeigt, zur Seite etwas geneiget.‹

Anschließend

›steht der geflügelte Schwan unterm weiten
Himmelsgewölbe‹.

Dem Kopf des Pferdes am nächsten aber ist die Rechte des Wassermanns, und dann kommt der Wassermann in seiner ganzen Gestalt. Danach

›aus der kräftigen Brust ausschnaubend eisige Kälte
mit seinem halbwilden Leib[364] im gewaltigen Kreise
der Steinbock;
und wenn Titan ein Kleid ihm gab aus dauerndem
Lichte,
lenkt er zur Wende der Wintersonne nach rückwärts
den Wagen‹.

(113) Hier aber erblickt man,

›wie der Skorpion sich zeigt und aus der Tiefe
emportaucht,
mit dem kräftigen Hinterleib den gekrümmten Bogen
er nachzieht‹.
›Neben ihm zieht im Glanz seiner Schwingen der
Schwan seine Kreise.‹
›Doch daneben steht der Adler mit flammendem
Leibe.‹

Dann der Delphin.

›Anschließend kommt im Glanz des gebogenen
Körpers Orion.‹

(114) Quem subsequens

> 'fervidus ille Canis stellarum luce'

refulget. Post Lepus subsequitur

> 'curriculum numquam defesso corpore sedans.
> At Canis ad caudam serpens prolabitur Argo.'
> 'Hanc Aries tegit et squamoso corpore Pisces
> Fluminis inlustri tangentem corpore ripas.'

Quem longe 'serpentem' et manantem aspicies

> 'proceraque Vincla videbis,
> quae retinent Pisces caudarum a parte locata'.
> 'Inde Nepae cernes propter fulgentis acumen
> Aram, quam flatu permulcet spiritus austri.'

Propter quae Centaurus

> 'cedit Equi partis properans subiungere Chelis.
> Hic dextram porgens, quadrupes qua vasta tenetur',
> 'tendit et inlustrem truculentus cedit ad Aram.
> Hic sese infernis e partibus erigit Hydra',

(114) In seinem Gefolge funkelt

›glühend der Hund, im Licht seiner Strahlen
erglänzend‹.

Ihm folgt der Hase.

›Er hemmt nicht seinen Lauf, weil der Leib ihm
niemals ermüdet.
Aber zum Schwanze des Hundes gleitet schlüpfend
die Argo.‹
›Diese der Widder bedeckt und mit schuppigem
Leibe die Fische,
während sie rührt mit leuchtendem Leib an die Ufer
des Stromes.‹

Du wirst sehen, wie dieser weit ›sich schlängelnd‹ dahinfließt,

›und die schlanken Fesseln bemerken,
die, um die Schwänze geschlungen, den Fischen
Einhalt gebieten‹.
›Neben dem Stachel der blitzenden Nepa wirst du
dann sehen,
wie des Südwinds wehender Hauch den Altar sanft
umschmeichelt.‹

Ihnen zur Seite schreitet der Kentaur;

›müht sich in Eile, den Roßleib unter die Scheren zu
bringen;
streckt aus die Rechte, mit der er den riesigen
Vierfüßler[365] festhält‹,
›und mit finsterer Miene strebt er dem Licht des
Altars zu.
Hier erhebt sich aus unterweltlicher Tiefe die Hydra‹,

cuius longe corpus est fusum,

> 'in medioque sinu fulgens Cretera relucet.
> Extremam nitens plumato corpore Corvus
> rostro tundit, et hic Geminis est ille sub ipsis
> ante Canem, Procyon Graio qui nomine fertur.'

(115) Haec omnis descriptio siderum atque hic tantus caeli ornatus ex corporibus huc et illuc casu et temere cursantibus potuisse effici cuiquam sano videri potest, aut vero alia, quae natura mentis et rationis expers haec efficere potuit, quae non modo, ut fierent, ratione eguerunt, sed intellegi, qualia sint, sine summa ratione non possunt?
Nec vero haec solum admirabilia, sed nihil maius, quam quod ita stabilis est mundus atque ita cohaeret, ad permanendum, ut nihil ne excogitari quidem possit aptius. Omnes enim partes eius undique medium locum capessentes nituntur aequaliter. Maxime autem corpora inter se iuncta permanent, cum quasi quodam vinculo circumdato colligantur; quod facit ea natura, quae per omnem mundum omnia mente et ratione conficiens funditur et ad medium rapit et convertit extrema. (116) Quocirca si mundus globosus est ob eamque causam omnes eius partes undique aequabiles ipsae per se atque inter se continentur, contingere idem terrae necesse est, ut omnibus eius partibus in medium vergentibus – id autem medium infimum in sphaera est – nihil in-

deren Körper sich weit ausdehnt;

>mitten auf ihrer Brust erglänzt der blitzende Becher.
In das Ende des Leibes schlägt im Strahlengefieder
seinen Schnabel der Rabe; dem Zwillingsgestirn hier
zu Füßen
steht vor dem Hund der Stern Prokyon, wie er heißt
bei den Griechen.<

(115) Kann denn ein vernünftiger Mensch glauben, diese ganze Anordnung der Gestirne und dieser großartige Schmuck des Himmels seien dadurch entstanden, daß Atome zufällig und planlos in unterschiedliche Richtungen treiben? Oder war etwa ein anderes intelligenz- und vernunftloses Wesen imstande, Dinge zu erschaffen, für deren Schöpfung es nicht nur einer planenden Vernunft bedurfte, sondern deren Eigenschaften sich auch ohne ein Höchstmaß an Vernunft nicht einmal begreifen lassen?
Doch all dies verdient nicht nur Bewunderung; vielmehr gibt es auch nichts Wichtigeres als die Stabilität und den Zusammenhalt des Weltalls, so daß man sich nicht einmal etwas vorstellen kann, was für seinen Fortbestand besser sorgen könnte. Denn seine sämtlichen Teile streben von überall her zur Mitte und zeigen dabei ein gleiches Bemühen. Durch besondere Dauerhaftigkeit zeichnen sich aber die Körper aus, die miteinander verbunden sind, da sie, wie von einer Art Band umschlungen, zusammengehalten werden. Dafür verantwortlich ist das Wesen, welches, mit Verstand und Vernunft alles bewirkend, das gesamte Weltall durchdringt und die am äußersten Rand befindlichen Teile zum Mittelpunkt hinreißt und -wendet.[366] (116) Wenn daher das Weltall kugelförmig ist und deswegen alle seine Teile, sich überall gleich verhaltend, durch sich selbst zusammengehalten werden, dann muß dasselbe auch für die Erde gelten, nämlich daß sich alle ihre Teile zur Mitte wenden – dieser Mittelpunkt indes ist bei einer Kugel auch der unterste[367] –

terrumpat, quo labefactari possit tanta contentio gravitatis et ponderum. Eademque ratione mare, cum supra terram sit, medium tamen terrae locum expetens conglobatur undique aequabiliter neque redundat umquam neque effunditur. (117) Huic autem continens aer fertur ille quidem levitate sublimi, sed tamen in omnes partes se ipse fundit; itaque et mari continuatus et iunctus est et natura fertur ad caelum, cuius tenuitate et calore temperatus vitalem et salutarem spiritum praebet animantibus. Quem complexa summa pars caeli, quae aetheria dicitur, et suum retinet ardorem tenuem et nulla admixtione concretum et cum aeris extremitate coniungitur. In aethere autem astra volvuntur, quae se et nisu suo conglobata continent et forma ipsa figuraque sua momenta sustentant; sunt enim rutunda, quibus formis, ut ante dixisse videor, minime noceri potest. (118) Sunt autem stellae natura flammeae; quocirca terrae maris aquarumque reliquarum vaporibus aluntur his, qui a sole ex agris tepefactis et ex aquis excitantur; quibus altae renovataeque stellae atque omnis aether in terram effundunt et rursum trahunt itidem, nihil ut fere intereat aut admodum paululum, quod astrorum ignis et aetheris flamma consumat. Ex quo eventurum nostri putant id, de quo Panaetium addubitare dicebant, ut ad extremum omnis mundus ignesceret, cum umore consumpto neque terra ali posset nec remearet aer,

und keine Unterbrechung auftritt, durch die dieses mächtige Streben der Schwerkraft erschüttert werden könnte. Und aus demselben Grund sucht das Meer, obwohl es über der Erde liegt, dennoch den Mittelpunkt der Erde, rundet sich auf allen Seiten gleichmäßig um sie herum, fließt nie über und verströmt sich auch nicht. (117) Die hieran grenzende Luft[368] steigt zwar wegen ihrer Leichtigkeit in die Höhe, dehnt sich selbst aber trotzdem nach allen Seiten hin aus; daher ist sie zum einen eng mit dem Meer verbunden und strebt zum anderen aufgrund ihrer natürlichen Eigenart zum Himmel. Da sie sich mit dessen Feinheit und Wärme mischt, liefert sie den Lebewesen den Atem, der ihnen Leben und Gesundheit schenkt. Diese Luft nun umhüllt der höchste Teil des Himmels, der sogenannte Äther; er enthält den ihm eigenen feinen und durch keinen Zusatz verdichteten Feuerstoff und verbindet sich mit den äußersten Randschichten der Luft. Im Äther aber kreisen die Sterne, welche durch ihr Streben zum Mittelpunkt ihre Kugelform bewahren und gerade aufgrund ihrer Form und Gestalt ihre immerwährenden Bewegungen aufrechterhalten; sie sind nämlich rund und haben damit die Gestalt, die, wie ich vorhin wohl schon gesagt habe,[369] am wenigsten Schaden nehmen kann. (118) Die Sterne jedoch sind von Natur aus feurig; daher nähren sie sich von den Ausdünstungen der Erde, des Meeres und der übrigen Gewässer, Dämpfen, die infolge der Sonneneinwirkung aus den erwärmten Fluren und Wassern aufsteigen. Von diesen ernährt und mit neuer Kraft versehen,[370] verströmen die Sterne und der ganze Äther die Dünste auf die Erde und ziehen sie auf dieselbe Weise wieder an sich, so daß beinahe nichts verlorengeht – oder bloß ein ganz kleiner Teil, den das Feuer der Sterne und die Flamme des Äthers aufzehren. Deshalb glauben die Anhänger unserer Philosophie – eine Überzeugung, die Panaitios angeblich in Zweifel zog –, daß das ganze Weltall letztlich in Feuer aufgehen werde,[371] weil nach Verbrauch der Feuchtigkeit die Erde nicht mehr ernährt werden könne und auch

cuius ortus aqua omni exhausta esse non posset: ita relinqui nihil praeter ignem, a quo rursum animante ac deo renovatio mundi fieret atque idem ornatus oreretur. (119) Nolo in stellarum ratione multus vobis videri, maximeque earum, quae errare dicuntur; quarum tantus est concentus ex dissimillimis motibus, ut, cum summa Saturni refrigeret, media Martis incendat, is interiecta Iovis inlustret et temperet, infraque Martem duae soli oboediant, ipse sol mundum omnem sua luce compleat, ab eoque luna inluminata graviditates et partus adferat maturitatesque gignendi. Quae copulatio rerum et quasi consentiens ad mundi incolumitatem coagmentatio naturae quem non movet, hunc horum nihil umquam reputavisse certo scio.

(120) Age ut a caelestibus rebus ad terrestres veniamus, quid est in his, in quo non naturae ratio intellegentis appareat? Principio eorum, quae gignuntur e terra, stirpes et stabilitatem dant his, quae sustinent, et e terra sucum trahunt, quo alantur ea, quae radicibus continentur; obducunturque libro aut cortice trunci, quo sint a frigoribus et caloribus tutiores. Iam vero vites sic claviculis adminicula tamquam manibus adprehendunt atque ita se erigunt ut animantes; quin etiam a caulibus brassicae, si propter sati sint, ut a pestiferis et nocentibus refugere dicuntur nec eos ulla ex parte contingere.

(121) Animantium vero quanta varietas est, quanta ad eam rem vis, ut in suo quaeque genere permaneat. Quarum aliae

die Luft nicht mehr zurückströme, da sie sich, wenn alles Wasser verzehrt sei, nicht mehr bilden könne; so bleibe dann nur das Feuer übrig, welches wiederum, da es beseelt und eine Gottheit sei, für eine Erneuerung des Weltalls sorgen und dieselbe Pracht hervorbringen werde. (119) Ich will nun bei euch den Eindruck vermeiden, ich sei bei der Erklärung der Sterne zu langatmig, besonders bei den sogenannten Planeten. Aus ihren untereinander unähnlichen Bewegungen ergibt sich eine herrliche Harmonie[372]: Während der oberste, Saturn, Kühle verbreitet, verstrahlt der mittlere, Mars, Hitze; der zwischen ihnen stehende, Iuppiter, sorgt für Licht und gemäßigte Temperaturen; die beiden Planeten unterhalb des Mars gehorchen der Sonne;[373] die Sonne selbst erfüllt das ganze Weltall mit ihrem Licht, und der von ihr erleuchtete Mond fördert Schwangerschaften, Geburten und die Reifung der Zeugungskraft: Wen diese Verkettung und gleichsam harmonische Verbindung der Natur, welche der Erhaltung des Weltalls dient, nicht beeindruckt, bei dem bin ich mir ganz sicher, daß er über nichts von alledem jemals nachgedacht hat.

(120) Laßt uns nun von den himmlischen Erscheinungen zu den irdischen kommen; gibt es dabei etwas, worin die Vernunft eines denkenden Wesens nicht zutage träte? Zunächst: Die Stiele der Erdgewächse geben zum einen dem, was sie stützen, Festigkeit und entziehen der Erde zum anderen einen Saft, um die Pflanzenteile zu ernähren, die durch Wurzeln erhalten werden. Und die Baumstämme werden mit Bast oder Rinde überzogen, damit sie besser vor Frost und Hitze geschützt sind. Die Weinstöcke jedoch schlingen ihre Ranken wie Hände um ihre Stützpfähle und richten sich so wie lebendige Geschöpfe an ihnen auf; ja, angeblich ziehen sie sich sogar von Kohlstrünken, wenn diese dicht neben sie gepflanzt sind, wie von etwas Giftigem und Schädlichem zurück und vermeiden jegliche Berührung.

(121) Doch welche Mannigfaltigkeit herrscht erst bei den Tieren, und wieviel Energie wird darauf verwendet, daß je-

coriis tectae sunt, aliae villis vestitae, aliae spinis hirsutae; pluma alias, alias squama videmus obductas, alias esse cornibus armatas, alias habere effugia pinnarum. Pastum autem animantibus large et copiose natura eum, qui cuique aptus erat, comparavit. Enumerare possum, ad eum pastum capessendum conficiendumque quae sit in figuris animantium et quam sollers subtilisque descriptio partium quamque admirabilis fabrica membrorum. Omnia enim, quae quidem intus inclusa sunt, ita nata atque ita locata sunt, ut nihil eorum supervacuaneum sit, nihil ad vitam retinendam non necessarium. (122) Dedit autem eadem natura beluis et sensum et adpetitum, ut altero conatum haberent ad naturales pastus capessendos, altero secernerent pestifera a salutaribus. Iam vero alia animalia gradiendo, alia serpendo ad pastum accedunt, alia volando, alia nando, cibumque partim oris hiatu et dentibus ipsis capessunt, partim unguium tenacitate arripiunt, partim aduncitate rostrorum, alia sugunt, alia carpunt, alia vorant, alia mandunt. Atque etiam aliorum east humilitas, ut cibum terrestrem rostris facile contingant. (123) Quae autem altiora sunt, ut anseres, ut cycni, ut grues, ut camelli, adiuvantur proceritate collorum; manus etiam data elephantost, quia propter magnitudinem corporis difficiles aditus habebat ad pastum. At quibus bestiis erat is cibus, ut † aliis generis escis vescerentur, aut vires natura dedit aut celeritatem. Data est quibusdam etiam machinatio quaedam atque sollertia, ut in araneolis aliae quasi rete te-

des in seiner Art fortbesteht! Die einen von ihnen sind durch ein Fell geschützt, andere von zottigem Haar bekleidet, wieder andere starren vor Stacheln; wie wir sehen, sind die einen mit Federn, andere mit Schuppen bedeckt, einige sind mit Hörnern bewaffnet, und wieder andere haben Flügel, um die Flucht ergreifen zu können. Futter aber hat die Natur den Tieren freigebig und reichlich zur Verfügung gestellt, und zwar das jeweils geeignete. Ich könnte nun aufzählen, wie geschickt und überdacht die Anordnung der einzelnen Gliedmaßen bei den verschieden gestalteten Tieren ist und wie bewundernswert der Bau ihrer Gliedmaßen, um diese Nahrung aufzunehmen und zu verdauen. Denn alle inneren Organe jedenfalls sind von Natur aus so beschaffen und so gelegen, daß keines von ihnen überflüssig, keines zur Erhaltung des Lebens entbehrlich ist. (122) Dieselbe Natur gab jedoch den Tieren auch Instinkt und Verlangen, dies, damit sie den Trieb hätten, die ihnen gemäße Nahrung zu suchen, jenes, damit sie das Schädliche vom Bekömmlichen unterscheiden könnten. Nun aber begeben sich die einen Tiere aufrecht, andere kriechend zu ihrem Futter, einige tun es fliegend, wieder andere schwimmend; teils nehmen sie die Nahrung mit geöffnetem Maul und den bloßen Zähnen zu sich, teils reißen sie sie mit ihren festen Krallen an sich, teils mit ihren krummen Schnäbeln; die einen saugen, andere rupfen, einige schlingen, wieder andere kauen. Auch haben manche einen so niedrigen Wuchs, daß sie das Futter auf der Erde leicht mit ihren Schnäbeln erreichen. (123) Die Tiere indes, die höher gewachsen sind, wie zum Beispiel die Gänse, Schwäne, Kraniche und Kamele, nehmen ihren langen Hals zu Hilfe. Dem Elefanten wurde sogar eine Hand gegeben, da er wegen seiner Körpergröße nur schwer an sein Futter kam. Den Tieren aber, die sich von † anderen Lebewesen ernähren, verlieh die Natur besondere Kräfte oder Schnelligkeit. Manche verfügen auch über eine bestimmte Geschicklichkeit und über technische Fertigkeiten; so weben bei den kleinen Spinnen die einen

xunt, ut, si quid inhaeserit, conficiant, aliae autem ex inopinato observant et, si quid incidit, arripiunt idque consumunt. Pina vero – sic enim Graece dicitur – duabus grandibus patula conchis cum parva squilla quasi societatem coit comparandi cibi; itaque cum pisciculi parvi in concham hiantem innataverunt, tum admonita a squilla pina morsu conprimit conchas: sic dissimillimis bestiolis communiter cibus quaeritur; (124) in quo admirandum est, congressune aliquo inter se an iam inde ab ortu natura ipsa congregatae sint. Est etiam admiratio nonnulla in bestiis aquatilibus his, quae gignuntur in terra; veluti crocodili fluviatilesque testudines quaedamque serpentes ortae extra aquam, simul ac primum niti possunt, aquam persequuntur. Quin etiam anitum ova gallinis saepe subponimus; e quibus pulli orti primo aluntur ab his ut a matribus, a quibus exclusi fotique sunt; deinde eas relinquunt et effugiunt sequentes, cum primum aquam quasi naturalem domum videre potuerunt: tantam ingenuit animantibus conservandi sui natura custodiam. Legi etiam scriptum esse avem quandam, quae platalea nominaretur; eam sibi cibum quaerere advolantem ad eas avis, quae se in mari mergerent; quae cum emersissent piscemque cepissent, usque eo premere earum capita mordicus, dum illae captum amitterent, in quod ipsa invaderet. Eademque haec avis scribitur conchis se solere complere, eas, cum stomachi calore concoxerit, evomere atque ita eli-

gleichsam ein Netz, um das, was sich darin verfängt, zu töten, andere hingegen liegen unbemerkt auf der Lauer, und wenn etwas in ihre Nähe kommt, packen sie es und fressen es auf. Die Pina dagegen – denn so heißt die Steckmuschel auf griechisch –, die ihre beiden großen Schalen weit öffnet, geht mit dem kleinen Seekrebs gewissermaßen ein Bündnis zur Nahrungsbeschaffung ein;[374] wenn daher kleine Fischchen in die aufgeklappte Muschel hineingeschwommen sind, läßt die Pina, vom Biß des Seekrebs aufmerksam gemacht, ihre Schalen zuschnappen: So suchen ganz verschiedene Kleintiere ihre Nahrung gemeinsam. (124) Dabei muß man sich staunend fragen, ob sie aufgrund einer Übereinkunft oder ob sie schon seit Beginn ihrer Existenz, von der Natur selbst dazu bestimmt, ihre Verbindung eingegangen sind. Ebenfalls einige Verwunderung erregen von den im Wasser lebenden Tieren diejenigen, die auf dem Land zur Welt kommen; zum Beispiel streben die Krokodile, Flußschildkröten und bestimmte außerhalb des Wassers ausgeschlüpfte Schlangen, sobald sie sich nur fortbewegen können, zum Wasser. Ja, oft legen wir den Hühnern auch Enteneier zum Bebrüten unter; die ausgekrochenen Jungen werden anfangs von den Hennen wie von den wirklichen Müttern, die sie ausgebrütet und gewärmt haben, gefüttert; später verlassen sie diese und nehmen Reißaus, wenn sie ihnen nachlaufen, sobald sie das Wasser als ihr gleichsam natürliches Lebenselement haben sehen können: Eine so große Sorge um die Selbsterhaltung hat die Natur in den Tieren angelegt! Ich habe auch von einem gewissen Vogel namens Platalea[375] gelesen: Dieser suche sich sein Futter, indem er zu den Vögeln fliege, die im Meer tauchen; wenn diese wieder aufgetaucht seien und einen Fisch erbeutet hätten, hacke er so lange auf ihre Köpfe, bis sie ihren Fang losließen, auf den er sich dann selber stürze. Und von eben diesem Vogel schreibt man, er habe die Angewohnheit, sich mit Muscheln vollzufressen; wenn er sie durch die Magenwärme vorverdaut habe, speie er sie wieder aus und wähle

gere ex his, quae sunt esculenta. (125) Ranae autem marinae dicuntur obruere sese harena solere et moveri prope aquam; ad quas quasi ad escam pisces cum accesserint, confici a ranis atque consumi. Miluo est quoddam bellum quasi naturale cum corvo; ergo alter alterius, ubicumque nanctus est, ova frangit. Illud vero – ab Aristotele animadversum, a quo pleraque – quis potest non mirari: grues cum loca calidiora petentes maria transmittant, trianguli efficere formam; eius autem summo angulo aer ab is adversus pellitur, deinde sensim ab utroque latere, tamquam remis, ita pinnis cursus avium levatur; basis autem trianguli, quam efficiunt grues, ea tamquam a puppi ventis adiuvatur; eaeque in tergo praevolantium colla et capita reponunt; quod quia ipse dux facere non potest, quia non habet, ubi nitatur, revolat, ut ipse quoque quiescat; in eius locum succedit ex his, quae adquierunt, eaque vicissitudo in omni cursu conservatur. (126) Multa eiusmodi proferre possum, sed genus ipsum videtis. Iam vero illa etiam notiora, quanto se opere custodiant bestiae, ut in pastu circumspectent, ut in cubilibus delitiscant. Atque illa mirabilia, quod – ea quae nuper, id est paucis ante saeclis, medicorum ingeniis reperta sunt – vomitione canes, purgando autem alvo se ibes Aegyptiae curant. Auditum est pantheras, quae in barbaria venenata carne caperentur, remedium quoddam habere, quo cum essent usae non morerentur, capras autem in Creta feras, cum essent confixae venenatis sagittis, herbam quaerere, quae dictam-

sich so die davon genießbaren Teile heraus. (125) Den Seefröschen[376] aber sagt man nach, sie bedeckten sich mit Sand und bewegten sich am Rand des Wassers. Sobald sich ihnen jedoch Fische wie einem Köder näherten, würden sie von den Fröschen getötet und gefressen. Die Gabelweihe führt eine Art natürlichen Krieg mit dem Raben; also zerbrechen sie, wo immer sie können, gegenseitig ihre Eier. Wer aber kann sich über folgende Beobachtung – sie stammt, wie die meisten, von Aristoteles[377] – nicht wundern? Wenn die Kraniche auf ihrem Weg in wärmere Gegenden über die Meere fliegen, bilden sie die Form eines Dreiecks; mit dessen höchster Spitze vertreiben sie den Gegenwind; dann wird allmählich auf beiden Seiten mit Hilfe der Flügel, gleichsam wie mit Rudern, der Flug der Vögel erleichtert. Doch die Basis des Dreiecks, welches die Kraniche bilden, wird gleichsam vom Heck her durch Rückenwinde unterstützt; und die Vögel legen ihre Köpfe und Hälse auf den Rücken der Vorausfliegenden. Weil nun der Anführer [des Zuges] dies nicht selbst tun kann, da er nichts zum Anlehnen hat, fliegt er zurück, um sich seinerseits auszuruhen; auf seinen Platz rückt einer von denen, die sich erholt haben, nach, und diese Ablösung geht während des ganzen Fluges vonstatten. (126) Ich könnte noch vieles dieser Art anführen, doch ihr seht ja, worum es geht. Allerdings ist sogar noch bekannter, wie aufmerksam die Tiere auf sich aufpassen, wie sie beim Fressen um sich schauen und wie sie sich in ihrem Lager verstecken. Bewunderung verdient auch das folgende Phänomen, das der Scharfsinn der Ärzte vor geraumer Zeit, das heißt vor wenigen Jahrhunderten, herausgefunden hat: Die Hunde pflegen durch Erbrechen ihre Gesundheit,[378] die Ibisse Ägyptens dagegen durch das Entleeren ihres Darms. Man hat auch gehört, daß Panther, die im Ausland mit vergiftetem Fleisch gefangen werden, ein bestimmtes Heilmittel kennen, dessen Verwendung sie vor dem Tod bewahrt; ferner suchen die wilden Ziegen auf Kreta, wenn sie von vergifteten Pfeilen getroffen wurden, angeblich nach einem

nus vocaretur, quam cum gustavissent, sagittas excidere dicunt e corpore; (127) cervaeque paulo ante partum perpurgant se quadam herbula, quae seselis dicitur. Iam illa cernimus, ut contra vim et metum suis se armis quaeque defendat: cornibus tauri, apri dentibus, cursu leones, aliae fuga se, aliae occultatione tutantur, atramenti effusione saepiae, torpore torpedines, multae etiam insectantis odoris intolerabili foeditate depellunt.

Ut vero perpetuus mundi esset ornatus, magna adhibita cura est a providentia deorum, ut semper essent et bestiarum genera et arborum omniumque rerum, quae a terra stirpibus continerentur; quae quidem omnia eam vim seminis habent in se, ut ex uno plura generentur. Idque semen inclusum est in intuma parte earum bacarum, quae ex quaque stirpe funduntur, isdemque seminibus et homines adfatim vescuntur et terrae eiusdem generis stirpium renovatione conplentur. (128) Quid loquar, quanta ratio in bestiis ad perpetuam conservationem earum generis appareat? Nam primum aliae mares, aliae feminae sunt, quod perpetuitatis causa machinata natura est, deinde partes corporis et ad procreandum et ad concipiendum aptissimae, et in mari et in femina commiscendorum corporum mirae libidines; cum autem in locis semen insedit, rapit omnem fere cibum ad sese eoque saeptum fingit animal; quod cum ex utero elapsum excidit, in iis animantibus, quae lacte aluntur, omnis fere cibus matrum lactescere incipit, eaque, quae paulo ante nata sunt, sine magistro duce natura mammas adpetunt

Heilkraut namens Dictamnus[379]; haben sie davon gekostet, fallen, so erzählt man, die Pfeile wieder aus ihrem Körper. (127) Und die Hirschkühe entleeren sich, kurz bevor sie werfen, mit Hilfe einer gewissen Pflanze namens Seselis.[380] Wir sehen zudem, daß sich jedes Tier gegen Gewalt und Furchterregendes mit seinen eigenen Waffen wehrt: mit Hörnern die Stiere, die Eber mit Hauern, mit schnellem Lauf die Löwen; einige retten sich durch Flucht, andere dadurch, daß sie sich verstecken; durch das Verspritzen einer schwarzen Flüssigkeit die Tintenfische, durch Betäubung die Zitterrochen, und viele vertreiben auch mit einem unerträglich scheußlichen Gestank ihre Verfolger.
Um aber die Schönheit des Weltalls auf Dauer zu bewahren, hat die göttliche Vorsehung viel Mühe darauf verwandt, die einzelnen Gattungen der Tiere, Bäume und all der Gewächse, die in der Erde wurzeln, für immer zu erhalten; denn alle haben eine so große Menge Samen in sich, daß aus einem von ihnen eine Vielzahl entstehen kann. Und dieser Same ist im Innersten der Früchte eingeschlossen, die jedes Gewächs hervorbringt, und ebendiese Samen liefern den Menschen reichlich Nahrung und füllen die Länder mit stets neuen Gewächsen derselben Art. (128) Was soll ich erst von der großen Umsicht sagen, die bei den Tieren zur ständigen Erhaltung ihrer Gattung zutage tritt? Denn erstens sind die einen männlich und die anderen weiblich, eine Erfindung der Natur, um deren Fortbestand zu sichern; zweitens sind die Körperteile sowohl zum Zeugen als auch zum Empfangen äußerst geeignet, und beim Männchen ebenso wie beim Weibchen gibt es ein erstaunliches Verlangen nach körperlicher Vereinigung. Hat sich aber der Same an Ort und Stelle eingenistet, reißt er fast alle Nahrung an sich und formt damit das in ihm eingeschlossene Lebewesen. Sobald dieses die Gebärmutter verlassen hat, wandelt sich bei den Säugetieren fast die gesamte Nahrung der Mutter in Milch, und die gerade erst geborenen Jungen suchen ohne Anweisung, nur vom Instinkt geleitet, nach den Milchdrüsen und

earumque ubertate saturantur. Atque ut intellegamus nihil horum esse fortuitum et haec omnia esse opera providae sollertisque naturae, quae multiplices fetus procreant, ut sues, ut canes, iis mammarum data est multitudo, quas easdem paucas habent eae bestiae, quae pauca gignunt. (129) Quid dicam, quantus amor bestiarum sit in educandis custodiendisque is, quae procreaverunt, usque ad eum finem, dum possint se ipsa defendere. Etsi pisces, ut aiunt, ova cum genuerunt, relinquunt, facile enim illa aqua et sustinentur et fetum fundunt; testudines autem et crocodilos dicunt, cum in terra partum ediderint, obruere ova, deinde discedere: ita et nascuntur et educantur ipsa per sese. Iam gallinae avesque reliquae et quietum requirunt ad pariendum locum et cubilia sibi nidosque construunt eosque quam possunt mollissume substernunt, ut quam facillume ova serventur; e quibus pullos cum excuderunt, ita tuentur, ut et pinnis foveant, ne frigore laedantur, et, si est calor a sole, se opponant; cum autem pulli pinnulis uti possunt, tum volatus eorum matres prosequuntur, reliqua cura liberantur. (130) Accedit etiam ad nonnullorum animantium et earum rerum, quas terra gignit, conservationem et salutem hominum etiam sollertia et diligentia. Nam multae et pecudes et stirpes sunt, quae sine procuratione hominum salvae esse non possunt.

Magnae etiam oportunitates ad cultum hominum atque abundantiam aliae aliis in locis reperiuntur. Aegyptum Nilus inrigat, et cum tota aestate obrutam oppletamque tenuit, tum recedit mollitosque et oblimatos agros ad serendum relinquit. Mesopotamiam fertilem efficit Euphrates, in quam

sättigen sich an ihrer Fülle. Und damit wir erkennen, daß nichts davon zufällig und all dies ein Werk der vorausschauenden, klugen Natur ist: Die Tiere, welche viele Junge werfen, wie die Schweine und Hunde, haben viele Zitzen, dagegen haben die nur wenige, die auch nur wenige Junge zur Welt bringen. (129) Was soll ich davon reden, mit welch großer Liebe die Tiere ihre Jungen aufziehen und so lange schützend umgeben, bis diese sich selbst verteidigen können? Auch wenn sich nach dem Laichen die Fische angeblich um ihre Eier nicht mehr kümmern, werden diese doch ohne Schwierigkeiten vom Wasser versorgt und lassen die Brut ausschlüpfen. Den Schildkröten und Krokodilen sagt man indes nach, sie würden ihre Eier, nachdem sie diese auf dem Land abgelegt hätten, verscharren und sich dann entfernen: So kommen die Jungen von selbst auf die Welt und werden von alleine groß. Die Hennen und die übrigen Vögel jedoch suchen sich einen ruhigen Legeplatz, bauen sich Lager und Nester und polstern sie, so weich wie möglich, aus, um den Eiern den größtmöglichen Schutz zu bieten. Wenn sie ihre Jungen ausgebrütet haben, nehmen sie diese in ihre Obhut, wärmen sie unter ihren Flügeln, damit sie nicht unter der Kälte zu leiden haben, und wenn die Sonne brennt, stellen sie sich vor sie. Können sich aber die Jungen ihrer kleinen Flügel bedienen, so begleiten die Mütter sie auf ihren Ausflügen und sind der sonstigen Sorge ledig. (130) Für die Erhaltung und das Gedeihen mancher Lebewesen und Pflanzen sorgt auch die kluge Umsicht der Menschen. Denn es gibt viele Tiere und Gewächse, welche ohne die Pflege der Menschen nicht lebensfähig wären.

An verschiedenen Orten finden sich auch noch jeweils andere glückliche Umstände, die zum Lebensunterhalt und Wohlstand der Menschen beitragen. Der Nil bewässert Ägypten, und wenn er das Land einen ganzen Sommer lang[381] überschwemmt und bedeckt hat, tritt er zurück und hinterläßt weiche, schlammige Felder zur Aussaat. Mesopotamien macht der Euphrat fruchtbar, in das er Jahr für Jahr

quotannis quasi novos agros invehit. Indus vero, qui est omnium fluminum maximus, non aqua solum agros laetificat et mitigat, sed eos etiam conserit; magnam enim vim seminum secum frumenti similium dicitur deportare. (131) Multaque alia in aliis locis commemorabilia proferre possum, multos fertiles agros alios aliorum fructuum. Sed illa quanta benignitas naturae, quod tam multa ad vescendum tam varie, tam iucunda gignit, neque ea uno tempore anni, ut semper et novitate delectemur et copia. Quam tempestivos autem dedit, quam salutares non modo hominum, sed etiam pecudum generi, is denique omnibus, quae oriuntur e terra, ventos etesias; quorum flatu nimii temperantur calores, ab isdem etiam maritimi cursus celeres et certi diriguntur. Multa praetereunda sunt et tamen multa dicuntur. (132) Enumerari enim non possunt fluminum oportunitates, aestus maritimi simul cum luna accedentes et recedentes, montes vestiti atque silvestres, salinae ab ora maritima remotissimae, medicamentorum salutarium plenissumae terrae, artes denique innumerabiles ad victum et ad vitam necessariae. Iam diei noctisque vicissitudo conservat animantes tribuens aliud agendi tempus, aliud quiescendi.

Sic undique omni ratione concluditur mente consilioque divino omnia in hoc mundo ad salutem omnium conservationemque admirabiliter administrari.

(133) Sin quaeret quispiam, cuiusnam causa tantarum rerum molitio facta sit – arborumne et herbarum, quae, quam-

gleichsam neues Ackerland hineinschwemmt.[382] Der Indus hingegen, der größte aller Ströme,[383] macht mit seinem Wasser die Felder nicht nur fruchtbar und locker, sondern sät sie auch ein; er soll nämlich eine große Menge getreideähnlichen Samens mit sich führen. (131) Ich könnte noch viele andere erwähnenswerte Beispiele aus anderen Gegenden anführen, desgleichen viele andere fruchtbare Gebiete mit immer anderen Früchten. Doch wie groß ist die bekannte Güte der Natur, daß sie so zahlreiche, so vielfältige und so schmackhafte Nahrungsmittel wachsen läßt, und das nicht nur in einer einzigen Jahreszeit, sondern so, daß wir ständig an dem Neuen unsere Freude haben und ebenso an der Fülle. Und das Geschenk der Passatwinde! Wie kommen sie immer zur rechten Zeit, und wie wohltuend sind sie nicht nur für die Menschen, sondern auch für das Vieh und schließlich überhaupt für alles, was der Erde entsprießt! Ihr Wehen mildert die allzu große Hitze, und dieselben Winde führen die Schiffe auf schnellem und sicherem Kurs übers Meer. Vieles muß ich übergehen, und doch kommt hier schon vieles zur Sprache[384]. (132) Denn es kann nicht weiter eingegangen werden auf die Vorteile, die uns die Flüsse bieten, nicht auf die Gezeiten des Meeres, die gleichzeitig mit dem Mond kommen und gehen, nicht auf die von Wäldern bewachsenen Berge, nicht auf die von der Meeresküste weit entfernten Salzlager,[385] nicht auf die an Heilpflanzen überreichen Gegenden, kurz, nicht auf die unzähligen Mittel, die für unsere Ernährung und für das Leben allgemein unentbehrlich sind. Auch der Wechsel von Tag und Nacht dient der Gesundheit der Lebewesen, indem er eine Zeit für die Arbeit und eine andere für die Ruhe vorsieht.

So führt dann von allen Seiten jede vernünftige Überlegung zu dem Schluß, daß zum Wohle und zur Erhaltung aller Geschöpfe über allem auf dieser Welt göttlicher Geist und göttliche Planung in wunderbarer Weise waltet.

(133) Sollte jedoch jemand wissen wollen, zu wessen Gunsten so gewaltige Dinge ins Werk gesetzt wurden – etwa für

quam sine sensu sunt, tamen a natura sustinentur: at id quidem absurdum est; an bestiarum: nihilo probabilius deos mutarum et nihil intellegentium causa tantum laborasse. Quorum igitur causa quis dixerit effectum esse mundum? Eorum scilicet animantium, quae ratione utuntur; hi sunt di et homines; quibus profecto nihil est melius; ratio est enim, quae praestet omnibus. Ita fit credibile deorum et hominum causa factum esse mundum, quaeque in eo mundo sint omnia.

Faciliusque intellegetur a dis inmortalibus hominibus esse provisum, si erit tota hominis fabricatio perspecta omnisque humanae naturae figura atque perfectio. (134) Nam cum tribus rebus animantium vita teneatur, cibo, potione, spiritu, ad haec omnia percipienda os est aptissimum, quod adiunctis naribus spiritu augetur, dentibus autem in ore constructis manditur atque ab iis extenuatur et mollitur cibus. Eorum adversi acuti morsu dividunt escas, intimi autem conficiunt, qui genuini vocantur; quae confectio etiam a lingua adiuvari videtur. (135) Linguam autem ad radices eius haerens excipit stomachus, quo primum inlabuntur ea, quae accepta sunt ore. Is utraque ex parte tosillas attingens palato extremo atque intimo terminatur atque is agitatione et motibus linguae, cum depulsum et quasi detrusum cibum accepit, depellit. Ipsius autem partes eae, quae sunt infra quam id, quod devoratur, dilatantur, quae autem supra,

die Bäume und Kräuter, die zwar kein Bewußtsein haben, aber trotzdem von der Natur erhalten werden? Das wäre doch absurd. Oder für die Tiere? Es ist ebenso unwahrscheinlich, daß sich die Götter wegen stummer und unverständiger Tiere derart abgemüht hätten. In wessen Interesse wurde also, so könnte einer fragen, die Welt erschaffen? Selbstverständlich doch für die Lebewesen, die Vernunft besitzen; das sind die Götter und die Menschen; es gibt bestimmt nichts Besseres als sie; die Vernunft nämlich ist es, die über allem steht. So wird auch glaubhaft, daß die Welt und alles, was in ihr ist, um der Götter und der Menschen willen geschaffen wurde.

Und noch leichter wird man die Fürsorge der unsterblichen Götter für die Menschen begreifen, wenn man den menschlichen Körperbau insgesamt ebenso verstanden hat wie die ganze Gestaltung und Vollkommenheit der menschlichen Natur. (134) Denn da die Lebewesen durch drei Dinge am Leben erhalten werden, nämlich Speise, Trank und Atem, so ist, um dies alles aufzunehmen, der Mund das geeignetste Organ, weil er durch seine Verbindung mit der Nase beim Atmen unterstützt wird und weil die Nahrung durch die Zahnreihen im Mund gekaut, zerkleinert und weichgemacht wird. Von diesen Zähnen teilen die scharfen Vorderzähne durch Zubeißen die Speisen, die hinteren aber, die sogenannten Backenzähne, zermahlen sie; bei diesem Kauvorgang hilft offensichtlich auch die Zunge mit. (135) An die Zunge jedoch schließt sich die an der Zungenwurzel haftende Speiseröhre an, in die das, was vom Mund aufgenommen wurde, zunächst einmal hineingleitet. Sie berührt auf beiden Seiten die Mandeln und grenzt an das äußerste Ende des inneren Gaumens. Hat sie die durch die kraftvollen Bewegungen der Zunge abwärts gepreßte und gleichsam hinabgestoßene Speise in sich aufgenommen, drückt sie diese weiter nach unten. Die Teile der Speiseröhre aber, die unterhalb dessen liegen, was man zu sich nimmt, weiten sich, während sich die darüberliegenden zusammenziehen.

contrahuntur. (136) Sed cum aspera arteria – sic enim a medicis appellatur – ostium habeat adiunctum linguae radicibus paulo supra, quam ad linguam stomachus adnectitur, eaque ad pulmones usque pertineat excipiatque animam eam, quae ductast spiritu eandemque a pulmonibus respiret et reddat, tegitur quodam quasi operculo, quod ob eam causam datum est, ne, si quid in eam cibi forte incidisset, spiritus impediretur. Sed cum alvi natura subiecta stomacho cibi et potionis sit receptaculum, pulmones autem et cor extrinsecus spiritum ducant, in alvo multa sunt mirabiliter effecta, quae constant fere e nervis; est autem multiplex et tortuosa arcetque et continet, sive illud aridum est sive humidum, quod recepit, ut id mutari et concoqui possit, eaque tum adstringitur, tum relaxatur, atque omne, quod accepit, cogit et confundit, ut facile et calore, quem multum habet, et terendo cibo et praeterea spiritu omnia cocta atque confecta in reliquum corpus dividantur. In pulmonibus autem inest raritas quaedam et adsimilis spongiis mollitudo ad hauriendum spiritum aptissima, qui tum se contrahunt adspirantes, tum in respiratu dilatantur, ut frequenter ducatur cibus animalis, quo maxime aluntur animantes. (137) Ex intestinis autem et alvo secretus a reliquo cibo sucus is, quo alimur, permanat ad iecur per quasdam a medio intestino usque ad portas iecoris – sic enim appellantur – ductas et directas vias, quae pertinent ad iecur eique adhaerent; atque inde aliae ** pertinentes sunt, per quas cadit cibus a iecore dilapsus. Ab eo cibo cum est secreta bilis eique umores, qui e

(136) Doch da die Aspera arteria – denn so heißt die Luftröhre bei den Ärzten – eine Öffnung hat, welche sich neben der Zungenwurzel, etwas oberhalb der Stelle befindet, wo die Speiseröhre mit der Zunge verbunden ist, und weil sie bis zu den Lungen reicht und die beim Atmen eingesogene Luft aufnimmt und diese Luft aus den Lungen wieder ausatmet, ist sie durch eine Art Deckel verschlossen; er soll dafür sorgen, daß der Atem nicht behindert wird, falls zufällig ein Speiserest hineingeraten sollte. Doch während der unterhalb der Speiseröhre liegende Magen die Speisen und Getränke aufnimmt, die Lungen und das Herz hingegen den Atem von außen einziehen, gibt es im Magen viele erstaunliche Einrichtungen, die fast immer aus Muskeln bestehen. Der Magen hat aber zahlreiche Falten und Windungen und schließt alles, was er aufgenommen hat, sei es trocken oder feucht, fest in sich ein, damit dies umgewandelt und verdaut werden kann; dabei zieht er sich bald zusammen, bald dehnt er sich aus, und alles, was er bekommen hat, drängt er zusammen und vermengt es, so daß durch die Wärme, über die er reichlich verfügt, durch das Zerkleinern der Speise und außerdem durch den Atem alles leicht zersetzt und verarbeitet wird und sich dann im übrigen Körper verteilen läßt. Die Lungen dagegen haben gewisse Hohlräume, sind ähnlich weich wie Schwämme und somit zum Atemholen bestens geeignet. Beim Ausatmen ziehen sie sich zusammen und weiten sich dann wieder beim Einatmen, so daß ständig das Lebenselixier eingesogen wird, dem die Lebewesen ihre Erhaltung vornehmlich verdanken. (137) Die Eingeweide und der Magen sondern aber aus dem verbliebenen Speiserest den Saft aus, der uns dann ernährt;[386] er fließt bis zur Leber, und zwar durch von der Mitte des Gedärms[387] bis zu den sogenannten Leberpforten führende Kanäle, welche bis zur Leber reichen und an ihr haften. Und von dort gehen wieder andere ** aus, durch welche der von der Leber zersetzte Speisebrei abfließt. Sind dann von diesem Speisebrei die Gallenflüssigkeit und die Säfte, die aus den

renibus profunduntur, reliqua se in sanguinem vertunt ad easdemque portas iecoris confluunt, ad quas omnes eius viae pertinent; per quas lapsus cibus in hoc ipso loco in eam venam, quae cava appellatur, confunditur perque eam ad cor confectus iam coctusque perlabitur; a corde autem in totum corpus distribuitur per venas admodum multas in omnes partes corporis pertinentes. (138) Quemadmodum autem reliquiae cibi depellantur tum astringentibus se intestinis, tum relaxantibus, haud sane difficile dictu est, sed tamen praetereundum est, ne quid habeat iniocunditatis oratio. Illa potius explicetur incredibilis fabrica naturae: nam quae spiritu in pulmones anima ducitur, ea calescit primum ipso ab spiritu, deinde contagione pulmonum, ex eaque pars redditur respirando, pars concipitur cordis parte quadam, quam ventriculum cordis appellant, cui similis alter adiunctus est, in quem sanguis a iecore per venam illam cavam influit. Eoque modo ex iis partibus et sanguis per venas in omne corpus diffunditur et spiritus per arterias; utraeque autem crebrae multaeque toto corpore intextae vim quandam incredibilem artificiosi operis divinique testantur. (139) Quid dicam de ossibus; quae subiecta corpori mirabiles commissuras habent et ad stabilitatem aptas et ad artus finiendos adcommodatas et ad motum et ad omnem corporis actionem. Huc adde nervos, a quibus artus continentur, eorumque inplicationem corpore toto pertinentem; qui sicut venae

Nieren kommen, abgeschieden, verwandelt sich das Übrige in Blut und strömt zu denselben Leberpforten, zu denen alle Wege des Blutes führen. Der verarbeitete Speisebrei fließt durch sie hindurch und mündet genau an dieser Stelle in die sogenannte Hohlvene und fließt nun, zersetzt und verdaut, durch diese bis zum Herzen weiter. Vom Herzen aus aber verteilt er sich durch sehr viele Adern, die sich in alle Teile des Körpers erstrecken, in den ganzen Körper. (138) Wie jedoch die Überreste der Speise dadurch, daß sich der Darm abwechselnd zusammenzieht und ausdehnt, wieder ausgeschieden werden, läßt sich zwar problemlos schildern, dennoch muß ich es beiseite lassen, um meinen Vortrag nicht mit unerfreulichen Dingen zu belasten. Lieber soll jene unglaubliche Einrichtung der Natur zur Sprache kommen: Denn die Luft, die durch das Atmen in die Lungen gelangt, erwärmt sich zuerst beim Einatmen selbst, dann aber auch bei der Berührung mit den Lungen; und von dieser Luft wird ein Teil durch das Ausatmen wieder abgegeben, ein anderer hingegen von einem bestimmten Teil des Herzens, Herzkammer geheißen, aufgenommen. Mit ihr ist eine ähnliche zweite verbunden, in die das Blut von der Leber aus durch die bereits erwähnte Hohlvene einströmt. Und auf die Art wird von diesen Organen aus einerseits das Blut durch die Venen und andererseits die Atemluft durch die Arterien[388] im ganzen Körper verteilt. Adern beider Kategorien sind aber dicht und zahlreich in den ganzen Körper eingewoben und bezeugen so eine gewisse unglaubliche Kraft des kunstvollen göttlichen Wirkens. (139) Was soll ich erst von den Knochen sagen? Sie bilden das Gerüst des Körpers und stehen untereinander in erstaunlichen Verbindungen, die sowohl für Stabilität sorgen als auch dazu dienen, die Gliedmaßen voneinander abzugrenzen und Bewegung und alles körperliche Tun zu ermöglichen. Nimm dazu noch die Sehnen[389], von denen die Knochen gehalten werden, desgleichen ihre Verflechtungen, die sich über den ganzen Körper ausdehnen; und ebenso wie die Venen und Arterien

et arteriae a corde tractae et profectae in corpus omne ducuntur.

(140) Ad hanc providentiam naturae tam diligentem tamque sollertem adiungi multa possunt, e quibus intellegatur, quantae res hominibus a dis quamque eximiae tributae sint. Qui primum eos humo excitatos, celsos et erectos constituerunt, ut deorum cognitionem caelum intuentes capere possent. Sunt enim ex terra homines non ut incolae atque habitatores, sed quasi spectatores superarum rerum atque caelestium, quarum spectaculum ad nullum aliud genus animantium pertinet. Sensus autem interpretes ac nuntii rerum in capite tamquam in arce mirifice ad usus necessarios et facti et conlocati sunt. Nam oculi tamquam speculatores altissimum locum optinent, ex quo plurima conspicientes fungantur suo munere; (141) et aures, cum sonum percipere debeant, qui natura in sublime fertur, recte in altis corporum partibus collocatae sunt; itemque nares et, quod omnis odor ad supera fertur, recte sursum sunt et, quod cibi et potionis iudicium magnum earum est, non sine causa vicinitatem oris secutae sunt. Iam gustatus, qui sentire eorum, quibus vescimur, genera deberet, habitat in ea parte oris, qua esculentis et posculentis iter natura patefecit. Tactus autem toto corpore aequabiliter fusus est, ut omnes ictus omnesque minimos et frigoris et caloris adpulsus sentire possimus. Atque ut in aedificiis architecti avertunt ab oculis naribusque dominorum ea, quae profluentia necessario taetri

vom Herzen ausgehen und sich verbreiten, so ziehen auch sie sich durch den gesamten Körper.

(140) Zusätzlich zu dieser so umsichtigen und erfindungsreichen Fürsorge der Natur könnte man noch viele Punkte anführen, die erkennen ließen, welch bedeutende und welch außerordentliche Geschenke den Menschen von den Göttern zuteil wurden. Sie haben zunächst einmal die Menschen vom Erdboden aufgerichtet und sie aufrecht und gerade stehen lassen, damit sie beim Blick auf den Himmel zur Erkenntnis der Götter gelangen könnten.[390] Es sind nämlich die Menschen nicht nur als Insassen und Bewohner der Erde anzusehen, sondern sie sind von der Erde aus die Betrachter überirdischer und himmlischer Erscheinungen, eines Schauspiels, das für keine andere Gattung von Lebewesen von Bedeutung ist. Die Sinnesorgane aber, die Vermittler und Boten der Wahrnehmungen, sind am Kopf wie in einer Burg in wunderbarer Weise für die notwendigen Aufgaben angebracht und plaziert. Denn die Augen nehmen wie Späher die höchste Stelle ein, um dort sehr vieles zu erblicken und so ihres Amtes zu walten. (141) Und weil die Ohren den Schall aufnehmen sollen, der von Natur aus in die Höhe steigt, sind sie ganz richtig in den oberen Körperpartien lokalisiert. Ebenso steht auch die Nase, da sich jeder Geruch nach oben verbreitet, sehr richtig dort oben, und weil ihr Urteil über Speisen und Getränke von großer Wichtigkeit ist, befindet sie sich nicht ohne guten Grund in der Nachbarschaft des Mundes. Der Geschmackssinn freilich, der die Art unserer Nahrung prüfen sollte, ist in dem Teil des Mundes angesiedelt, wo die Natur dem Eß- und Trinkbaren einen Weg freigemacht hat. Der Tastsinn hingegen ist über den ganzen Körper gleichmäßig verteilt, damit wir alle Stöße und alle, selbst die geringsten, Einwirkungen von Kälte und Hitze wahrnehmen können. Und so wie in den Häusern die Architekten die Abflüsse, die notwendigerweise etwas Ekelhaftes an sich haben müssen, vor den Augen und Ohren der Eigentümer abschirmen,[391] so hat

essent aliquid habitura, sic natura res similis procul amandavit a sensibus.

(142) Quis vero opifex praeter naturam, qua nihil potest esse callidius, tantam sollertiam persequi potuisset in sensibus? Quae primum oculos membranis tenuissimis vestivit et saepsit; quas perlucidas fecit, ut per eas cerni posset, firmas autem, ut continerentur. Sed lubricos oculos fecit et mobiles, ut et declinarent, si quid noceret, et aspectum, quo vellent, facile converterent; aciesque ipsa, qua cernimus, quae pupula vocatur, ita parva est, ut ea, quae nocere possint, facile vitet; palpebraeque, quae sunt tegmenta oculorum, mollissimae, tactu ne laederent aciem, aptissime factae et ad claudendas pupulas, ne quid incideret, et ad aperiendas, idque providit, ut identidem fieri posset cum maxima celeritate. (143) Munitaeque sunt palpebrae tamquam vallo pilorum, quibus et apertis oculis, si quid incideret, repelleretur, et somno coniventibus, cum oculis ad cernendum non egeremus, ut qui tamquam involuti quiescerent. Latent praeterea utiliter et excelsis undique partibus saepiuntur. Primum enim superiora superciliis obducta sudorem a capite et fronte defluentem repellunt; genae deinde ab inferiore parte tutantur subiectae leviterque eminentes; nasusque ita locatus est, ut quasi murus oculis interiectus esse videatur. (144) Auditus autem semper patet; eius enim sensu etiam dormientes egemus; a quo cum sonus est acceptus,

auch die Natur vergleichbaren Funktionen einen Ort fern der Sinnesorgane angewiesen.

(142) Doch welcher Künstler außer der Natur, deren Klugheit sich von nichts überbieten läßt, hätte bei den Sinnesorganen eine ebenso große Geschicklichkeit beweisen können? Sie hat zunächst einmal die Augen mit ganz zarten Häutchen umkleidet und überzogen. Einerseits hat sie diese durchsichtig gemacht, damit man durch sie hindurchsehen kann, andererseits aber auch fest,[392] damit sie zusammenhalten. Die Augen jedoch machte sie gleitfähig und leicht beweglich, damit sie sowohl etwas Schädlichem ausweichen als auch problemlos den Blick in die gewünschte Richtung lenken könnten. Und das eigentliche Sehorgan, die sogenannte Pupille, ist so klein, daß sie in der Lage ist, das, was ihr schaden könnte, ohne weiteres zu vermeiden. Und die Lider, die Schutzhüllen der Augen, sind ganz weich, damit sie das Sehorgan, wenn sie es berühren, nicht verletzen, und sind bestens geeignet, die Pupillen zu verschließen, damit nichts in sie eindringt, wie auch dazu, sie zu öffnen; die Natur hat auch noch dafür gesorgt, daß beide Vorgänge mit höchster Schnelligkeit ablaufen können. (143) Geschützt sind die Lider gleichsam durch einen Wall von Wimpern, mit denen bei geöffneten Augen etwas, was eindringen will, abgewehrt wird und die es den Augen, wenn sie im Schlaf geschlossen sind, da wir sie zum Sehen nicht brauchen, ermöglichen, sich wie in einer Hülle auszuruhen. Außerdem sind sie in nützlicher Weise geborgen und werden auf allen Seiten von höherliegenden Partien umgeben. Zunächst nämlich sind ihre oberen Teile von den Augenbrauen überwölbt und halten dadurch den von Kopf und Stirn rinnenden Schweiß ab; dann bieten ihnen die leicht hervortretenden Wangen einen Schutz von unten. Und die Nase ist so plaziert, daß sie gewissermaßen eine Mauer zwischen den Augen bildet. (144) Das Gehör aber ist immer aufnahmebereit, denn dieses Organ brauchen wir auch im Schlaf; wenn es einen Laut vernommen hat, weckt es uns sogar aus

etiam e somno excitamur. Flexuosum iter habet, ne quid intrare possit, si simplex et directum pateret; provisum etiam, ut, si qua minima bestiola conaretur inrumpere, in sordibus aurium tamquam in visco inhaeresceret. Extra autem eminent, quae appellantur aures, et tegendi causa factae tutandique sensus, et ne adiectae voces laberentur atque errarent, priusquam sensus ab his pulsus esset. Sed duros et quasi corneolos habent introitus multisque cum flexibus, quod his naturis relatus amplificatur sonus; quocirca et in fidibus testudine resonatur aut cornu, et ex tortuosis locis et inclusis referuntur ampliores. (145) Similiter nares, quae semper propter necessarias utilitates patent, contractiores habent introitus, ne quid in eas, quod noceat, possit pervadere; umoremque semper habent ad pulverem multaque alia depellenda non inutilem. Gustatus praeclare saeptus est; ore enim continetur et ad usum apte et ad incolumitatis custodiam.

Omnesque sensus hominum multo antecellunt sensibus bestiarum. Primum enim oculi in his artibus, quarum iudicium est oculorum, in pictis, fictis caelatisque formis, in corporum etiam motione atque gestu multa cernunt subtilius; colorum etiam et figurarum † tum venustatem atque ordinem et, ut ita dicam, decentiam oculi iudicant, atque etiam alia maiora: nam et virtutes et vitia cognoscunt, iratum, propitium, laetantem, dolentem, fortem, ignavum, audacem timidumque cognoscunt. (146) Auriumque item est

dem Schlaf. Das Ohr hat einen gewundenen Eingang, damit nichts hineingelangen kann, was bei einem einfachen und geraden Gehörgang möglich wäre. Auch ist Vorsorge getroffen für den Fall, daß irgendein winziges Tierchen einzudringen versuchte: Es bleibt im Ohrenschmalz wie auf Vogelleim kleben. Außen stehen indes die sogenannten Ohrmuscheln hervor, dazu bestimmt, das eigentliche Sinnesorgan zu bedecken und zu schützen und zu verhindern, daß ankommende Laute abgleiten und in die Irre gehen, bevor das Gehör von ihnen getroffen wurde. Sie haben aber harte und gewissermaßen hornartige Eingänge mit vielen Windungen, weil aufgrund deren Eigenschaften ein Geräusch von ihnen zurückgeworfen und somit verstärkt wird. Deswegen erzeugt auch bei den Saiteninstrumenten die Schale der Schildkröte oder die Windung eines Horns einen Widerhall, und aus gewundenen und umschlossenen Räumen erklingen die Töne voller. (145) In ähnlicher Weise hat die Nase, die wegen ihrer notwendigen Aufgaben stets geöffnet ist, engere Eingänge, damit nichts Schädliches in sie eindringen kann. Sie enthält immer Feuchtigkeit, die zur Abwehr von Staub und vielem anderen sehr nützlich ist. Der Geschmacksinn ist wunderbar geschützt; denn er befindet sich im Mund, was für seine Funktion und die Sicherung seiner Unversehrtheit günstig ist.

Nun übertreffen alle Sinnesorgane der Menschen die der Tiere ganz erheblich.[393] Zunächst einmal sehen nämlich die Augen bei den Kunstwerken, deren Beurteilung auf dem Sehsinn beruht, also bei den Gemälden, Statuen und getriebenen Arbeiten, desgleichen bei der Bewegung und Haltung der Körper,[394] vieles genauer; auch über die Schönheit und Ordnung und, um es einmal so zu sagen, über die Angemessenheit von Farben und Formen treffen die Augen ein Urteil und auch noch über anderes, Wichtigeres: Sie erkennen ja Vorzüge und Fehler, sie nehmen wahr, ob jemand zornig oder gütig, fröhlich oder leidend, tapfer oder feige, kühn oder furchtsam ist. (146) Ebenso besitzen die Ohren

admirabile quoddam artificiosumque iudicium, quo iudicatur et in vocis et in tibiarum nervorumque cantibus varietas sonorum, intervalla, distinctio, et vocis genera permulta, canorum, fuscum, leve, asperum, grave, acutum, flexibile, durum, quae hominum solum auribus iudicantur. Nariumque item et gustandi et parte tangendi magna iudicia sunt. Ad quos sensus capiendos et perfruendos plures etiam, quam vellem, artes repertae sunt; perspicuum est enim, quo conpositiones unguentorum, quo ciborum conditiones, quo corporum lenocinia processerint.

(147) Iam vero animum ipsum mentemque hominis, rationem, consilium, prudentiam qui non divina cura perfecta esse perspicit, is his ipsis rebus mihi videtur carere. De quo dum disputarem, tuam mihi dari vellem, Cotta, eloquentiam. Quo enim tu illa modo diceres, quanta primum intellegentia, deinde consequentium rerum cum primis coniunctio et conprehensio esset in nobis; ex quo videlicet iudicamus, quid ex quibusque rebus efficiatur, idque ratione concludimus singulasque res definimus circumscripteque conplectimur, ex quo scientia intellegitur, quam vim habeat qualisque sit; qua ne in deo quidem est res ulla praestantior. Quanta vero illa sunt, quae vos Academici infirmatis et tollitis, quod et sensibus et animo ea, quae extra sunt, percipimus atque conprendimus; (148) ex quibus conlatis inter se et conparatis artes quoque efficimus partim ad usum vitae,

ein bewundernswertes, kunstverständiges Urteilsvermögen, das sowohl bei den Klängen der menschlichen Stimme als auch bei der Flöten- und Saitenmusik die Mannigfaltigkeit der Töne, ihre Intervalle und Abstufungen[395] feststellt, zudem sehr viele Klangfarben der Stimme: ob sie sonor ist oder dumpf, weich oder rauh, tief oder hoch, geschmeidig oder hart – nur die Ohren der Menschen können darüber entscheiden. Desgleichen ist das Urteilsvermögen der Nase, des Geschmack- und teils auch des Tastsinns sehr beachtlich. Denn um diese Sinne zu betören und auszukosten, sind sogar mehr Künste, als mir lieb ist, erfunden worden; es ist ja offenkundig, wie weit man bei den Kompositionen von Salbölen, beim Würzen der Speisen und in der Verführung durch körperliche Reize schon vorangeschritten ist.
(147) Wer nun aber nicht durchschaut, daß der Mensch gerade seinen Geist, seinen Verstand, seine Vernunft, Intelligenz und Klugheit göttlicher Fürsorge verdankt, dem fehlen in meinen Augen eben diese Qualitäten. Während meiner Ausführungen über dieses Thema wünschte ich mir, mein Cotta, ich besäße deine Wortgewalt. Denn wie würdest du darüber reden! Erstens würdest du zeigen, wie scharf unsere Intelligenz ist, dann, welche Fähigkeit in uns steckt, die Folgen mit ihren Ursachen zu verbinden und zusammenzufassen. Dadurch können wir nämlich, und zwar kraft der Vernunft, beurteilen, was aus welchen Gründen geschieht, die einzelnen Begriffe definieren und sie deutlich voneinander abgrenzen. Somit wird auch einsichtig, welche Bedeutung der Wissenschaft[396] zukommt und wie sie beschaffen ist; nicht einmal bei einem Gott gibt es eine Fähigkeit, die ihr überlegen wäre. Wie wichtig aber ist gerade das, was ihr Akademiker[397] widerlegen und außer Kraft setzen wollt, nämlich daß wir die Außenwelt sowohl mit den Sinnen als auch mit dem Geist erfassen und begreifen.
(148) Dadurch, daß wir diese Wahrnehmungen nebeneinanderhalten und vergleichen, schaffen wir auch die Künste und Wissenschaften, die wir teils zum täglichen Leben, teils

partim ad oblectationem necessarias. Iam vero domina rerum, ut vos soletis dicere, eloquendi vis, quam est praeclara quamque divina. Quae primum efficit, ut et ea, quae ignoramus, discere et ea, quae scimus, alios docere possimus; deinde hac cohortamur, hac persuademus, hac consolamur adflictos, hac deducimus perterritos a timore, hac gestientes conprimimus, hac cupiditates iracundiasque restinguimus; haec nos iuris, legum, urbium societate devinxit, haec a vita inmani et fera segregavit. (149) Ad usum autem orationis incredibile est, nisi diligenter adtenderis, quanta opera machinata natura sit. Primum enim a pulmonibus arteria usque ad os intimum pertinet, per quam vox principium a mente ducens percipitur et funditur. Deinde in ore sita lingua est finita dentibus; ea vocem inmoderate profusam fingit et terminat atque sonos vocis distinctos et pressos efficit, cum et dentes et alias partes pellit oris; itaque plectri similem linguam nostri solent dicere, chordarum dentes, nares cornibus his, quae ad nervos resonant in cantibus.

(150) Quam vero aptas quamque multarum artium ministras manus natura homini dedit. Digitorum enim contractio facilis facilisque porrectio propter molles commissuras et artus nullo in motu laborat. Itaque ad pingendum, fingendum, ad scalpendum, ad nervorum eliciendos sonos, ad tibiarum apta manus est admotione digitorum. Atque haec oblectationis, illa necessitatis, cultus dico agrorum extruc-

zu unserem Vergnügen brauchen. Erst recht nun die Herrin aller Dinge, wie ihr sie zu bezeichnen pflegt, die Kraft der Beredsamkeit, wie herrlich ist sie, wie göttlich![398] Ihr verdanken wir erstens, daß wir das, was wir nicht wissen, lernen und das, was wir wissen, anderen vermitteln können. Sodann nehmen wir sie zu Hilfe, um zu ermahnen und zu überzeugen, wir trösten die Niedergeschlagenen, nehmen den Erschreckten ihre Furcht, zügeln die Übermütigen, besänftigen die Leidenschaften und Aufwallungen des Zorns. Sie hat uns durch das gemeinsame Band des Rechts, der Gesetze und des städtischen Wohnens vereint, sie hat uns von einer wilden, unzivilisierten Lebensweise abgebracht.[399] (149) Doch wie viele Hilfsmittel die Natur ersonnen hat, damit wir von der Redegabe Gebrauch machen können, ist, falls man nicht genau hinsieht, schier unglaublich. Denn von der Lunge bis in das Innerste des Mundes reicht erstens die Luftröhre, durch welche die Stimme, die im Geist ihren Ursprung hat,[400] aufgenommen und hervorgebracht wird. Zweitens liegt im Mund, von den Zähnen umgrenzt, die Zunge; sie formt und prägt die noch unartikulierte Stimme und macht ihre Laute unterscheidbar und deutlich, indem sie gegen die Zähne und die anderen Teile des Mundes anschlägt. Daher pflegen ja auch unsere Landsleute die Zunge mit einem Plektron zu vergleichen, die Zähne mit den Saiten und die Nase mit den Hörnern, die beim Saitenspiel den Ton verstärkt zurückwerfen.

(150) Doch was für geschickte Dienerinnen sind bei einer Vielzahl von Künsten auch die Hände, welche die Natur dem Menschen geschenkt hat![401] Denn die Finger lassen sich leicht beugen und leicht strecken, und wegen der geschmeidigen Verbindungen und der Gelenke bereitet keine Bewegung Mühe. Daher ist dank der Fingerfertigkeit die Hand zum Malen, Modellieren und Schnitzen geeignet und kann den Saiten und der Flöte Töne entlocken. All dies dient nur dem Vergnügen, das folgende aber notwendigen Bedürfnissen, ich meine das Bestellen der Felder, den Bau von Häu-

tionesque tectorum, tegumenta corporum vel texta vel suta omnemque fabricam aeris et ferri; ex quo intellegitur ad inventa animo percepta sensibus adhibitis opificum manibus omnia nos consecutos, ut tecti, ut vestiti, ut salvi esse possemus, urbes, muros, domicilia, delubra haberemus. (151) Iam vero operibus hominum, id est manibus, cibi etiam varietas invenitur et copia. Nam et agri multa efferunt manu quaesita, quae vel statim consumantur vel mandentur condita vetustati, et praeterea vescimur bestiis et terrenis et aquatilibus et volantibus partim capiendo, partim alendo. Efficimus etiam domitu nostro quadripedum vectiones, quorum celeritas atque vis nobis ipsis adfert vim et celeritatem. Nos onera quibusdam bestiis, nos iuga inponimus; nos elephantorum acutissumis sensibus, nos sagacitate canum ad utilitatem nostram abutimur; nos e terrae cavernis ferrum elicimus, rem ad colendos agros necessariam, nos aeris, argenti, auri venas penitus abditas invenimus et ad usum aptas et ad ornatum decoras. Arborum autem confectione omnique materia et culta et silvestri partim ad calficiendum corpus igni adhibito et ad mitigandum cibum utimur, partim ad aedificandum, ut tectis saepti frigora caloresque pellamus. (152) Magnos vero usus adfert ad navigia facienda, quorum cursibus subpeditantur omnes undique ad vitam copiae. Quasque res violentissimas natura genuit, earum moderationem nos soli habemus, maris atque ventorum, propter nauticarum rerum scientiam, plurimisque maritimis rebus

sern, das Weben oder Nähen der Kleidung für den Körper und die gesamte Verarbeitung von Erz und Eisen. Daraus erhellt, daß wir nur, weil die Künstler an das, was wir im Geist erdacht und mit den Sinnen erfaßt haben, Hand anlegten, alles erreicht haben, so daß uns ein Obdach, Kleidung und Schutz zur Verfügung steht und wir Städte, Mauern, Häuser und Tempel besitzen. (151) Die Arbeit der Menschen, das heißt das Werk ihrer Hände, liefert nun auch die Vielfalt und Fülle unserer Nahrungsmittel. Denn die Felder bringen vieles hervor, was ihnen mit der Hand abgewonnen wurde, Erzeugnisse, die entweder sofort verzehrt oder für spätere Zeiten aufbewahrt werden; außerdem ernähren wir uns von Landtieren, Fischen und Vögeln; teils fangen und teils züchten wir sie. Dadurch, daß wir Vierbeiner abrichten, machen wir sie uns auch zum Ziehen und Reiten nutzbar, und ihre Schnelligkeit und Kraft verleiht uns ebenfalls Kraft und Schnelligkeit. Wir legen bestimmten Tieren Lasten auf den Rücken, wir spannen sie unters Joch; wir machen uns die äußerst scharfen Sinne der Elefanten und die feine Witterung der Hunde zunutze; wir schlagen aus den Höhlen der Erde das Eisen, das wir für den Ackerbau benötigen; wir spüren in den tief verborgenen Erz-, Silber- und Goldminen die Metalle auf, die sich sowohl praktisch verwenden lassen als auch schönen Schmuck abgeben. Wir verarbeiten aber Bäume und alle Arten von Hölzern, angepflanzte ebenso wie die aus dem Wald stammenden, und nutzen sie teils mit Hilfe des Feuers zum Wärmen des Körpers und zum Weichkochen der Nahrung, teils auch zum Bauen, um uns, von unseren Häusern geschützt, vor Kälte und Hitze abzuschirmen. (152) Ferner liefert uns das Holz großen Nutzen für den Bau von Schiffen, die uns auf ihren Fahrten Lebensmittel aus aller Herren Länder herbeischaffen. Und selbst die stärksten Naturgewalten, nämlich die des Meeres und der Stürme, können nur wir Menschen dank unserer nautischen Kenntnisse zügeln; wir genießen sehr viele Produkte des Meeres und nehmen sie in

fruimur atque utimur. Terrenorum item commodorum omnis est in homine dominatus: nos campis, nos montibus fruimur, nostri sunt amnes, nostri lacus, nos fruges serimus, nos arbores; nos aquarum inductionibus terris fecunditatem damus, nos flumina arcemus, derigimus, avertimus; nostris denique manibus in rerum natura quasi alteram naturam efficere conamur.

(153) Quid vero hominum ratio non in caelum usque penetravit? Soli enim ex animantibus nos astrorum ortus, obitus cursusque cognovimus, ab hominum genere finitus est dies, mensis, annus, defectiones solis et lunae cognitae praedictaeque in omne posterum tempus, quae, quantae, quando futurae sint. Quae contuens animus accedit ad cognitionem deorum, e qua oritur pietas, cui coniuncta iustitia est reliquaeque virtutes, e quibus vita beata exsistit par et similis deorum, nulla alia re nisi immortalitate, quae nihil ad bene vivendum pertinet, cedens caelestibus.

Quibus rebus expositis satis docuisse videor, hominis natura quanto omnis anteiret animantes. Ex quo debet intellegi nec figuram situmque membrorum nec ingenii mentisque vim talem effici potuisse fortuna.

(154) Restat, ut doceam atque aliquando perorem omnia, quae sint in hoc mundo, quibus utantur homines, hominum causa facta esse et parata.

[Principio ipse mundus deorum hominumque causa factus

Gebrauch. Desgleichen besitzt der Mensch die uneingeschränkte Herrschaft über die Güter der Erde: Wir nutzen die Ebenen und die Berge, uns gehören die Ströme, uns gehören die Seen, wir säen Korn, wir pflanzen Bäume; durch Bewässerungsanlagen machen wir unsere Ländereien fruchtbar, wir stauen die Flußläufe, bestimmen ihre Richtung und leiten sie ab; kurz, mit unseren Händen unternehmen wir den Versuch, innerhalb der Natur gleichsam eine zweite Natur zu schaffen.

(153) Ist nun aber die Vernunft der Menschen nicht sogar bis in den Himmel vorgedrungen? Als einzige Lebewesen haben nämlich wir den Auf- und Untergang und die Bahnen der Gestirne erforscht, die Menschen haben die Länge des Tages, des Monats und des Jahres bestimmt, Sonnen- und Mondfinsternis erkundet und haben für alle Zukunft vorausberechnet, welche Verfinsterung wann und in welchem Umfang eintreten wird. Bei der Betrachtung dieser Erscheinungen gelangt der Geist zur Erkenntnis der Götter, die zur Frömmigkeit führt; mit ihr verbunden sind die Gerechtigkeit und die übrigen Tugenden, aus denen ein glückseliges Leben hervorgeht, das dem der Götter vollkommen gleicht und nur hinsichtlich der Unsterblichkeit, die allerdings für ein gutes Leben ganz belanglos ist,[402] den Himmlischen nachsteht.[403]

Mit dieser Darlegung habe ich meines Erachtens hinreichend gezeigt, wie sehr die Natur des Menschen allen anderen Lebewesen überlegen ist. Somit muß man einsehen, daß weder die Gestalt und Anordnung der Gliedmaßen noch eine solche Kraft des Geistes und Verstandes als ein Werk des Zufalls gelten können.

(154) Jetzt habe ich bloß noch zu beweisen – und damit will ich endlich zum Schluß kommen –, daß alles, was es auf dieser Welt gibt und dessen sich die Menschen bedienen, um der Menschen willen geschaffen und bereitgestellt ist.

[Zunächst einmal wurde das Weltall selbst um der Götter und Menschen willen[404] geschaffen, und alles, was sich in

est, quaeque in eo sunt, ea parata ad fructum hominum et inventa sunt.] Est enim mundus quasi communis deorum atque hominum domus aut urbs utrorumque; soli enim ratione utentes iure ac lege vivunt. Ut igitur Athenas et Lacedaemonem Atheniensium Lacedaemoniorumque causa putandum est conditas esse omniaque, quae sint in his urbibus, eorum populorum recte esse dicuntur, sic, quaecumque sunt in omni mundo, deorum atque hominum putanda sunt. (155) Iam vero circumitus solis et lunae reliquorumque siderum, quamquam etiam ad mundi cohaerentiam pertinent, tamen et spectaculum hominibus praebent; nulla est enim insatiabilior species, nulla pulchrior et ad rationem sollertiamque praestantior; eorum enim cursus dimetati maturitates temporum et varietates mutationesque cognovimus. Quae si hominibus solis nota sunt, hominum facta esse causa iudicandum est. (156) Terra vero feta frugibus et vario leguminum genere, quae cum maxuma largitate fundit, ea ferarumne an hominum causa gignere videtur? Quid de vitibus olivetisque dicam, quarum uberrumi laetissumique fructus nihil omnino ad bestias pertinent; neque enim serendi neque colendi nec tempestive demetendi percipiendique fructus neque condendi ac reponendi ulla pecudum scientia est, earumque omnium rerum hominum est et usus et cura. (157) Ut fides igitur et tibias eorum causa factas dicendum est, qui illis uti possent, sic ea, quae dixi, is solis confitendum est esse parata, qui utuntur, nec, si quae bestiae

ihm befindet, wurde zum Nutzen der Menschen eingerichtet und erdacht.] Das Weltall ist nämlich sozusagen das gemeinsame Haus der Götter und der Menschen oder die Stadt beider;[405] denn nur sie besitzen Vernunft und leben nach Recht und Gesetz. Wie also anzunehmen ist, daß Athen und Lakedaimon um der Athener und Lakedaimonier willen gegründet wurden und alles, was sich in diesen Städten befindet, mit Recht als das Eigentum dieser Bevölkerungen bezeichnet wird, so muß man auch alles, was sich im Weltall insgesamt befindet, als das Eigentum der Götter und der Menschen betrachten. (155) Nun aber bieten die Kreisläufe der Sonne, des Mondes und der übrigen Gestirne, obwohl sie auch zum Zusammenhang des Weltalls beitragen, dennoch auch ein herrliches Schauspiel für die Menschen; kein Anblick ist ja unerschöpflicher, keiner schöner und keiner der dort herrschenden Gesetzmäßigkeit und künstlerischen Vollendung überlegen; denn da wir die Bahnen dieser Gestirne berechnet haben, wissen wir über den Eintritt, den Wechsel und die Veränderungen der Jahreszeiten Bescheid. Wenn dies nun freilich allein den Menschen bekannt ist, muß man zu dem Schluß kommen, daß dies nur um der Menschen willen geschaffen wurde. (156) Bringt denn aber die Erde mit ihrem Reichtum an Feld- und Hülsenfrüchten aller Art das, was sie mit außerordentlicher Freigebigkeit spendet, wohl im Interesse der Tiere oder der Menschen hervor? Was soll ich erst von den Weinstöcken und Ölbaumpflanzungen sagen, deren überreiche und üppige Erträge für die Tiere keinerlei Bedeutung haben? Das Vieh besitzt ja keine Kenntnis im Säen, Anbauen, rechtzeitigen Ernten und Einsammeln der Früchte, auch nicht im Aufbewahren und Einlagern, und mit all dem sind nur die Menschen vertraut und befaßt. (157) Wie man also von der Lyra und der Flöte sagen muß, sie seien für diejenigen angefertigt, die sie auch spielen können, so muß man gleichfalls zugeben, daß das von mir Aufgezählte allein für die bereitgestellt ist, die davon Gebrauch machen können.

furantur aliquid ex iis aut rapiunt, illarum quoque causa ea nata esse dicemus. Neque enim homines murum aut formicarum causa frumentum condunt, sed coniugum et liberorum et familiarum suarum; itaque bestiae furtim, ut dixi, fruuntur, domini palam et libere; (158) hominum igitur causa eas rerum copias comparatas fatendum est. Nisi forte tanta ubertas varietasque pomorum eorumque iucundus non gustatus solum, sed odoratus etiam et aspectus dubitationem adfert, quin hominibus solis ea natura donaverit. Tantumque abest, ut haec bestiarum etiam causa parata sint, ut ipsas bestias hominum gratia generatas esse videamus. Quid enim oves aliud adferunt, nisi ut earum villis confectis atque contextis homines vestiantur; quae quidem neque ali neque sustentari neque ullum fructum edere ex se sine cultu hominum et curatione potuissent. Canum vero tam fida custodia tamque amans dominorum adulatio tantumque odium in externos et tam incredibilis ad investigandum sagacitas narium, tanta alacritas in venando quid significat aliud, nisi se ad hominum commoditates esse generatos. (159) Quid de bubus loquar; quorum ipsa terga declarant non esse se ad onus accipiendum figurata, cervices autem natae ad iugum, tum vires umerorum et latitudines ad aratra trahenda. Quibus cum terrae subigerentur fissione glebarum, ab illo aureo genere, ut poetae loquuntur, vis nulla umquam adferebatur:

Falls irgendwelche Tiere davon etwas stehlen oder rauben, werden wir ja auch nicht behaupten, es sei um ihretwillen gewachsen. Denn die Menschen speichern das Getreide nicht für die Mäuse oder Ameisen, sondern für ihre Frauen, Kinder und das Gesinde; daher genießen die Tiere, wie gesagt, alles nur heimlich, die Besitzer jedoch offen und frei. (158) Folglich muß man zugeben, daß dieser Überfluß an Gaben um der Menschen willen bereitet ist. Es sei denn, diese große Üppigkeit und Vielfalt der Obstsorten und nicht bloß ihr angenehmer Geschmack, sondern auch ihr appetitlicher Geruch und erfreulicher Anblick ließen daran Zweifel aufkommen, daß die Natur das den Menschen allein geschenkt habe. Und weit davon entfernt, daß dies auch für die Tiere bereitsteht, sehen wir vielmehr, daß gerade die Tiere nur für die Menschen existieren. Denn was haben Schafe anderes zu bieten, als daß die Menschen ihre Wolle verarbeiten und verweben und sich damit bekleiden? Sie hätten sich jedenfalls weder ernähren noch überhaupt am Leben erhalten, noch von sich aus irgendeinen Ertrag liefern können, wenn sich die Menschen nicht so intensiv um sie kümmerten. Die so treue Wachsamkeit der Hunde, die so liebevolle Anhänglichkeit an ihre Herren, ihr so erbitterter Haß gegen Fremde, der so unglaubliche Spürsinn ihrer Nasen und ihre so große Jagdlust – deutet das nicht auf ihre alleinige Bestimmung, den Menschen von Nutzen zu sein? (159) Was soll ich die Stiere erwähnen? Gerade die Form ihres Rückens macht deutlich, daß er nicht für das Tragen von Lasten gemacht ist; ihr Nacken hingegen ist für das Joch geschaffen und die mächtigen, breiten Schultern für das Ziehen des Pfluges. Weil sie durch das Aufbrechen der Schollen die Erde lockerten, wurde ihnen von den Menschen des berühmten Goldenen Zeitalters, wie die Dichter sagen, niemals Gewalt angetan:

'Ferrea tum vero proles exorta repentest
ausaque funestum primast fabricarier ensem
et gustare manu iunctum domitumque iuvencum':

tanta putabatur utilitas percipi e bubus, ut eorum visceribus vesci scelus haberetur. Longum est mulorum persequi utilitates et asinorum, quae certe ad hominum usum paratae sunt. (160) Sus vero quid habet praeter escam; cui quidem, ne putesceret, animam ipsam pro sale datam dicit esse Chrysippus; qua pecude, quod erat ad vescendum hominibus apta, nihil genuit natura fecundius. Quid multitudinem suavitatemque piscium dicam, quid avium; ex quibus tanta percipitur voluptas, ut interdum Pronoea nostra Epicurea fuisse videatur, atque eae ne caperentur quidem nisi hominum ratione atque sollertia; quamquam avis quasdam, et alites et oscines, ut nostri augures appellant, rerum augurandarum causa esse natas putamus. (161) Iam vero immanes et feras beluas nanciscimur venando, ut et vescamur iis et exerceamur in venando ad similitudinem bellicae disciplinae et utamur domitis et condocefactis, ut elephantis, multaque ex earum corporibus remedia morbis et vulneribus eligamus, sicut ex quibusdam stirpibus et herbis, quarum utilitates longinqui temporis usu et periclitatione percepimus. Totam licet animis tamquam oculis lustrare terram mariaque om-

›Plötzlich traten ins Licht die Menschen der eisernen Zeiten,
wagten als erste zu schmieden die unheilbringenden Schwerter,
schmeckten vom Stier, dem unter das Joch gespannten, gezähmten‹.[406]

Den Gewinn, den man den Stieren verdankte, hielt man für so groß, daß der Verzehr ihres Fleisches als Verbrechen galt.[407] Es würde zu weit führen, die Vorzüge der Maultiere und Esel darzulegen, welche mit Sicherheit ebenfalls den Menschen zustatten kommen. (160) Was dagegen bietet das Schwein anderes als sein Fleisch?[408] Ihm jedenfalls, so meint Chrysipp, sei nur deshalb anstelle des Salzes eine Seele gegeben, um es vor dem Verfaulen zu bewahren; weil es sich zur Ernährung der Menschen eignete, hat die Natur kein Vieh mit größerer Fruchtbarkeit gesegnet als das Schwein. Was soll ich von der Menge und der Schmackhaftigkeit der Fische und Vögel reden? Sie bereiten uns einen solchen Genuß, daß es bisweilen so aussieht, als sei unsere Pronoia Epikureerin gewesen; und doch lassen sie sich nur dank menschlicher Überlegung und Raffinesse fangen. Andererseits sind wir der Meinung, daß gewisse Vögel, wie zum Beispiel die *alites* und *oscines*[409], wie unsere Auguren sie nennen, geschaffen wurden, damit sie den göttlichen Willen bekundeten. (161) Ferner jagen und erbeuten wir riesige wilde Tiere, zum einen, um ihr Fleisch zu essen, zum anderen, um uns durch die Jagd für eine ähnliche Tätigkeit im Kriege zu üben oder auch um sie zu unserem Nutzen zu zähmen und abzurichten, wie zum Beispiel die Elefanten; wir wollen aus ihren Körpern zahlreiche Heilmittel gegen Krankheiten und Verwundungen gewinnen, genauso wie aus bestimmten Pflanzen und Kräutern, deren hilfreiche Eigenschaften wir durch langjährige Erfahrungen und Versuche herausgefunden haben. Man kann gleichsam mit den Augen des Geistes die gesamte Erde und alle Meere über-

nia: cernes iam spatia frugifera atque immensa camporum vestitusque densissimos montium, pecudum pastus, tum incredibili cursus maritimos celeritate. (162) Nec vero supra terram, sed etiam in intumis eius tenebris plurimarum rerum latet utilitas, quae ad usum hominum orta ab hominibus solis invenitur.

Illud vero, quod uterque vestrum arripiet fortasse ad reprendendum, Cotta, quia Carneades lubenter in Stoicos invehebatur, Velleius, quia nihil tam inridet Epicurus quam praedictionem rerum futurarum, mihi videtur vel maxume confirmare deorum prudentia consuli rebus humanis. Est enim profecto divinatio, quae multis locis, rebus, temporibus apparet cum in privatis rebus, tum maxume in publicis: (163) multa cernunt haruspices, multa augures provident, multa oraclis declarantur, multa vaticinationibus, multa somniis, multa portentis; quibus cognitis multae saepe res ex hominum sententia atque utilitate partae, multa etiam pericula depulsa sunt. Haec igitur sive vis sive ars sive natura ad scientiam rerum futurarum homini profecto est nec ali cuiquam a dis inmortalibus data.

Quae si singula vos forte non movent, universa certe tamen inter se conexa atque coniuncta movere debebant.

(164) Nec vero universo generi hominum solum, sed etiam singulis a dis immortalibus consuli et provideri solet. Licet

schauen: Sogleich wird man unermeßliche Weiten fruchtbarer Ebenen, dichtbewaldete Berge und Weideplätze für das Vieh erkennen, aber auch Schiffe, die mit unglaublicher Geschwindigkeit über die Meere fahren[410]. (162) Doch nicht nur oben auf der Erde, sondern auch in ihren tiefsten Schlupfwinkeln ist eine riesige Menge nützlicher Schätze verborgen, die, für den menschlichen Gebrauch bestimmt, dort nur von den Menschen ausfindig gemacht werden können.

Jener Punkt jedoch, den ihr beide vielleicht aufgreifen und kritisieren werdet – du, mein Cotta, weil Karneades gerne gegen die Stoiker zu Felde zog,[411] du, mein Velleius, weil Epikur nichts mehr verspottet als die Vorhersage der Zukunft[412] –, scheint mir in besonderer Weise zu bestätigen, daß sich die göttliche Vorsehung um die menschlichen Belange kümmert. Denn es gibt tatsächlich eine Weissagekunst, die sich an vielen Orten, auf vielen Gebieten und zu vielen Zeiten beweist, im Privatleben ebenso wie, noch verstärkt, bei staatlichen Angelegenheiten: (163) Vieles erkennen die Opferschauer, vieles prophezeien die Vogeldeuter, vieles wird durch Orakel verkündet, vieles durch Aussprüche der Seher, vieles durch Träume und vieles durch Wunderzeichen. Wurden diese Deutungen begriffen, entwickelten sich schon oft viele Dinge ganz nach Wunsch der Menschen und zu ihrem Vorteil, auch wurden zahlreiche Gefahren abgewendet. Diese Kraft also oder Kunst oder natürliche Fähigkeit haben die unsterblichen Götter in der Tat dem Menschen und keinem anderen verliehen, damit sie von der Zukunft Kenntnis hätten.

Mögen euch meine Ausführungen vielleicht auch im einzelnen nicht beeindrucken, so hätte euch doch wenigstens das Ganze in seiner Kombination und Geschlossenheit Eindruck machen müssen.

(164) Nun aber pflegen sich die Götter nicht nur um die Menschheit im ganzen, sondern sogar um einzelne Personen zu kümmern und zu sorgen.[413] Man kann nämlich die

enim contrahere universitatem generis humani eamque gradatim ad pauciores, postremo deducere ad singulos. Nam si omnibus hominibus, qui ubique sunt quacumque in ora ac parte terrarum ab huiusce terrae, quam nos incolimus, continuatione distantium, deos consulere censemus ob has causas, quas ante diximus, his quoque hominibus consulunt, qui has nobiscum terras ab oriente ad occidentem colunt. (165) Sin autem consulunt, qui quasi magnam quandam insulam incolunt, quam nos orbem terrae vocamus, etiam illis consulunt, qui partes eius insulae tenent, Europam, Asiam, Africam. Ergo et earum partes diligunt, ut Romam, Athenas, Spartam, Rhodum, et earum urbium separatim ab universis singulos diligunt, ut Pyrrhi bello Curium, Fabricium, Coruncanium, primo Punico Calatinum, Duellium, Metellum, Lutatium, secundo Maxumum, Marcellum, Africanum, post hos Paulum, Gracchum, Catonem, patrumve memoria Scipionem, Laelium; multosque praeterea et nostra civitas et Graecia tulit singulares viros, quorum neminem nisi iuvante deo talem fuisse credendum est. (166) Quae ratio poetas maxumeque Homerum inpulit, ut principibus heroum, Ulixi, Diomedi, Agamemnoni, Achilli certos deos discriminum et periculorum comites adiungeret. Praeterea ipsorum deorum saepe praesentiae, quales supra commemoravi, declarant ab is et civitatibus et singulis hominibus consuli; quod quidem intellegitur etiam significationibus rerum futurarum, quae tum dormientibus, tum vigilantibus portenduntur; multa praeterea ostentis, multa extis admo-

gesamte Menschheit immer mehr zusammendrängen, sie stufenweise verringern und schließlich zu den Individuen kommen. Denn wenn, wie wir glauben, die Götter aus den genannten Gründen für alle Menschen Sorge tragen, gleichgültig, an welcher Küste und in welchem Teil der Länder sie leben, also auch in fernen Ländern, die nicht mit dem von uns bewohnten Kontinent zusammengehören,[414] dann nehmen sie sich auch der Menschen an, die gemeinsam mit uns die Länder hier von Osten bis Westen besiedeln. (165) Wenn sie sich jedoch um die Bewohner einer Art großen Insel gleichsam, die wir als den Erdkreis bezeichnen, kümmern, dann sorgen sie auch für die Menschen, die in den Teilen dieser Insel wohnen, also in Europa, Asien und Afrika. Folglich lieben sie auch die Teile dieser Teile, zum Beispiel Rom, Athen, Sparta und Rhodos, und abgetrennt von der Gesamtbevölkerung, lieben sie auch Einzelpersonen dieser Städte, wie im Krieg gegen Pyrrhos den Curius, Fabricius und Coruncanius, im Ersten Punischen Krieg den Calatinus, Duellius, Metellus und Lutatius, im Zweiten den Maximus, Marcellus und Africanus, nach diesen den Paulus, Gracchus und Cato oder aber zur Zeit unserer Väter den Scipio und Laelius. Zudem hat sowohl unser Staat als auch Griechenland viele außerordentliche Männer hervorgebracht, von denen man annehmen muß, daß keiner von ihnen ohne die Hilfe einer Gottheit so bedeutend geworden wäre. (166) Dieser Grund veranlaßte die Dichter und vor allem Homer dazu, ihren vornehmsten Helden, Odysseus, Diomedes, Agamemnon und Achill, bei ihren Abenteuern und in der Gefahr bestimmte Götter zur Seite zu stellen.[415] Außerdem bezeugt die oftmalige persönliche Gegenwart der Götter – von solchen Erscheinungen habe ich vorhin gesprochen[416] –, daß sie für ganze Staaten ebenso wie für einzelne Menschen Sorge tragen. Dies läßt sich auch aus den Andeutungen der Zukunft erkennen, welche den Menschen sowohl im Schlaf wie auch im Wachzustand mitgeteilt werden. Viele Hinweise verdanken wir weiterhin den

nemur multisque rebus aliis, quas diuturnus usus ita notavit, ut artem divinationis efficeret. (167) Nemo igitur vir magnus sine aliquo adflatu divino umquam fuit. Nec vero ita refellendum est, ut, si segetibus aut vinetis cuiuspiam tempestas nocuerit aut si quid e vitae commodis casus abstulerit, eum, cui quid horum acciderit, aut invisum deo aut neglectum a deo iudicemus. Magna di curant, parva neglegunt. Magnis autem viris prosperae semper omnes res, siquidem satis a nostris et a principe philosophiae Socrate dictum est de ubertatibus virtutis et copiis.

(168) Haec mihi fere in mentem veniebant, quae dicenda putarem de natura deorum. Tu autem, Cotta, si me audias, eandem causam agas teque et principem civem et pontificem esse cogites et, quoniam in utramque partem vobis licet disputare, hanc potius sumas eamque facultatem disserendi, quam tibi a rhetoricis exercitationibus acceptam amplificavit Academia, potius huc conferas. Mala enim et impia consuetudo est contra deos disputandi, sive ex animo id fit sive simulate."

Wunderzeichen, viele den Eingeweiden der Opfertiere und noch einer Vielzahl anderer Dinge, die man in der täglichen Praxis so genau beobachtet hat, daß man daraus die Kunst der Weissagung entwickeln konnte. (167) Jeder bedeutende Mann war also stets von göttlichem Geist umhaucht. Das darf man allerdings nicht falsch interpretieren: Falls ein Unwetter dem Besitzer von Saatfeldern oder Weingärten Schaden bringt oder wenn ein Unglück die Annehmlichkeiten des Lebens beeinträchtigt, darf man nicht denken, daß jemand, dem solches widerfahre, der Gottheit verhaßt oder von der Gottheit übersehen worden sei. Die Götter befassen sich nur mit Großem, das Kleine lassen sie außer acht.[417] Für tüchtige Männer jedoch nimmt alles stets einen glücklichen Verlauf, jedenfalls wenn die Philosophen unserer Schule und auch Sokrates, die größte philosophische Autorität, die segensreichen Möglichkeiten der Tugend[418] zutreffend dargestellt haben.

(168) Dies in etwa sind die Gedanken, die ich über das Wesen der Götter glaubte vorbringen zu müssen. Wenn aber du, mein Cotta, auf mich hören willst, dann solltest du meinen Standpunkt übernehmen und dabei bedenken, daß du ein prominenter Bürger und auch Pontifex[419] bist; und weil ihr ja sowohl für als auch gegen eine Sache[420] argumentieren dürft, solltest du dich jetzt lieber meiner Position anschließen und deine dialektischen Fähigkeiten, die du durch dein Rhetorik-Studium erworben und in der Akademie noch gesteigert hast, besser dafür einsetzen. Denn verwerflich und skrupellos ist die Angewohnheit, gegen die Götter zu reden, gleichgültig, ob man es aus Überzeugung tut oder bloß zum Schein.«

Liber tertius

(1) Quae cum Balbus dixisset, tum adridens Cotta "Sero", inquit, "mihi, Balbe, praecipis, quid defendam. Ego enim te disputante, quid contra dicerem, mecum ipse meditabar neque tam refellendi tui causa quam ea, quae minus intellegebam, requirendi. Cum autem suo cuique iudicio sit utendum, difficile factu est me id sentire, quod tu velis."

(2) Hic Velleius "Nescis", inquit, "quanta cum expectatione, Cotta, sim te auditurus. Iucundus enim Balbo nostro sermo tuus contra Epicurum fuit; praebebo igitur ego me tibi vicissim attentum contra Stoicos auditorem. Spero enim te, ut soles, bene paratum venire."

(3) Tum Cotta "Sic mehercule", inquit, "Vellei; neque enim mihi par ratio cum Lucilio est, ac tecum fuit."

"Qui tandem?" inquit ille.

"Quia mihi videtur Epicurus vester de dis immortalibus non magnopere pugnare: tantummodo negare deos esse non audet, ne quid invidiae subeat aut criminis; cum vero deos nihil agere, nihil curare confirmat membrisque humanis esse praeditos, sed eorum membrorum usum nullum habere, ludere videtur satisque putare, si dixerit esse quandam beatam naturam et aeternam. (4) A Balbo autem animadvertisti, credo, quam multa dicta sint quamque, etiamsi minus vera, tamen apta inter se et cohaerentia. Itaque cogito, ut

Drittes Buch

(1) Als Balbus seinen Vortrag beendet hatte, lächelte Cotta und sagte: »Etwas zu spät, mein Balbus, schreibst du mir vor, was ich verteidigen soll. Ich selbst dachte nämlich während deiner Ausführungen darüber nach, was ich dagegen sagen könnte, doch es ging mir dabei nicht so sehr darum, dich zu widerlegen, als darum, das, was ich nicht recht begriffen habe, zu klären. Da nun aber jeder auf seinem eigenen Urteil bestehen muß, fällt es mir schwer, die von dir gewünschte Ansicht zu übernehmen.«
(2) Daraufhin antwortete Velleius: »Du weißt gar nicht, mein Cotta, mit welcher Spannung ich dir zuhören werde. Denn für unseren Balbus war deine Rede gegen Epikur angenehm. Also will ich dir jetzt meinerseits, wenn du gegen die Stoiker sprichst, ein aufmerksamer Zuhörer sein. Ich hoffe ja, daß du wie gewöhnlich gut gerüstet zu uns kommst.«
(3) Da erwiderte Cotta: »Genauso, beim Hercules, ist es, mein Velleius; ich habe nämlich zu Lucilius eine andere Einstellung als vorhin zu dir.«
»Wieso denn?« fragte jener.
»Weil es mir so vorkommt, als ob sich euer Epikur nicht sonderlich für die unsterblichen Götter ins Zeug lege. Er wagt nur nicht, die Existenz von Göttern zu bestreiten, um sich keinen Haß und keine Anklage einzuhandeln.[421] Wenn er indes behauptet, die Götter seien untätig, kümmerten sich um nichts und hätten zwar menschliche Gliedmaßen, machten von diesen Gliedern jedoch keinen Gebrauch, dann treibt er wohl seinen Spott und hält es anscheinend für ausreichend, die Existenz eines glückseligen und ewigen Wesens festzustellen. (4) Wieviel dagegen Balbus vorgebracht hat, hast du, glaube ich, bemerkt und auch, wie alles, selbst wenn es nicht ganz wahr ist, dennoch zueinander paßt und in sich geschlossen ist. Daher denke ich, wie ge-

dixi, non tam refellere eius orationem quam ea, quae minus intellexi, requirere. Quare, Balbe, tibi permitto, responderene mihi malis de singulis rebus quaerenti ex te ea, quae parum accepi, an universam audire orationem meam."
Tum Balbus: "Ego vero, si quid explanari tibi voles, respondere malo; sin me interrogare non tam intellegendi causa quam refellendi, utrum voles, faciam, vel ad singula, quae requires, statim respondebo vel, cum peroraris, ad omnia."
(5) Tum Cotta "Optime", inquit; "quam ob rem sic agamus, ut nos ipsa ducit oratio. Sed antequam de re, pauca de me. Non enim mediocriter moveor auctoritate tua, Balbe, orationeque ea, quae me in perorando cohortabatur, ut meminissem me et Cottam esse et pontificem; quod eo, credo, valebat, ut opiniones, quas a maioribus accepimus de dis immortalibus, sacra, caerimonias religionesque defenderem. Ego vero eas defendam semper semperque defendi nec me ex ea opinione, quam a maioribus accepi de cultu deorum inmortalium, ullius umquam oratio aut docti aut indocti movebit. Sed cum de religione agitur, Ti. Coruncanium, P. Scipionem, P. Scaevolam pontifices maximos, non Zenonem aut Cleanthen aut Chrysippum sequor habeoque C. Laelium augurem eundemque sapientem, quem potius audiam dicentem de religione in illa oratione nobili quam quemquam principem Stoicorum. Cumque omnis populi Romani religio in sacra et in auspicia divisa sit, tertium ad-

sagt, weniger daran, seinen Vortrag zu widerlegen, sondern ich will über das, was ich nicht richtig verstanden habe, Auskunft erhalten. Deshalb stelle ich dir, mein Balbus, frei, ob du lieber Punkt für Punkt auf das, was mir unklar geblieben ist, antworten oder meine Darlegungen als geschlossenes Ganzes hören willst.«[422]
Balbus entgegnete: »Ich für meine Person würde, wenn du eine Erläuterung von mir wünschst, lieber gleich antworten. Solltest du mich, nicht um dich zu informieren, sondern mehr, um mich zu widerlegen, fragen wollen, so werde ich tun, was du willst: entweder auf die einzelnen Punkte, die du geklärt haben möchtest, sofort antworten oder nach der Beendigung deines Vortrags auf alles zusammen.«
(5) Hierauf sagte Cotta: »Ausgezeichnet. Laßt uns deshalb jeweils so verfahren, wie es sich aus dem Vortrag selbst ergibt. Doch bevor ich zur Sache komme, kurz etwas zu mir. Ich bin nämlich, mein Balbus, von deiner Autorität sehr beeindruckt und ebenfalls von deiner Rede, in der du mich zum Schluß auffordertest, mich daran zu erinnern, daß ich sowohl Cotta als auch Pontifex bin[423]; das sollte, glaube ich, dazu führen, mich für die Vorstellungen, die wir von unseren Vorfahren über die unsterblichen Götter übernommen haben, die Opfer, religiösen Zeremonien und Gebräuche einzusetzen. Ich aber werde sie immer verteidigen, und ich habe sie immer verteidigt, und von der Überzeugung, die ich von den Vorvätern über die Verehrung der unsterblichen Götter übernommen habe, wird mich keine Rede, weder die eines Gebildeten noch die eines Ungebildeten, jemals abbringen.[424] Sondern wenn es sich um die Religion handelt, schließe ich mich den Oberpriestern Tiberius Coruncanius, Publius Scipio und Publius Scaevola an, nicht aber Zenon, Kleanthes oder Chrysipp,[425] und ich halte mich an Gaius Laelius, der Augur und zugleich ein Weiser ist und den ich, wenn er in der berühmten Rede über die Religion spricht, lieber höre als irgendeinen führenden Stoiker. Und da man den ganzen Kult des römischen Volkes in die Opfer und die

iunctum sit, si quid praedictionis causa ex portentis et monstris Sibyllae interpretes haruspicesve monuerunt, harum ego religionum nullam umquam contemnendam putavi mihique ita persuasi, Romulum auspiciis, Numam sacris constitutis fundamenta iecisse nostrae civitatis, quae numquam profecto sine summa placatione deorum inmortalium tanta esse potuisset. (6) Habes, Balbe, quid Cotta, quid pontifex sentiat; fac nunc ego intellegam, tu quid sentias; a te enim philosopho rationem accipere debeo religionis, maioribus autem nostris etiam nulla ratione reddita credere."

Tum Balbus "Quam igitur a me rationem", inquit, "Cotta, desideras?"

Et ille "Quadripertita", inquit, "fuit divisio tua, primum ut velles docere deos esse, deinde quales essent, tum ab is mundum regi, postremo consulere eos rebus humanis. Haec, si recte memini, partitio fuit."

"Rectissume", inquit Balbus; "sed expecto, quid requiras."

(7) Tum Cotta "Primum quidque videamus," inquit, "et si id est primum, quod inter omnis nisi admodum impios convenit, mihi quidem ex animo exuri non potest, esse deos, id tamen ipsum, quod mihi persuasum est auctoritate maiorum, cur ita sit, nihil tu me doces."

"Quid est", inquit Balbus, "si tibi persuasum est, cur a me velis discere?"

Interpretation des Vogelflugs einteilt und als drittes noch die Weissagungen hinzukommen, welche die Deuter der Sibyllinischen Bücher oder die Opferschauer aus den Wunderzeichen und naturwidrigen Erscheinungen verkünden, habe ich persönlich keinen dieser kultischen Bräuche für verächtlich gehalten und bin davon überzeugt, daß Romulus durch die Einführung der Auspizien und Numa durch die der Opfer die Grundlagen unseres Staates gelegt haben, der ohne eine völlige Versöhnung der unsterblichen Götter gewiß niemals so bedeutend hätte werden können. (6) Jetzt weißt du, mein Balbus, was Cotta, was der Pontifex denkt. Laß mich nun deine Ansicht erfahren. Denn von dir, dem Philosophen, muß ich eine Begründung für die Religion hören, unseren Vorfahren dagegen, auch ohne daß sie Gründe angeben, Glauben schenken.«

Da fragte Balbus: »Was für eine Beweisführung wünschst du denn von mir, mein Cotta?«

Und jener antwortete: »Deine Gliederung bestand aus vier Teilen; als erstes wolltest du zeigen, daß die Götter existieren, dann, wie sie sind, drittens, daß sie das Weltall regieren, und schließlich, daß sie sich um die menschlichen Belange kümmern. Dies war doch, wenn ich mich recht erinnere, deine Einteilung.«[426]

»Völlig richtig«, erwiderte Balbus. »Doch ich warte auf deine Fragen.«

(7) Daraufhin sagte Cotta: »Zunächst laßt uns alles der Reihe nach durchgehen; wenn der erste Punkt besagt, daß es Götter gibt – ein Glaube, den alle, außer den ganz Gottlosen, teilen und der mir jedenfalls nicht aus dem Herzen herausgebrannt werden kann –, so lieferst du mir für eben diese Behauptung, von der ich, da unsere Vorfahren dafür bürgen, überzeugt bin, überhaupt keine Beweise.«

»Weswegen«, entgegnete Balbus, »willst du dann, wenn du doch überzeugt bist, noch weiter von mir belehrt werden?«

Tum Cotta "Quia sic adgredior", inquit, "ad hanc disputationem, quasi nihil umquam audierim de dis immortalibus, nihil cogitaverim; rudem me et integrum discipulum accipe et ea, quae requiro, doce."

(8) "Dic igitur", inquit, "quid requiras."

"Egone, primum illud, cur, quom istam partem ne egere quidem oratione dixisses, quod esset perspicuum et inter omnis constaret deos esse, de eo ipso tam multa dixeris."

"Quia te quoque", inquit, "animadverti, Cotta, saepe, cum in foro diceres, quam plurimis posses argumentis onerare iudicem, si modo eam facultatem tibi daret causa. Atque hoc idem et philosophi faciunt et ego, ut potui, feci. Tu autem quod quaeris, similiter facis, ac si me roges, cur te duobus contuear oculis et non altero coniveam, cum idem uno adsequi possim."

(9) Tum Cotta "Quam simile istud sit", inquit, "tu videris. Nam ego neque in causis, si quid est evidens, de quo inter omnis conveniat, argumentari soleo – perspicuitas enim argumentatione elevatur – nec, si id facerem in causis forensibus, idem facerem in hac suptilitate sermonis. Cur coniveres autem altero oculo, causa non esset, cum idem optutus esset amborum et cum rerum natura, quam tu sapientem esse vis, duo lumina ab animo ad oculos perforata nos habere voluisset. Sed quia non confidebas tam esse id perspicuum, quam tu velis, propterea multis argumentis deos esse

Darauf antwortete Cotta: »Weil ich so an diese Diskussion herangehe, als hätte ich noch niemals etwas von den unsterblichen Göttern gehört und mir noch keinerlei Gedanken gemacht. Nimm mich also an als einen ungebildeten und unvoreingenommenen Schüler und lehre mich, was ich wissen will.«

(8) »Also sage«, erwiderte er, »was du wissen möchtest.«

»Ich? Zuerst folgendes: Obgleich du gesagt hattest, dieser Teil bedürfe gar keiner Ausführung, da die Existenz von Göttern offensichtlich und von allen unbestritten sei – warum hast du dann gerade darüber so viele Worte gemacht?«

»Weil ich«, sagte er, »bemerkt habe, daß auch du, mein Cotta, bei deinen Reden auf dem Forum den Richter des öfteren mit möglichst vielen Beweisgründen überhäuft hast, falls dir der Fall nur Gelegenheit dazu bot. Dasselbe machen auch die Philosophen, und ich bin gleichfalls, so gut ich konnte, auf diese Weise vorgegangen. Mit deiner Frage aber tust du fast so, wie wenn du von mir wissen wolltest, warum ich dich mit zwei Augen ansehe und nicht das eine schließe, da ich doch auch mit einem denselben Zweck erreichen könnte.«

(9) Cotta entgegnete darauf: »Wie weit das wirklich vergleichbar ist, dürftest du gleich sehen. Denn in Fällen, wo etwas so selbstverständlich ist, daß darüber allgemeines Einvernehmen herrscht, pflege ich keine Beweise anzuführen – die Klarheit wird ja durch die Argumentation nur getrübt –, und selbst wenn ich dies bei Gerichtsverhandlungen täte, würde ich bei unserer so viel Scharfsinn erfordernden Unterhaltung hier nicht so verfahren. Du hättest aber keinen Grund, ein Auge zu schließen, weil das Blickfeld für beide Augen dasselbe ist und weil die Natur, die du für weise erklärst, wollte, daß wir zwei Lichtöffnungen haben, die von der Seele zu den Augen gehen. Doch da du dich nicht darauf verlassen konntest, daß diese These so einleuchtend ist, wie du gern hättest, hast du deswegen mit vie-

docere voluisti. Mihi enim unum sat erat, ita nobis maioris nostros tradidisse. Sed tu auctoritates contemnis, ratione pugnas; (10) patere igitur rationem meam cum tua ratione contendere.

Adfers haec omnia argumenta, cur dii sint, remque mea sententia minime dubiam argumentando dubiam facis; mandavi enim memoriae non numerum solum, sed etiam ordinem argumentorum tuorum. Primum fuit, cum caelum suspexissemus, statim nos intellegere esse aliquod numen, quo haec regantur. Ex hoc illud etiam

> 'Aspice hoc sublime candens, quem invocant omnes Iovem':

(11) quasi vero quisquam nostrum istum potius quam Capitolinum Iovem appellet aut hoc perspicuum sit constetque inter omnes, eos esse deos, quos tibi Velleius multique praeterea ne animantis quidem esse concedant. Grave etiam argumentum tibi videbatur, quod opinio de dis inmortalibus et omnium esset et cottidie cresceret: placet igitur tantas res opinione stultorum iudicari, vobis praesertim, qui illos insanos esse dicatis? 'At enim praesentis videmus deos, ut apud Regillum Postumius, in Salaria Vatinius' – nescio quid etiam de Locrorum apud Sagram proelio. Quos igitur tu Tyndaridas appellabas, id est homines homine natos, et quos Homerus, qui recens ab illorum aetate fuit, sepultos esse dicit Lacedaemone, eos tu cum cantheriis albis nullis calonibus obviam Vatinio venisse existimas et victoriam po-

len Beweisgründen die Existenz der Götter belegen wollen.[427] Mir freilich hätte ein einziges Argument genügt: die Überlieferung unserer Vorfahren. Du allerdings verachtest Autoritäten, du kämpfst mit dem Verstand. (10) Gestatte denn also, daß sich mein Verstand mit deinem Verstand auseinandersetzt.[428]
Du führst alle diese Gründe für die Existenz der Götter an, und meines Erachtens ziehst du damit einen völlig zweifelsfreien Tatbestand in Zweifel. Ich habe mir nämlich nicht nur die Zahl, sondern auch die Reihenfolge deiner Gründe gemerkt. Der erste war, wir würden beim Blick auf den Himmel sofort einsehen, daß eine göttliche Macht dasei, von der dies alles hier gelenkt werde. Daher auch jenes Zitat:

›Schau auf zu dieser strahlenden Höhe, die alle als
Iuppiter anrufen‹.[429]

(11) Als ob aber jemand von uns eher diesen anriefe und nicht den kapitolinischen Iuppiter und als ob einleuchtend und für alle unstreitig wäre, daß die Erscheinungen Götter seien, von denen Velleius und außerdem viele andere[430] dir nicht einmal zugestehen, daß sie beseelt sind. Ein gewichtiger Beweis schien dir auch zu sein, daß es bei allen Menschen einen Glauben an die unsterblichen Götter gebe[431] und dieser täglich wachse: Seid ihr somit dafür, so bedeutende Fragen aufgrund der Überzeugungen von Dummköpfen zu entscheiden, zumal ihr doch jene Leute als Narren bezeichnet?[432] ›Trotzdem sehen wir ja die persönliche Gegenwart der Götter, so wie Postumius am See Regillus, wie Vatinius auf der Salzstraße‹[433] – etwas Ähnliches wird auch von der Schlacht der Lokrer am Sagra erzählt. Von den Männern, die du die Tyndariden genannt hast, das heißt vom Menschen geborene Menschen, und die nach der Aussage Homers, der nicht lange nach ihnen lebte,[434] in Sparta begraben sein sollen,[435] von ihnen also glaubst du, sie seien auf weißen Rossen und ohne ihre Reitknechte dem Vatinius

puli Romani Vatinio potius homini rustico quam M. Catoni, qui tum erat princeps, nuntiavisse? Ergo et illud in silice, quod hodie apparet apud Regillum, tamquam vestigium ungulae Castoris equi credis esse? (12) Nonne mavis illud credere, quod probari potest, animos praeclarorum hominum, quales isti Tyndaridae fuerunt, divinos esse et aeternos quam eos, qui semel cremati essent, equitare et in acie pugnare potuisse. Aut si hoc fieri potuisse dicis, doceas oportet, quomodo, nec fabellas aniles proferas."

(13) Tum Lucilius "An tibi", inquit, "fabellae videntur? Nonne ab A. Postumio aedem Castori et Polluci in foro dedicatam, nonne senatus consultum de Vatinio vides? Nam de Sagra Graecorum etiam est volgare proverbium, qui quae adfirmant certiora esse dicunt quam illa, quae apud Sagram. His igitur auctoribus nonne debes moveri?"

Tum Cotta "Rumoribus", inquit, "mecum pugnas, Balbe; ego autem a te rationes requiro **

(14) Fati necessitate secuntur, quae futura sunt; effugere enim nemo id potest, quod futurum est. Saepe autem ne utile quidem est scire, quid futurum sit; miserum est enim nihil proficientem angi nec habere ne spei quidem extremum et tamen commune solacium; praesertim cum vos idem fato fieri dicatis omnia, quod autem semper ex omni aeternitate verum fuerit, id esse fatum: quid igitur iuvat aut

begegnet und hätten den Sieg des römischen Volkes lieber dem Vatinius, einem schlichten Bauern, als dem Marcus Cato, der damals der führende Staatsmann war, gemeldet? Hältst du es mithin auch für wahr, daß der berühmte hufähnliche Felsabdruck, den man heute noch am See Regillus sehen kann, von Kastors Pferd herrührt? (12) Willst du dann nicht lieber dem Glauben schenken, was man ja für wahrscheinlich halten kann, nämlich daß die Seelen hervorragender Männer, wie es die Tyndariden waren, göttlich und ewig sind,[436] anstatt anzunehmen, daß Männer, die schon einmal verbrannt wurden, reiten und in einer Schlacht kämpfen konnten? Oder du mußt, falls du das für möglich erklärst, zeigen, auf welche Weise, und darfst uns keine Altweibermärchen auftischen.«

(13) Da sagte Lucilius: »Sind das etwa Märchen für dich? Siehst du denn nicht den Tempel, den Aulus Postumius für Kastor und Pollux auf dem Forum geweiht hat?[437] Kennst du nicht den Senatsbeschluß über Vatinius?[438] Zum Sagra gibt es sogar bei den Griechen ein geläufiges Sprichwort; wenn sie etwas bekräftigen wollen, sagen sie, das sei sicherer als der Vorfall am Sagra. Müßten dich denn nicht solche Zeugnisse beeindrucken?«

»Mit Gerüchten«, entgegnete jetzt Cotta, »kämpfst du gegen mich, mein Balbus; ich jedoch frage dich nach Beweisen **[439]

(14) Aus der Zwangsläufigkeit des Schicksals ergibt sich die Zukunft; niemand kann ja dem, was kommen muß, entgehen. Oft jedoch ist es nicht einmal nützlich zu wissen, was geschehen wird;[440] denn es ist ein Unglück, sich zu ängstigen, wenn man nichts verhindern kann, und selbst auf den letzten und doch gemeinsamen Trost, die Hoffnung, verzichten zu müssen; zumal ihr selbst gleichzeitig behauptet, alles geschehe schicksalhaft und das, was seit aller Ewigkeit immer wahr gewesen sei, sei das Schicksal.[441] Welchen Nutzen also bringt es, oder welche Vorsorge ist möglich, wenn

quid adfert ad cavendum scire aliquid futurum, cum id certe futurum sit? Unde porro ista divinatio, quis invenit fissum iecoris, quis cornicis cantum notavit, quis sortis? Quibus ego credo nec possum Atti Navi, quem commemorabas, lituum contemnere; sed qui ista intellecta sint a philosophis, debeo discere, praesertim cum plurimis de rebus divini isti mentiantur. (15) 'At medici quoque' – ita enim dicebas – 'saepe falluntur.' Quid simile medicina, cuius ego rationem video, et divinatio, quae unde oriatur non intellego? Tu autem etiam Deciorum devotionibus placatos deos esse censes. Quae fuit eorum tanta iniquitas, ut placari populo Romano non possent nisi viri tales occidissent? Consilium illud imperatorium fuit, quod Graeci στρατήγημα appellant, sed eorum imperatorum, qui patriae consulerent, vitae non parcerent; rebantur enim fore, ut exercitus imperatorem equo incitato se in hostem inmittentem persequeretur, id quod evenit. Nam Fauni vocem equidem numquam audivi; tibi, si audivisse te dicis, credam, etsi, Faunus omnino quid sit, nescio. Non igitur adhuc, quantum quidem in te est, Balbe, intellego deos esse; quos equidem credo esse, sed nil docent Stoici.

(16) Nam Cleanthes, ut dicebas, quattuor modis informatas in animis hominum putat deorum esse notiones. Unus is modus est, de quo satis dixi, qui est susceptus ex praesensione rerum futurarum; alter ex perturbationibus tempesta-

man weiß, daß sich etwas ereignen wird, da es doch mit Sicherheit so kommt? Woher stammt ferner diese Kunst der Weissagung, wer hat die Bedeutung der Leberspalte[442] herausgefunden, wer den Schrei der Krähe[443] ausgelegt, wer die Lostäfelchen[444]? Ich persönlich glaube daran und bin auch nicht imstande, den Krummstab des von dir erwähnten Attus Navius zu verachten; aber wie man zu diesen Einsichten gekommen ist, muß ich von den Philosophen lernen, zumal auch diese göttlich inspirierten Deuter in sehr vielen Punkten lügen. (15) ›Aber auch die Ärzte‹ – so nämlich sprachst du[445] – ›irren sich häufig.‹ Welche Ähnlichkeit besteht denn zwischen der Heilkunde, deren rationale Grundlage ich einsehe, und der Weissagekunst, deren Ursprung ich nicht begreife? Du hingegen glaubst sogar, die Götter seien durch das Selbstopfer der Decier besänftigt worden. Doch wie konnten die Götter so hart sein, daß sie sich nur durch den Tod solcher Helden mit dem römischen Volk versöhnen ließen?[446] Nein, das war nur ein kluger Feldherrnplan, welchen die Griechen als *stratégema* bezeichnen, allerdings ein Plan von Feldherrn, die sich für ihr Vaterland einsetzten und ihr Leben nicht schonten. Sie rechneten nämlich damit, daß das Heer einem Befehlshaber, der seinem Pferd die Sporen gibt und sich auf den Feind stürzt, sogleich folgen werde, was ja auch eingetreten ist. Die Stimme eines Fauns habe ich freilich noch nie vernommen; wenn du indes behauptest, sie schon gehört zu haben, will ich dir Glauben schenken, auch wenn ich nicht weiß, was ein Faun überhaupt ist.[447] Bis jetzt also kann ich, jedenfalls soweit es an dir liegt, mein Balbus, nicht einsehen, daß es Götter gibt; ich glaube zwar an ihre Existenz, doch die Stoiker bringen keinerlei Beweis.

(16) Nach Kleanthes' Meinung nun haben sich, wie du dargelegt hast,[448] in den Seelen der Menschen auf vier verschiedene Weisen Vorstellungen von den Göttern gebildet. Die erste, über die ich ausführlich gesprochen habe, beruht auf der Vorahnung künftiger Ereignisse; die zweite[449] auf den

tum et reliquis motibus; tertius ex commoditate rerum, quas percipimus, et copia; quartus ex astrorum ordine caelique constantia.

De praesensione diximus. De perturbationibus caelestibus et maritimis et terrenis non possumus dicere, cum ea fiant, non esse multos, qui illa metuant et a dis inmortalibus fieri existument; (17) sed non id quaeritur, sintne aliqui, qui deos esse putent: di utrum sint necne sint, quaeritur. Nam reliquae causae, quas Cleanthes adfert, quarum una est de commodorum, quae capimus, copia, altera de temporum ordine caelique constantia, tum tractabuntur a nobis, cum disputabimus de providentia deorum, de qua plurima a te, Balbe, dicta sunt; (18) eodemque illa etiam differemus, quod Chrysippum dicere aiebas, quoniam esset aliquid in rerum natura, quod ab homine effici non posset, esse aliquid homine melius, quaeque in domo pulchra cum pulchritudine mundi comparabas, et cum totius mundi convenientiam consensumque adferebas; Zenonisque brevis et acutulas conclusiones in eam partem sermonis, quam modo dixi, differemus; eodemque tempore illa omnia, quae a te physice dicta sunt de vi ignea deque eo calore, ex quo omnia generari dicebas, loco suo quaerentur; omniaque, quae a te nudius tertius dicta sunt, cum docere velles deos esse, quare et mundus universus et sol et luna et stellae sensum ac mentem haberent, in idem tempus reservabo. (19) A te autem idem illud

durch Unwetter und andere Erschütterungen ausgelösten Katastrophen; die dritte auf dem Nutzen der Dinge, die uns zuteil werden, und auf ihrer Fülle; die vierte auf der Ordnung der Sterne und der Unwandelbarkeit des Himmels. Über die Vorahnung habe ich bereits geredet. Zu den schlimmen Wirren am Himmel, auf dem Meer und auf der Erde muß ich sagen, daß viele Menschen durch sie in Angst versetzt werden und die unsterblichen Götter für die Urheber dieses Geschehens halten. (17) Doch die Frage ist hier nicht, ob es ein paar Leute gibt, die an die Existenz von Göttern glauben; sondern ob es Götter gibt oder nicht, darum geht es. Denn auf die übrigen Gründe, die Kleanthes anführt – der erste stützt sich auf die Fülle der Vorteile, die uns gewährt werden, der zweite auf den geordneten Wechsel der Jahreszeiten und die Unwandelbarkeit des Himmels –, werde ich dann eingehen, wenn ich die göttliche Vorsehung diskutiere, die du, mein Balbus, sehr ausführlich behandelt hast. (18) Und bis dahin werde ich auch die anderen Beweise zurückstellen: den Ausspruch, den du Chrysipp zugeschrieben hast: Weil es in der Natur manches gebe, was der Mensch nicht bewirken könne, existiere etwas, das dem Menschen überlegen sei.[450] Ferner den Vergleich, den du zwischen einem schönen Haus und der Schönheit des Weltalls gezogen hast,[451] und deinen Hinweis auf die Harmonie und Übereinstimmung der ganzen Welt;[452] auch Zenons kurze und ziemlich spitzfindige Schlußfolgerungen[453] will ich auf den bereits genannten Teil unseres Gesprächs aufschieben; und eben dann wird auch all das, was du mit naturwissenschaftlichen Argumenten über die feurige Kraft und Wärme, aus der, wie du sagtest, alles entstehe, dargelegt hast,[454] an geeigneter Stelle[455] untersucht werden; und ebenso werde ich mir alles, was vorgestern[456] zur Sprache kam, als du nachweisen wolltest, daß es Götter gibt und warum das gesamte Weltall, die Sonne, der Mond und die Sterne Empfindungsvermögen und Verstand besitzen, für denselben Zeitpunkt aufsparen. (19) Dir aber werde ich wie-

etiam atque etiam quaeram, quibus rationibus tibi persuadeas deos esse."

Tum Balbus: "Equidem attulisse rationes mihi videor, sed eas tu ita refellis, ut, cum me interrogaturus esse videare et ego me ad respondendum compararim, repente avertas orationem nec des respondendi locum. Itaque maximae res tacitae praeterierunt, de divinatione, de fato, quibus de quaestionibus tu quidem strictim, nostri autem multa solent dicere, sed ab hac ea quaestione, quae nunc in manibus est, separantur; quare, si videtur, noli agere confuse, ut hoc explicemus, hac disputatione quod quaeritur."

(20) "Optime", inquit Cotta. "Itaque quoniam quattuor in partes totam quaestionem divisisti de primaque diximus, consideremus secundam; quae mihi talis videtur fuisse, ut, cum ostendere velles, quales di essent, ostenderes nullos esse. A consuetudine oculorum animum abducere difficillimum dicebas, sed, cum deo nihil praestantius esset, non dubitabas, quin mundus esset deus, quo nihil in rerum natura melius esset: modo possemus eum animantem cogitare vel potius ut cetera oculis, sic animo hoc cernere. (21) Sed cum mundo negas quicquam esse melius, quid dicis melius? Si pulchrius, adsentior; si aptius ad utilitates nostras, id quoque adsentior; sin autem id dicis, nihil esse mundo sapientius, nullo modo prorsus adsentior, non quod difficile sit

der und wieder dieselbe Frage stellen: aus welchen Gründen du von der Existenz der Götter überzeugt bist.«[457]

Darauf erwiderte Balbus: »Meines Erachtens habe ich die Gründe dafür schon genannt, du jedoch widerlegst sie so, daß du, wenn es so aussieht, als wolltest du mich befragen, und ich mich auf die Antwort vorbereite, plötzlich vom Thema abschweifst und mir keine Gelegenheit mehr zum Antworten gibst. Und so wurden die wichtigsten Punkte, die Weissagung und das Schicksal, mit Stillschweigen übergangen, Fragen, zu denen du nur kurz sprachst, unsere Philosophen aber stets ausführlich Stellung nehmen, wobei sie allerdings von dem Problem, mit dem wir uns gerade beschäftigen, gesondert behandelt werden.[458] Bring daher bitte nicht alles in Unordnung, damit wir klären können, worum es bei dieser Diskussion hier geht.«

(20) »Sehr wohl«, entgegnete Cotta. »Und da du ja die gesamte Untersuchung in vier Abschnitte unterteilt hast[459] und wir den ersten bereits besprochen haben, wollen wir nun den zweiten betrachten. In meinen Augen bot er sich so dar, daß du bei dem Versuch, die Wesenszüge der Götter darzustellen, eher gezeigt hast, daß die Götter gar nicht existieren. Den Geist von dem, was wir mit den Augen gewohnt sind zu sehen, abzulenken, hast du als äußerst schwieriges Unterfangen bezeichnet;[460] dennoch hast du, weil es nichts Vorzüglicheres als eine Gottheit gebe, keinen Zweifel daran gelassen, daß das Weltall und die Gottheit identisch seien, da die Schöpfung etwas, das besser wäre als die Welt, nicht aufweisen könne. Könnten wir sie uns doch beseelt vorstellen oder, noch besser, könnten wir doch, so wie wir alles andere mit den Augen wahrnehmen, dies auch mit dem Geist erkennen! (21) Wenn du allerdings bestreitest, daß es etwas Besseres als das Weltall gebe, was verstehst du da unter ›besser‹? Meinst du damit ›schöner‹, stimme ich dir zu. Meinst du ›besser geeignet zu unserem Nutzen‹, pflichte ich dir gleichfalls bei. Solltest du hingegen behaupten, nichts sei weiser als das Weltall, bin ich über-

mentem ab oculis sevocare, sed quo magis sevoco, eo minus id, quod tu vis, possum mente comprendere. 'Nihil est mundo melius in rerum natura.' Ne in terris quidem urbe nostra; num igitur idcirco in urbe esse rationem, cogitationem, mentem putas aut, quoniam non sit, num idcirco existimas formicam anteponendam esse huic pulcherrumae urbi, quod in urbe sensus sit nullus, in formica non modo sensus, sed etiam mens, ratio, memoria? Videre oportet, Balbe, quid tibi concedatur, non te ipsum, quod velis, sumere. (22) Istum enim locum totum illa vetus Zenonis brevis et, ut tibi videbatur, acuta conclusio dilatavit. Zeno enim ita concludit: 'Quod ratione utitur, id melius est quam id, quod ratione non utitur; nihil autem mundo melius; ratione igitur mundus utitur.' (23) Hoc si placet, iam efficies, ut mundus optime librum legere videatur; Zenonis enim vestigiis hoc modo rationem poteris concludere: 'Quod litteratum est, id est melius, quam quod non est litteratum; nihil autem mundo melius; litteratus igitur est mundus' – isto modo etiam disertus et quidem mathematicus, musicus, omni denique doctrina eruditus, postremo philosophus erit mundus. Saepe dixisti nihil fieri sine deo nec ullam vim esse naturae, ut sui dissimilia posset effingere: concedam non modo animantem et sapientem esse mundum, sed fidicinem etiam et tubicinem, quoniam earum quoque artium homines ex eo procreantur? Nihil igitur adfert pater iste Stoico-

haupt nicht einverstanden; nicht weil es schwierig wäre, den Verstand von den Augen unabhängig zu machen, sondern weil ich, je unabhängiger ich ihn mache, desto weniger das, was du willst, mit meinem Verstand begreifen kann. ›In der Schöpfung gibt es nichts Besseres als das Weltall.‹ Auf Erden auch nichts Besseres als unsere Hauptstadt. Denkst du deswegen etwa auch, daß unsere Stadt Vernunft, Denkvermögen und Verstand besitzt, oder bist du, weil dem ja nicht so ist, deshalb etwa der Ansicht, eine Ameise verdiene den Vorrang vor dieser wunderbaren Stadt, weil eine Stadt keine Empfindungsfähigkeit hat, eine Ameise[461] aber nicht nur Empfindungsfähigkeit, sondern sogar Vernunft, Verstand und Erinnerungsvermögen? Du mußt darauf achten, mein lieber Balbus, was man dir zugestehen kann, und darfst nicht selber das, was dir paßt, einfach so voraussetzen. (22) Denn dieser ganze Gedanke ist durch die altbekannte, kurze und in deinen Augen scharfsinnige Schlußfolgerung Zenons erweitert worden.[462] Zenon schließt ja folgendermaßen: ›Was Vernunft besitzt, ist besser als das, was keine Vernunft besitzt; nun gibt es nichts Besseres als das Weltall; folglich besitzt das Weltall Vernunft.‹ (23) Stimmst du dem zu, wirst du auch zu dem Schluß kommen, das Weltall erscheine in der Lage, ohne weiteres ein Buch zu lesen. Denn in Zenons Fahrwasser wirst du auch so schlußfolgern können: ›Was lesen kann, ist besser als das, was nicht lesen kann; es gibt aber nichts Besseres als das Weltall, demnach kann das Weltall lesen‹ – bei dieser Vorgehensweise wird es auch in der Redekunst, der Mathematik und Musik und überhaupt in jeder Wissenschaft bewandert, letztlich sogar noch ein Philosoph sein. Du hast oft betont, nichts geschehe ohne die Mitwirkung der Gottheit und die Natur sei außerstande, etwas hervorzubringen, was ihr unähnlich sei. Soll ich dir nun einräumen, daß das Weltall nicht nur beseelt und weise ist, sondern auch Leier und Trompete spielen kann, da ja auch die Menschen, welche diese Künste beherrschen, dem Weltall entstammen? Nichts also trägt dieser Vater der

rum, quare mundum ratione uti putemus, nec cur animantem quidem esse. Non est igitur mundus deus; et tamen nihil est eo melius: nihil est enim eo pulchrius, nihil salutarius nobis, nihil ornatius aspectu motuque constantius.
Quod si mundus universus non est deus, ne stellae quidem, quas tu innumerabilis in deorum numero reponebas. Quarum te cursus aequabiles aeternique delectabant, nec mehercule iniuria, sunt enim admirabili incredibilique constantia. (24) Sed non omnia, Balbe, quae cursus certos et constantis habent, ea deo potius tribuenda sunt quam naturae. Quid Chalcidico Euripo in motu identidem reciprocando putas fieri posse constantius, quid freto Siciliensi, quid Oceani fervore illis in locis,

'Europam Libyamque rapax ubi dividit unda'?

Quid aestus maritimi vel Hispanienses vel Brittannici eorumque certis temporibus vel accessus vel recessus sine deo fieri nonne possunt? Vide, quaeso, si omnis motus omniaque, quae certis temporibus ordinem suum conservant, divina dicimus, ne tertianas quoque febres et quartanas divinas esse dicendum sit; quarum reversione et motu quid potest esse constantius? Sed omnium talium rerum ratio reddenda est; (25) quod vos cum facere non potestis, tamquam in aram confugitis ad deum.
Et Chrysippus tibi acute dicere videbatur, homo sine dubio versutus et callidus – versutos eos appello, quorum celeriter

Stoiker dazu bei, weshalb wir das Weltall für vernunftbegabt oder auch nur für beseelt halten sollten. Welt und Gott sind mithin nicht identisch; und dennoch gibt es nichts Besseres als sie; denn nichts ist schöner als sie, nichts für uns nützlicher, nichts herrlicher anzuschauen und in seinen Bewegungen beständiger.

Ist nun das Weltall als Ganzes keine Gottheit, dann sind es auch nicht die Sterne, die du in ihrer unendlichen Zahl zu Göttern erheben wolltest.[463] Du hast dich für ihre gleichbleibenden, ewigen Bahnen begeistert, und dies, beim Hercules, sehr mit Recht; denn ihnen ist eine bewundernswerte und unfaßliche Beständigkeit zu eigen. (24) Doch nicht alles, mein Balbus, was in festgelegten und unwandelbaren Bahnen verläuft, muß einem Gott zugeschrieben werden, sondern vielmehr der Natur. Was, glaubst du, kann eine größere Regelmäßigkeit aufweisen als der Euripos bei Chalkis mit seinem periodischen Wechsel von Ebbe und Flut,[464] als die Gezeiten in der Meerenge von Sizilien, als die Brandung des Ozeans an jenen Orten,

›wo die reißende Woge Europa von Libyen abteilt‹?[465]

Was ist mit den Gezeiten bei Spanien oder Britannien und ihrem zu festen Zeiten immer wiederkehrenden Kommen und Gehen – ist all das ohne göttliches Eingreifen wirklich nicht möglich? Falls wir sämtliche Bewegungen und alles, was zu bestimmten Zeiten seinen geordneten Gang geht, als göttlich bezeichnen, dann sieh dich bitte vor, daß man nicht auch sagen muß, die alle drei und vier Tage auftretenden Fieberanfälle seien göttlich; denn was kann regelmäßiger sein als deren Rückkehr und Verlauf? Doch für alle derartigen Erscheinungen sind Gründe zu liefern; (25) aber wenn ihr damit überfordert seid, nehmt ihr wie zu einem Altar Zuflucht zu einer Gottheit.

Auch Chrysipp schien dir scharfsinnig zu sprechen, gewiß ein wendiger und gewitzter Mann – ›wendig‹ nenne ich die-

mens versatur, callidos autem, quorum tamquam manus opere, sic animus usu concalluit –; is igitur 'Si aliquid est', inquit, 'quod homo efficere non possit, qui id efficit, melior est homine; homo autem haec, quae in mundo sunt, efficere non potest; qui potuit igitur, is praestat homini; homini autem praestare quis possit nisi deus; est igitur deus'. Haec omnia in eodem, quo illa Zenonis, errore versantur. (26) Quid enim sit melius, quid praestabilius, quid inter naturam et rationem intersit, non distinguitur. Idemque, si dei non sint, negat esse in omni natura quicquam homine melius; id autem putare quemquam hominem, nihil homine esse melius, summae adrogantiae censet esse. Sit sane adrogantis pluris se putare quam mundum; at illud non modo non adrogantis, sed potius prudentis, intellegere se habere sensum et rationem, haec eadem Orionem et Caniculam non habere. Et 'Si domus pulchra sit, intellegamus eam dominis', inquit, 'aedificatam esse, non muribus; sic igitur mundum deorum domum existimare debemus'. Ita prorsus existimarem, si illum aedificatum, non, quemadmodum docebo, a natura conformatum putarem. (27) At enim quaerit apud Xenophontem Socrates, unde animum arripuerimus, si nullus fuerit in mundo. Et ego quaero, unde orationem, unde numeros, unde cantus; nisi vero loqui solem cum luna putamus, cum propius accesserit, aut ad harmoniam canere mundum, ut Pythagoras existimat. Naturae ista sunt, Balbe,

jenigen, deren Verstand sich schnell hin- und herwendet, ›gewitzt‹ hingegen solche, deren Geist durch Erfahrung gewitzt geworden ist,[466] so wie eine Hand durch Arbeit Schwielen bekommen hat –; dieser sagt also: ›Wenn es etwas gibt, was der Mensch nicht bewerkstelligen kann, dann ist einer, der das vermag, besser als der Mensch; der Mensch aber kann das, was es im Weltall gibt, nicht selber erschaffen; der dazu imstande war, ist somit dem Menschen überlegen; wer jedoch könnte einem Menschen überlegen sein, wenn nicht die Gottheit? Folglich existiert Gott.‹ Das alles beruht auf demselben Irrtum wie die bekannten Schlüsse Zenons. (26) Was nämlich besser, was vorzüglicher ist und welcher Unterschied zwischen der Vernunft und der Natur besteht, wird nicht definiert. Und derselbe Chrysipp behauptet, falls es keine Götter geben sollte, könne es in der gesamten Schöpfung nichts Besseres geben als den Menschen.[467] Daß aber irgendein Mensch glaube, nichts sei besser als der Mensch, sei, meint er, der Gipfel der Anmaßung. Mag es nun anmaßend sein, sich für mehr zu halten als das Weltall; doch es beweist nicht nur keine Anmaßung, sondern im Gegenteil eher Einsicht, wenn man erkennt, daß man selber Wahrnehmungsvermögen und Vernunft besitzt und ebendiese Eigenschaften einem Orion und Sirius gerade fehlen. Und weiter: ›Wenn ein Haus schön ist, würden wir doch denken, es sei für seine Besitzer gebaut worden‹, sagt er, ›nicht für Mäuse; so müssen wir demnach das Weltall als das Haus der Götter betrachten.‹[468] Ich wäre auch ganz dieser Ansicht, wenn ich annähme, das Weltall sei erbaut worden und nicht, wie ich noch zeigen will, durch natürliche Kräfte zustande gekommen. (27) Aber Sokrates fragt ja bei Xenophon, woher wir unsere Seele hätten nehmen können, wenn im Weltall keine vorhanden war.[469] Und ich frage meinerseits, woher haben wir die Sprache, den Rhythmus, den Gesang? Es sei denn, wir meinen, die Sonne unterhalte sich mit dem Mond, wenn sie sich ihm genähert habe, oder das Weltall verbreite Sphärenmusik,[470] wie Pythagoras vermu-

naturae non artificiose ambulantis, ut ait Zeno – quod quidem quale sit, iam videbimus –, sed omnia cientis et agitantis motibus et mutationibus suis. (28) Itaque illa mihi placebat oratio de convenientia consensuque naturae, quam quasi cognatione continuatam conspirare dicebas; illud non probabam, quod negabas id accidere potuisse, nisi ea uno divino spiritu contineretur. Illa vero cohaeret et permanet naturae viribus, non deorum, estque in ea iste quasi consensus, quam συνπάθειαν Graeci vocant; sed ea, quo sua sponte maior est, eo minus divina ratione fieri existimanda est.

(29) Illa autem, quae Carneades adferebat, quemadmodum dissolvitis? Si nullum corpus inmortale sit, nullum esse corpus sempiternum: corpus autem inmortale nullum esse, ne individuum quidem nec, quod dirimi distrahive non possit; cumque omne animal patibilem naturam habeat, nullum est eorum, quod effugiat accipiendi aliquid extrinsecus, id est quasi ferendi et patiendi necessitatem, et si omne animal tale est, inmortale nullum est. Ergo itidem, si omne animal secari ac dividi potest, nullum est eorum individuum, nullum aeternum; atqui omne animal ad accipiendam vim externam et ferundam paratum est; mortale igitur omne animal et dissolubile et dividuum sit necesse est. (30) Ut enim, si omnis cera commutabilis esset, nihil esset cereum, quod commutari non posset, item nihil argenteum, nihil aeneum, si com-

tet.[471] Alle diese Fähigkeiten, mein Balbus, sind Gaben der Natur, nicht einer, wie Zenon sagt, schöpferisch ihren Weg gehenden[472] – wie sich das freilich verhält, werden wir gleich sehen[473] –, sondern einer Natur, die mit ihren Bewegungen und Veränderungen alles antreibt und in Gang setzt. (28) Daher gefiel mir dein Vortrag über den harmonischen Einklang der Natur, von der du sagtest, sie bilde, gleichsam von verwandtschaftlichen Banden gehalten, ein zusammenhängendes Ganzes. Nicht einverstanden war ich hingegen mit deiner Behauptung, dies habe nur zustande kommen können, wenn die Natur von einem einzigen göttlichen Geist zusammengehalten würde.[474] Sie verdankt jedoch ihren Zusammenhalt und ihre Dauer natürlichen, nicht göttlichen Kräften, und es gibt in ihr diese Art von Harmonie, welche die Griechen *sympátheia*[475] nennen. Doch je größer diese von sich aus ist, desto weniger darf man sie als das Werk einer göttlichen Vernunft betrachten.

(29) Wie indes löst ihr die bekannten Probleme, auf die Karneades aufmerksam gemacht hat?[476] Wenn kein Körper unsterblich sei, so sei auch kein Körper unvergänglich; kein Körper sei aber unsterblich, ja nicht einmal unteilbar, und es gebe auch keinen, der nicht zerteilt oder aufgespalten werden könne; und weil jedes Lebewesen von Natur aus empfindungsfähig ist, gibt es keines, das nicht notwendigerweise von außen kommenden Einwirkungen über sich ergehen[477], das heißt gleichsam ertragen und erleiden muß; und wenn jedes Lebewesen so beschaffen ist, ist keines unsterblich. Folglich gilt gleichfalls: Wenn jedes Lebewesen gespalten und geteilt werden kann, ist keines von ihnen unteilbar, keines ewig; nun ist aber jedes Lebewesen darauf eingerichtet, eine äußere Kraft auf sich wirken zu lassen und hinzunehmen. Mithin muß jedes Lebewesen sterblich, auflösbar und teilbar sein. (30) Ein Beispiel: Wenn alles Wachs veränderlich wäre, gäbe es nichts, das aus Wachs besteht und nicht verändert werden könnte, ebenso nichts aus Silber und nichts aus Erz [das sich gleich bleibt], falls sich Silber

mutabilis esset natura argenti et aeris – similiter igitur, si omnia, quae sunt, e quibusdam rebus constant, et si ea, e quibus cuncta constant, mutabilia sunt, nullum corpus esse potest non mutabile; mutabilia autem sunt illa, ex quibus omnia constant, ut vobis videtur; omne igitur corpus mutabile est. At si esset corpus aliquod immortale, non esset omne mutabile; ita efficitur, ut omne corpus mortale sit. Etenim omne corpus aut aqua aut aer aut ignis aut terra est aut id, quod est concretum ex iis aut ex aliqua parte eorum. Horum autem nihil est, quin intereat; (31) nam et terrenum omne dividitur, et humor ita mollis est, ut facile premi conlidique possit; ignis vero et aer omni pulsu facillime pellitur naturaque cedens est maxume et dissupabilis. Praetereaque omnia haec tum intereunt, cum in naturam aliam convertuntur; quod fit, cum terra in aquam se vertit et cum ex aqua oritur aer, ex aere aether, cumque eadem vicissim retro commeant. Quod si ita est, ut ea intereant, e quibus constet omne animal, nullum est animal sempiternum. (32) Et ut haec omittamus, tamen animal nullum inveniri potest, quod neque natum umquam sit et semper sit futurum. Omne enim animal sensus habet; sentit igitur et calida et frigida et dulcia et amara nec potest ullo sensu iocunda accipere, non accipere contraria; si igitur voluptatis sensum capit, doloris etiam capit; quod autem dolorem accipit, id accipiat etiam interitum necesse est; omne igitur animal confitendum est esse mortale. (33) Praeterea, si quid est, quod nec voluptatem sentiat nec dolorem, id animal esse non potest; sin au-

und Erz aufgrund ihrer natürlichen Eigenart verändern ließen. So gilt analog: Wenn alles Vorhandene aus bestimmten Stoffen besteht und wenn das, woraus alles besteht, veränderlich ist, kann es keinen Körper geben, der unveränderlich wäre; nun ist aber das, woraus alles besteht, eurer Meinung nach veränderlich;[478] folglich ist jeder Körper veränderlich. Wenn es jedoch trotzdem irgendeinen unsterblichen Körper gäbe, wäre nicht jeder veränderlich; daraus ergibt sich, daß jeder Körper sterblich ist; denn jeder Körper ist entweder Wasser, Luft, Feuer, Erde oder das, was aus diesen Stoffen oder aus einem ihrer Teile zusammengesetzt ist; von diesen Elementen ist aber jedes vergänglich; (31) denn alles aus Erde Bestehende läßt sich teilen, und das Feuchte ist so weich, daß man es leicht zusammenpressen und zusammendrücken kann; das Feuer dagegen und die Luft lassen sich von jedem Anstoß ganz problemlos in Bewegung setzen und sind von Natur aus besonders nachgiebig und zerstreubar. Und außerdem gehen alle diese Elemente dann zugrunde, wenn sie sich in einen anderen Stoff verwandeln. Dies ist der Fall, wenn die Erde zu Wasser wird, aus dem Wasser Luft entsteht, aus der Luft der Äther und wenn sich dieselben Stoffe in umgekehrter Reihenfolge wieder zurückverwandeln.[479] Wenn es aber so ist, daß die Elemente, aus denen ein jedes Lebewesen besteht, untergehen, dann ist auch kein Lebewesen unvergänglich. (32) Doch selbst wenn wir darauf nicht weiter eingehen, läßt sich dennoch kein Lebewesen finden, was nicht irgendwann einmal entstanden wäre und dann für immer leben würde. Denn jedes Lebewesen besitzt Empfindungsvermögen;[480] es empfindet also warm und kalt, süß und bitter und kann nicht mit irgendeinem Sinnesorgan Angenehmes fühlen, ohne auch das Gegenteil wahrzunehmen. Wenn es also Lust verspürt, verspürt es auch Schmerz. Was aber Schmerz empfindet, muß auch sterben.[481] Man muß also zugeben, daß jedes Lebewesen sterblich ist. (33) Außerdem: Wenn es etwas gibt, was weder Lust noch Schmerz wahrnimmt, so kann dies kein

tem, quod animal est, id illa necesse est sentiat, et, quod ea sentiat, non potest esse aeternum; et omne animal sentit; nullum igitur animal aeternum est. Praeterea nullum potest esse animal, in quo non et adpetitio sit et declinatio naturalis. Adpetuntur autem, quae secundum naturam sunt, declinantur contraria; et omne animal adpetit quaedam et fugit a quibusdam; quod autem refugit, id contra naturam est, et quod est contra naturam, id habet vim interemendi. Omne ergo animal intereat necesse est. (34) Innumerabilia sunt, ex quibus effici cogique possit nihil esse, quod sensum habeat, quin id intereat; etenim ea ipsa, quae sentiuntur, ut frigus, ut calor, ut voluptas, ut dolor, ut cetera, cum amplificata sunt, interimunt; nec ullum animal est sine sensu; nullum igitur animal aeternum est. Etenim aut simplex est natura animantis, ut vel terrena sit vel ignea vel animalis vel umida, quod quale sit ne intellegi quidem potest, aut concretum ex pluribus naturis, quarum suum quaeque locum habeat, quo naturae vi feratur, alia infimum, alia summum, alia medium. Haec ad quoddam tempus cohaerere possunt, semper autem nullo modo possunt; necessest enim in suum quaeque locum natura rapiatur. Nullum igitur animal est sempiternum.

(35) Sed omnia vestri, Balbe, solent ad igneam vim referre Heraclitum, ut opinor, sequentes, quem ipsum non omnes interpretantur uno modo; quem, quoniam, quid diceret, in-

Lebewesen sein; wenn es aber, eben weil es ein Lebewesen ist, diese Empfindungen haben muß, kann es, weil es beides fühlt, nicht ewig sein; nun hat jedes Lebewesen diese Empfindungen, folglich ist kein Lebewesen ewig. Weiterhin ist kein Lebewesen denkbar, das ohne natürliche Vorlieben und Abneigungen wäre. Angestrebt wird aber das, was im Einklang mit der Natur steht, abgelehnt wird das Gegenteil; nun begehrt jedes Lebewesen bestimmte Dinge und flieht vor bestimmten anderen;[482] was es jedoch meidet, ist nicht naturgemäß, und was nicht naturgemäß ist, hat zerstörerische Kraft. Somit muß jedes Lebewesen zwangsläufig sterben.[483] (34) Zahllos sind die Gründe, aus denen sich zwingend folgern läßt, daß alles, was Empfindungsvermögen besitzt, auch untergehen muß. Denn eben das, was sinnlich erfahren wird, wie Kälte, Wärme, Lust und Schmerz und dergleichen, führt, wenn es zu stark wird, zum Tode. Nun ist aber kein Lebewesen ohne Empfindungen. Mithin ist auch kein Lebewesen ewig. Denn entweder ist ein beseeltes Geschöpf einfach strukturiert, so daß es nur aus Erde oder Feuer oder Luft oder Feuchtigkeit besteht – wie das aussähe, übersteigt freilich jegliches Vorstellungsvermögen –, oder es ist aus mehreren Elementen zusammengesetzt, von denen dann jedes seinen eigenen Platz hat, der ihm von der Natur angewiesen wird – das eine befindet sich ganz unten, ein anderes ganz oben und wieder ein anderes in der Mitte. Diese Elemente können zwar für eine gewisse Zeit verbunden bleiben, unter keinen Umständen können sie es allerdings für immer; es ist nämlich unabdingbar, daß jedes Element durch die Naturkraft auf seinen Platz zurückgetrieben wird. Folglich ist kein Lebewesen ewig.

(35) Doch die Philosophen eurer Schule, mein Balbus, pflegen alles auf die Kraft des Feuers zurückzuführen,[484] wobei sie sich, wie ich glaube, dem Herakleitos anschließen; gerade den aber deuten nicht alle auf ein- und dieselbe Weise. Da er nun keinen Wert darauf legte, sich verständlich auszu-

tellegi noluit, omittamus; vos autem ita dicitis, omnem vim esse ignem, itaque et animantis, cum calor defecerit, tum interire, et in omni natura rerum id vivere, id vigere, quod caleat. Ego autem non intellego, quomodo calore extincto corpora intereant, non intereant umore aut spiritu amisso, praesertim cum intereant etiam nimio calore. (36) Quamobrem id quidem commune est de calido; verum tamen videamus exitum. Ita voltis, opinor, nihil esse animal intrinsecus in natura atque mundo praeter ignem: qui magis quam praeter animam, unde animantium quoque constet animus, ex quo animal dicitur? Quomodo autem hoc, quasi concedatur, sumitis, nihil esse animum nisi ignem; probabilius enim videtur tale quiddam esse animum, ut sit ex igni atque anima temperatum. ‘Quodsi ignis ex sese ipse animal est nulla se alia admiscente natura, quoniam is, cum inest in corporibus nostris, efficit, ut sentiamus, non potest ipse esse sine sensu.’ Rursus eadem dici possunt: quidquid est enim, quod sensum habeat, id necesse est sentiat et voluptatem et dolorem, ad quem autem dolor veniat, ad eundem etiam interitum venire. Ita fit, ut ne ignem quidem efficere possitis aeternum. (37) Quid enim? Non eisdem vobis placet omnem ignem pastus indigere nec permanere ullo modo posse, nisi alatur, ali autem solem, lunam, reliqua astra aquis, alia dulcibus, alia marinis; eamque causam Cleanthes adfert, cur

drücken,[485] wollen wir ihn hier übergehen. Ihr hingegen argumentiert wie folgt: Jede Lebenskraft sei Feuer, daher würden auch die beseelten Wesen dann, wenn ihnen die Wärme fehle, sterben, und in der ganzen Schöpfung könne nur das leben und nur das gedeihen, was warm sei. Ich persönlich begreife jedoch nicht, wieso die Körper wohl durch Unterkühlung untergehen, wieso sie aber nicht auch durch den Verlust der Feuchtigkeit oder der Luft sterben, zumal sie ja auch an übergroßer Hitze zugrunde gehen. (36) Deshalb gilt das, was ihr vom Feuer sagt, auch für die anderen Elemente. Laßt uns gleichwohl einmal das Ergebnis betrachten. Nach eurer Überzeugung gibt es, vermute ich, innerhalb der Natur und des Weltalls kein beseeltes Wesen außer dem Feuer. Wieso allerdings eher das Feuer als der belebende Hauch (*anima*), aus dem ja auch die Seele (*animus*) der Lebewesen besteht und der ein beseeltes Wesen seinen Namen verdankt?[486] Weshalb aber nehmt ihr es dann für gleichsam zugestanden, daß die Seele nichts anderes sei als Feuer? Denn mit höherer Wahrscheinlichkeit dürfte es sich bei der Seele um eine Art Mischung aus dem Feuer und dem lebenspendenden Hauch handeln.[487] ›Wenn jedoch das Feuer schon aus eigener Kraft ein Lebewesen ist, ohne sich mit einem anderen Element verbinden zu müssen, weil es uns, sobald es sich in unserem Körper befindet, empfindungsfähig macht, dann kann es selbst nicht ohne Empfindungsvermögen sein.‹ Wieder läßt sich dasselbe[488] einwenden: Alles, was mit Empfindungsvermögen ausgestattet ist, muß notwendigerweise auch Lust und Schmerz verspüren, und ein Wesen, das der Schmerz trifft, das trifft auch der Tod. Somit könnt ihr nicht einmal die Ewigkeit des Feuers beweisen. (37) Was weiter? Ihr seid doch gleichfalls der Meinung, daß jedes Feuer Nahrung braucht und auf jeden Fall verlöschen muß, wenn es nicht unterhalten wird, und daß sich die Sonne, der Mond und die übrigen Gestirne vom Wasser nähren, teils von Süß-, teils von Meereswasser.[489] Und gerade das gibt Kleanthes als Grund an, warum die Sonne wieder zurück-

se sol referat nec longius progrediatur solstitiali orbi itemque brumali, ne longius discedat a cibo. Hoc totum quale sit, mox; nunc autem concludatur illud: quod interire possit, id aeternum non esse natura; ignem autem interiturum esse, nisi alatur; non esse igitur natura ignem sempiternum.

(38) Qualem autem deum intellegere nos possumus nulla virtute praeditum? Quid enim? Prudentiamne deo tribuemus, quae constat ex scientia rerum bonarum et malarum et nec bonarum nec malarum? Cui mali nihil est nec esse potest, quid huic opus est dilectu bonorum et malorum, quid autem ratione, quid intellegentia; quibus utimur ad eam rem, ut apertis obscura adsequamur; at opscurum deo nihil potest esse. Nam iustitia, quae suum cuique distribuit, quid pertinet ad deos; hominum enim societas et communitas, ut vos dicitis, iustitiam procreavit. Temperantia autem constat ex praetermittendis voluptatibus corporis: cui si locus in caelo est, est etiam voluptatibus. Nam fortis deus intellegi qui potest, in dolore an in labore an in periculo: quorum deum nihil adtingit. (39) Nec ratione igitur utentem nec virtute ulla praeditum deum intellegere qui possumus?

Nec vero volgi atque imperitorum inscitiam despicere possum, cum ea considero, quae dicuntur a Stoicis. Sunt enim illa imperitorum: piscem Syri venerantur, omne fere genus bestiarum Aegyptii consecraverunt; iam vero in Graecia multos habent ex hominibus deos, Alabandum Alabandis, Tenedi

wandert und den Kreis der Sommersonnen- und Wintersonnenwende nicht weiter überschreitet: Sie will sich nicht zu weit von ihrer Nahrung entfernen. Wie sich all das verhält, dazu später.[490] Für jetzt aber soll folgender Schluß gezogen werden: Was zugrunde gehen kann, ist seiner Natur nach nicht ewig; das Feuer aber muß ausgehen, wenn es keine Nahrung erhält; also ist auch das Feuer seiner Natur nach nicht unvergänglich.

(38) Wie allerdings können wir uns einen Gott bar jeder Tugend vorstellen?[491] Und weiter: Werden wir denn diesem Gott Klugheit zuschreiben, die doch darin besteht, das Gute und Böse und das, was weder gut noch böse ist, zu erkennen? Wieso hat der, welcher nichts Böses erfährt und auch nicht erfahren kann, die Wahl zwischen Gut und Böse, wozu braucht er Vernunft und Einsicht? Diese Fähigkeiten sind uns gegeben, damit wir aus dem Offensichtlichen das noch Unklare erschließen; doch für einen Gott kann ja gar nichts unklar sein. Die Gerechtigkeit freilich, die jedem das Seine zuteilt, was hat sie mit den Göttern zu schaffen? Denn die Gesellschaft und das Zusammenleben der Menschen haben doch, wie ihr behauptet, den Sinn für Gerechtigkeit hervorgebracht.[492] Mäßigkeit aber besteht darin, die sinnlichen Lüste zu überwinden: Wenn für die Mäßigkeit Platz im Himmel ist, ist auch Platz für die Lust. Und wie erst kann man sich einen Gott tapfer vorstellen, tapfer angesichts von Schmerz, Mühsal oder Gefahr: All das berührt einen Gott doch gar nicht. (39) Wie also können wir uns eine Vorstellung von einem Gott machen, der weder vernünftig handelt noch sich durch irgendeine Tugend auszeichnet?

Ich kann aber nicht mehr verächtlich auf den Unverstand der großen Masse und der Ungebildeten herabsehen, wenn ich bedenke, was die Stoiker behaupten. Denn das sind die religiösen Anschauungen der Unwissenden: Die Syrer verehren eine Fischgottheit;[493] die Ägypter haben fast jede Tierart zu Göttern erhoben; in Griechenland hat man hingegen viele Götter menschlicher Abkunft; die Alabander beten zu

Tenen, Leucotheam, quae fuit Ino, et eius Palaemonem filium cuncta Graecia – Herculem, Aesculapium, Tyndaridas, Romulum nostrum aliosque compluris, quos quasi novos et adscripticios cives in caelum receptos putant. (40) Haec igitur indocti; quid vos philosophi, qui meliora? Omitto illa, sunt enim praeclara: sit sane deus ipse mundus. Hoc credo illud esse

'sublime candens, quem invocant omnes Iovem'.

Quare igitur pluris adiungimus deos? Quanta autem est eorum multitudo: mihi quidem sane multi videntur; singulas enim stellas numeras deos eosque aut beluarum nomine appellas, ut Capram, ut Nepam, ut Taurum, ut Leonem, aut rerum inanimarum, ut Argo, ut Aram, ut Coronam. (41) Sed ut haec concedantur, reliqua qui tandem non modo concedi, sed omnino intellegi possunt? Cum fruges Cererem, vinum Liberum dicimus, genere nos quidem sermonis utimur usitato, sed ecquem tam amentem esse putas, qui illud, quo vescatur, deum credat esse? Nam quos ab hominibus pervenisse dicis ad deos, tu reddes rationem, quemadmodum id fieri potuerit aut cur fieri desierit, et ego discam libenter; quomodo nunc quidem est, non video, quo pacto ille cui

'in monte Oetaeo inlatae lampades'

Alabandos, die Teneder zu Tenes, ganz Griechenland zu Leukothea, der vormaligen Ino, und zu ihrem Sohn Palaimon – und wir haben Hercules, Aesculap, die Tyndariden, unseren Romulus und einige andere mehr, von denen man glaubt, sie seien gleichsam als neueingeschriebene Bürger in den Himmel aufgenommen worden. (40) Das also sind die Anschauungen der Unwissenden. Aber was ist mit euren Philosophen, inwiefern sind eure Ansichten besser? Ich übergehe sie, sie sind nämlich bemerkenswert: Immerhin soll das Weltall selbst eine Gottheit sein. Das besagt doch, denke ich, folgender Ausspruch:

›Strahlende Höhe, die alle als Iuppiter anrufen‹.[494]

Warum nun fügen wir noch mehr Götter hinzu? Denn wie groß ist ihre Menge! Mir jedenfalls erscheint die Zahl sehr hoch; denn du zählst die einzelnen Sternbilder zu den Göttern und gibst ihnen entweder Tierbezeichnungen, wie Ziege, Skorpion, Stier und Löwe, oder die Namen lebloser Dinge, wie Argo, Altar und Krone.[495] (41) Gesetzt den Fall, man gesteht dies zu, wie kann man aber dem Übrigen nicht bloß zustimmen, sondern wie läßt es sich auch nur begreifen? Wenn wir die Feldfrüchte Ceres und den Wein Liber nennen, bedienen wir uns zwar einer üblichen Redeweise, doch meinst du, jemand könne so schwachsinnig sein, daß er das, was er zu sich nimmt, für eine Gottheit hält?[496] Und wenn du von Menschen berichtest, die zu Göttern wurden,[497] wirst du darüber Rechenschaft ablegen müssen, wie das vonstatten gehen konnte und warum es heute nicht mehr geschieht, und ich werde mich gern belehren lassen. Wie die Sache freilich jetzt steht, sehe ich nicht, wie jener[498], dem

›auf dem Oite-Gebirge der Scheiterhaufen errichtet
worden war‹,[499]

fuerint, ut ait Accius,

'in domum aeternam patris'

ex illo ardore pervenerit; quem tamen Homerus apud inferos conveniri facit ab Ulixe sicut ceteros, qui excesserant vita.

(42) Quamquam quem potissimum Herculem colamus, scire sane velim; pluris enim tradunt nobis ii, qui interiores scrutantur et reconditas litteras, antiquissimum Iove natum – sed item Iove antiquissimo, nam Ioves quoque pluris in priscis Graecorum litteris invenimus: ex eo igitur et Lysithoe est is Hercules, quem concertavisse cum Apolline de tripode accepimus. Alter traditur Nilo natus Aegyptius, quem aiunt Phrygias litteras conscripsisse. Tertius est ex Idaeis Digitis; cui inferias adferunt Cretes. Quartus Iovis est et Asteriae, Latonae sororis, qui Tyri maxime colitur, cuius Carthaginem filiam ferunt; quintus in India, qui Belus dicitur, sextus hic ex Alcmena, quem Iuppiter genuit, sed tertius Iuppiter, quoniam, ut iam docebo, pluris Ioves etiam accepimus.

(43) Quando enim me in hunc locum deduxit oratio, docebo meliora me didicisse de colendis dis inmortalibus iure pontificio et more maiorum capedunculis his, quas Numa nobis reliquit, de quibus in illa aureola oratiuncula dicit Laelius, quam rationibus Stoicorum. Si enim vos sequar, dic, quid ei respondeam, qui me sic roget: 'Si di sunt, suntne

so Accius' Worte, aus diesem Feuer

›in das ewige Haus seines Vaters‹[500]

gelangen konnte; dennoch läßt Homer ihn in der Unterwelt mit Odysseus zusammenkommen,[501] desgleichen noch andere, die bereits aus dem Leben geschieden waren.

(42) Welchen Hercules wir eigentlich als Gott verehren,[502] würde ich gleichwohl sehr gerne wissen; von mehreren Personen [dieses Namens] erzählen uns nämlich die Gelehrten, die sich mit den Wissenschaften beschäftigen, die etwas abseits liegen und gründlichere Forschungen verlangen: Der älteste Hercules sei ein Sohn Iuppiters – und zwar ebenfalls des ältesten; denn in den frühen Schriften der Griechen finden wir ja auch mehrere Iuppiter; von ihm also und Lysithoe stammt der Hercules ab, der, wie uns überliefert ist, mit Apoll um den Dreifuß gekämpft hat.[503] Ein zweiter Hercules ist angeblich Ägypter, ein Sohn des Neilos,[504] und soll das phrygische Alphabet verfaßt haben. Ein dritter gehört zu den idäischen Digiten;[505] ihm bringen die Kreter Totenopfer dar. Der vierte ist ein Sohn Iuppiters und der Asteria, einer Schwester Latonas, der vor allem in Tyros verehrt wird[506] und dessen Tochter Karthago sein soll; einen fünften gibt es in Indien, er heißt Belos; der sechste ist unser Hercules, den Iuppiter mit Alkmene gezeugt hat; aber das ist der dritte Iuppiter, da uns ja, wie ich gleich dartun werde,[507] auch mehrere Iuppiter tradiert sind.

(43) Weil mich mein Vortrag nun zu diesem Thema geführt hat, will ich zeigen, daß ich über die Verehrung der unsterblichen Götter gemäß der Pontifikalordnung und der Tradition unserer Vorfahren aus den Opferschälchen, die uns Numa hinterlassen hat[508] und über die Laelius in jener herrlichen kleinen Rede spricht, bessere Erkenntnisse gewonnen habe als aus den Theorien der Stoiker. Denn wenn ich mich an euch halte, sag, was könnte ich dem antworten, der mir diese Fragen stellt:[509] ›Wenn es Götter gibt, sind dann

etiam Nymphae deae? Si Nymphae, Panisci etiam et Satyri; hi autem non sunt; ne Nymphae quidem igitur. At earum templa sunt publice vota et dedicata. Ne ceteri quidem ergo di, quorum templa sunt dedicata. Age porro: Iovem et Neptunum deum numeras; ergo etiam Orcus frater eorum deus, et illi, qui fluere apud inferos dicuntur, Acheron, Cocytus, Pyriphlegethon; tum Charon, tum Cerberus di putandi. (44) At id quidem repudiandum; ne Orcus quidem igitur; quid dicitis ergo de fratribus?' Haec Carneades aiebat, non ut deos tolleret – quid enim philosopho minus conveniens –, sed ut Stoicos nihil de dis explicare convinceret; itaque insequebatur: 'Quid enim', aiebat, 'si hi fratres sunt in numero deorum, num de patre eorum Saturno negari potest, quem volgo maxime colunt ad occidentem? Qui si est deus, patrem quoque eius Caelum esse deum confitendum est. Quod si ita est, Caeli quoque parentes di habendi sunt Aether et Dies eorumque fratres et sorores, qui a genealogis antiquis sic nominantur – Amor, Dolus, Metus, Labor, Invidentia, Fatum, Senectus, Mors, Tenebrae, Miseria, Querella, Gratia, Fraus, Pertinacia, Parcae, Hesperides, Somnia; quos omnis Erebo et Nocte natos ferunt. Aut igitur haec monstra probanda sunt aut prima illa tollenda. (45) Quid Apollinem, Volcanum, Mercurium, ceteros deos esse dices, de Hercule, Aesculapio, Libero, Castore, Polluce dubitabis? At hi quidem coluntur aeque atque illi, apud quosdam etiam multo magis. Ergo hi dei sunt habendi mortalibus nati matribus.

auch die Nymphen Göttinnen? Falls das für die Nymphen gilt, sind auch die kleinen Pane und die Satyrn Götter; diese sind aber keine Gottheiten, die Nymphen folglich auch nicht. Allerdings wurden ihre Tempel im Namen des Staates gelobt und geweiht. Mithin sind auch die übrigen keine Götter, die geweihte Tempel besitzen. Aber weiter: Iuppiter und Neptun zählst du zu den Göttern; also ist auch ihr Bruder Orcus ein Gott, desgleichen jene Ströme, die angeblich in der Unterwelt fließen: der Acheron, der Kokytos, der Pyriphlegethon; dann sind auch Charon und Kerberos als Götter anzusehen. (44) Das jedoch muß man zurückweisen; somit ist auch der Orcus kein Gott; was sagt ihr dann also von seinen Brüdern?‹ Karneades pflegte so zu argumentieren, nicht etwa, um die Götter aus der Welt zu schaffen – was wäre nämlich für einen Philosophen unpassender? –, sondern um nachzuweisen, daß die Stoiker in der Frage der Götter nichts erklären können. Und so setzte er ihnen weiter zu: ›Wenn nun‹, sagte er, ›diese Brüder zu den Göttern gerechnet werden, kann man dies ihrem Vater Saturn verweigern, den die breite Masse besonders im Westen verehrt? Wenn er ein Gott ist, muß man ebenso zugeben, daß auch sein Vater Caelus ein Gott ist. Wenn dem so ist, müssen auch die Eltern des Caelus, Aither und Dies, als Götter gelten und gleichfalls deren Brüder und Schwestern, die von den alten genealogischen Forschern ja auch als Gottheiten bezeichnet werden: Liebe, List, Furcht, Mühe, Neid, Schicksal, Alter, Tod, Finsternis, Elend, Klage, Gunst, Betrug, Hartnäckigkeit, die Parzen, Hesperiden und die Träume; angeblich sind sie ja alle Kinder des Erebos und der Nacht. Entweder muß man demnach diese Fabelwesen anerkennen oder muß die zuerst Genannten streichen. (45) Wenn du ferner Apoll, Vulcan, Mercur und die anderen zu Göttern erklärst, wirst du dann bei Hercules, Aesculap, Liber, Kastor und Pollux Bedenken haben? Aber diese werden genauso verehrt wie jene, bei bestimmten Völkern sogar noch viel stärker. Folglich müssen sie als Götter angese-

Quid Aristaeus, qui olivae dicitur inventor, Apollinis filius, Theseus, qui Neptuni, reliqui, quorum patres di, non erunt in deorum numero? Quid quorum matres? Opinor etiam magis; ut enim iure civili, qui est matre libera, liber est, item iure naturae, qui dea matre est, deus sit necesse est. Itaque Achillem Astypalenses insulani sanctissume colunt; qui si deus est, et Orpheus et Rhesus di sunt, Musa matre nati; nisi forte maritumae nuptiae terrenis anteponuntur. Si hi di non sunt, quia nusquam coluntur, quomodo illi sunt?' (46) Vide igitur, ne virtutibus hominum isti honores habeantur, non immortalitatibus; quod tu quoque, Balbe, visus es dicere. Quomodo autem potes, si Latonam deam putas, Hecatam non putare, quae matre Asteria est sorore Latonae? An haec quoque dea est? Vidimus enim eius aras delubraque in Graecia. Sin haec dea est, cur non Eumenides? Quae si deae sunt, quarum et Athenis fanumst et apud nos, ut ego interpretor, lucus Furinae, Furiae deae sunt, speculatrices, credo, et vindices facinorum et sceleris. (47) Quodsi tales dei sunt, ut rebus humanis intersint, Natio quoque dea putanda est, cui, cum fana circumimus in agro Ardeati, rem divinam facere solemus; quae quia partus matronarum tueatur, a nascentibus Natio nominata est. Ea si dea est, di om-

hen werden, obwohl sie von sterblichen Müttern geboren wurden. Was ist mit Aristaios, der den Ölbaum eingeführt haben soll, Apollons Sohn, was mit Theseus, dem Sohne Neptuns, was mit den übrigen, deren Väter Götter sind? Wird man sie nicht zu den Göttern rechnen? Was ist dann noch mit denen, die eine göttliche Mutter haben? In meinen Augen gilt das für sie erst recht; denn wie nach bürgerlichem Recht der Sohn einer freien Mutter ein Freigeborener ist, so muß auch nach dem Naturrecht der Sohn einer göttlichen Mutter ein Gott sein. Daher verehren die Bewohner der Insel Astypalaia den Achill mit besonderer Frömmigkeit. Ist dieser ein Gott, sind es auch Orpheus und Rhesos, die beide eine Muse zur Mutter haben. Es sei denn, eine im Meer vollzogene Hochzeit[510] verdiente den Vorrang vor einer, die auf Erden geschlossen wurde. Wenn diese aber keine Götter sind, weil sie nirgends verehrt werden, wieso sind jene es dann trotzdem? (46) Sieh dich also vor, daß solche Ehren nicht etwa bloß den besonderen Vorzügen der Menschen erwiesen werden, nicht aber ihrer Unsterblichkeit. Das schienst auch du, mein Balbus, sagen zu wollen. Wie allerdings kannst du, wenn du Latona für eine Göttin hältst, dies von Hekate nicht glauben, deren Mutter Asteria doch eine Schwester Latonas ist? Oder ist auch diese eine Göttin? Wir haben ja ihre Altäre und Heiligtümer in Griechenland sehen können. Ist sie jedoch eine Göttin, warum nicht auch die Eumeniden? Handelt es sich bei diesen um Göttinnen, die in Athen ein Heiligtum haben sowie bei uns, nach meiner Auslegung, den Hain der Furina, dann sind auch die Furien Göttinnen, die, glaube ich, verbrecherische Untaten ausspähen und rächen. (47) Wenn nun die Götter dadurch charakterisiert sind, daß sie in menschliche Angelegenheiten eingreifen, muß man auch die Natio als Göttin betrachten, der wir bei der Prozession um ihre Heiligtümer im Gebiet von Ardea göttliche Ehren zu erweisen pflegen; weil sie sich der verheirateten Frauen beim Gebären annimmt, ist sie nach den *nascentes* (›Neugeborenen‹) Natio

nes illi, qui commemorabantur a te, Honos, Fides, Mens, Concordia, ergo etiam Spes, Moneta omniaque, quae cogitatione nobismet ipsis possumus fingere. Quod si verisimile non est, ne illud quidem est, haec unde fluxerunt. Quid autem dicis, si di sunt illi, quos colimus et accepimus, cur non eodem in genere Serapim Isimque numeremus? Quod si facimus, cur barbarorum deos repudiemus? Boves igitur et equos, ibis, accipitres, aspidas, crocodilos, pisces, canes, lupos, faelis, multas praeterea beluas in deorum numerum reponemus. Quae si reiciamus, illa quoque, unde haec nata sunt, reiciemus. (48) Quid deinde, Ino dea ducetur et Λευκοθέα a Graecis, a nobis Matuta dicetur, cum sit Cadmi filia, Circe autem et Pasiphae et Aeeta e Perseide Oceani filia natae patre Sole in deorum numero non habebuntur? Quamquam Circen quoque coloni nostri Cercienses religiose colunt. Ergo hanc deam ducis: quid Medeae respondebis, quae duobus dis avis, Sole et Oceano, Aeeta patre, matre Idyia procreata est, quid huius Absyrto fratri – qui est apud Pacuvium Aegialeus, sed illud nomen veterum litteris usitatius –? Qui si di non sunt, vereor, quid agat Ino; haec enim omnia ex eodem fonte fluxerunt. (49) An Amphiaraus erit deus et Trophonius? Nostri quidem publicani, cum essent agri in Boeotia deorum inmortalium excepti lege censoria, negabant inmortalis esse ullos, qui aliquando homines fuissent. Sed si sunt hi di, est certe Erectheus, cuius Athenis

genannt worden. Ist sie eine Göttin, dann sind Gottheiten auch alle die, welche du zuvor erwähnt hast,[511] Ehre, Treue, Verstand und Eintracht, demnach auch Hoffnung und Warnung, desgleichen alles, was wir uns selbst in der Phantasie ausdenken können. Falls diese Annahme nicht wahrscheinlich ist, ist es auch die nicht, die dafür die Voraussetzung bildet. Was aber sagst du dazu: Wenn diejenigen, die wir traditionsgemäß verehren, tatsächlich Götter sind, warum sollten wir dann nicht auch Serapis und Isis in dieselbe Kategorie aufnehmen? Falls wir das tun, weshalb dann ausländische Gottheiten verschmähen? Also werden wir auch Stiere und Pferde, Ibisse, Falken, Nattern, Krokodile, Fische, Hunde, Wölfe, Katzen und noch viele andere Tiere[512] zu den Göttern rechnen. Sollten wir das verwerfen, werden wir auch die Vorstellungen verwerfen, die all dem zugrunde liegen. (48) Und weiter: Ino wird man als Göttin ansehen und bei den Griechen Leukothea, bei uns Matuta nennen, obwohl sie Kadmos' Tochter ist. Kirke dagegen, Pasiphaë und Aietes, Töchter[513] der Perseis, einer Okeanos-Tochter, und des Sonnengottes, werden nicht zu den Göttern gehören? Dennoch erweisen unsere Siedler in Circei auch der Kirke fromme Verehrung. Somit hältst du sie doch für eine Göttin. Was wirst du dann aber der Medeia sagen – ihre beiden Großväter sind der Sonnengott und Okeanos, Aietes hat sie zum Vater und zur Mutter Idyia? Was ihrem Bruder Absyrtos – er heißt bei Pacuvius Aigialeus[514], doch ist der erste Name in der Literatur der Alten gebräuchlicher? Wenn sie keine Götter sind, fürchte ich auch für Ino. All das ist nämlich derselben Quelle entsprungen. (49) Oder werden wir etwa Amphiaraos oder Trophonios zu Göttern machen? Als in Boiotien die Ländereien der unsterblichen Götter aufgrund des Zensorgesetzes[515] von der Steuer befreit worden waren, bestritten unsere Steuerpächter jedenfalls, daß irgend jemand unsterblich sein könne, der früher einmal Mensch gewesen war.[516] Doch wenn diese beiden Götter sind, so ist es gewiß auch Erechtheus, dessen Heilig-

et delubrum vidimus et sacerdotem. Quem si deum facimus, quid aut de Codro dubitare possumus aut de ceteris, qui pugnantes pro patriae libertate ceciderunt? Quod si probabile non est, ne illa quidem superiora, unde haec manant, probanda sunt. (50) Atque in plerisque civitatibus intellegi potest augendae virtutis gratia, quo libentius rei publicae causa periculum adiret optimus quisque, virorum fortium memoriam honore deorum immortalium consecratam. Ob eam enim ipsam causam Erectheus Athenis filiaeque eius in numero deorum sunt, itemque [Leonaticum] est delubrum Athenis, quod Λεωκόριον nominatur. Alabandenses quidem sanctius Alabandum colunt, a quo est urbs illa condita, quam quemquam nobilium deorum; apud quos non inurbane Stratonicus ut multa, cum quidam ei molestus Alabandum deum esse confirmaret, Herculem negaret, 'ergo', inquit, 'mihi Alabandus, tibi Hercules sit iratus.' (51) Illa autem, Balbe, quae tu a caelo astrisque ducebas, quam longe serpant, non vides: solem deum esse lunamque, quorum alterum Apollinem Graeci, alteram Dianam putant. Quod si luna dea est, ergo etiam Lucifer ceteraeque errantes numerum deorum optinebunt; igitur etiam inerrantes. Cur autem arci species non in deorum numero reponatur; est enim pulcher et ob eam speciem, quia causam habeat admirabilem, Thaumante dicitur Iris esse nata. Cuius si divina natura est, quid facies nubibus; arcus enim ipse e nubibus efficitur quodam modo coloratis; quarum una etiam Centauros pe-

tum ich in Athen gesehen habe und auch dessen Priester. Wenn wir ihn zur Gottheit erheben, wie könnten wir dann aber bei Kodros zweifeln oder bei den anderen Helden, die im Kampf für die Freiheit ihres Vaterlandes gefallen sind? Findet dies keine Billigung, so dürfen auch die vorhergehenden Fälle, auf denen diese beruhen, nicht gebilligt werden. (50) In den meisten Bürgerschaften läßt sich folgendes feststellen: Um die Tapferkeit zu fördern und gerade den Besten dazu zu bringen, sich noch bereitwilliger für den Staat in Gefahr zu begeben, wurde die Erinnerung an tapfere Männer dadurch geheiligt, daß man sie wie unsterbliche Götter verehrte. Denn aus eben diesem Grunde zählen in Athen Erechtheus und seine Töchter zu den Göttern, und desgleichen gibt es in Athen [das Leonaticum,] ein Heiligtum, das den Namen Leokoreion trägt. Die Alabander freilich erweisen dem Alabandos, ihrem Stadtgründer, eine ehrfurchtsvollere Verehrung als irgendeinem der berühmten Götter; dort auch sagte Stratonikos in seiner bekannt witzigen Art, als ein ihm lästiger Mensch behauptete, Alabandos sei ein Gott, Hercules dagegen nicht: ›So soll sich eben Alabandos' Zorn gegen mich und der Zorn des Hercules gegen dich richten.‹ (51) Bei dem aber, mein lieber Balbus, was du vom Himmel und von den Sternen herleiten wolltest, siehst du gar nicht, zu welch weitreichenden Konsequenzen das führt. Die Sonne soll eine Gottheit sein, ebenso der Mond, wobei die Griechen jenen für Apoll, diese für Diana halten. Ist jedoch der Mond eine Gottheit, so werden doch auch der Morgenstern und die anderen Planeten zu den Göttern gehören; folglich auch die Fixsterne. Weshalb aber sollte der Regenbogen in all seiner Schönheit nicht als Gottheit gelten? Er ist nämlich wunderschön, und wegen seines herrlichen Anblicks wird er, weil er uns zum Staunen bringt, mit Iris, einer Tochter des Thaumas, gleichgesetzt. Ist nun der Regenbogen göttlicher Natur, wie hältst du es dann mit den Wolken? Denn der Regenbogen selbst bildet sich ja durch eine bestimmte Färbung der Wolken; eine von ihnen hat an-

perisse dicitur. Quod si nubes retuleris in deos, referendae certe erunt tempestates, quae populi Romani ritibus consecratae sunt. Ergo imbres, nimbi, procellae, turbines dei putandi; nostri quidem duces mare ingredientes inmolare hostiam fluctibus consuerunt. (52) Iam si est Ceres a gerendo – ita enim dicebas –, terra ipsa dea est et ita habetur; quae est enim alia Tellus; sin terra, mare etiam, quem Neptunum esse dicebas; ergo et flumina et fontes. Itaque et Fontis delubrum Masso ex Corsica dedicavit, et in augurum precatione Tiberinum, Spinonem, Anemonem, Nodinum, alia propinquorum fluminum nomina videmus. Ergo hoc aut in inmensum serpet aut nihil horum recipiemus; nec illa infinita ratio superstitionis probabitur; nihil ergo horum probandum est.

(53) Dicamus igitur, Balbe, oportet contra illos etiam, qui hos deos ex hominum genere in caelum translatos non re, sed opinione esse dicunt, quos auguste omnes sancteque veneramur. Principio Ioves tres numerant ii, qui theologi nominantur, ex quibus primum et secundum natos in Arcadia; alterum patre Aethere, ex quo etiam Proserpinam natam ferunt et Liberum, alterum patre Caelo, qui genuisse Minervam dicitur, quam principem et inventricem belli ferunt; tertium Cretensem Saturni filium; cuius in illa insula sepulcrum ostenditur. Dioscoroe etiam apud Graios multis modis nominantur: primi tres, qui appellantur Anactes Athe-

geblich sogar die Kentauren geboren. Erhebst du also die Wolken zu Göttern, mußt du dies gewiß auch mit den Unwettern[517] machen, die in den religiösen Bräuchen des römischen Volkes göttliche Verehrung genießen. Folglich haben auch die Platzregen, Gewitter, Stürme und Wirbelwinde den Rang von Gottheiten. Wenn unsere Admirale in See stachen, pflegten sie jedenfalls den Fluten ein Schlachtopfer darzubringen.[518] (52) Falls sich nun der Name Ceres von *gerere* (›bringen‹) ableitet – das war nämlich deine Behauptung[519] –, ist auch die Erde selber eine Göttin, und das nimmt man auch an; ihr anderer Name ist ja Tellus. Trifft das aber für die Erde zu, dann auch für das Meer, von dem du sagtest, es sei Neptun; demnach gilt es auch für die Flüsse und Quellen. Daher hat auch Masso anläßlich seines Sieges über Korsika dem Fons (Quelle) ein Heiligtum geweiht, und in der Gebetsformel der Auguren hören wir von Tiberinus, Spino, Anemo, Nodinus und anderen Namen von Flüssen aus der Umgebung. Entweder also wird sich das Ganze ins Unermeßliche ausweiten, oder wir werden nichts von alledem akzeptieren; und diese ausufernde Methode des Aberglaubens wird keine Anerkennung finden; demzufolge darf man nichts davon gutheißen.

(53) Einwände erheben müssen wir also, mein Balbus, auch gegen diejenigen, die behaupten, die Götter menschlicher Abstammung, die wir alle so ehrfürchtig und fromm verehren, seien nicht in Wirklichkeit, sondern nur in der menschlichen Vorstellung in den Himmel aufgenommen worden.[520] Zunächst erwähnen die sogenannten Theologen[521] drei verschiedene Iuppiter; der erste und zweite seien in Arkadien geboren, der eine als Sohn des Aither, der auch der Vater der Proserpina und des Liber sein soll, der andere als Sohn des Caelus, der angeblich Minerva gezeugt hat, die als die Patronin und Erfinderin des Krieges gilt; der dritte, ein Sohn des Saturn, stamme aus Kreta; sein Grabmal wird noch heute auf dieser Insel gezeigt. Auch die Dioskuren haben bei den Griechen viele verschiedene Namen: Die ersten

nis, ex rege Iove antiquissimo et Proserpina nati Tritopatreus, Eubuleus, Dionysus; secundi Iove tertio nati et Leda, Castor et Pollux; tertii dicuntur a nonnullis Alco et Melampus et Tmolus, Atrei fili, qui Pelope natus fuit. (54) Iam Musae primae quattuor Iove altero, Thelxinoe, Aoede, Arche, Melete; secundae Iove tertio et Mnemosyne procreatae novem; tertiae Piero natae et Antiopa, quas Pieridas et Pierias solent poetae appellare, isdem nominibus et eodem numero, quo proxumae superiores. Cumque tu solem, quia solus esset, appellatum esse dicas, Soles ipsi quam multi a theologis proferuntur. Unus eorum Iove natus nepos Aetheris; alter Hyperione; tertius Volcano Nili filio, cuius urbem Aegyptii volunt esse eam, quae Heliopolis appellatur; quartus is, quem heroicis temporibus Acantho Rhodi peperisse dicitur, pater Ialysi, Camiri, Lindi, unde Rhodii; quintus, qui Colchis fertur Aeetam et Circam procreavisse. (55) Volcani item complures: primus Caelo natus, ex quo et Minerva Apollinem eum, cuius in tutela Athenas antiqui historici esse voluerunt; secundus Nilo natus Opas, ut Aegyptii appellant, quem custodem esse Aegypti volunt; tertius ex tertio Iove et Iunone, qui Lemni fabricae traditur praefuisse; quartus Maemalio natus, qui tenuit insulas propter Siciliam, quae Volcaniae nominantur. (56) Mercurius unus Caelo patre, Die matre natus, cuius obscenius excitata natura traditur, quod aspectu Proserpinae commotus sit;

drei, die in Athen Anaktes heißen, Abkömmlinge eines uralten Königs Iuppiter und der Proserpina, sind Tritopatreus, Eubuleus und Dionysos. Die zweiten, Söhne des dritten Iuppiter und der Leda, sind Kastor und Pollux; als dritte werden von manchen Alkon, Melampus und Tmolos angegeben, Söhne des Atreus, der wiederum Pelops zum Vater hatte. (54) Bei den Musen[522] nun gibt es zunächst vier Töchter des zweiten Iuppiter, Thelxinoe, Aoide, Arche und Melete; die zweiten neun haben den dritten Iuppiter und Mnemosyne als Eltern; die dritten sind Töchter des Pieros und der Antiope und werden von den Dichtern gewöhnlich Pieriden und Pierien genannt; sie haben dieselben Namen und sind genauso viele wie die zuletzt Erwähnten. Und wenn du sagst, der Sonnengott (Sol) heiße so, weil er einzig (*solus*) sei[523] – gerade wie viele Sonnengötter werden von den Theologen aufgeführt! Einer von ihnen ist ein Sohn Iuppiters, ein Enkel des Aither; der zweite, Sohn des Hyperion; der dritte, ein Kind des Vulcan, einem Neilos-Sohn; seinen Wohnsitz setzen die Ägypter mit der Stadt gleich, die Heliopolis heißt; der vierte ist der, den zur Zeit der Heroen Akantho auf Rhodos geboren haben soll; er ist der Vater von Ialysos, Kameiros und Lindos, den Stammvätern der Rhodier; beim fünften handelt es sich um den, der in Kolchis den Aietes und die Kirke gezeugt haben soll. (55) Ebenso gibt es mehrere Götter namens Vulcan: als ersten einen Sohn des Caelus, der mit Minerva den Apoll zeugte, unter dessen Schutz – den alten Geschichtsschreibern zufolge – Athen stand; als zweiten einen Sohn des Neilos, Opas, wie ihn die Ägypter nennen und den sie als den Schutzherrn Ägyptens betrachten; als dritten einen Sohn des dritten Iuppiter und der Iuno, der die Schmiede auf Lemnos geleitet haben soll; als vierten einen Sohn des Maemalius, der über die Inseln bei Sizilien herrschte, die deshalb die Vulcanischen heißen. (56) Ein Mercur hat den Caelus zum Vater und die Dies zur Mutter; von ihm erzählt man, er habe allzu unzüchtig reagiert, weil er vom Anblick

alter Valentis et Phoronidis filius is, qui sub terris habetur idem Trophonius; tertius Iove tertio natus et Maia, ex quo et Penelopa Pana natum ferunt; quartus Nilo patre, quem Aegyptii nefas habent nominare; quintus, quem colunt Pheneatae, qui Argum dicitur interemisse ob eamque causam in Aegyptum profugisse atque Aegyptiis leges et litteras tradidisse: hunc Aegyptii Theyt appellant eodemque nomine anni primus mensis apud eos vocatur. (57) Aesculapiorum primus Apollinis, quem Arcades colunt, qui specillum invenisse primusque volnus dicitur obligavisse; secundus secundi Mercuri frater: is fulmine percussus dicitur humatus esse Cynosuris; tertius Arsippi et Arsinoae, qui primus purgationem alvi dentisque evolsionem, ut ferunt, invenit, cuius in Arcadia non longe a Lusio flumine sepulcrum et lucus ostenditur. Apollinum antiquissimus is, quem paulo antea e Volcano natum esse dixi custodem Athenarum; alter Corybantis filius natus in Creta, cuius de illa insula cum Iove ipso certamen fuisse traditur; tertius Iove tertio natus et Latona, quem ex Hyperboreis Delphos ferunt advenisse; quartus in Arcadia, quem Arcades Νόμιον appellant, quod ab eo se leges ferunt accepisse. (58) Dianae item plures: prima Iovis et Proserpinae, quae pinnatum Cupidinem genuisse dicitur; secunda notior, quam Iove tertio et Latona natam accepimus; tertiae pater Upis traditur, Glauce mater: eam saepe Graeci Upim paterno nomine appellant. Diony-

Proserpinas erregt war; der zweite Mercur, ein Sohn des Valens und der Phoronis, ist der, welcher unter der Erde wohnt und mit Trophonios gleichgesetzt wird; der dritte ein Sohn des dritten Iuppiter und der Maia, der mit Penelope angeblich den Pan gezeugt hat; der vierte[524] hat Neilos zum Vater; seinen Namen auszusprechen halten die Ägypter für eine Sünde; der fünfte ist der, den die Pheneaten verehren; er soll Argos getötet haben, sei deshalb nach Ägypten geflohen und habe den Ägyptern die Gesetze und die Buchstabenschrift gegeben; ihn nennen die Ägypter Theyt, und mit demselben Namen wird bei ihnen der erste Monat des Jahres bezeichnet. (57) Von den verschiedenen Göttern namens Aesculap ist der erste ein Sohn Apolls; ihn verehren die Arkader; er soll die chirurgische Sonde erfunden und als erster eine Wunde [fachgerecht] verbunden haben; der zweite ist ein Bruder des zweiten Mercur; der soll, vom Blitz erschlagen, in Kynosurai beerdigt sein; der dritte, ein Sohn des Arsippos und der Arsinoe, hat der Überlieferung nach als erster die Darmreinigung und das Zähneziehen erfunden; sein Grab und sein Hain wird in Arkadien, nicht weit vom Flusse Lusios, heute noch gezeigt. Der älteste Apoll ist der, den ich gerade als Sohn Vulcans genannt habe, der Schutzherr Athens; der zweite, ein Sohn des Korybas, kam auf Kreta zur Welt und hat angeblich mit Iuppiter persönlich einen Kampf um diese Insel geführt; der dritte ist ein Sohn des dritten Iuppiter und der Latona, der dem Vernehmen nach von der Hyperboreern nach Delphi gekommen ist; einen vierten gibt es in Arkadien; ihn nennen die Arkader Nomios, weil sie, wie sie erzählen, von ihm die Gesetze erhalten haben.[525] (58) Ebenso finden sich mehrere Göttinnen mit dem Namen Diana; die erste, eine Tochter Iuppiters und der Proserpina, soll den geflügelten Cupido geboren haben; die zweite ist bekannter und uns als Tochter des dritten Iuppiter und der Latona überliefert; als Vater der dritten wird Upis angegeben, Glauke als ihre Mutter; sie bezeichnen die Griechen häufig auch mit dem väterli-

sos multos habemus: primum Iove et Proserpina natum; secundum Nilo, qui Nysam dicitur interemisse; tertium Cabiro patre, eumque regem Asiae praefuisse dicunt, cui Sabazia sunt instituta; quartum Iove et Luna, cui sacra Orphica putantur confici; quintum Nyso natum et Thyone, a quo trieterides constitutae putantur. (59) Venus prima Caelo et Die nata, cuius Eli delubrum vidimus; altera spuma procreata, ex qua et Mercurio Cupidinem secundum natum accepimus; tertia Iove nata et Diona, quae nupsit Volcano, sed ex ea et Marte natus Anteros dicitur; quarta Syria Cyproque concepta, quae Astarte vocatur, quam Adonidi nupsisse proditum est. Minerva prima, quam Apollinis matrem supra diximus; secunda orta Nilo, quam Aegyptii Saietae colunt; tertia illa, quam a Iove generatam supra diximus; quarta Iove nata et Coryphe Oceani filia, quam Arcades **Κορίαν** nominant et quadrigarum inventricem ferunt; quinta Pallantis, quae patrem dicitur interemisse virginitatem suam violare conantem, cui pinnarum talaria adfigunt. (60) Cupido primus Mercurio et Diana prima natus dicitur; secundus Mercurio et Venere secunda; tertius, qui idem est Anteros, Marte et Venere tertia.

Atque haec quidem et alia eius modi ex vetere Graeciae fama collecta sunt. Quibus intellegis resistendum esse, ne perturbentur religiones; vestri autem non modo haec non

chen Namen als Upis. Wir haben gleichfalls viele Götter, die Dionysos heißen; als ersten einen Sohn des Iuppiter und der Proserpina; als zweiten einen Sohn des Neilos, der Nysa getötet haben soll; als dritten einen Sohn des Kabeiros, der angeblich als König über Kleinasien geherrscht hat und dem zu Ehren die Sabazien eingerichtet wurden; als vierten haben wir einen Sohn des Iuppiter und der Luna, für den, so glaubt man, die Orphischen Feiern veranstaltet werden; als fünften einen Sohn des Nysos und der Thyone, von dem die Trieteriden gestiftet worden sein sollen. (59) Die erste Venus ist eine Tochter des Caelus und der Dies, ihr Heiligtum haben wir in Elis gesehen; die zweite ist die Schaumgeborene, aus deren Verbindung mit Mercur, wie überliefert ist, der zweite Cupido hervorging; die dritte ist Iuppiters und Diones Tochter; sie hat Vulcan geheiratet, soll aber auch mit Mars den Sohn Anteros haben; die vierte ist die Syrische und aus Zypern übernommen; sie heißt Astarte und war dem Mythos nach mit Adonis verehelicht. Die erste Minerva ist die, welche wir vorhin als Apolls Mutter erwähnt haben; die zweite eine Tochter des Neilos, welche die Ägypter in Sais verehren;[526] die dritte jene, welche wir zuvor[527] als eine Tochter Iuppiters aufgeführt haben; die vierte eine Tochter Iuppiters und der Okeanos-Tochter Koryphe; die Arkader nennen sie Koria und halten sie für die Erfinderin des Viergespanns; die fünfte ist eine Tochter des Pallas, die ihren Vater getötet haben soll, weil er versuchte, ihr die Jungfräulichkeit zu rauben; sie stellt man mit Flügelschuhen dar. (60) Der erste Cupido gilt als ein Sohn Mercurs und der ersten Diana; der zweite als ein Sohn des Mercur und der zweiten Venus; der dritte, der mit Anteros identisch ist, als ein Sohn des Mars und der dritten Venus.

Diese und andere ähnliche Listen wurden aus der alten Mythologie Griechenlands zusammengestellt. Du siehst ein, daß man solches bekämpfen muß, damit die religiösen Überzeugungen nicht völlig durcheinander geraten; die Anhänger eurer Lehre widerlegen diese Märchen jedoch nicht

refellunt, verum etiam confirmant interpretando, quorsum quidque pertineat.

Sed eo iam, unde huc digressi sumus, revertamur. (61) Num censes igitur suptiliore ratione opus esse ad haec refellenda? Nam mentem, fidem, spem, virtutem, honorem, victoriam, salutem, concordiam ceteraque huiusmodi rerum vim habere videmus, non deorum. Aut enim in nobismet insunt ipsis, ut mens, ut spes, ut fides, ut virtus, ut concordia, aut optandae nobis sunt, ut honos, ut salus, ut victoria; quarum rerum utilitatem video, video etiam consecrata simulacra; quare autem in iis vis deorum insit, tum intellegam, cum ex te cognovero. Quo in genere vel maxime est fortuna numeranda, quam nemo ab inconstantia et temeritate seiunget, quae digna certe non sunt deo.

(62) Iam vero quid vos illa delectat explicatio fabularum et enodatio nominum? Exsectum a filio Caelum, vinctum itidem a filio Saturnum, haec et alia generis eiusdem ita defenditis, ut ii, qui ista finxerunt, non modo non insani, sed etiam fuisse sapientes videantur. In enodandis autem nominibus, quod miserandum sit, laboratis: 'Saturnus, quia se saturat annis; Mavors, quia magna vertit; Minerva, quia minuit aut quia minatur; Venus, quia venit ad omnia; Ceres a gerendo.' Quam periculosa consuetudo. In multis enim nominibus haerebitis: quid Veiovi facies, quid Volcano? Quamquam, quoniam Neptunum a nando appellatum pu-

nur nicht, sondern bestätigen sie sogar, indem sie ihre jeweilige Bedeutung zu interpretieren versuchen.
Nun aber wollen wir zu dem Punkt, wo unsere Abschweifung begonnen hat, zurückkehren. (61) Glaubst du nun wohl, es bedürfe noch einer gründlicheren Beweisführung, um all das zu entkräften? Denn daß Verstand, Treue, Hoffnung, Tapferkeit, Ehre, Sieg, Gesundheit, Eintracht und die anderen Begriffe dieser Art Abstraktionen[528] sind, nicht aber die Bedeutung von Göttern haben, ist uns ja klar. Entweder nämlich liegen sie in uns selber, wie Verstand, Hoffnung, Treue, Tapferkeit und Eintracht, oder sie sind für uns wünschenswert, wie Ehre, Gesundheit und Sieg; den Nutzen dieser Werte sehe ich ein, ich sehe auch, daß man ihnen Götterbilder geweiht hat. Inwiefern sie indes göttliche Macht besitzen, werde ich erst dann begreifen, wenn du mich darüber aufgeklärt hast. Hierbei ist vor allem das Glück zu nennen, das sich niemand ohne Unbeständigkeit und Unbesonnenheit denken kann, Eigenschaften, die eines Gottes gewiß nicht würdig sind.
(62) Und weiter: Wieso bereiten euch diese Auslegung von Sagen und die Bedeutungserklärung von Namen solches Vergnügen? Caelus sei von seinem Sohn entmannt, desgleichen Saturn von seinem Sohn in Fesseln gelegt worden[529] – dieses und anderes derselben Art verteidigt ihr so, daß man den Eindruck bekommt, die Erfinder solcher Geschichten seien nicht nur keine Idioten, sondern sogar Philosophen gewesen. Bei der Interpretation der Namen aber müht ihr euch in einer Weise ab, die Mitleid erregen könnte:[530] ›Saturn heißt so, weil er sich an den Jahren sättigt (*saturat*), Mavors, weil er große Umwälzungen bringt (*magna vertit*), Minerva, weil sie mindert (*minuit*) oder droht (*minatur*), Venus, weil sie zu allem kommt (*venit*), Ceres, weil sie [das Getreide] trägt (*gerendo*).‹ Was für eine gefährliche Gepflogenheit! Denn bei vielen Namen werdet ihr steckenbleiben: Was willst du mit Veiovis machen, was mit Vulcan? Doch da du ja denkst, Neptun komme von *nare* (›schwimmen‹),

tas, nullum erit nomen, quod non possis una littera explicare, unde ductum sit; in quo quidem magis tu mihi natare visus es quam ipse Neptunus. (63) Magnam molestiam suscepit et minime necessariam primus Zeno, post Cleanthes, deinde Chrysippus, commenticiarum fabularum reddere rationem, vocabulorum, cur quidque ita appellatum sit, causas explicare. Quod cum facitis, illud profecto confitemini, longe aliter se rem habere, atque hominum opinio sit; eos enim, qui di appellantur, rerum naturas esse, non figuras deorum. Qui tantus error fuit, ut perniciosis etiam rebus non modo nomen deorum tribueretur, sed etiam sacra constituerentur. Febris enim fanum in Palatio et Orbonae ad aedem Larum et aram Malae Fortunae Exquiliis consecratam videmus. (64) Omnis igitur talis a philosophia pellatur error, ut, cum de dis inmortalibus disputemus, dicamus digna dis inmortalibus. De quibus habeo ipse, quid sentiam, non habeo autem, quid tibi adsentiar. Neptunum esse dicis animum cum intellegentia per mare pertinentem, idem de Cerere; istam autem intellegentiam aut maris aut terrae non modo comprehendere animo, sed ne suspicione quidem possum attingere. Itaque aliunde mihi quaerendum est, ut et esse deos, et quales sint dii, discere possim, quoniam, qualis tu eos esse vis, agnoscere non possum.

(65) Videamus ea, quae secuntur: primum deorumne prudentia mundus regatur; deinde, consulantne di rebus huma-

wird es freilich keinen Namen geben, den du nicht mit Hilfe eines einzigen Buchstabens erklären könntest; dabei schienst du mir allerdings mehr ins Schwimmen geraten zu sein als Neptun selbst. (63) Eine große und keineswegs notwendige Mühe hat zuerst Zenon[531] auf sich genommen, dann Kleanthes und anschließend Chrysipp[532], um die erfundenen Mythen wissenschaftlich zu deuten und um die Gründe für den Ursprung eines jeden Wortes darzulegen. Indem ihr das tut, gebt ihr in Wirklichkeit zu, daß sich die Sache ganz anders verhält, als die Menschen im allgemeinen glauben, und daß die sogenannten Götter nur die Wesenszüge von Dingen sind, nicht aber göttliche Gestalten. Dieser Irrglaube war so groß, daß man auch unheilvollen Erscheinungen nicht nur den Namen von Göttern zuerkannte, sondern sogar Gottesdienste für sie einrichtete. Wir sehen ja ein Heiligtum der Febris (Fieber) auf dem Palatin, eines der Orbona am Tempel der Laren und einen Altar, welcher der Mala Fortuna (widriges Schicksal) auf dem Esquilin geweiht ist. (64) Jeglicher Irrwitz dieser Art sollte also aus der Philosophie verbannt werden, damit wir bei unserer Diskussion über die unsterblichen Götter nur Äußerungen machen, welche der unsterblichen Götter auch würdig sind. Ich selber weiß, was ich von ihnen zu denken habe, sehe aber keine Möglichkeit, dir zuzustimmen. Du erklärst, Neptun sei ein mit Intelligenz begabter Geist, der das Meer durchdringe, entsprechendes sagst du von Ceres;[533] diese Intelligenz des Meeres oder der Erde kann ich jedoch nicht nur nicht verstehen[534], sondern habe davon nicht einmal die leiseste Vorstellung. Daher muß ich mich anderwärts umschauen, um die Existenz und Wesensart der Götter zu begreifen, da ich ja nicht nachvollziehen kann, wie die Götter deiner Ansicht nach sind.

(65) Laßt uns also das Folgende betrachten: zuerst, ob das Weltall durch die Vorsehung der Götter gelenkt wird; dann, ob sie sich um die menschlichen Belange kümmern. Denn

nis. Haec enim mihi ex tua partitione restant duo; de quibus si vobis videtur, accuratius disserendum puto."
"Mihi vero", inquit Velleius, "valde videtur; nam et maiora expecto et is, quae dicta sunt, vehementer adsentior."
Tum Balbus "Interpellare te", inquit, "Cotta nolo, sed sumemus tempus aliud; efficiam profecto, ut fateare. Sed ***

'Nequaquam istuc istac ibit; magna inest certatio.
Nam ut ego illi supplicarem tanta blandiloquentia,
ni ob rem?'

(66) Parumne ratiocinari videtur et sibi ipsa nefariam pestem machinari? Illud vero quam callida ratione:

'Qui volt, quod volt, ita dat se res, ut operam dabit',

qui est versus omnium seminator malorum.

'Ille traversa mente mihi hodie tradidit repagula,
quibus ego iram omnem recludam atque illi perniciem dabo;
mihi maerores, illi luctum, exitium illi, exilium mihi.'

Hanc videlicet rationem, quam vos divino beneficio homini solum tributam dicitis, bestiae non habent; (67) videsne igi-

diese beiden Punkte sind für mich aus deiner Einteilung noch überfällig; über sie, meine ich, müßte, wenn es euch recht ist, eingehender diskutiert werden.«
»Mir allerdings«, sprach Velleius, »ist es sehr recht; denn ich erwarte noch Ausführungen von einigem Gewicht und stimme dem bislang Gesagten leidenschaftlich zu.«
Hierauf versetzte Balbus: »Ich will dich, mein Cotta, nicht unterbrechen, doch wir werden dafür lieber einen anderen Zeitpunkt wählen; bestimmt wird es mir dann gelingen, daß du mir beipflichtest. Aber ***[535]

›Keineswegs wird es so dazu kommen; der Streit
dabei ist zu groß.
Denn wozu sollte ich sie anflehen mit so
schmeichlerischer Rede,
wenn nicht zum eigenen Vorteil?‹[536]

(66) Scheint sie hier zu wenig zu überlegen und für sich selbst heilloses Verderben zu ersinnen? Doch mit welch schlauer Berechnung äußert sie auch folgendes:

›Wer wirklich will, was er will, hat den Erfolg, der
seinem Bemühen entspricht‹.[537]

Dies ist der Vers, der den Keim allen Unglücks in sich birgt.

›Jener gab mir heute falschen Sinnes die Schlüssel,
mit denen ich all meinen Zorn erschließen und ihm
Verderben bringen werde,
mir Kummer, ihm Trauer, den Tod ihm, die
Verbannung mir.‹[538]

Diese Art der Vernunft, die, wie ihr sagt, durch göttliche Güte nur den Menschen zuteil wurde, besitzen die Tiere allerdings nicht. (67) Siehst du also, welch gewaltiges Geschenk wir von den Göttern erhalten haben? Und von der-

tur, quanto munere deorum simus adfecti? Atque eadem Medea patrem patriamque fugiens,

> 'postquam pater
> adpropinquat iamque paene, ut conprehendatur, parat,
> puerum interea optruncat membraque articulatim dividit
> perque agros passim dispergit corpus: id ea gratia,
> ut, dum nati dissipatos artus captaret parens,
> ipsa interea effugeret, illum ut maeror tardaret sequi,
> sibi salutem ut familiari pareret parricidio'.

(68) Huic ut scelus, sic ne ratio quidem defuit. Quid ille funestas epulas fratri conparans nonne versat huc et illuc cogitatione rationem:

> 'Maior mihi moles, maius miscendumst malum,
> qui illius acerbum cor contundam et conprimam.'

Nec tamen ille ipse est praetereundus,

> 'qui non sat habuit coniugem inlexe in stuprum.'

De quo recte et verissume loquitur Atreus:

selben Medeia heißt es, während sie den Vater und das Vaterland verließ,

›als der Vater
sich nähert und fast schon anschickt, sie zu ergreifen,
schlachtet sie inzwischen den Knaben, zerteilt die Glieder Stück für Stück,
und über die Fluren allenthalben verstreut sie den Leichnam: nur deshalb,
damit sie, während der Vater sucht die verstreuten Gebeine des Sohnes,
derweilen selbst entfliehe, damit ihn die Trauer hindere, sie zu verfolgen,
damit sie selbst in Sicherheit sich bringe durch die Ermordung des Bruders‹.[539]

(68) Sie beging zwar ein Verbrechen, doch fehlte es ihr nicht an vernünftiger Überlegung. Und weiter: Macht sich nicht auch jener, der seinem Bruder das unheilvolle Mahl bereitet,[540] nach allen Seiten kluge Gedanken?

›Noch größere Not, noch größeres Unglück muß ich erzeugen,
um sein grausames Herz zu brechen und zu zermalmen.‹[541]

Aber auch jener Mann selbst[542] darf nicht unerwähnt bleiben,

›dem es nicht genügte, die Frau zum Ehebruch verführt zu haben‹.[543]

Von ihm sagt Atreus richtig und ganz wahrheitsgemäß:

'Quod re in summa summum esse arbitror
periclum, matres coinquinari regias,
contaminari stirpem, admisceri genus.'

At id ipsum quam callide, qui regnum adulterio quaereret:

'Addo', inquit, 'huc, quod mihi portento caelestum pater
prodigium misit, regni stabilimen mei,
agnum inter pecudes aurea clarum coma
quondam Thyestem clepere ausum esse e regia,
qua in re adiutricem coniugem cepit sibi'.

(69) Videturne summa inprobitate usus non sine summa esse ratione? Nec vero scaena solum referta est his sceleribus, sed multo vita communis paene maioribus. Sentit domus uniuscuiusque, sentit forum, sentit curia, campus, socii, provinciae, ut, quemadmodum ratione recte fiat, sic ratione peccetur, alterumque et a paucis et raro, alterum et semper et a plurimis, ut satius fuerit nullam omnino nobis a dis immortalibus datam esse rationem quam tanta cum pernicie datam. Ut vinum aegrotis, quia prodest raro, nocet saepissime, melius est non adhibere omnino quam spe dubiae

›Dies halte ich bei dem gewaltigen Frevel für die höchste
Gefahr, daß königliche Mütter befleckt,
die Nachkommen besudelt, das Geschlecht [mit fremdem Blut] vermischt wird.‹[544]

Doch wie schlau stellte gerade der das an, der durch Ehebruch die Königsmacht erstrebte:

›Ich füge hier hinzu‹, sagte er: ›Mir schickte der Vater der Himmlischen
zum Zeichen ein Wunder, die Bestätigung meiner Herrschaft,
ein Lamm, hellstrahlend zwischen den Schafen, mit goldenem Vlies,
das Thyest aus der Königsburg einst wagte zu rauben,
wobei er sich meiner Gattin als Helferin bediente‹.[545]

(69) Sieht es nicht so aus, als lege er bei der schlimmsten Ruchlosigkeit ein Höchstmaß an vernünftiger Überlegung an den Tag? Aber nicht nur die Bühne ist voll von derartigen Verbrechen, sondern auch das alltägliche Leben, und zwar mit fast noch viel größeren. Das spürt das Haus eines jeden, das merkt das Forum, das wissen die Kurie, das Marsfeld, die Bundesgenossen und die Provinzen; folglich wird in dem Maße, wie mit Hilfe der Vernunft ehrbar gehandelt wird, gleichfalls mit Hilfe der Vernunft gefrevelt; das eine tun nur wenige und das selten, das andere sehr viele und immer, so daß es besser gewesen wäre, die unsterblichen Götter hätten uns überhaupt keine Vernunft gegeben anstatt einer, die so viel Unheil nach sich zieht. Ebenso wie es für Kranke besser ist, gar keinen Wein zu sich zu nehmen, weil er selten nützt und meistens schadet, als sich in der Hoffnung auf eine ungewisse Besserung ins

salutis in apertam perniciem incurrere, sic haud scio, an melius fuerit humano generi motum istum celerem cogitationis, acumen, sollertiam, quam rationem vocamus, quoniam pestifera sit multis, admodum paucis salutaris, non dari omnino quam tam munifice et tam large dari. (70) Quamobrem si mens voluntasque divina idcirco consuluit hominibus, quod iis est largita rationem, is solis consuluit, quos bona ratione donavit, quos videmus, si modo ulli sint, esse perpaucos. Non placet autem paucis a diis inmortalibus esse consultum; sequitur ergo, ut nemini consultum sit.
Huic loco sic soletis occurrere: non idcirco non optume nobis a dis esse provisum, quod multi eorum beneficio perverse uterentur; etiam patrimoniis multos male uti nec ob eam causam eos beneficium a patribus nullum habere. Quisquam istuc negat, aut quae est in collatione ista similitudo? Nec enim Herculi nocere Deianira voluit, cum ei tunicam sanguine Centauri tinctam dedit, nec prodesse Pheraeo Iasoni is, qui gladio vomicam eius aperuit, quam sanare medici non potuerant. Multi enim et, cum obesse vellent, profuerunt et, cum prodesse, offuerunt; ita non fit ex eo, quod datur, ut voluntas eius, qui dederit, appareat, nec si is, qui accepit, bene utitur, idcirco is, qui dedit, amice dedit. (71) Quae enim libido, quae avaritia, quod facinus aut suscipitur nisi consilio capto aut sine animi motu et cogitatione, id est ratione, perficitur; nam omnis opinio ratio est,

offene Verderben zu stürzen, so wäre es vermutlich auch besser gewesen, den Menschen diese schnelle Beweglichkeit des Denkens, den Scharfsinn und die Einsicht, also das, was wir Vernunft nennen, vorzuenthalten, anstatt ihnen diese Gabe so großzügig und reichlich zu schenken, da sie ja für viele nur Unglück und bloß für sehr wenige Gutes bringt. (70) Wenn somit der Geist und der Wille der Götter deswegen für die Menschen gesorgt hat, weil er ihnen die Vernunft zum Geschenk machte, so hat er nur für die gesorgt, denen er ein gesundes Urteilsvermögen gab; das aber sind, wie wir sehen, falls es denn überhaupt welche gibt, äußerst wenige. Doch nun kann man nicht annehmen, daß die unsterblichen Götter nur für eine Minderheit gesorgt hätten; demzufolge haben sie für niemanden gesorgt.

Dieser Argumentation pflegt ihr folgendermaßen zu begegnen: Nicht deshalb hätten die Götter nicht die beste Vorsorge für uns getroffen, weil viele von ihrem Geschenk den verkehrten Gebrauch machten; auch mit ihrer Erbschaft würden viele schlecht umgehen und hätten damit dennoch ihren Vätern eine Wohltat zu verdanken. Bestreitet das jemand, oder worin liegt bei einem solchen Vergleich die Ähnlichkeit? Denn weder wollte Deianeira dem Hercules Böses tun, als sie ihm das mit Kentaurenblut getränkte Hemd gab, noch wollte dem Iason aus Pherai der Mann nützen, der ihm mit dem Schwert die Eiterbeule aufstach, welche die Ärzte nicht hatten heilen können. Viele haben nämlich, obwohl sie schaden wollten, Nutzen gebracht und andererseits, als sie nutzen wollten, Schaden gestiftet. Somit zeigt sich nicht schon in der Gabe der Wille des Gebers, und auch wenn der Empfänger aus der Gabe Nutzen zieht, hat nicht schon deswegen der Geber eine freundliche Absicht verfolgt. (71) Denn welche Tat, der Begehrlichkeit oder Habgier entsprungen, oder welches Verbrechen wird ohne vorgefaßten Plan oder ohne Überlegen und Nachdenken, das heißt unter Mitwirkung des Verstandes, begangen? Jede Überlegung ist ja ein Akt des Verstandes, und zwar ein gu-

et quidem bona ratio, si vera, mala autem, si falsa est opinio. Sed a deo tantum rationem habemus, si modo habemus, bonam autem rationem aut non bonam a nobis. Non enim ut patrimonium relinquitur, sic ratio est homini beneficio deorum data; quid enim potius hominibus dii dedissent, si is nocere voluissent; iniustitiae autem, intemperantiae, timiditatis quae semina essent, si is vitiis ratio non subesset? Medea modo et Atreus commemorabatur a nobis, heroicae personae, inita subductaque ratione nefaria scelera meditantes. (72) Quid? Levitates comicae parumne semper in ratione versantur? Parumne suptiliter disputat ille in Eunucho:

> 'Quid igitur faciam?'
> 'Exclusit, revocat; redeam? Non, si me obsecret.'

Ille vero in Synephebis Academicorum more contra communem opinionem non dubitat pugnare ratione, qui

> 'in amore summo summaque inopia suave'

esse dicit

> 'parentem habere avarum, inlepidum, in liberos
> difficilem, qui te nec amet nec studeat tui',

ter, wenn sie richtig ist, hingegen ein schlechter, wenn die Überlegung falsch ist. Von der Gottheit haben wir jedoch nur das Denkvermögen, wenn wir es denn haben; ob wir freilich richtig oder falsch denken, liegt an uns. Denn den Verstand haben die Götter den Menschen nicht so zum Geschenk gemacht, wie einem eine Erbschaft hinterlassen wird. Was nämlich hätten die Götter den Menschen eher geben können, wenn sie ihnen hätten schaden wollen? Was aber wären die Keimzellen für die Ungerechtigkeit, die Maßlosigkeit und Feigheit, wenn diesen Fehlern nicht der Verstand zugrunde läge?
Medeia und Atreus wurden eben von uns erwähnt, Persönlichkeiten der Heroenzeit, die nach reiflicher Überlegung ruchlose Verbrechen ersannen. (72) Und weiter: Verzichtet denn die Unbeschwertheit der Komödie stets auf vernünftiges Nachdenken? Macht sich jener Mann im ›Eunuchus‹ zu wenig subtile Gedanken?

›Was soll ich also machen?‹
›Sie hat mich ausgeschlossen, sie ruft mich zurück; soll ich zurückkehren? Nein, auch wenn sie mich beschwört.‹[546]

Jener Sohn in den ›Synepheben‹ hat aber keine Bedenken, nach Art der Akademiker[547] gegen die landläufige Meinung mit Vernunftgründen anzukämpfen, wenn er sagt, es sei

›im Zustand heftigster Verliebtheit und höchster Geldnot angenehm,
einen Vater zu haben, der habgierig, grob und zu den Kindern
hart ist, der dich weder liebt noch Interesse an dir hat‹;[548]

(73) atque huic incredibili sententiae ratiunculas suggerit:

> 'Aut tu illum fructu fallas aut per litteras
> avertas aliquod nomen aut per servolum
> percutias pavidum; postremo a parco patre
> quod sumas, quanto dissipes libentius';

idemque facilem et liberalem patrem incommodum esse amanti filio disputat:

> 'Quem neque quo pacto fallam nec quid inde auferam
> nec quem dolum ad eum aut machinam commoliar,
> scio quicquam: ita omnis meos dolos, fallacias,
> praestrigias praestrinxit commoditas patris.'

Quid ergo isti doli, quid machinae, quid fallaciae praestrigiaeque? Num sine ratione esse potuerunt? O praeclarum munus deorum! Ut Phormio possit dicere:

> 'Cedo senem; iam instructa sunt mihi in corde
> consilia omnia.'

(74) Sed exeamus e theatro, veniamus in forum! Sessum ite, precor! Quid ut iudicetur? Qui tabularium incenderit. Quod facinus occultius: at se Q. Sosius, splendidus eques Romanus, ex agro Piceno, fecisse confessus est. Qui tran-

(73) und dieser unglaublichen Aussage läßt er feinsinnige Überlegungen folgen:

›Du könntest ihn um seine Zinsen betrügen oder
durch gefälschte Papiere
einen Schuldposten unterschlagen oder durch einen
Sklaven
dem Furchtsamen Angst einjagen; kurz, was du
einem geizigen Vater
wegnimmst, wirst du um so lieber verprassen‹.[549]

Und derselbe junge Mann setzt auseinander, daß ein nachsichtiger und großzügiger Vater für einen verliebten Sohn nur lästig sei:

›Wie ich ihn täuschen oder etwas von hier stehlen
oder welche List oder Tücke ich ihm gegenüber
anwenden könnte,
ich weiß es nicht: So sehr hat alle meine Listen,
Betrügereien
und Täuschungsmanöver die Freundlichkeit des
Vaters zum Scheitern verurteilt.‹[550]

Wie steht es also mit diesen Listen, Betrügereien und Täuschungsmanövern? Wären sie etwa ohne die Fähigkeit zu denken möglich gewesen? Oh, was für eine herrliche Göttergabe! So daß Phormio sagen konnte:

›Her mit dem Alten; schon habe ich im Herzen alle
Pläne bereit.‹[551]

(74) Doch verlassen wir das Theater, gehen wir auf das Forum! Begebt euch bitte zur Gerichtsverhandlung! Worüber soll entschieden werden? Wer das Staatsarchiv in Brand gesteckt hat. Gibt es ein rätselhafteres Verbrechen? Doch Quintus Sosius, ein angesehener römischer Ritter aus dem

scripserit tabulas publicas; id quoque L. Alenus fecit, cum chirographum sex primorum imitatus est; quid hoc homine sollertius? Cognosce alias quaestiones, auri Tolossani, coniurationis Iugurthinae; repete superiora: Tubuli de pecunia capta ob rem iudicandam; posteriora: de incestu rogatione Peducaea; tum haec cotidiana: sicae, venena, peculatus, testamentorum etiam lege nova quaestiones. Inde illa actio OPE CONSILIOQUE TUO FURTUM AIO FACTUM ESSE; inde tot iudicia de fide mala, tutelae, mandati, pro socio, fiduciae, reliqua, quae ex empto aut vendito aut conducto aut locato contra fidem fiunt, inde iudicium publicum rei privatae lege Plaetoria, inde everriculum malitiarum omnium, iudicium de dolo malo, quod C. Aquillius familiaris noster protulit; quem dolum idem Aquillius tum teneri putat, cum aliud sit simulatum, aliud actum. (75) Hanc igitur tantam a dis inmortalibus arbitramur malorum sementim esse factam? Si enim rationem hominibus di dederunt, malitiam dederunt; est enim malitia versuta et fallax ratio nocendi; idem etiam di fraudem dederunt, facinus ceteraque, quorum nihil nec suscipi sine ratione nec effici potest. Utinam igitur, ut illa anus optat,

Picenum, hat die Tat gestanden. Wer hat die staatlichen Abrechnungen gefälscht? Auch das hat Lucius Alenus getan, indem er die Handschrift der sechs obersten Stadträte[552] nachmachte; gibt es einen geschickteren Kerl als ihn? Schau dir andere Verfahren an, das wegen des Goldes von Tolossa und das wegen der Iugurthinischen Verschwörung; erinnere dich an frühere: Tubulus' Anklage, weil er für seine Prozeßführung Geld genommen hatte; spätere Prozesse: wegen Unzucht, auf Antrag des Peducaeus; dann diese alltäglichen Fälle: Meuchel- und Giftmord, Unterschlagung, doch auch Untersuchungen wegen Testamentsfälschungen nach dem neuen Gesetz[553]. Daher stammt ja auch die bekannte Klageformel: MIT DEINER HILFE UND NACH DEINEM PLAN WURDE, SO BEHAUPTE ICH, DER DIEBSTAHL BEGANGEN. Daher gibt es so viele Rechtsverfahren wegen Vertrauensbruch bei Vormundschaften, übernommenen Verpflichtungen, Gesellschaftsverträgen, Treuhandgeschäften und all die anderen Fälle, wo beim Kauf, Verkauf, Mieten oder Vermieten gegen Treu und Glauben verstoßen wird. Daher stammt das öffentliche Verfahren über Privatverträge nach der Lex Plaetoria, daher der Besen, der alle Schlechtigkeiten hinwegfegen soll, die Klage wegen arglistiger Täuschung, die unser Freund Gaius Aquillius bekanntmachte; diese Arglist liegt nach Aquillius' Meinung auch dann vor, wenn man vorgab, etwas zu tun, und dann anders handelte. (75) Diese gewaltige Saat von Übeln sollen wir also für das Werk der unsterblichen Götter halten? Denn wenn die Götter den Menschen den Verstand gegeben haben, so haben sie ihnen auch die Bosheit gegeben. Bosheit ist nämlich die von Schlauheit und Betrug bestimmte Absicht, Schaden zu stiften; dieselben Götter haben uns mithin auch mit der Bereitschaft, Betrug, Verbrechen und sonstige Schandtaten zu begehen, ausgestattet, Delikte, die alle nur mit Hilfe des Verstandes geplant und ausgeführt werden können. Wenn also doch, wie jene Alte es wünscht,

'ne in nemore Pelio securibus
caesae accidissent abiegnae ad terram trabes',

sic istam calliditatem hominibus di ne dedissent, qua perpauci bene utuntur, qui tamen ipsi saepe a male utentibus obprimuntur, innumerabiles autem improbe utuntur, ut donum hoc divinum rationis et consilii ad fraudem hominibus, non ad bonitatem impertitum esse videatur.

(76) Sed urgetis identidem hominum esse istam culpam, non deorum. Ut si medicus gravitatem morbi, gubernator vim tempestatis accuset; etsi hi quidem homunculi, sed tamen ridiculi: 'Quis enim te adhibuisset', dixerit quispiam, 'si ista non essent.' Contra deum licet disputare liberius: 'In hominum vitiis ais esse culpam: eam dedisses hominibus rationem, quae vitia culpamque excluderet.' Ubi igitur locus fuit errori deorum? Nam patrimonia spe bene tradendi relinquimus, qua possumus falli; deus falli qui potuit? An ut Sol, in currum quom Phaethontem filium sustulit, aut Neptunus, cum Theseus Hippolytum perdidit, cum ter optandi a Neptuno patre habuisset potestatem? (77) Poetarum ista sunt; nos autem philosophi esse volumus, rerum auctores, non fabularum. Atque hi tamen ipsi di poetici, si scissent

›im Haine des Pelion,
gefällt, nicht zu Boden gegangen wären der Tannen
Stämme‹,[554]

so wünschte ich, die Götter hätten den Menschen nicht diese geistige Wendigkeit gegeben, von der nur sehr wenige den rechten Gebrauch machen, die dann ihrerseits trotzdem noch häufig von denen, die diese Fähigkeit mißbrauchen, unterdrückt werden; unzählige jedoch bedienen sich dieser Gabe in unredlicher Weise, so daß die Menschen mit dem göttlichen Geschenk des vernünftigen und planvollen Denkens bedacht wurden, damit sie einander betrügen, aber nicht, damit sie Gutes tun.

(76) Allerdings betont ihr immer wieder, dies sei die Schuld der Menschen, nicht der Götter. [Das ist aber dasselbe,] wie wenn sich ein Arzt über die Schwere der Krankheit und ein Steuermann über die Heftigkeit des Sturmes beklagen würde; auch wenn es sich hier um schwache Menschen handelt, wären sie doch lächerlich. ›Wer hätte dich denn zu Hilfe gerufen‹, könnte jemand sagen, ›wenn die Situation anders wäre?‹ Der Gottheit gegenüber darf man freimütiger argumentieren: ›Bei den Fehlern der Menschen, behauptest du, liege die Schuld; du hättest jedoch den Menschen eine Vernunft geben sollen, die Fehler und Schuld ausschlösse.‹ Wo also bot sich den Göttern die Möglichkeit für einen Irrtum? Denn wir hinterlassen ja Erbschaften in der Hoffnung, sie in gute Hände zu übergeben, wobei wir uns freilich täuschen können. Aber wie hätte ein Gott sich täuschen können? Etwa so wie Sol, als er seinen Sohn Phaethon seinen Wagen besteigen ließ, oder wie Neptun, als Theseus, nachdem er bei seinem Vater drei Wünsche freihatte, Hippolyt ins Verderben stürzte? (77) Das sind Erzählungen von Dichtern, wir dagegen wollen Philosophen sein und Fakten liefern, keine Phantasien. Und selbst von diesen erfundenen Göttern der Poesie müßte man annehmen, sie hätten mit ihren Geschenken Fehler gemacht, wenn sie gewußt hätten,

perniciosa fore illa filiis, peccasse in beneficio putarentur. Et si verum est, quod Aristo Chius dicere solebat, nocere audientibus philosophos is, qui bene dicta male interpretarentur – posse enim ἀσώτους ex Aristippi, acerbos e Zenonis schola exire – prorsus, si, qui audierunt, vitiosi essent discessuri, quod perverse philosophorum disputationem interpretarentur, tacere praestaret philosophis quam is, qui se audissent, nocere. (78) Sic, si homines rationem bono consilio a dis immortalibus datam in fraudem malitiamque convertunt, non dari illam quam dari humano generi melius fuit. Ut si medicus sciat eum aegrotum, qui iussus sit vinum sumere, meracius sumpturum statimque periturum, magna sit in culpa, sic vestra ista Providentia reprendenda, quae rationem dederit is, quos scierit ea perverse et inprobe ussuros. Nisi forte dicitis eam nescisse. Utinam quidem; sed non audebitis, non enim ignoro, quanti eius nomen putetis.

(79) Sed hic quidem locus concludi iam potest. Nam si stultitia consensu omnium philosophorum maius est malum, quam si omnia mala et fortunae et corporis ex altera parte ponantur, sapientiam autem nemo adsequitur, in summis malis omnes sumus, quibus vos optume consultum a dis inmortalibus dicitis. Nam ut nihil interest, utrum nemo valeat an nemo possit valere, sic non intellego, quid intersit, utrum nemo sit sapiens an nemo esse possit.

daß diese für ihre Söhne tödlich sein würden. Und wenn stimmt, was Ariston aus Chios zu behaupten pflegte: Die Philosophen würden denen ihrer Schüler schaden, die gute Lehrsätze falsch auslegten – aus der Schule Aristipps könnten nämlich Libertins, aus der Zenons Miesmacher hervorgehen[555] –, kurz, wenn die Studenten die Schule sittlich verdorben verließen, weil sie den Vortrag der Philosophen verkehrt interpretierten, dann wäre es für die Philosophen besser, ganz zu schweigen, als ihren Hörern zu schaden. (78) Ebenso: Wenn die Menschen den Verstand, mit dem die unsterblichen Götter sie in guter Absicht begabt haben, zu Betrug und Bosheit mißbrauchen, dann wäre es besser gewesen, diesen der Menschheit vorzuenthalten, statt ihn ihr zu geben. Wie zum Beispiel ein Arzt, wenn ihm klar ist, daß der Kranke, dem er Wein verordnet hat, diesen zu wenig verdünnt trinken und gleich darauf sterben wird, eine große Schuld auf sich lüde, so verdient auch eure bekannte Vorsehung Kritik, weil sie diejenigen mit Denkvermögen ausgestattet hat, von denen sie wußte, sie würden es verkehrt und frevelhaft nutzen. Es sei denn, ihr wolltet behaupten, ihr sei das nicht bekannt gewesen. Wenn ihr das doch nur zugäbet; doch das werdet ihr nicht wagen, ich weiß ja nur allzu gut, welch hohes Ansehen die Vorsehung bei euch genießt.

(79) Aber zumindest dieser Teil der Untersuchung kann jetzt zum Abschluß gebracht werden. Denn wenn nach einhelliger Meinung aller Philosophen die Dummheit[556] ein größeres Übel ist als alle Schicksalsschläge und körperliche Gebrechen zusammengenommen, niemand jedoch in den Besitz der Weisheit gelangen kann, dann befinden wir uns alle im tiefsten Unglück, obwohl ihr doch vorgebt, die Götter hätten bestens für uns gesorgt. Wie es nämlich völlig gleichgültig ist, ob niemand gesund ist oder niemand gesund sein kann, so sehe ich auch nicht ein, welchen Unterschied es macht, ob niemand weise ist oder niemand weise sein kann.

Ac nos quidem nimis multa de re apertissuma; Telamo autem uno versu totum locum conficit, cur di homines neglegant:

> 'Nam si curent, bene bonis sit, male malis; quod nunc abest.'

Debebant illi quidem omnis bonos efficere, siquidem hominum generi consulebant; (80) sin id minus, bonis quidem certe consulere debebant. Cur igitur duo Scipiones fortissimos et optimos viros in Hispania Poenus oppressit, cur Maximus extulit filium consularem, cur Marcellum Annibal interemit, cur Paulum Cannae sustulerunt, cur Poenorum crudelitati Reguli corpus est praebitum, cur Africanum domestici parietes non texerunt? Sed haec vetera et alia permulta; propiora videamus! Cur avunculus meus vir innocentissumus idemque doctissumus P. Rutilius in exilio est, cur sodalis meus interfectus domi suae Drusus, cur temperantiae prudentiaeque specimen ante simulacrum Vestae pontifex maximus est Q. Scaevola trucidatus, cur ante etiam tot civitatis principes a Cinna interempti, cur omnium perfidiosissimus C. Marius Q. Catulum praestantissuma dignitate virum mori potuit iubere? (81) Dies deficiat, si velim enumerare, quibus bonis male evenerit, nec minus, si commemorem, quibus improbis optime. Cur enim Marius tam feliciter septimum consul domi suae senex est mortuus, cur

Wir haben freilich schon viel zu viel über einen ganz offensichtlichen Sachverhalt geredet. Telamon hingegen klärt mit einem einzigen Vers das ganze Problem, warum die Götter die Menschen vernachlässigen:

›Denn sorgten sie für sie, ginge es den Guten gut, den Schlechten schlecht; was nun nicht zutrifft.‹[557]

Sie hätten ja alle zu guten Menschen machen müssen, falls sie denn wirklich für die Menschheit sorgen wollten; (80) andernfalls hätten sie sich jedoch bestimmt um die Guten kümmern müssen. Warum also konnte der Punier die beiden Scipionen, äußerst tapfere und tüchtige Männer, in Spanien vernichtend schlagen, warum mußte Maximus seinen Sohn, einen ehemaligen Konsuln, zu Grabe tragen, warum tötete Hannibal den Marcellus, warum fand Paulus bei Cannae den Tod, warum wurde der Leichnam des Regulus der Grausamkeit der Punier ausgeliefert, warum konnten den Africanus die Mauern seines Hauses nicht schützen? Aber das und noch vieles andere mehr sind alte Geschichten; laßt uns nun die Fälle aus jüngerer Zeit betrachten! Warum lebt denn mein Onkel Publius Rutilius, ein völlig unbescholtener und zudem hochgebildeter Mann, im Exil, warum wurde mein guter Freund Drusus in seinem eigenen Haus umgebracht, warum wurde der Inbegriff der Mäßigkeit und Klugheit, der Pontifex Maximus Quintus Scaevola, vor dem Götterbild der Vesta[558] niedergestochen, warum wurden auch schon früher so viele führende Staatsmänner von Cinna ermordet, warum konnte Gaius Marius, der schlimmste aller Verräter, dem Quintus Catulus, einem höchst verdienstvollen Mann, den Befehl zum Selbstmord geben? (81) Ein Tag würde nicht ausreichen, wollte ich die Guten aufzählen, denen es schlecht erging, und desgleichen, wollte ich die Schlechten nennen, die hervorragend lebten. Wieso nämlich ist Marius, als er zum siebten Male Konsul war, hochbetagt so glücklich in seinem eigenen Haus gestor-

omnium crudelissumus tam diu Cinna regnavit? 'At dedit poenas.' Prohiberi melius fuit et impedirique, ne tot summos viros interficeret, quam ipsum aliquando poenas dare. Summo cruciatu supplicioque Q. Varius homo importunissumus periit; si, quia Drusum ferro, Metellum veneno sustulerat, illos conservari melius fuit quam poenas sceleris Varium pendere. Duodequadraginta Dionysius tyrannus annos fuit opulentissumae et beatissumae civitatis; (82) quam multos ante hunc in ipso Graeciae flore Pisistratus. 'At Phalaris, at Apollodorus poenas sustulit.' Multis quidem ante cruciatis et necatis. Et praedones multi saepe poenas dant, nec tamen possumus dicere non pluris captivos acerbe quam praedones necatos. Anaxarchum Democriteum a Cyprio tyranno excarnificatum accepimus, Zenonem Eleatem in tormentis necatum; quid dicam de Socrate, cuius morti inlacrimare soleo Platonem legens? Videsne igitur deorum iudicio, si vident res humanas, discrimen esse sublatum? (83) Diogenes quidem Cynicus dicere solebat Harpalum, qui temporibus illis praedo felix habebatur, contra deos testimonium dicere, quod in illa fortuna tam diu viveret. Dionysius, de quo ante dixi, cum fanum Proserpinae Locris expilavisset, navigabat Syracusas; isque cum secundissumo vento cursum teneret, ridens 'Videtisne', inquit, 'amici, quam bona a dis inmortalibus navigatio sacrilegis detur?' Atque homo acutus cum bene planeque percepisset, in eadem sententia perseverabat. Qui quom ad Pelo-

ben, wieso konnte der Grausamste von allen, Cinna, so lange herrschen? ›Aber er hat doch seine Strafe bekommen.‹ Es wäre besser gewesen, ihn mit allen Mitteln daran zu hindern, so viele bedeutende Männer umzubringen, als ihn selbst später einmal zu bestrafen. An den grauenhaftesten Marter- und Folterqualen ging Quintus Varius, ein Ausbund an Brutalität, zugrunde; wenn deshalb, weil er Drusus mit dem Schwert und Metellus[559] durch Gift beseitigt hatte, so wäre es besser gewesen, diese Männer am Leben zu erhalten, als Varius seine Verbrechen sühnen zu lassen. 38 Jahre lang war Dionysios der Tyrann der reichsten und wohlhabendsten Stadt; (82) wie viele Jahre vor ihm Peisistratos gerade in der Blütezeit Griechenlands. ›Aber Phalaris, aber Apollodoros wurden doch bestraft.‹ Freilich erst, nachdem sie viele gefoltert und ermordet hatten. Auch viele Seeräuber finden oft ihre Strafe, und trotzdem müssen wir feststellen, daß mehr Gefangene als Seeräuber auf grausame Weise umkamen. Anaxarchos, ein Schüler Demokrits, wurde, wie uns überliefert ist, vom Tyrannen von Zypern zu Tode gemartert und der Eleate Zenon auf der Folter getötet. Was soll ich erst von Sokrates sagen, über dessen Tod ich bei der Lektüre Platons[560] immer weinen muß? Siehst du also ein, daß nach dem Urteil der Götter, wenn sie das menschliche Tun und Treiben überhaupt beachten, gar kein Unterschied [zwischen Gut und Böse] besteht? (83) Der Kyniker Diogenes jedenfalls wies immer wieder darauf hin, daß Harpalos, der damals als erfolgreicher Seeräuber galt, gegen die Götter ein Zeugnis ablege, weil er schon so lange sein bekannt glückliches Leben führe. Der vorhin von mir erwähnte Dionysios wollte, nachdem er in Lokroi das Heiligtum der Proserpina geplündert hatte, nach Syrakus zurücksegeln, und da er bei äußerst günstigen Winden übers Meer fuhr, rief er lachend: ›Seht ihr nicht, meine Freunde, welch gute Fahrt die unsterblichen Götter den Tempelräubern ermöglichen?‹ Und weil der kluge Denker dies treffend und klar erfaßt hatte, hielt er auch an seiner Überzeu-

ponnesum classem appulisset et in fanum venisset Iovis Olympii, aureum ei detraxit amiculum grandi pondere, quo Iovem ornarat e manubiis Carthaginiensium tyrannus Gelo, atque in eo etiam cavillatus est aestate grave esse aureum amiculum, hieme frigidum, eique laneum pallium iniecit, cum id esse ad omne anni tempus diceret. Idemque Aesculapi Epidauri barbam auream demi iussit; neque enim convenire barbatum esse filium, cum in omnibus fanis pater imberbis esset. (84) Iam mensas argenteas de omnibus delubris iussit auferri, in quibus, quod more veteris Graeciae inscriptum esset BONORUM DEORUM, uti se eorum bonitate velle dicebat. Idem Victoriolas aureas et pateras coronasque, quae simulacrorum porrectis manibus sustinebantur, sine dubitatione tollebat eaque se accipere, non auferre dicebat; esse enim stultitiam, a quibus bona precaremur, ab is porrigentibus et dantibus nolle sumere. Eundemque ferunt haec, quae dixi, sublata de fanis in forum protulisse et per praeconem vendidisse exactaque pecunia edixisse, ut, quod quisque a sacris haberet, id ante diem certam in suum quicque fanum referret: ita ad impietatem in deos in homines adiunxit iniuriam. Hunc igitur nec Olympius Iuppiter fulmine percussit nec Aesculapius misero diuturnoque morbo tabescentem interemit, atque in suo lectulo mortuus tyranni dis non invitis in rogum inlatus est eamque potestatem, quam ipse per scelus erat nanctus, quasi iustam et legitimam

gung fest. Denn als er mit seiner Flotte auf der Peloponnes gelandet und in den Tempel des Iuppiter von Olympia gekommen war, nahm er diesem einen sehr schweren goldenen Umhang ab, mit dem – einem Beutestück aus dem Sieg über die Karthager – der Tyrann Gelon die Iuppiter-Statue geschmückt hatte; und er trieb sogar seinen Spott mit ihm: Im Sommer sei ein goldener Umhang lästig, im Winter jedoch zu kalt. Und er warf ihm einen wollenen Mantel um, weil sich der, so sein Kommentar, für jede Jahreszeit eigne. Und derselbe Dionysios ließ dem Aesculap in Epidauros den goldenen Bart abnehmen; es gehöre sich nämlich nicht, daß der Sohn einen Bart trage, da in allen anderen Heiligtümern der Vater bartlos dargestellt sei. (84) Dann ließ er die silbernen Tische aus allen Tempeln entfernen, auf denen in der Tradition des alten Griechenland DER GUTEN GÖTTER eingraviert war, und sagte dazu, er wolle sich ihrer Güte bedienen. Ebenso entführte er ohne Bedenken goldene Victoria-Statuetten, Opferschalen und Kränze, welche die Standbilder in ihren ausgestreckten Händen hielten, und erklärte, es seien Geschenke, keine Diebesgüter; es zeuge nämlich von Dummheit, von den Göttern das Gute, um das man sie doch bitte, nicht nehmen zu wollen, wenn sie es als Geschenk darböten. Und, wie man erzählt, brachte er auch die aus den Heiligtümern geraubten Stücke, die ich gerade aufgezählt habe, aufs Forum, ließ sie öffentlich versteigern und gab, nachdem er das Geld einkassiert hatte, bekannt, daß jeder, der Tempeleigentum besitze, dies vor einem bestimmten Termin in ebendiesen Tempel zurückzubringen habe: Auf diese Weise ließ er dem Frevel an den Göttern noch Unrecht an den Menschen folgen. Diesen Mann also erschlug der Olympische Iuppiter nicht mit seinem Blitz, und Aesculap ließ ihn nicht an einer langen, schlimmen Krankheit dahinsiechen; er starb, mit vollem Einverständnis der Götter, auf seinem Tyrannenlager, wurde auf den Scheiterhaufen gebettet, und die Gewaltherrschaft, die er selber erst nach einem Verbrechen hatte antreten können, hinterließ er

hereditatis loco filio tradidit. (85) Invita in hoc loco versatur oratio; videtur enim auctoritatem adferre peccandi; recte videretur, nisi et virtutis et vitiorum sine ulla divina ratione grave ipsius conscientiae pondus esset; qua sublata iacent omnia. Ut enim nec domus nec res publica ratione quadam et disciplina dissignata videatur, si in ea nec recte factis praemia extent ulla nec supplicia peccatis, sic mundi divina in homines moderatio profecto nulla est, si in ea discrimen nullum est bonorum et malorum.

(86) 'At enim minora di neglegunt neque agellos singulorum nec viticulas persecuntur, nec, si uredo aut grando cuipiam nocuit, id Iovi animadvertendum fuit; ne in regnis quidem reges omnia minima curant': sic enim dicitis. Quasi ego paulo ante de fundo Formiano P. Rutili sim questus, non de amissa salute. Atque hoc quidem omnes mortales sic habent, externas commoditates, vineta, segetes, oliveta, ubertatem frugum et fructuum, omnem denique commoditatem prosperitatemque vitae a dis se habere; virtutem autem nemo umquam acceptam deo rettulit. (87) Nimirum recte; propter virtutem enim iure laudamur et in virtute recte gloriamur; quod non contingeret, si id donum a deo, non a nobis haberemus. At vero aut honoribus aucti aut re familiari, aut si aliud quippiam nacti sumus fortuiti boni aut depulimus mali, tum dis gratias agimus, tum nihil nostrae

seinem Sohn wie ein rechtmäßig und gesetzlich erworbenes Erbe. (85) Nur ungern befaßt sich mein Vortrag mit diesem Thema; denn er liefert scheinbar eine Rechtfertigung für sündhaftes Verhalten: Der Eindruck wäre richtig, würde nicht auch ohne jede Rücksicht auf ein göttliches Gesetz gerade das Bewußtsein von Gut und Böse schwer ins Gewicht fallen; ohne dies Bewußtsein liegt alles darnieder. Wie nämlich weder ein Privathaus noch ein Staat eine bestimmte vernünftige Ordnung aufzuweisen scheinen, falls dort für gute Taten Belohnungen ausbleiben und Strafen für Vergehen, so gibt es in der Tat auch keine die Menschen einschließende göttliche Lenkung der Welt, falls dabei zwischen Gut und Böse nicht unterschieden wird.

(86) ›Aber die Götter nehmen halt keine Notiz von Kleinigkeiten,[561] sie kümmern sich nicht um die kleinen Ländereien und Weinstöckchen einzelner, und wenn Kornbrand oder Hagel irgendwem Schaden brachte, so hat Iuppiter doch nicht darauf achthaben müssen; auch in den Königreichen befassen sich ja die Könige nicht mit jeder Belanglosigkeit.‹ So nämlich redet ihr. Wie wenn ich mich gerade[562] über den Verlust des Landgutes des Publius Rutilius bei Formiae beklagt hätte und nicht über den Verlust seiner bürgerlichen Existenz. Alle Sterblichen sind nun freilich der Meinung, die äußeren Annehmlichkeiten wie Weingärten, Saatfelder, Olivenpflanzungen, die reiche Ernte an Feldfrüchten und Obst, kurz, jede Bequemlichkeit und jedes Glück im Leben hätten sie von den Göttern erhalten. Den Besitz der Tugend hat allerdings noch niemand je auf eine Gottheit zurückgeführt.[563] (87) Selbstverständlich ist das richtig; denn für die Tugend lobt man uns mit Recht, und der Tugend rühmen wir uns berechtigterweise; das wäre nicht der Fall, wenn wir dies Geschenk von einer Gottheit und nicht von uns selbst hätten. Falls wir jedoch zu Ehren und Vermögen gekommen sind oder falls wir irgendein anderes Glücksgut erhalten oder ein Unheil von uns abgewendet haben, dann danken wir den Göttern, dann glauben wir, nichts davon sei

laudi adsumptum arbitramur. Num quis, quod bonus vir esset, gratias dis egit umquam? At quod dives, quod honoratus, quod incolumis; Iovemque optimum et maximum ob eas res appellant, non quod nos iustos, temperantes, sapientes efficiat, sed quod salvos, incolumis, opulentos, copiosos; (88) neque Herculi quisquam decumam vovit umquam, si sapiens factus esset – quamquam Pythagoras, cum in geometria quiddam novi invenisset, Musis bovem inmolavisse dicitur; sed id quidem non credo, quoniam ille ne Apollini quidem Delio hostiam inmolare voluit, ne aram sanguine aspergeret. Ad rem autem ut redeam, iudicium hoc omnium mortalium est, fortunam a deo petendam, a se ipso sumendam esse sapientiam. Quamvis licet Menti delubra et Virtuti et Fidei et Spei consecremus, tamen haec in nobis ipsis sita videmus; salutis, opis, victoriae facultas a dis expetenda est.

Inproborum igitur prosperitates secundaeque res redarguunt, ut Diogenes dicebat, vim omnem deorum ac potestatem. (89) 'At nonnumquam bonos exitus habent boni.' Eos quidem arripimus adtribuimusque sine ulla ratione dis inmortalibus. At Diagoras cum Samothracam venisset, Atheus ille qui dicitur, atque ei quidam amicus: 'Tu, qui deos putas humana neglegere, nonne animadvertis ex tot tabulis pictis, quam multi votis vim tempestatis effugerint in portumque salvi pervenerint?', 'Ita fit', inquit, 'illi enim nusquam picti sunt, qui naufragia fecerunt in marique per-

unserem eigenen Verdienst anzurechnen. Hat etwa irgendwer den Göttern dafür, daß er ein guter Mensch ist, jemals gedankt? Wohl dafür, daß er reich, angesehen und gesund ist; und Iuppiter nennt man nicht deshalb den Besten und Größten, weil er uns gerecht, maßvoll und weise macht, sondern weil er uns Unversehrtheit, Gesundheit, Reichtum und materielle Güter gibt. (88) Auch dem Hercules hat noch keiner jemals den Zehnten[564] gelobt für den Fall, daß er weise würde – obwohl Pythagoras, da er in der Geometrie etwas Neues herausgefunden hatte,[565] den Musen einen Stier geopfert haben soll; das glaube ich jedoch nicht, weil er ja nicht einmal dem Apoll von Delos ein Opfertier schlachten wollte, um den Altar nicht mit Blut zu beflekken.[566] Doch um zum Thema zurückzukommen: Alle Menschen sind der Überzeugung, daß man die Gottheit um ein günstiges Geschick bitten, die Weisheit hingegen aus sich selbst heraus entwickeln müsse. Mögen wir auch dem Verstand, der Tugend, der Treue und der Hoffnung noch so viele Tempel weihen, so sehen wir dennoch, daß diese Eigenschaften nur in uns selber liegen; aber die Fähigkeit, gesund zu bleiben, mächtig zu werden und zu siegen, muß von den Göttern erbeten werden.

Das Wohlergehen und das Glück schlechter Menschen widerlegen also, wie Diogenes wiederholt betonte,[567] alle Macht und allen Einfluß der Götter. (89) ›Doch bisweilen nimmt es auch mit den Guten ein gutes Ende.‹ Dies nun greifen wir auf und schreiben es ohne jeden vernünftigen Grund den unsterblichen Göttern zu. Als indes Diagoras, der sogenannte Atheist, nach Samothrake gekommen war und ein Freund zu ihm sagte: ›Kannst denn du, der du glaubst, die Götter kümmerten sich nicht um die menschlichen Belange, den so zahlreichen Votivtafeln nicht entnehmen, wie viele Menschen dank ihrer Gelübde der Gewalt eines Sturmes entronnen und wohlbehalten in den Hafen gelangt sind?‹, da antwortete er: ›Schon recht. Nirgends nämlich sind diejenigen dargestellt, die Schiffbruch erlitten

ierunt.' Idemque, cum ei naviganti vectores adversa tempestate timidi et perterriti dicerent non iniuria sibi illud accidere, qui illum in eandem navem recepissent, ostendit eis in eodem cursu multas alias laborantis quaesivitque, num etiam in is navibus Diagoram vehi crederent. Sic enim res se habet, ut ad prosperam adversamve fortunam, qualis sis aut quemadmodum vixeris, nihil intersit.
(90) 'Non animadvertunt', inquit, 'omnia di, ne reges quidem.' Quid est simile? Reges enim, si scientes praetermittunt, magna culpa est; at deo ne excusatio quidem est inscientiae. Quem vos praeclare defenditis, cum dicitis eam vim deorum esse, ut, etiamsi quis morte poenas sceleris effugerit, expetantur eae poenae a liberis, a nepotibus, a posteris. O miram aequitatem deorum! Ferretne civitas ulla latorem istius modi legis, ut condemnaretur filius aut nepos, si pater aut avus deliquisset?

> 'Quinam Tantalidarum internecioni modus
> paretur aut quaenam umquam ob mortem Myrtili
> poenis luendis dabitur satias supplici?'

(91) Utrum poetae Stoicos depravarint an Stoici poetis dederint auctoritatem, non facile dixerim; portenta enim ab utrisque et flagitia dicuntur. Neque enim, quem Hipponactis iambus laeserat aut qui erat Archilochi versu volneratus,

haben und auf See umgekommen sind.‹ Und als auf einer Schiffsreise die anderen Passagiere[568], in Furcht und Schrekken über ein Unwetter, zu ihm sagten, dies widerfahre ihnen mit Fug und Recht, da sie ihn mit an Bord genommen hätten, zeigte ihnen derselbe Diagoras viele andere Schiffe, die auf derselben Route in Seenot waren, und fragte, ob sie etwa glaubten, daß auch diese einen Diagoras an Bord hätten. Denn es verhält sich doch so: Für das Glück oder Unglück eines Menschen spielt es keinerlei Rolle, wie er ist oder wie er gelebt hat.

(90) ›Die Götter achten eben nicht auf alles‹, sagt er, ›auch Könige tun das nicht.‹[569] Wo liegt die Parallele? Denn wenn die Könige wissentlich etwas versäumen, tragen sie eine große Schuld; aber für einen Gott gibt es die Unwissenheit nicht einmal als Entschuldigung. Ihr verteidigt ihn jedoch ganz vortrefflich, indem ihr vorbringt, die Macht der Götter bestehe darin, daß dann, wenn jemand der Strafe für sein Verbrechen durch seinen Tod zuvorgekommen ist, diese Strafe allerdings von den Kindern, Enkeln und [anderen] Nachkommen eingefordert werde. Was für eine erstaunliche Gerechtigkeit der Götter! Würde denn irgendeine Bürgerschaft einen Gesetzgeber dulden, der verlangte, der Sohn oder Enkel müsse verurteilt werden, falls der Vater oder Großvater Unrecht begangen haben?

> ›Wo könnte dem Gemetzel der Tantaliden ein Ende gesetzt werden,
> oder wird die Strafe für den Tod des Myrtilos jemals
> ein ausreichendes Maß an Buße finden?‹[570]

(91) Ob nun die Dichter die Stoiker verdorben haben oder ob die Stoiker den Dichtern das Vorbild geliefert haben, könnte ich nicht problemlos entscheiden; denn Horrorgeschichten und Schandtaten erzählen ja die einen wie die anderen. Wen nämlich ein Iambus des Hipponax verletzt hatte oder wer durch einen Vers des Archilochos getroffen war,

a deo inmissum dolorem, non conceptum a se ipso continebat, nec cum Aegisthi libidinem aut cum Paridis videmus, a deo causam requirimus, cum culpae paene vocem audiamus, nec ego multorum aegrorum salutem non ab Hippocrate potius quam ab Aesculapio datam iudico, nec Lacedaimoniorum disciplinam dicam umquam ab Apolline potius Spartae quam a Lycurgo datam. Critolaus, inquam, evertit Corinthum, Carthaginem Asdrubal; hi duo illos oculos orae maritumae effoderunt, non iratus aliqui, quem omnino irasci posse negatis, deus. (92) At subvenire certe potuit et conservare urbis tantas atque talis; vos enim ipsi dicere soletis nihil esse, quod deus efficere non possit, et quidem sine labore ullo; ut enim hominum membra nulla contentione mente ipsa ac voluntate moveantur, sic numine deorum omnia fingi, moveri mutarique posse. Neque id dicitis superstitiose atque aniliter, sed physica constantique ratione; materiam enim rerum, ex qua et in qua omnia sint, totam esse flexibilem et commutabilem, ut nihil sit, quod non ex ea quamvis subito fingi convertique possit, eius autem universae fictricem et moderatricem divinam esse providentiam; hanc igitur, quocumque se moveat, efficere posse, quicquid velit. Itaque aut nescit, quid possit, aut neglegit res humanas aut, quid sit optimum, non potest iudicare. (93) 'Non curat singulos homines.' Non mirum: ne civitates quidem; non

der empfand nicht einen Schmerz, der ihm von einer Gottheit zugefügt wurde, sondern einen selbstverschuldeten, und wenn wir das sexuelle Verlangen des Aigisthos oder des Paris sehen, suchen wir nicht bei einem Gott nach der Ursache, da wir die Stimme der Schuld beinahe hören können, und ich betrachte die Heilung vieler Kranken eher als die Leistung des Hippokrates als die Aesculaps, und ich werde auch immer darauf bestehen, daß die strenge Verfassung der Lakedaimonier von Lykurg und nicht von Apoll der Stadt Sparta gegeben wurde. Kritolaos, das betone ich, hat Korinth zerstört und Hasdrubal Karthago; die beiden haben jene berühmten Perlen[571] der Meeresküste vernichtet, nicht irgendein erzürnter Gott, dem ihr ja absprecht, überhaupt Zorn empfinden zu können.[572] (92) Aber er hätte wenigstens zu Hilfe kommen und diese großen und bedeutenden Städte retten können. Ihr selbst pflegt ja zu behaupten, es gebe nichts, was ein Gott nicht vermöge, und zwar ohne jede Anstrengung;[573] denn wie sich die Glieder der Menschen ohne alle Mühe und nur durch den Verstand und den Willen bewegten, so könne durch das göttliche Walten alles erschaffen, in Gang gesetzt und verändert werden. Und dies sagt ihr nicht aus Aberglauben und nach Art der alten Weiber, sondern bezieht euch dabei auf eine geschlossene physikalische Theorie. Der Urstoff[574] nämlich, aus dem und in dem alles besteht, sei ganz und gar beweglich und wandelbar, so daß es nichts gebe, was nicht aus ihm, und sei es noch so plötzlich, geschaffen und in eine andere Form gebracht werden könne; die Kraft aber, die diesen gesamten Urstoff gestalte und beherrsche, sei die göttliche Vorsehung; diese sei mithin, worauf sie sich auch richte, imstande, hervorzubringen, was immer sie wolle. Deswegen weiß sie dann also entweder nicht, wozu sie in der Lage ist, oder sie kümmert sich nicht um die menschlichen Angelegenheiten, oder sie kann nicht beurteilen, was das Beste ist. (93) ›Sie sorgt nicht für einzelne Menschen.‹ Kein Wunder: nicht einmal für Städte;[575] und nicht nur für diese nicht: auch nicht

eas: ne nationes quidem et gentis. Quod si has etiam contemnet, quid mirum est omne ab ea genus humanum esse contemptum?

Sed quomodo idem dicitis non omnia deos persequi, idem voltis a dis inmortalibus hominibus dispertiri ac dividi somnia – idcirco haec tecum, quia vestra est de somniorum veritate sententia –, atque idem etiam vota suscipi dicitis oportere? Nempe singuli vovent, audit igitur mens divina etiam de singulis; videtis ergo non esse eam tam occupatam, quam putabatis. Fac esse distentam, caelum versantem, terram tuentem, maria moderantem: cur tam multos deos nihil agere et cessare patitur, cur non rebus humanis aliquos otiosos deos praeficit, qui a te, Balbe, innumerabiles explicati sunt?

Haec fere dicere habui de natura deorum, non ut eam tollerem, sed ut intellegeretis, quam esset obscura et quam difficiles explicatus haberet."

(94) Quae cum dixisset, Cotta finem. Lucilius autem "Vehementius", inquit, "Cotta tu quidem invectus es in eam Stoicorum rationem, quae de providentia deorum ab illis sanctissume et prudentissume constituta est. Sed quoniam advesperascit, dabis nobis diem aliquem, ut contra ista dicamus. Est enim mihi tecum pro aris et focis certamen et pro deorum templis atque delubris proque urbis muris, quos vos pontifices sanctos esse dicitis diligentiusque urbem religione quam ipsis moenibus cingitis; quae deseri a me, dum quidem spirare potero, nefas iudico."

für Nationen und Volksstämme. Wenn sie nun auch diese nicht beachtet, was muß man sich dann wundern, wenn sie auch die gesamte Menschheit mit Verachtung straft?[576] Doch wie könnt ihr, die ihr erklärt, die Götter würden nicht auf alles schauen, gleichfalls behaupten, den Menschen würden von den unsterblichen Göttern Träume eingegeben und zugeteilt[577] – ich wende mich deshalb an dich, weil ihr ja an den Wahrheitsgehalt von Träumen glaubt[578] –, und gleichzeitig verlangen, man müsse auch Gelübde ablegen? Offenbar sind es doch einzelne Personen, die etwas geloben, folglich erhört der göttliche Geist auch Einzelpersonen. Also seht ihr doch, daß er gar nicht so beschäftigt ist, wie ihr immer dachtet. Nimm einmal an, er habe ständig zu tun, er drehe den Himmel, schütze die Erde, bändige die Meere: Warum läßt er dann so viele Gottheiten untätig und müßig sein, wieso überträgt er die menschlichen Angelegenheiten nicht irgendwelchen unbeschäftigten Göttern, von denen es nach deiner Aussage, mein Balbus, unzählige[579] gibt?
Dies in etwa hätte ich über das Wesen der Götter zu sagen, nicht um es für null und nichtig zu erklären, sondern um euch klar zu machen, wie dunkel die Frage ist und welche Schwierigkeiten alle Erläuterungen mit sich bringen.«[580]
(94) Mit diesen Worten schloß Cotta seinen Vortrag. Lucilius aber sprach: »Allzu heftig, mein Cotta, hast du die Theorie der Stoiker angegriffen, welche sie doch sehr gewissenhaft und kenntnisreich über die Vorsehung der Götter aufgestellt haben. Doch da es schon Abend wird, wirst du uns an einem anderen Tag Gelegenheit geben, gegen deine Ausführungen Stellung zu beziehen. Denn ich kämpfe ja mit dir für die Altäre und Opferherde, für die Tempel und Heiligtümer der Götter, auch für die Mauern der Stadt, die ihr Priester als heilig bezeichnet,[581] wie ihr denn auch die Stadt durch die religiösen Bräuche noch sorgfältiger als durch ihre Mauern schützend umgebt. Diese Überzeugungen aufzugeben, halte ich, solange ich noch atmen kann, für einen Frevel.«

(95) Tum Cotta: "Ego vero et opto redargui me, Balbe, et ea, quae disputavi, disserere malui quam iudicare, et facile me a te vinci posse certe scio."
"Quippe", inquit Velleius, "qui etiam somnia putet ad nos mitti ab Iove, quae ipsa tamen tam levia non sunt, quam est Stoicorum de natura deorum oratio."
Haec cum essent dicta, ita discessimus, ut Velleio Cottae disputatio verior, mihi Balbi ad veritatis similitudinem videretur esse propensior.

(95) Darauf erwiderte Cotta: »Ich persönlich wünsche mir aber auch, daß du mich widerlegst, mein Balbus, und ich wollte die von mir vorgebrachten Punkte eher diskutieren als endgültig entscheiden; außerdem bin ich sicher, daß du meine Ausführungen ohne weiteres entkräften kannst.«
»Besonders, da er ja glaubt«, warf Velleius ein, »daß Iuppiter uns auch die Träume schickt, zumal gerade die nicht so belanglos sind wie die Lehren der Stoiker über das Wesen der Götter.«
Nach diesen Worten gingen wir auseinander, und zwar so, daß auf Velleius der Vortrag Cottas wahrer wirkte, während für mich die Äußerungen des Balbus mehr Ähnlichkeit mit der Wahrheit zu haben schienen.[582]

Inhaltsübersicht

Zweites Buch: Die Theologie der Stoa*

* Eine genaue Analyse der Gedankenführung und Argumentationsstruktur im zweiten Buch bei Kleywegt, S. 15–128.

Drittes Buch: Kritik der stoischen Theologie*

* Zum Aufbau des dritten Buches ausführlich Kleywegt, S. 119–221.

Anmerkungen

Dem lateinischen Text liegt die Teubner-Ausgabe von Otto Plasberg / Wilhelm Ax (Leipzig ²1933) zugrunde. Herangezogen wurden ferner die in den Literaturhinweisen genannten Ausgaben, vor allem die zweisprachige Ausgabe in der ›Sammlung Tusculum‹ von Wolfgang Gerlach und Karl Bayer (1978, ³1990).

Erstes Buch

1 Ciceros Buchtitel entspricht griechisch: *Perì theõn* (περὶ θεῶν). Der Begriff *natura* schließt auch die Frage nach der Existenz der Götter ein. Zum stoisch-skeptischen Hintergrund des Buchtitels vgl. Gawlick, S. 1–15.

2 Zur Interpretation dieser Stelle vgl. Bringmann, S. 178 f., Anm. 26; anders Gigon, *Pease*, S. 667: »Der Begriff [*cognitio animi*] überrascht zunächst. Dem Nachdenken ergibt sich, daß die Theologie ihren Rang zu haben scheint, weil der menschliche *animus* göttlicher Natur ist: darum wird, wer das Wesen der Gottheit erkennt, auch das Wesen des menschlichen *animus* begreifen.«

3 Vgl. aber Gawlick, S. 55 und Anm. 1.

4 Ein Hinweis auf die Sokrates verpflichtete akademische Skepsis. Pyrrhon von Elis (um 360–271) und Arkesilaos (siehe: Glossar der Eigennamen) forderten, sich des Urteils zu enthalten (ἐποχή), da die absolute Wahrheit für den Menschen nicht erkennbar sei.

5 Als Hauptproblem gilt also die *providentia deorum*, die Frage nach der Vorsehung, der göttlichen Fürsorge für den Menschen. Hierbei unterschieden sich die Stoiker viel radikaler von den Epikureern als von den Akademikern.

6 Die Epikureer. – Im folgenden fällt auf, daß Cicero seine ἐποχή aufgibt und deutlich seine Meinung zeigt; vgl. Gigon, *Pease*, S. 668.

7 Die Stoiker.

8 II 154–162.

9 In die Jahre 45/44 fallen u. a.: *Consolatio*, *Hortensius*, *Academici libri*, *De finibus bonorum et malorum*, *Tusculanae disputationes*, *De divinatione*, *Cato maior de senectute*, *Laelius de amicitia* und *De officiis*. Vgl. die Aufzählung in *De divinatione* II 1–4.

10 Die Philosophie der neueren Akademie.
11 Vgl. dazu I 11.
12 Schon als Junge erhielt Cicero Unterricht bei dem Epikureer Phaidros (*Epistulae ad familiares* XIII 1,2) und bei dem Stoiker Diodotos (*Academici libri* II 115).
13 Zu Ciceros Verhältnis zu den namentlich genannten Lehrern vgl. Gigon, *Cicero*, S. 229 ff.
14 »*Otium* est chez Cicéron synonyme de non emploi dans les affaires publiques [...]. L'*otium* correspond à βίος θεωρητικός.« (Van den Bruwaene, zur Stelle.)
15 Hinweis auf die Diktatur Caesars, die Cicero zu politischer Untätigkeit verurteilte; vgl. Fuhrmann, S. 240 ff.
16 Seine geliebte Tochter Tullia starb im Februar 45 im Wochenbett. Die daraufhin verfaßte *Consolatio* ist nicht erhalten.
17 Ethik, Dialektik und Physik.
18 Hier zeigt sich Ciceros »opposition to attempts to identify his own personal opinions from his philosophical writing«. (Beard, S. 35.) Vgl. dazu aber I 6, ferner sein Schlußbekenntnis in III 95.
19 Belege für die Autoritätsgläubigkeit der Pythagoreer bei Pease, zur Stelle.
20 Das ursprünglich zwei, später vier Bücher umfassende Werk (beide Fassungen lückenhaft erhalten) diskutiert erkenntnistheoretische Fragen. Cicero bekennt sich zur Skepsis des Akademikers Philon.
21 So versteht Pease (zur Stelle) *lucem auctoris*. Gerlach/Bayer übersetzen hingegen: »die Klarheit desjenigen [...], der sie [die Gedanken] als erster aussprach«. Van den Bruwaene: »qu'elles manquent du prestige d'un nom.«
22 Anspielung auf den berühmten Ausspruch des Sokrates: »Ich weiß, daß ich nichts weiß.« Die hier beschriebene Methode findet sich jedoch, anders als von Cicero behauptet, bereits in der Eleatischen Philosophenschule und bei Sokrates' älteren Zeitgenossen Protagoras und Gorgias.
23 Nach Philons Tod 86/85.
24 Das erklärte Ziel der Akademiker; vgl. *Academici libri* II 7.
25 Vgl. *Academici libri* II 98–111.
26 *Esse videatur* hat bei Cicero meist nur den Sinn von *sit* (ebenso II 55.143; III 75): die Formel ermöglicht die beliebte Klausel ›Paeon primus + Choreus‹ (–v v v – v); vgl. H. Lausberg, *Elemente der literarischen Rhetorik*, München [3]1967, S. 152.

27 Für die Epikureer galten alle sinnlichen Wahrnehmungen als wahr, konnten aber falsch interpretiert werden. Die Stoiker unterschieden zwischen echten und trügerischen Wahrnehmungen, während die Skeptiker richtige für möglich hielten, aber ihre Überprüfbarkeit bezweifelten. Die auf ihnen gründenden philosophischen Aussagen konnten somit nur eine gewisse Wahrscheinlichkeit beanspruchen. Genaueres bei H. Hartmann, *Gewißheit und Wahrheit. Der Streit zwischen Stoa und akademischer Skepsis*, Halle a. d. Saale 1927.

28 Zitat aus einer Komödie des Caecilius Statius (211–214; Ribbeck), der die *Jugendfreunde* des Menander ins Lateinische übertrug.

29 Cicero wurde 53 in das Augurenkollegium gewählt. Die Auguren interpretierten den Flug, die Stimmen und das Fressen von Vögeln, das Verhalten anderer Tiere und Himmelserscheinungen. »Ihre Deutung bezieht sich aber nicht auf Voraussagen des Zukünftigen, sondern ausschließlich auf die Einholung göttlicher Zustimmung zu einer beabsichtigten Handlung, die man also auch unterlassen kann [...]. Wichtige Staatshandlungen dürfen nur *auspicato* vorgenommen werden [...]. Das Amt war lebenslänglich.« (W. Eisenhut, »Augures«, in: *Der Kleine Pauly*, Bd. 1, München 1979, Sp. 734, 736.)

30 Halbrunde Erweiterung einer Säulenhalle nach außen (z. B. in Gymnasien, aber auch bei den Peristylen der Privathäuser).

31 Velleius für die Epikureer, Cotta für die Akademie, Balbus für die Stoa.

32 Das Werk ist nicht identifizierbar.

33 Nach Gigon, *Cicero*, S. 246, ist »die Berufung auf Antiochos [...] insofern irreführend, als dieser mit seiner These: *re concinere, verbis discrepare* gar nicht die Theologie, sondern ausschließlich die Ethik der Stoa und des Peripatos im Auge gehabt hat«.

34 *Honestum* entspricht dem griechischen καλόν.

35 »Die peripatetische Schule [...] nahm dreierlei Güter und Übel an, die der Seele (die Tugenden und Laster), die des Leibes (Gesundheit, Schönheit, Schwäche, Häßlichkeit usw.) und die äußeren oder des Schicksals (Reichtum, Dürftigkeit usw.). Als das höchste Gut gelten ihr allerdings die Vorzüge der Seele; aber auch die Güter des Leibes und des Schicksals sollen dem Weisen begehrenswert erscheinen. Die Stoiker hingegen hielten nur die Tugend für ein Gut und das Laster für ein Übel; die Güter

und Übel des Leibes und des Schicksals sahen sie als gleichgültige Dinge an.« (Kühner, zur Stelle.)

36 Eine ausführliche Erörterung findet sich bereits in *De finibus bonorum et malorum* III und IV.

37 Ein Seitenhieb auf die Pythagoreer (vgl. I 10) und Epikureer (vgl. I 66). – Zu Ciceros Rolle im Dialog vgl. Levine, S. 17 ff. Levine zufolge hatte in der ursprünglichen Fassung des Werks Cicero selber die akademische Position vertreten, dann aber, da er wegen des skeptischen Standpunktes negative Reaktionen fürchtete, Cotta an seine Stelle gesetzt.

38 Nach Epikurs Auffassung wohnten die Götter in den zwischen Erde und Himmel befindlichen μετακόσμια. Das dem griechischen Begriff nachgebildete *intermundia* ist ein ciceronisches Kunstwort. Gigon, *Pease*, S. 670.

39 *aedificator mundi:* Übersetzung des platonischen δημιουργός; vgl. Puelma, S. 67.

40 »Hinweis auf den feurigen, die Welt in allen ihren Teilen durchdringenden und belebenden Stoff, den Äther der stoischen Lehre, vgl. II 41.« (Gerlach/Bayer, zur Stelle.)

41 Vgl. Platon, *Symposion* 219a: ἥ τοι τῆς διανοίας ὄψις.

42 Schoemann (zit. bei Kühner, zur Stelle) verweist auf Platon, *Timaios* 53c – 56c. Danach entstehen »die sogenannten vier Elemente aus geometrischer Gestaltung des formlosen stofflichen Prinzips [...] die Erde aus dem Kubus, das Wasser aus dem Ikosaëder, die Luft aus dem Oktaëder, das Feuer aus dem Tetraëder, zu denen noch ein fünftes aus dem Dodekaëder hinzukommt [...]. Spätere nennen als [...] *quinta natura* oder *quinta essentia* [...] den Äther, d. h. den feineren, ätherischen Stoff, aus welchem nach Aristoteles die Himmelskörper bestanden, der das Ganze der Welt umfaßte und durchdrang.«

43 Nach *Timaios* 41a–c sorgt dafür der Wille des Weltschöpfers.

44 Nach stoischer Auffassung geht das aus dem Feuer entstandene Weltall periodisch in Feuer auf und entsteht aus diesem wieder neu; vgl. II 118 und Anm. 371.

45 Platon und Balbus.

46 Diese Frage stellt auch Lukrez V 168–175.

47 Hier für die Luft.

48 Die Aedilen (Namensableitung wahrscheinlich von der *aedes Cereris*, Ceres-Tempel) waren die *curatores urbis annonae ludorumque sollemnium* (Cicero, *De legibus* III 7): Sie kontrollierten u. a. den Straßen- und Marktverkehr, die Wasserleitungen und

die Lebensmittelversorgung Roms und waren zuständig für die Finanzierung und Überwachung der öffentlichen Spiele. Vgl. D. Medicus, »Aediles«, in: *Der Kleine Pauly*, Bd. 1, München 1979, Sp. 83 f. – Anscheinend sorgten sie auch für die Ausschmückung (und Beleuchtung) der Stadt.

49 Vgl. dazu II 133 und 154–162.

50 Der stoische Weise verkörpert »das Ideal des richtigen Handelns«, während die Toren »in allem entgegengesetzt handeln und zu denen jeder zählt, dem die sittliche Einsicht fehlt«. Zwischen beiden gibt es keine Zwischenstufen [...] der Übergang vom Toren zum Weisen vollzieht sich abrupt.« (Hossenfelder, S. 67.)

51 I 48.

52 *Timaios* 33b.

53 »1,25–41 ist anerkanntermaßen nicht nur ein Prunkstück ciceronischer Gelehrsamkeit, sondern auch eines der wertvollsten Stücke philosophischer Doxographie überhaupt.« (Gigon, *Pease*, S. 671.) – Zur Gliederung: Nach vier ionischen Naturphilosophen folgen unter Nr. 5–9 die Italiker, unter Nr. 10–12 Protagoras, Demokrit und Diogenes von Apollonia (vgl. Diogenes Laertios IX 34–57), unter Nr. 13–15 die Sokratiker, unter Nr. 16–19 die Akademiker, dann zwei Peripatetiker und ab Nr. 22 die Stoiker. Genaueres bei Gigon, *Pease*, S. 671 f. – Stilistisch, so Gigon (S. 665) ist der Katalog »ein Grenzfall einer mühevollen Unterwerfung des Lateinischen unter einen späthellenistischen Gelehrtenjargon.« – Nach *vero* sind einige Wörter ausgefallen.

54 Diese Behauptung des Velleius widerspricht den meisten antiken Zeugnissen, denen zufolge Thales Stoff und Geist nicht getrennt hat.

55 Andere Auffassung von *orientis occidentisque* bei van den Bruwaene: »entre l'orient et l'occident.«

56 Der Einwand läßt außer acht, daß für Anaximander der göttliche Urstoff, das Apeiron, ewig ist und nur die ihm entstammenden »geringeren« Götter sterblich sind. Vgl. W. Jaeger, *Die Theologie der frühen griechischen Denker*, Stuttgart 1953, Nachdr. Darmstadt 1964, S. 239.

57 *mortalitas* ist ein Hapaxlegomenon, eine Übersetzung der griechischen θνητότης; vgl. van den Bruwaene, zur Stelle.

58 Eine sprachlich umstrittene Stelle. Kühner übersetzt: »noch überhaupt eine Empfindung, welche sein Wesen [= des Geistes],

ohne selbst von ihr berührt zu sein, haben würde.« Gerlach/ Bayer: »noch überhaupt irgendeine Empfindung geben kann, durch die die davon getroffene Naturkraft zu einer Empfindung gelangen könnte.« Rackham: »and that sensation in general can only occur when the subject itself becomes sentient by the impact of a sensation.«

59 Velleius kritisiert hier Punkte, die Anaxagoras gar nicht behauptet hat. Vgl. Gigon, *Pease*, S. 664 f.

60 Für die Epikureer besteht alles aus Atomen und ist damit vergänglich.

61 Thales (I 25) und Anaxagoras (I 26).

62 »Parmenides nimmt übereinander geflochtene Kugelkronen [. . .] an, von denen die einen aus dem Dünnen [. . .], d. h. aus dem Lichte, die anderen aus dem Dichten [. . .], d. h. aus der Finsternis bestehen; zwischen diesen liegen andere, die aus Licht und Finsternis gemischt sind. Die alle umfassende Krone ist fest wie eine Mauer, und unter ihr liegt eine feurige Krone; auch die mittelste von allen ist fest, um sie liegt wieder eine feurige. In der Mitte aller Kronen, im Centrum der Welt, wohnt die Gottheit [. . .]. Cicero oder vielmehr sein griechischer Gewährsmann [. . .] erklärt [. . .] nicht, wie Parmenides, die mittlere Krone für Gott [. . .], sondern, wie Platon, die oberste, den Himmel umgürtende.« (Kühner, zur Stelle.)

63 »Grundprinzip allen Werdens im Kosmos ist für P. die Vereinigung des einander Entgegengesetzten. Deshalb ist für ihn der Eros (*cupiditas* und *amor* sind dem Wesen nach Eins) die bewegende und verbindende Ursache aller Dinge. Eros wurde als erster erzeugt [. . .], da sein Erscheinen die Einigung des Entgegengesetzten und das Urprinzip aller Verbindungen war [. . .]. Velleius, der sich nicht an die parmenideischen Vorstellungen an sich halten darf, sondern an die einzelnen Begriffe (*bellum*, *cupiditas*) halten muß, sieht diese als vergängliche Dinge in unwürdiger Weise zu Göttern erhoben.« (Gerlach/Bayer, zur Stelle.)

64 Bei Alkmaion (I 27).

65 »[. . .] da sie aber nie aufhören, sich zu verwandeln, sind sie ewig (immer seiend) und bleiben ›unbewegt im Kreislauf‹.« (Gerlach/ Bayer, zur Stelle.)

66 Da für Protagoras nur subjektive Vorstellungen existieren, keine objektive Wahrheit, und alles Wissen auf Wahrnehmung basiert, die Gottheit jedoch nicht wahrgenommen werden kann, ist sein agnostischer Standpunkt folgerichtig.

67 »Die εἴδωλα sind nach Demokrit Bilder, welche von den Dingen ausströmen und, die äußere wie die innere Beschaffenheit derselben an sich habend, durch den Körper in die Seele eindringen. Indem sie nun von der Seele aufgefaßt werden, so entsteht die Wahrnehmung und Erkenntnis der Dinge. Auch die Vorstellung von den Göttern wird dadurch gewonnen, daß von ihnen Bilder ausströmen und in unsere Seele eindringen [...]. Die Bilder [...] werden, sobald sie sich von den Dingen abgelöst haben, als in der Luft herumflatternd gedacht.« (Kühner, zur Stelle.)

68 Demokrits Götter sind, da sie aus Atomen bestehen, sterblich. Diesem Schicksal entgehen die gleichfalls aus Atomen zusammengesetzten Götter Epikurs, da sie, unberührt von der übrigen Natur, in den Intermundien leben.

69 Eine falsche Interpretation von *Timaios* 28c, wo es heißt, es sei schwer, den Schöpfer des Weltalls zu finden, und unmöglich, ihn allen zu erklären, wenn man ihn gefunden hat.

70 In *Gesetze* VII 821a äußert Platon nicht seine persönliche Ansicht, sondern die seiner Zeit.

71 Diese Zuschreibung ist für Platon nicht belegt.

72 Vgl. *Timaios* 34b und *Gesetze* VII 821b. »Platon sagt aber nicht, die Welt sei Gott, sondern in mythischer Darstellungsweise wird sie, als ein von dem Weltschöpfer geschaffenes und ihm ähnlich gewordenes Werk, symbolisch als θεός angesehen.« (Kühner, zur Stelle.)

73 »Diese Weltkörper und die Erde sind dem Platon Götter, aber sichtbare und erzeugte, Kinder des ewigen Vaters. Wenn er auch die mythologischen Götter zuläßt, so geschieht dies, weil er den Götterglauben als eine wesentliche Grundlage des Staatslebens betrachtet. Die Seelen aber nennt Platon nicht Götter, sondern göttlich; denn sie sind, wie Gott, von Ewigkeit her und gehen nie unter.« (Kühner, zur Stelle.)

74 In Xenophons *Memorabilia* IV 3,13 f. fordert Sokrates, anders als von Velleius behauptet, nur dazu auf, nicht auf eine Theophanie zu warten; es genüge, die Werke der Götter zu sehen und zu verehren. Ebensowenig bezeichnet er die Sonne als Gott, sondern vergleicht nur Gott mit der Sonne. Hingegen trifft zu, daß Sokrates sowohl einen höchsten Schöpfergott als auch mehrere Götter (die Volksgötter des Staates) anerkannte.

75 Für Aristoteles gibt es – in seinem Dialog Περὶ φιλοσοφίας (*Philosophie*) – nur einen Gott, den er allerdings in zwei Beziehungen betrachtet, »einmal in Beziehung zu sich selbst, als die sich selbst

denkende Vernunft [...], dann in Beziehung zu der Welt, als das Unbewegtbewegende«. (Kühner, zur Stelle.)

76 Aristoteles faßt »das vollendete Wesen Gottes in der schöpferischen Tätigkeit (ἐνέργεια) der beschaulichen Vernunft auf [...]. Die Gottheit ist die höchste Intelligenz und ihr Leben das ewig Sichselbstdenken der betrachtenden Vernunft.« (Kühner, zur Stelle.)

77 Eine für Aristoteles nicht belegte Aussage; vgl. Anm. 75.

78 D. h. des Kosmos. Wie Krische (zitiert bei Gerlach/Bayer, zur Stelle) gezeigt hat, liegt ein doppelter Irrtum vor, da die *replicatio* »gar nicht so dem bewegten Ganzen zukommt, sondern nur den Körpern innerhalb des Fixsternhimmels und des Mondes, soweit ihre den Umlauf bewirkenden Sphären einer Zuführung bedurften« und diese Rückbewegung »nicht von dem obersten Beweger der Welt ausgeht, vielmehr von den ihm untergeordneten einzelnen Göttern abgeleitet wird«.

79 Gemeint ist das »Element des Himmels und der Gestirne und das Prinzip der belebenden Wärme in den Lebewesen«. (Gerlach/Bayer, zur Stelle.)

80 Aristoteles betont das Gegenteil; vgl. Anm. 75.

81 Beispielsweise wegen der unterschiedlichen Mondphasen.

82 Diese Folgerung gründet auf Stratons Ansicht, die Natur wirke unbewußt.

83 Vgl. II 79; weist auf das stoische τὸ ὁμολογουμένως τῇ φύσει ζῆν voraus.

84 Velleius übersieht, daß die Stoiker nicht das Gesetz als Gott, sondern umgekehrt Gott als Gesetz betrachten.

85 Das wollen auch die Stoiker; vgl. II 45.

86 »Unter dem Äther verstehen die Stoiker das Feuer oder die Wärme, als die alles durchdringende, bewegende, belebende, beseelende, gestaltende, erhaltende Kraft [...]. Gott kann daher als Äther dargestellt werden, insofern in dem Äther die göttliche Kraft hervortritt.« (Kühner, zur Stelle.)

87 Der stoische λόγος.

88 »Je mehr die (stoische) Schule darauf ausging, die Wirkungen dieser Körper (der Sonne und des Mondes) zu verfolgen, um göttliches Leben durch die ganze Welt zu verbreiten, um so natürlicher war es ihr, die Jahre und Jahreszeiten und die Monate als regelmäßig erfolgende Umläufe der Sonne und des Mondes zu vergöttern.« (Krische bei Kühner, zur Stelle.)

89 »The purpose of Zeno's interpretations was evidently to reconcile with contemporary enlightened thought the crude and often immoral mythology of Hesiod.« (Pease, zur Stelle.)
90 Für Kleanthes ist der Äther nur die Erscheinungsweise des Gottes und nicht, wie hier angedeutet, die Wohnstatt der Gottheit.
91 Nach Diogenes Laertios VII 87.175: Περὶ ἡδονῆς.
92 Nach epikureischer Überzeugung gibt es in den menschlichen Seelen eine natürliche anthropomorphe Gottesvorstellung; vgl. I 46 ff.
93 Da der Gott in allem präsent ist, muß er auch den »häßlichen und verächtlichen Dingen« innewohnen. Zu den »häßlichen« römischen Gottheiten zählten z. B. die Venus Cloacina, die Göttin der Cloaca Maxima (mit Heiligtum). Weitere Namen bei Gerlach/Bayer, zur Stelle.
94 Τὸ ἡγεμονικόν, das herrschende Prinzip der Welt; vgl. II 29.
95 Die stoische εἱμαρμένη ist »nicht eine von der Gottheit getrennte absolute Macht, sondern Zeus selbst, das allgemeine Weltgesetz, die Weltvernunft, die Vorsehung, die alles mit absoluter Gesetzmäßigkeit bestimmende, die ganze Welt durchdringende Urkraft, das vernünftig geordnete Verhältnis, nach welchem von Ewigkeit in Ewigkeit alles geschieht, die unabänderliche Wahrheit der zukünftigen Dinge. Die Notwendigkeit aber ist die neben dem Schicksale laufende unbesiegbare und gewaltsame Ursache [...], getrennt von aller Vernünftigkeit [...], der auch Böses zuzuschreiben ist.« (Kühner, zur Stelle.)
96 I 37.
97 Zum Verständnis vgl. II 84.
98 Die Vielfalt dessen, was Chrysipp Gott nennt, erklärt sich teilweise aus seinem Wunsch, die Vorstellungen früherer Philosophen und des Volksglaubens unter sein System zu subsumieren. Andererseits zählt Velleius hier synonym gemeinte Begriffe als unterschiedliche Definitionen auf. Genaueres bei Pease, zur Stelle.
99 Belege für die einzelnen Stichworte der von Platon initiierten Dichterkritik bei Pease und Gerlach/Bayer, zur Stelle.
100 Die medisch-persische Priesterkaste.
101 Zum Tierkult der Ägypter: I 81 f. 101; III 47.
102 Wie J. Hammerstaedt, »Il ruolo della πρόληψις epicurea nell'interpretazione di Epicuro, *Epistula ad Herodotum* 37 sq.« (unveröffentlichtes Vortragsmanuskript, S. 9), zeigt, ist die Pro-

lepsis kein Wahrnehmungsakt, sondern »una nozione già formata«.

103 Περὶ κριτηρίου ἢ κανών; nicht erhalten.

104 Vgl. Anm. 102.

105 Andernfalls würde die ἀταραξία (Gemütsruhe) der Götter beeinträchtigt. Der Satz Epikurs ist die erste seiner *Kyriai doxai*; vgl. I 85.

106 Vgl. I 43.

107 Gemeint ist das *in utramque partem disserere* der Neuen Akademie.

108 »Die Götter bestehen nach Epikurus ebenso wie die ganze Welt aus Atomen, aber aus den feinsten Atomen. Sie haben also eine mehr ätherische Gestalt.« (Kühner, zur Stelle.)

109 »This sentence is the most difficult and disputed in the whole work.« (Pease, zur Stelle.) Die umfangreiche Literatur zu diesem Problem kann hier nicht aufgearbeitet werden. Verwiesen sei auf den Kommentar von Pease und die Abhandlungen von Kleve, Lemke und Pfligersdorffer (s. Literaturverzeichnis).

110 Die Übersetzung von »die Macht und das Wesen der Götter« bis zum Ende des Paragraphen habe ich von Lemke, S. 95, übernommen.

111 Da nur feste Körper eine bestimmte Dichte haben und *imagines* abgeben, die Götter aber ätherisch sind, lassen sie sich nur mit dem Verstand wahrnehmen.

112 Zu den unterschiedlichsten Deutungen von *similitudine et transitione* vgl. Pease, zur Stelle.

113 *individua (corpora):* wörtliche Lehnübersetzung nach ἄτομα σώματα; Puelma, S. 59.

114 Die Lambinus-Konjektur *ad nos* statt *ad deos* rechtfertigt Lemke, S. 54 f.

115 Velleius meint den sprichwörtlichen *deus ex machina* der griechischen Tragödie.

116 Für Epikur gibt es nur die Atome und den leeren Raum, in dem die Atome umherfliegen.

117 Vgl. Ciceros Definition des *fatum* in *De divinatione* I 125: *fatum autem id appello quod Graeci* εἱμαρμένην, *id est ordinem seriemque causarum, cum causae causa nexa rem ex se gignat.* – Hossenfelder, S. 86–88, setzt sich kritisch mit weiteren *fatum*-Definitionen auseinander.

118 Da Weissagung Prädestination voraussetzt, müssen die Epikureer sie natürlich ablehnen.

119 Die Berufung auf Simonides sei, so Görler, S. 139, »keinesfalls gegen den Götterglauben gerichtet, sondern [...] betone[n] nur Cottas konsequent skeptischen Standpunkt: die Notwendigkeit der Abgrenzung der Beweisführung von bloßer Spekulation«.

120 *pontifex:* Mitglied des Pontifikalkollegiums, der in historischer Zeit obersten Sakralbehörde Roms. Sie überwachte »die strikte Einhaltung aller rituellen Vorschriften im öffentlichen wie privaten Gottesdienst mit pedantischer Genauigkeit [...] und diente(n) in allen neu auftauchenden relig. Fragen als kompetente Gutachter«. (K. Ziegler, »Pontifex«, in: *Der Kleine Pauly*, Bd. 4, München 1979, Sp. 1046.) Die Entwicklung des Pontifikalkollegiums und seiner Aufgaben beschreibt Latte, S. 195 bis 202.

121 »Mit einem überaus glücklichen Griff verbindet Cicero in Cotta den *pontifex*, der von der Wahrheit der göttlichen Dinge überzeugt ist, mit dem Akademiker, der als Philosoph die Beweise für diese Frage für ungenügend und brüchig erachtet.« (Süß, S. 166) – »Als Römer wird der Akademiker zwar nicht aufhören, Gründe zu fordern, dabei aber doch der *auctoritas maiorum*, selbst wenn sie philosophisch nur den Rang einer *opinio* hat, ihr eigenes und unveräußerliches Recht zubilligen.« (Gigon, *Cicero*, S. 247.)

122 »Mit diesem Bekenntnis hat sich Cotta in einem entscheidenden Punkt von der radikalen Skepsis distanziert [...]. Er ist zwar von der Existenz der Götter überzeugt, aber [...] weiß, daß sie nicht bewiesen werden kann.« Cotta sei sich, wie Cicero in *Tusculanae disputationes* I 77 f., »bewußt, [...] den Boden der beweisbaren Tatsachen zu verlassen und eine höhere Stufe, die des Glaubens an einen erwünschten Sachverhalt, zu betreten. Insofern sind wir zweifelsfrei berechtigt, Cotta mit Cicero zu identifizieren.« (Görler, S. 46.)

123 I 43 f.

124 Da Cotta keinen Beleg nennt, steht sein Argument auf schwachen Füßen.

125 Daß es Atheisten gibt, bestreiten die Epikureer nicht; vgl. I 29.

126 »Sohn des Neptun«: Sprichwörtlich für einen brutalen und grausamen Mann; vgl. Gellius XV 21 und A. Otto, *Die Sprichwörter und sprichwörtlichen Redensarten der Römer*, Leipzig 1890, Nr. 1220.

127 Lucilius 1312 f. (Marx).

128 Schoemann, zitiert bei Gerlach/Bayer, zur Stelle, ergänzt die Lücke so: <*in rerum natura minimum, quod dividi nequeat; deinde, ut sint, moveri per inane non possunt, siquidem id dicis inane*>.

129 I 62.

130 I 20.

131 Wie sich dies Problem mittels der Deklination der Atome lösen läßt, zeigt Kleve, 1960, S. 116–126.

132 I 49.

133 Damit würde die Freiheit des menschlichen Willens, auf der Epikur beharrt, hinfällig, weil die Seele, aus Atomen bestehend, dem Naturgesetz unterworfen wäre. Vgl. Cicero, *De fato* X 22 f.

134 Zur Kritik an Epikurs These von der Richtungsabweichung der Atome vgl. auch Cicero, *De finibus bonorum et malorum* I 18 f.

135 »Der Satz: ›Es wird entweder A oder B erfolgen‹, ist nicht gleichbedeutend mit dem Satze: ›Es läßt sich entweder von A oder von B behaupten, daß es erfolgen werde‹. Epikur scheint also die Wahrheit nicht aller disjunktiven Sätze bestritten zu haben, sondern nur derjenigen, deren Inhalt sich auf die Zukunft bezieht.« (Kühner, zur Stelle.)

136 »Im Gegensatz zu Zenon, der die Vorstellungen für wahr hielt, die Überzeugungskraft haben und dadurch zwingen, für wahr erkannt zu werden, leugnet A. dies und teilt auch falschen Vorstellungen eine zwingende Überzeugungskraft zu.« (Gerlach/Bayer, zur Stelle.)

137 Vgl. I 49.

138 Zur Abhängigkeit Epikurs von Demokrit und der Weiterentwicklung seiner Lehre siehe Hossenfelder, S. 140–143.

139 Cotta nimmt jetzt die in I 68 unterbrochene Argumentation wieder auf.

140 Velleius hatte nichts dergleichen geäußert.

141 Cicero hat »wohl versehentlich λόγος mit *ratio* übersetzt, obschon der Satz [. . .] einfach sagen will: ›Wenn die Tiere reden könnten, so würden sie usw.‹« (Gigon, *Pease*, S. 665.)

142 Vgl. Cicero, *Tusculanae disputationes* IV 71 f.

143 Konsul 78, Mitglied des Pontifikalkollegiums.

144 Beide stammen aus Lanuvium.

145 »A heaven in which deities practiced Academic ἐποχή would be a *reductio ad absurdum*, and would run counter to both phi-

losophical and popular beliefs in divine omniscience.« (Pease, zur Stelle.)

146 Zum Kult dieser Tiere vgl. Pease, zur Stelle.

147 In Lanuvium, der Heimat des Velleius, hatte die Iuno Sospita ihren ältesten Tempel.

148 Übersetzung und Umschreibung des griechischen φυσικός, Puelma, S. 67.

149 Zur Schwierigkeit der Farbbestimmung vgl. Pease, zur Stelle.

150 Vgl. III 55.

151 Bücher, in denen aufgezeichnet war, wie die Götter heißen und wie sie zu verehren sind.

152 Cotta faßt hier global die Einwände zusammen, die Velleius in seiner Philosophenkritik (I 30 ff.) vorgebracht hatte.

153 Vgl. I 123.

154 Mars, Venus, Iuppiter, Mercur und Saturn. Die Erde galt nicht als Planet.

155 »Die Wendepunkte des Tierkreises, nördlich der des Krebses, südlich des Steinbocks.« (Kühner, zur Stelle.)

156 Vgl. I 48.

157 Vgl. I 66.

158 Belege für diese Theorie bei Pease, zur Stelle.

159 I 25–41.

160 Epikur hielt seine philosophischen Vorträge in seinem Garten (κῆπος) in Athen.

161 »[...] an attempt to render εὐδαιμονία or μακαρία by some less awkward term than the usual *beatum*.« (Pease, zur Stelle.)

162 I 53.

163 Gemeint sind der Indische Ozean und der Golf von Persien, Pease, zur Stelle.

164 Ennius, *Saturarum fragmenta* 69 (Vahlen).

165 Die Stoiker in I 52 ff.

166 Vgl. Herodot II 75.

167 Der Südwestwind, »der von Libyen nach Ägypten weht«. (Kühner, zur Stelle.)

168 Wieselartiges Tier Nordafrikas, die »Pharaomaus«.

169 Aristoteles, *Historia animalium* V 19 552b 10–17, erwähnt eine Fliege namens *pyralis* oder *pyrausta*.

170 »This passage does not, however, render 1,49 verbatim; in fact nearly every significant phrase is more or less modified, sometimes so as to be less rather than more intelligible.« (Pease, zur Stelle.)

171 Die Übersetzung von »Die Erscheinung des Gottes« bis »wahrgenommen werde« habe ich von Lemke, S. 96, übernommen.
172 Fabelwesen, halb Mensch, halb Pferd. »Das Vorkommen eines Idols von einem Wesen wie dem Kentaur, dessen Existenz unmöglich ist, wird Lucr. IV 739 ff. dadurch erklärt, dass Idole von Mann und Pferd sich begegnen und augenblicklich wegen ihres feinen Baus zusammenschmelzen.« (Kleve, 1961, S. 47.) – Der große Unterschied, den Cotta hier unterschlägt, besteht darin, daß die Erkenntnis der Götter auf einem Bilderstrom basiert, während die Bilder »von Kentauren, Scyllen usw. [...] teils Einzelbilder, teils Kombinationen von Einzelbildern sind. Diese Einzelbilder können auch spontan in der Luft entstehen, brauchen also keinerlei Realitätsbezug zu haben.« (Lemke, S. 35.)
173 D. h. eine Vorstellung, die nicht auf realen Sinneseindrücken und Wahrnehmungen besteht.
174 Vgl. I 29.
175 »Was Vorstellungen von Personen und Ortschaften betrifft, die wir niemals gesehen haben, oder die gar nicht existieren, kann die Seele Idole aus der einströmenden Idolenmasse auswählen [...], um diese Idole die genannten Personen und Ortschaften für sich repräsentieren zu lassen. Hiernach ist es auch ganz natürlich, dass zwei Seelen, jede für sich, verschieden aussehende Idole auswählen, um einen und denselben Menschen durch sie repräsentieren zu lassen.« (Kleve, 1961, S. 54.)
176 Spontane Bildkombinationen sind möglich; vgl. Lukrez II 704 ff.
177 Vgl. Anm. 175.
178 Die Antwort gibt Lukrez IV 797 ff.: Bilder jeder Art sind immer und überall vorhanden. Durch aktives Hinwenden werden sie wahrgenommen.
179 Lukrez IV 757 ff.: Im Schlaf melden sich Bilder unabhängig vom bewußten Wunsch.
180 Eine Schlußfolgerung Cottas, die übersieht, daß Epikur für die Götter qualitativ andere Atome annahm; vgl. Anm. 108.
181 Vgl. I 50.
182 Andere Auffassung des Relativsatzes bei Rackham: »they would only preserve things that already exist« und van den Bruwaene: »mais qu'ils conservent ceux qui existent.«
183 Da die epikureischen Götter völlig untätig sind.
184 Vgl. Cicero, *Tusculanae disputationes* III 41.

185 Atomstöße dringen durch die lose Atomstruktur der Götter hindurch, ohne Schaden zu stiften. Außerdem können die Atome auf Grund des *clinamen*, ihrer willkürlichen Richtungsabweichung, vom Schädlichen abbiegen und das Erhaltende einströmen lassen. Vgl. Kleve, 1960, S. 118 ff.
186 Eine Schrift Περὶ ὁσιότητος bezeugt Diogenes Laertios X 27.
187 Eine gleichfalls stoische Ansicht; vgl. II 62.
188 Zitat unbekannter Herkunft.
189 »Die Lehren der Mysterien über die Götter waren sinnbildlich (allegorisch), indem sie die Götter als Naturkräfte und die Taten der Götter als Naturereignisse auffaßten. Auf diese Weise wird also das eigentliche Wesen der Götter aufgehoben.« (Kühner, zur Stelle.)
190 Vgl. Anm. 160.
191 Vgl. I 29.
192 »In the actual teaching of Democritus these scattered doctrines formed a consistent whole: the basis of the world is particles of divine fire, floating in space; groups of them form deities, vast beings of long life but not everlasting; some of the particles floating off from these enter the mind, itself composed of similar particles, and give us knowledge of the gods.« (Rackham, zur Stelle.)
193 Abdera, s. Glossar.
194 Zur Idee der kosmopolitischen Freundschaft vgl. auch Cicero, *Laelius de amicitia* 28.
195 Vgl. Anm. 29.
196 Vgl. I 115.
197 Das Werk ist bei Diogenes Laertios VII 138.148 aufgeführt.
198 Cicero hatte, wie II 73 *hesterno die* und III 18 *nudius tertius* zeigen, das Gespräch ursprünglich für drei Tage konzipiert. Wenn er jetzt das erste Buch abrupt schließt und das zweite (und dritte) nahtlos anfügt, will er den Dialog offensichtlich doch an nur einem Tag stattfinden lassen. Zu den verschiedenen Fassungen des Werks und möglichen Gründen für die Umarbeitung vgl. Levine, S. 7 ff.; E. A. Schmidt, S. 59 ff.

Zweites Buch

199 »Die Stoiker bildeten als Dogmatiker einen scharfen Gegensatz zu den Neuakademikern, die Skeptiker waren.« (Kühner, zur Stelle.)
200 I 60.
201 Diese Feststellung steht im Widerspruch zu der tatsächlichen Beweisführung in II 4–44.
202 Zitat aus Ennius, *Thyestes* 345 (Vahlen); vgl. auch die Wiederholung in II 65; III 10.40.
203 *Annales* 203.592 (Skutsch).
204 Vgl. Anm. 172.
205 Dem widerspricht II 9.
206 Gigon, *Pease*, S. 673, weist darauf hin, daß Cicero hier die Göttererscheinung nicht erwähnt, »ohne zu beachten, daß damit seine Beweiskraft verlorengeht«.
207 »*Prodigium* et *Portentum*: un accident fortuit survenant à un moment critique et interprété comme un avertissement céleste.« (Van den Bruwaene, zur Stelle.)
208 Zur Interpretation der römischen Geschichte »unter dem Gesichtspunkt von Lohn und Strafe der Götter«, Wlosok, S. 41 f.
209 Die Doppelseitigkeit des Begriffs *religio* (rituell/subjektiv) und seine unterschiedlichen historischen Inhalte erörtert U. W. Scholz, »Zum Verständnis des römischen Staatskultes«, in: *Dialog. Klassische Sprachen und Literaturen*, Bd. 19, München 1985, S. 68–83.
210 Stab, mit dem die Auguren die Himmelsgegenden bezeichneten.
211 Etwas anders Cicero, *De divinatione* I 31 ff.: Als Junge hatte Attus Navius für das Wiederfinden eines Schweins, das er beim Hüten verloren hatte, dem Gott die größte Traube seines Weinbergs gelobt. Er fand diese, indem er den Weinberg in immer neue Abschnitte einteilte und sich dabei von Weissagevögeln leiten ließ.
212 Cicero verwechselt hier Hostilius mit Tarquinius Priscus; vgl. *De divinatione* I 31 f.
213 »›Flußübergangsauspizien‹, die durchgeführt wurden, wenn ein Fluß (*amnis*), dessen Quelle für heilig gehalten wurde, überschritten werden sollte.« (Gerlach/Bayer, zur Stelle.)
214 »Das [. . .] *augurium ex acuminibus* (die glückbringende Vorbedeutung für den Sieg aus den leuchtenden Spitzen der Speere, wenn sich an ihnen elektrische Flämmchen zeigten) war seit

M. Claudius Marcellus (Konsul des Jahres 50) außer Anwendung gesetzt.« (Gerlach/Bayer, zur Stelle.)

215 »[...] der letzte Wille, den die gefechtsbereiten Legionäre [...] während der vom Feldherrn durchgeführten Auspizien vor drei oder vier ihrer Kameraden erklärten; dieses formlose *testamentum* hatte volle Rechtsgültigkeit.« (Gerlach/Bayer, zur Stelle.)

216 »Die Prokonsuln und Proprätoren fangen also erst dann Krieg zu führen an, wenn das Recht, die Vogelschau anzustellen, schon auf ihre Nachfolger im Konsulate und in der Prätur übergegangen ist.« (Kühner, zur Stelle.)

217 Beispielsweise die Decier, s. Glossar der Eigennamen.

218 D. h. »Nicht-Römer«.

219 Aus Sardinien; vgl. Cicero, *Epistulae ad Quintum fratrem* II 2,1.

220 »Bevor Gracchus die Wahlversammlung hielt, begab er sich außerhalb des Zwingers der Stadtmauer (pomoerium) und nahm das Schauzelt zur Beobachtung der Vogelschau ein; doch bevor er die Vogelschau anstellen konnte, mußte er in die Stadt zurück kehren, um Senatssitzung zu halten. Nach deren Beendigung begab er sich wieder zu dem Schauzelte, vergaß aber, bei der Überschreitung des Zwingers die Vogelschau anzustellen [...], wie es das Gesetz erheischte.« (Kühner, zur Stelle.)

221 Zum Gottesbeweis *e consensu omnium* vgl. Horn, Sp. 956.

222 *Notio* entspricht der stoischen ἔννοια (πρόληψις).

223 II 7–12.

224 *praesensio rerum futurarum:* griechisch πρόγνωσις, die Mantik – Fähigkeit der Menschen, die von den Göttern gesandten Zeichen zu erkennen und zu deuten.

225 Die Proskriptionen von Marius und Sulla.

226 Gemeint ist der sogenannte Halo.

227 Der dritte von Kleanthes genannte Grund scheint dem zweiten zu widersprechen. Doch die Stoiker versuchten durchaus heterogene Gottheiten miteinander in Einklang zu bringen.

228 Zum Gottesbeweis in der Form eines Syllogismus siehe Horn, Sp. 957.

229 Wiesel wurden als Haustiere gehalten und sollten Mäuse fangen.

230 Kosmologischer Gottesbeweis; s. Horn, Sp. 957.

231 Das wörtliche Zitat ist nicht erhalten; vgl. aber Xenophon, *Memorabilia* I 4,8.

232 »So wie der menschliche Körper aus elementarischen Bestandteilen des Weltkörpers zusammengesetzt ist, so ist die menschliche Seele als ein Ausfluß der allgemeinen Weltseele zu betrachten.« (Kühner, zur Stelle.)
233 Beispielsweise die sich mit den Jahreszeiten verändernde Vegetation.
234 »[. . .] possibly here including planets [. . .] though it might also refer to the difference between the fixed stars and the planets.« (Pease, zur Stelle.)
235 Entspricht dem griechischen πνεῦμα. »Gott ist der vernünftige und belebende Atem, der die ganze Welt durchdringt.« (Kühner, zur Stelle.) – Die lateinische Terminologie zeigt starke Parallelen zu dem Wortschatz Chrysipps; genaueres bei Lapidge, S. 1388.
236 So in II 4.
237 Bei der Eingeweideschau.
238 Gemeint sind die vier Elemente.
239 *nive pruinaque: »ablativus resultativus«* (Pease, zur Stelle).
240 »[. . .] the male and female generative principles.« (Pease, zur Stelle.)
241 »Das ἡγεμονικόν, der herrschende Teil, das herrschende Prinzip der Welt, die höchste Vernunft, die Weltseele, der alles durchdringende feurige Hauch [. . .], so wie im Menschen der vernünftige Geist das ἡγεμονικόν ist [. . .]; die Welt wird also von den Stoikern gedacht als ein lebendes Wesen (ζῷον), dessen vernünftige Seele die Gottheit ist. Gott ist das Weltganze, tritt aber als das ἡγεμονικόν, als die Seele der Welt, gleichsam als ein Teil der Welt hervor.« (Kühner, zur Stelle.)
242 Der Äther.
243 Das normale Feuer im Gegensatz zu dem Urfeuer, aus dem alles entsteht. Vgl. II 40 f.
244 Platon, *Phaidros* 245c. Die Übersetzung der Stelle findet sich in Cicero, *Tusculanae disputationes* I 53 f. und *De re publica* VI 27.
245 *Stoicorum veterum fragmenta* II 641 (v. Arnim).
246 »[. . .] imitation of the perfection of the universe is made possible by a belief in the correspondence of the structure of the microcosm (man) to that of the macrocosm, and the attempt to live in harmony with nature.« (Pease, zur Stelle.)
247 Zur Unvollkommenheit des Menschen vgl. *Stoicorum veterum fragmenta* I 529 (v. Arnim).
248 Vgl. Anm. 245.

249 Andere Auffassung bei Gerlach/Bayer: »[...] müsse dann das, was im ganzen Weltall das Beste sei, sich in einem vollkommenen und vollendeten Zustand befinden.«
250 »[...] der äußerste Himmelskreis, der Fixsternhimmel [...], der Wohnsitz der Götter. (Gerlach/Bayer, zur Stelle.)
251 Fragment 23 (Rose), vermutlich aus *De philosophia.*
252 Für die Pythagoreer waren z. B. Bohnen (wegen der blähenden Wirkung) verboten: Cicero, *De divinatione* I 62.
253 Vgl. Fragment 24 (Rose), wahrscheinlich aus *De philosophia.*
254 Wie Schoemann (zitiert bei Gerlach/Bayer, zur Stelle), zeigt, ist für Aristoteles auch die Kreisbewegung »eine natürliche, nicht eine freigewählte [...], wie hier der Stoiker behauptet.«
255 Anspielung auf den untätigen Gott der Epikureer.
256 Beginn des zweiten Teils der stoischen Lehre. *Restat* deutet vielleicht auf die ursprüngliche Absicht des Balbus, nur die beiden ersten Punkte auszuführen (vgl. II 3). Weitere Erklärungsmöglichkeiten bei Kleywegt, S. 116 f.
257 Das Aufsteigen zu einer höheren Erkenntnis setzt »eine Distanzierung von den Sinnen voraus, einen Abstraktionsprozeß, der einer gewissen Willensanstrengung bedarf«. (Görler, S. 195.)
258 Die Epikureer.
259 Zum Unterschied zwischen der epikureischen und stoischen Prolepsis siehe I 43.
260 Obwohl in Samos geboren, war Epikur athenischer Bürger. Die Athener waren für ihren Witz bekannt.
261 Vgl. II 57 f.
262 Der *globus.* »Die Stoiker dachten sich nach des Aristoteles Vorgang die Welt als eine aus mehreren umeinander gelagerten Sphären bestehende Kugel, die, wie die in ihr liegende Erde, durch die allgemeine Schwerkraft in der Mitte des Raumes festgehalten werde.« (Kühner, zur Stelle.)
263 »Die alten Mathematiker zeichneten ihre mathematischen Figuren auf einem mit Sand bestreuten Tische mittels eines Stäbchens, das *radius* hieß.« (Kühner, zur Stelle.)
264 Ironisch; die Epikureer kümmerten sich nicht um die Mathematik.
265 Der (ennianische) »Gaumen (*palatum*) des Himmels« spielt mit dem Doppelsinn von griechisch οὐρανός; vgl. Pease zur Stelle und A. Lumpe / H. Bietenhard, »Himmel«, in: *Reallexikon für Antike und Christentum* (RAC), Bd. 15, Stuttgart 1991, Sp. 186.
266 Die Fixsterne und die Planeten.

267 Sowohl um die Erde als auch um die Sonne.
268 »[. . .] the moon traverses in a month the zodiacal course which takes the sun a year.« (Pease, zur Stelle.)
269 »[. . .] the moon was commonly regarded as the source of moisture in the form of dew.« (Pease, zur Stelle.)
270 Vgl. Anm. 154.
271 Vgl. Platon, *Timaios* 39d.
272 Zur enorm unterschiedlichen Dauer des Großen Jahres in den antiken Quellen vgl. Pease zur Stelle.
273 »Der Äther ist hier gleichbedeutend mit Himmel. Der Himmel hat also eine eigene Bewegung, und die Fixsterne haben eine eigene, von der des Himmels verschiedene Bewegung.« (Kühner, zur Stelle.)
274 Der Mond bildet die Grenze zwischen dem oberen Kosmos, der sich durch unwandelbare Ordnung und Ewigkeit auszeichnet, und dem Bereich der Erde, welcher durch Sterblichkeit gekennzeichnet ist. Vgl. Cicero, *De re publica* VI 17.
275 Worauf sich *omnium* bezieht, ist unklar. Rackham: »safety for all things«; Gerlach/Bayer: »die Sicherheit aller dieser Körper«; van den Bruwaene: »le salut de tous«.
276 *Stoicorum veterum fragmenta* I 171 (v. Arnim).
277 Balbus antwortet auf Velleius' Ausführungen in I 51 f.
278 Vgl. beispielsweise I 75.
279 Die Kugelform.
280 »[. . .] the benefactors of man (2,60), the personified benefactions themselves (2,60), personified abstracts (2,61), deified mortals (2,62), natural forces personified (2,63–69) and the gods of the poetic mythology (2,70).« (Pease, zur Stelle.)
281 *Eunuchus* 732.
282 Den Kult von Wertbegriffen wie Salus, Victoria, Honos, Fides usw. erörtert Latte, S. 234–242.
283 Vgl. I 111.
284 Die Übersetzung der Parenthese stammt von Kühner, S. 175.
285 »[. . .] the pair of Liber und Libera, in whose honor the festival of the Liberalia on 17 March was held [. . .], was enlarged, on the analogy of the trinity of Demeter, Dionysus, and Persephone, to a group of three, Ceres, Libera, and Liber [. . .], and A. Postumius in 496 B. C. vowed a temple to them.« (Pease, zur Stelle.)
286 Vgl. I 40 f.

287 Die übliche Namensableitung (von *serere, satus*) steht bei Varro, *De lingua Latina* V 64. Vgl. auch Cottas Spott über Balbus' Etymologien in III 62.
288 Eine falsche Erklärung. Vgl. Varro, *De lingua Latina* V 66: *olim Diovis et Diespater dictus, id est dies pater.*
289 Ennius, *Annales* 203.592 (Skutsch), schon zitiert in II 4.
290 II 4.
291 Ennius, *Fabulae incertae* 401 (Vahlen).
292 Vermutlich eine eigene Übersetzung Ciceros.
293 »[...] because ἀήρ after the time of Herodotus is grammatically masculine.« (Pease, zur Stelle.)
294 Vermutlich steht Iuno aber mit *iu-venis, iu-nix* und *iu-venca* in Zusammenhang; vgl. Gerlach/Bayer, zur Stelle.
295 Eine mögliche Etymologie.
296 Eine »etymologische Spielerei« (Kühner, zur Stelle). Ceres ist vielmehr mit *creare* und *crescere* verwandt (Servius, *In georgica* 1,7); weitere Herleitungen bei Walde/Hofmann, Bd. 1, S. 204 f.
297 ›Mars‹ wird heute allgemein aus dissimilierendem *Maars (oder Mamers) abgeleitet, nicht, wie bei Walde/Hofmann, Bd. 2, S. 43 ff., von ›Mavors‹.
298 Gleichfalls eine verfehlte Herleitung. Minerva »is probably related to μένος, *mens*, and *memini*; cf. Athena as a goddess of the mind«. (Pease, zur Stelle.) – »La notion diminuer peut avoir été inspirée aux stoïciens par μνήνη, la lune.« (Van den Bruwaene, zur Stelle.)
299 Gegen die namentliche Verbindung vgl. Pease, zur Stelle.
300 »Dies war römische Sitte; nach griechischer Sitte [...] wurde Vesta zu Anfang angerufen.« (Kühner, zur Stelle, mit Hinweis auf Ovid, *Fasti* VI 298.)
301 Pease, zur Stelle, vermutet hingegen einen Zusammenhang mit *penes*, »in the sense of ›gods of home‹«.
302 Die Herkunft dieses Namens ist völlig ungeklärt; vgl. Gerlach/Bayer, zur Stelle.
303 Frühester Beleg bei Euripides; vgl. Pease, zur Stelle.
304 Falsche Ableitung; vgl. Kühner, zur Stelle.
305 Sonne, Mond und die fünf Planeten (vgl. Anm. 154).
306 »[...] perhaps correctly.« (Pease, zur Stelle.)
307 Um berühmt zu werden, hatte Herostrat den Artemis-Tempel, eines der Sieben Weltwunder, in Brand gesteckt.
308 »Venus ist formal ein Neutrum gewesen, von dem venerare, später venerari, die ›venus‹ der Gottheit hervorrufen, eine Ab-

leitung ist.« (Latte, S. 183 und Anm. 4.) Vgl. auch R. Schilling, *La religion romaine de Venus*, Paris 1954, S. 30 ff.

309 Vgl. I 81 f.

310 Vgl. I 42.

311 Beispielsweise *Ilias* XX 67 ff.

312 Vgl. II 66.

313 »Die Stoa hält neben der alles regierenden Weltseele aus ethischen Gründen an den Gottheiten der Volksreligion und deren Verehrung fest; daher gibt es neben dem göttlichen Urwesen die Anerkennung der besonderen Kräfte als göttliche Wesen, die ja nichts weiter als ein Ausfluß dieses Urwesens bedeuten.« (Gerlach/Bayer, zur Stelle.)

314 Falsche Etymologie; s. Kühner, zur Stelle.

315 Zum Begriff der *religio* vgl. Anm. 209.

316 Der dritte Punkt der stoischen Lehre; vgl. II 3. Zum teleologischen Gottesbeweis siehe Bringmann, S. 176 und Anm. 21.

317 Wegen der Zeitangabe siehe Anm. 198.

318 I 18.

319 »[. . .] ›ordered‹ rather than ›created‹, since the Stoics did not accept creation out of nothing.« (Pease, zur Stelle.)

320 »Nach der Ansicht der Stoiker ist die Natur entweder gleichbedeutend mit Gott, dem göttlichen Urwesen, aus dem alles hervorgegangen ist, das das Weltall durchdringt und belebt, oder die aus dem Urwesen hervorgegangene, empfindende oder mit Bewußtsein begabte Natur.« (Kühner, zur Stelle.)

321 Zwischen den Bildern Demokrits und den Abbildern Epikurs besteht kein Unterschied. Beide Begriffe entsprechen den griechischen εἴδωλα; vgl. I 29.73.

322 Die Fragwürdigkeit der stoischen Beweiskette zeigt sich schon in Balbus' Wortwahl: *Ex quo efficitur id, quod volumus.* Vgl. Görler, S. 119.

323 Im Gegensatz zu den unzähligen Welten der Epikureer.

324 Dieser stoische Gedanke findet sich bei Cicero, *De finibus bonorum et malorum* III 64; *De legibus* I 23 u. ö.

325 Vgl. II 61.

326 D. h. den Sternen. Vgl. Cicero, *De re publica* VI 15.

327 II 39–44.

328 Beispielsweise Straton (I 35) und die Epikureer.

329 Die Stoiker; vgl. II 57.

330 »The accidents in the present passage are doubtless the motion

of the atoms through space and the origin of things resulting from their collisions.« (Pease, zur Stelle.)

331 »Die Stoiker also sagten, die Welt sei nicht eine unorganische, tote Masse, sondern ein organisch zusammenhangendes, lebendes Ganzes.« (Kühner, zur Stelle.)

332 Zur Erläuterung des Sehvorgangs siehe Gellius V 16,2 f.

333 Vgl. dazu Seneca, *Naturales quaestiones* II 6,3.

334 Erklärt in II 116.

335 »The three types of motion here indicated are (1) downward, by gravity (as of earth and water), (2) upward, by exhalation or by relative lightness (as of air and fire), and (3) circular (as of ether); cf. 2,44.« (Pease, zur Stelle.)

336 Die stoische διακόσμησις, das harmonische Gleichgewicht der vier Elemente.

337 »[. . .] the former is the view of Panaetius [der den Weltenbrand, vgl. Anm. 371, ablehnte], the latter that of orthodox Stoics.« (Pease, zur Stelle.)

338 »Die erste Sonnenuhr [. . .] brachte Marcus Valerius im Jahre 273 v. Chr. aus Sizilien nach Rom [. . .]; die erste Wasseruhr [. . .] brachte der Zensor Publius Cornelius Nasica im Jahre 259 v. Chr. nach Rom.« (Kühner, zur Stelle.)

339 Vgl. Anm. 154.

340 Die Epikureer.

341 Zum Planetarium des Archimedes: Cicero, *Tusculanae disputationes* I 63; Ruch, S. 500 f.

342 Die folgenden Verse stammen aus dessen *Medea* 391–406 (Ribbeck).

343 »In the Golden Age the unholy art of navigation was not practiced.« (Pease, zur Stelle.) – »Göttlich« war die Argo insofern, als Athene an ihrem Bau beteiligt war.

344 Ein fast von allen Philosophen akzeptierter Standpunkt.

345 Das lateinische Wort für Luft (*aër*) war ursprünglich *caelum*.

346 Pacuvius, *Chryses* 90 (Ribbeck).

347 »The lines may perhaps be spoken by Orestes after he has taken refuge with the priest Chryses.« (Pease, zur Stelle.)

348 Zur Atomlehre vgl. I 29 (Demokrit), I 54 (Epikur), I 66 (Leukipp).

349 »Das lateinische Alphabet bestand aus 21 Buchstaben; denn i und j wurden durch ein Zeichen ausgedrückt, ebenso u und v; y und z aber werden, weil sie sich nur in griechischen Wörtern

finden, *litterae Graecae* genannt und daher nicht zum lateinischen Alphabet gerechnet.« (Kühner, zur Stelle.)

350 Die Epikureer.

351 Vgl. *De philosophia*, Fragment 12 (Rose).

352 »[...] il y eut une éruption en 141 [...] l'exemple retenu ici est un exemple assez prodigieux et connu par ouï-dire.« (Van den Bruwaene, zur Stelle.)

353 Vgl. II 88.

354 Vgl. II 66.

355 »[...] insofern sie durch den Tag erhellt und durch die Nacht verfinstert wird.« (Kühner, zur Stelle, mit Verweis auf Ovid, *Metamorphosen* XV 188 ff.)

356 Vgl. II 136.138.

357 Vgl. I 37 (Kleanthes).

358 »Indem die Sonne einmal von dem äußersten Punkte im Norden wieder nach Süden sich wendet, dann von dem äußersten Punkte im Süden sich wieder nach Norden dreht.« (Kühner, zur Stelle.)

359 Zu den unterschiedlichen Größenberechnungen des Mondes siehe Pease, zur Stelle.

360 Im Alter zwischen 17 und 22 Jahren; vgl. Pease, zur Stelle.

361 Vgl. Arat 19 f. Zur Übersetzung der folgenden Verse (II 105 bis 114) siehe Arat 24–450 (Auswahl).

362 »Zwiefach nennt Cicero die Weltachse deswegen, weil er sie sich durch die in der Mitte des Weltalls schwebende Erde, durch die also die Achse notwendig hindurchgeht, in zwei Teile, einen nördlichen und einen südlichen, geteilt denkt.« (Schoemann, zitiert bei Kühner, zur Stelle.)

363 Zur Namensableitung siehe ›Hyaden‹ im Glossar der Eigennamen.

364 »Der Steinbock [...] wurde in einer Gestalt dargestellt, die aus der Bocks- und Fischgestalt gemischt war; daher halbwild.« (Kühner, zur Stelle.)

365 »Un uncertain animal [...]. Now commonly called *Lupus*.« (Pease, zur Stelle.)

366 »As all things are bound together spatially by the permeation of cosmic πνεῦμα, so they are linked temporally into an eternal chaine of cause and effect which Chrysippus defines as fate or εἱμαρμένη.« (Lapidge, S. 1389.)

367 Ebenso II 84.

368 Vgl. II 66.101.

369 II 47.

370 »[. . .] the nourishment of the stars being conceived as causing the gradual renewal of their substance, as in the case of animal life.« (Pease, zur Stelle.)

371 Gemeint ist der Weltenbrand (ἐκπύρωσις); die Stoa übernahm diese These von Herakleitos (Heraklit). Sie »ging von dem Gedanken aus, daß unsere Welt insofern vergänglich ist, als durch das Vernunftgesetz unter den Elementen an sich zwar Gleichgewicht herrscht, das kräftigste aber, das Feuer, allmählich ein Übergewicht erlangt, so daß am Ende unserer Weltperiode folgerichtig die Rückkehr in den feurigen Urzustand eintreten muß (die *Ekpyrosis*), die gleichzeitig eine Reinigung der Welt von ihren Unvollkommenheiten (die *Katharsis*) bedeutet, dann eine Rückbildung einsetzt und diese zur Wiedererneuerung (zur *Palingenesis*) führt.« (Gerlach/Bayer, zur Stelle; dort sind auch unterschiedliche Ansichten innerhalb der Stoa referiert.) – Da Balbus' Erklärung für den Weltenbrand (alle Feuchtigkeit des Universums ist verbraucht) in keiner stoischen Quelle belegt ist, hält Lapidge, S. 1390, sie für ciceronisch.

372 *concentus:* Lehnübersetzung von griechisch συμφωνία; vgl. Puelma, S. 58.

373 Venus und Mercur. Da sie der Sonne am nächsten stehen, sind sie ihrem Einfluß am stärksten ausgesetzt.

374 In Wirklichkeit dient der kleine Seekrebs den Muscheln unfreiwillig als Nahrung. Das Beispiel dieser angeblichen Symbiose findet sich auch: Cicero, *De finibus bonorum et malorum* III 63.

375 Die Platalea wird mit dem Pelikan, dem Seeadler oder einer Möwenart identifiziert.

376 »Der Seeteufel (rana marina), ein im Mittelmeer heimischer Raubfisch, der Ähnlichkeit mit einem Frosch hat; im Sand versteckt, benutzt er seine fühlerartigen, nach der Spitze knollenförmig erweiterten Stacheln als Köder für die Fische.« (Gerlach/Bayer, zur Stelle.)

377 Vgl. Fragment 342 (Rose).

378 Vgl. beispielsweise Aristoteles, *Historia animalium* IX 6, 612a 5–7.

379 »Das noch heute auf Kreta wildwachsende Dictam (origanum Dictamnus L.).« (Gerlach/Bayer, zur Stelle.)

380 Ebenso Plinius, *Naturalis historia* VIII 112 f. *Seselis:* wahrscheinlich Tordylium apulum L. (Pease, zur Stelle.)

381 »Hundert Tage, vgl. Herod. II 19.« (Gerlach/Bayer, zur Stelle.)

382 Vgl. Herodot I 193.
383 In der Antike umstritten; vgl. Pease, zur Stelle.
384 »Le *et tamen multa dicuntur* ne peut être qu'une remarque marginale d'un copiste.« (Van den Bruwaene, zur Stelle.)
385 »Their inland situations saved transportation costs, furnished independent sources of supply, and so might be considered as illustrating the design of providence to benefit man.« (Pease, zur Stelle.)
386 Der Chylos.
387 Das »μεσεντέριον, das Gekröse, die Bauchfalten, welche die Gedärme einhüllen und ihnen als Befestigungsmittel dienen. In ihnen verläuft eine Reihe Venen, die in den Verdauungsorganen wurzeln und sich zur vena portae (Pfortader) vereinigen, welche letztere in der porta iecoris mündet.« (A. Goethe, zitiert bei Gerlach/Bayer, zur Stelle.)
388 Nach antiker Vorstellung wurde die Luft durch die Arterien transportiert.
389 Vermutlich meint *nervos* sowohl Nerven als auch Sehnen; vgl. Pease, zur Stelle.
390 Belege für diesen Unterschied zwischen Mensch und Tier, einen Gemeinplatz antiker Autoren, bei Pease, zur Stelle. – Die älteste Stelle über die Aufrichtung der menschlichen Gestalt findet sich bei Xenophon, *Memorabilia* I 4,11.
391 »[...] the *latrinae* of Roman ones [= houses] seem usually to have adjoined the kitchens [...] in order to empty, with the kitchen drains, into the public sewer.« (Pease, zur Stelle.) Vgl. auch W. Krenkel, »Wasserversorgung«, in: *Lexikon der Alten Welt*, Zürich/Stuttgart 1965, Sp. 3258 ff.
392 Bezogen auf die Hornhaut des Auges.
393 Eine erstaunliche Übertreibung. Nach Plinius, *Naturalis historia* X 191, ist beim Menschen nur der Tast- und Geschmacksinn stärker ausgeprägt als beim Tier.
394 »[...] perhaps of the symbolic movements of dancing, acting and oratorical gesticulation, contrasted with the graceful arrangement and proportions of colors and forms at rest.« (Pease, zur Stelle.)
395 »It is quite possible that the three words *varietas*, *intervalla*, *distinctio* are merely a periphrasis for the single term διαστήματα, ›differences of pitch,‹ in contrast with differences of quality which follow.« (Rackham, zur Stelle.)
396 Gemeint ist die Dialektik.

397 »[...] as the especial opponents of dogmatic knowledge based upon untrustworthy sensations [...], who relied upon mere probability.« (Pease, zur Stelle.)
398 »[...] articulate speech distinguishes man from the brutes.« (Pease, zur Stelle, mit Verweis auf Cicero, *De inventione* I 5.)
399 Dazu parallel: Cicero, *De oratore* I 33.
400 »Im Gegensatz zu anderen Stoikern [...] zog vor allem Chrysipp die Folgerung, daß das alles beherrschende Prinzip (das Hegemonikon) nicht im Kopf, sondern in der Brust lokalisiert sei, aus der Beobachtung, daß die Stimme, der Ausdruck des Gedankens (mens), aus der Brust komme.« (Gerlach/Bayer, zur Stelle.)
401 Antike Belege für das Lob der Hand als menschlichem Spezifikum bei Pease, zur Stelle.
402 Ebenso Cicero, *De finibus bonorum et malorum* III 46.
403 Daß sich der Weise nur durch seine Sterblichkeit von den Göttern unterscheidet, ist ein allgemein häufig vorkommender Gedanke; vgl. Pease, zur Stelle.
404 Vgl. II 133.
405 Vgl. II 78; Cicero, *De finibus bonorum et malorum* III 64.
406 Vgl. Arat 129–132.
407 So auch Varro, *Res rusticae* II 5,3–4.
408 Das Schwein wurde wegen seiner Schmutzigkeit oder Dummheit allgemein verachtet. Belege bei Pease, zur Stelle. Dazu auch I. Oppelt, *Lateinische Schimpfwörter und verwandte sprachliche Erscheinungen*, Heidelberg 1965, S. 66, 140, 229, 235.
409 »*Alites* wurden die Vögel genannt, welche durch den Flug Anzeichen gaben, wie der Adler, Geier usw., *oscines* diejenigen, welche durch ihre Stimme, ihren Gesang Anzeichen gaben, wie der Rabe, die Krähe, die Nachteule, der Hahn.« (Kühner, zur Stelle.) Diese Unterscheidung galt wohl bloß in der Auguralsprache – *ales* ist sonst nur poetisches Äquivalent für *avis*.
410 Van den Bruwaene übersetzt hingegen: »les courants incroyablement rapides de la mer.«
411 Zeugnisse dafür bei Gerlach/Bayer, zur Stelle.
412 Vgl. I 55.
413 Der Satz steht im Widerspruch zu II 167: *Magna di curant, parva neglegunt*. Vgl. auch Cottas Einspruch in III 93.
414 »[...] this may refer to the unbroken land connection from Africa through Asia to Europe, these three being mentioned in the next section as *magnam quandam insulam*, and according

to some views being more or less equivalent to the οἰκουμένη of the day.« (Pease, zur Stelle.)

415 Athene unterstützte z. B. Odysseus, Diomedes und Achill.

416 II 6.

417 Zum Problem des Bösen in der Welt und der Schwierigkeit, dieses Faktum in die stoische Lehre einzubinden, siehe Gerlach/Bayer, zur Stelle.

418 »Zu diesem Gedankengang vgl. das Thema des fünften Buches der Tusculanen (›die Tugend sei zum glückseligen Leben sich selbst genug‹) und Senecas Schrift ›De providentia‹ mit dem Grundgedanken, daß dem Weisen ein wirkliches Übel nicht zustoßen kann.« (Gerlach/Bayer, zur Stelle.)

419 Balbus will also Cotta nicht unbedingt dazu bringen, die stoischen Beweise anzuerkennen, als vielmehr dazu, die Existenz der Götter zuzugeben. »Insofern ist auch Balbus ein Vertreter der *auctoritas maiorum.*« (Görler, S. 158, Anm. 78.)

420 Vgl. I 11.

Drittes Buch

421 Vgl. I 85.87.

422 Anspielung auf den Unterschied zwischen einem platonischen Dialog (sokratische Methode des Fragens und Antwortens) und der aristotelischen Form des zusammenhängenden Vortrags.

423 Vgl. I 61; II 2.168.

424 Zu Cottas Haltung vgl. Anm. 121.

425 »Den führenden Stoikern, als Exponenten des rationalen Scharfsinns, werden also drei typische Vertreter der altehrwürdigen *maiores* gegenübergestellt [...]. Nicht scharfsinnige Syllogismen können das Dasein der Götter beweisen; nur ein ehrfurchtsvolles Verhalten zu den Vorfahren kann die rechte Auffassung von den Göttern lehren. Dem Verstand und allen Versuchen, das Problem rational zu lösen, wird also eine klare Absage erteilt.« (Görler, S. 134.)

426 Vgl. II 3.

427 »Das ist der alte Gegensatz zwischen *ratio* und Glauben in neuer Formulierung. Balbus hatte an beide Instanzen appelliert, um die Existenz Gottes sicherzustellen: an den Glauben, als er das Dasein Gottes als unmittelbare Gewißheit bezeichnete; an die *ratio* in seinen anschließenden Beweisen. Den ersten Punkt macht Cotta ihm jetzt streitig. Auf Evidenz und Glaubensge-

wißheit dürfe sich Balbus nicht berufen; daß er selbst nicht an diese Gewißheit glaube, habe er dadurch deutlich gemacht, daß er zu Beweisen seine Zuflucht nahm. Es bleibt also die andere Instanz: die Vernunft. Hier aber kennen wir Cottas Meinung bereits: Vernunftbeweise sind wertlos.« (Görler, S. 136.)

428 Balbus »verläßt sich ausschließlich auf seine *ratio*, und darum hat Cotta recht, wenn er ihn auf dieser Ebene widerlegt«. (Görler, S. 158.)

429 Vgl. II 4.

430 Andere Epikureer oder die Philosophen, die, wie z. B. Anaxagoras, die Gestirne für unbeseelte Materie hielten.

431 Der Gottesbeweis *e consensu omnium*; vgl. II 5.

432 Vgl. I 23.

433 II 6. Dort steht auch das folgende Beispiel der Tyndariden.

434 Zur antiken Datierung vgl. Pease, zur Stelle.

435 Homer, *Ilias* III 243 f.

436 Vgl. II 62.

437 Vgl. Livius II 42,5.

438 Vgl. II 6.

439 Vermutlich nur eine kleinere Lücke. »Aus II, c. 3. ersehen wir, daß Balbus nach den Göttererscheinungen die Weissagungen als Beweis für das Dasein der Götter angeführt hat. Von Cotta's Widerlegung dieses Beweises ist der Anfang verloren gegangen.« (Kühner, zur Stelle.)

440 Eine ausführliche Begründung dafür gibt Cicero in *De divinatione* II 20–25.

441 Vgl. I 40.55.

442 Der Einschnitt, »der die Lappen der Leber in zwei Theile trennte, von denen der eine *fissum familiare* hieß, d. h. derjenige, aus dem man weissagte, was Einem selbst, der andere *fissum hostile*, d. h. derjenige, aus dem man weissagte, was dem Feind begegnen würde«. (Kühner, zur Stelle.)

443 Vgl. Anm. 409.

444 »[...] die mit Zeichen beschriebenen Täfelchen aus Eichenholz, wie sie vor allem im Heiligtum der Fortuna zu Praeneste [...] zur Weissagung gebraucht wurden.« (Gerlach/Bayer, zur Stelle.) Vgl. auch *De divinatione* II 85–87.

445 Vgl. II 12.

446 Vgl. II 10.

447 »Cotta speaks as an Academic philosopher rather than as a Roman pontifex.« (Pease, zur Stelle.)

448 II 13–15.
449 Warum Cotta die Reihenfolge der Argumente vertauscht, erklärt Pease, zur Stelle.
450 II 16.
451 II 17; vgl. auch III 26.
452 II 19; *mundi convenientiam consensumque:* die kosmische συμπάθεια; vgl. auch III 28.
453 Vgl. II 20 f.
454 II 23.
455 Die Stelle fällt in die Lücke nach III 65.
456 Vgl. Anm. 198.
457 »Diese Formulierung enthält eine feine Ironie. Balbus, der die Rationalität seiner Darlegung so stark betont hatte, wird aufgefordert, die Gründe zu nennen, die ihn zu seiner Überzeugung gebracht haben. Als ob er sie nicht ausführlich dargelegt hätte! Cotta will ihm [. . .] zu verstehen geben, daß er die bisher genannten Gründe für so gut wie nicht existent ansieht. Nicht weniger ironisch ist [. . .] *tibi persuadeas. Persuadere* bezeichnet fast immer eine rein subjektive Überzeugung, also das Gegenteil dessen, was Balbus sich und anderen zu vermitteln versprochen hatte.« (Görler, S. 138.)
458 Cicero hat diesem Thema gesonderte Schriften gewidmet: *De fato*; *De divinatione*.
459 II 3.
460 II 45.
461 »Its foresight was proverbial.« (Pease, zur Stelle.)
462 »The text is certainly corrupt, being self-contradictory and contradicting ii.20.« (Rackham, zur Stelle.)
463 II 39.
464 Gerade die Unberechenbarkeit der Strömungen wird allerdings von zahlreichen Autoren bezeugt; vgl. Pease, zur Stelle.
465 Ennius, *Annales* 302 (Skutsch); gemeint ist die Meerenge von Gibraltar.
466 Übersetzung in Anlehnung an Gerlach/Bayer.
467 Vgl. II 16.
468 Verkürzte Wiedergabe von II 17.
469 Vgl. II 18.
470 Vgl. die Beschreibung in Cicero, *De re publica* VI 18 f.; Platon, *De re publica* X 617b.
471 Ob diese Lehre von Pythagoras selbst stammt, ist fraglich. Vgl. Pease, zur Stelle.

472 Vgl. II 57.
473 Im erhaltenen Text ist dieser Punkt nicht ausgeführt.
474 Vgl. II 19.
475 Die συν-/συμπάθεια spielt bei Ciceros Lehrer Poseidonios eine zentrale Rolle. Zu den Übersetzungsvarianten vgl. Puelma, S. 64.
476 Vgl. I 4.
477 »But the Stoics denied the existence of outside forces which could disturb their divine universe.« (Pease, zur Stelle, mit Hinweis auf II 31.35.)
478 Vgl. II 84.
479 Vgl. ebd.
480 Vgl. Aristoteles, *De partibus animalium* III 4, 666a 34, und Sextus Empiricus IX 139.141. Dessen Argumentation: Gäbe es Götter, wären sie Lebewesen, hätten mithin Empfindungsvermögen und wären daher sterblich.
481 »[. . .] since pain increased in duration or intensity becomes unendurable.« (Pease, zur Stelle.)
482 Vgl. II 34 (*bestiae*).
483 »[. . .] though [. . .] from the above premisses we might conclude not more than *interire potest.*« (Pease, zur Stelle.)
484 Zur stoischen Auffassung des Feuers vgl. II 25–31.39–41.57 f.; III 18.
485 Vgl. I 74.
486 Vgl. die Parallele in Cicero, *Tusculanae disputationes* I 19.
487 Das ist die Theorie des Panaitios; vgl. Cicero, *Tusculanae disputationes* I 42 und Diogenes Laertios VII 157.
488 Wie in III 33.
489 Vgl. II 40.43.83.118.
490 Dieser Punkt wurde von Cotta vielleicht in der Lücke nach III 65 behandelt.
491 Balbus hatte aber der Gottheit alle menschlichen Tugenden zugeschrieben (vgl. II 79.153). – Im folgenden bezieht sich Cotta auf die vier Kardinaltugenden: *prudentia* (Klugheit), *iustitia* (Gerechtigkeit), *temperantia* (Mäßigkeit) und *fortitudo* (Tapferkeit).
492 »[. . .] yet the gods had relations with one another, as well as with men, so that this argument, applicable only to an anchorite deity, loses much of its force.« (Pease, zur Stelle.)
493 »Anspielung auf die Atagartis [. . .], bei den Griechen Derketo, lat. Derceto [. . .] oder Dercetis [. . .], eine semitische Göttin,

sonst als Dea Syria bekannt, in Damaskus, Palmyra und Askalon, bes. in Hierapolis-Bambyke [...] verehrt; wesensähnlich mit der phönizischen Astarte und der kleinasiatischen Rhea-Kybele und mit z. T. orientalischem Hetärencharakter.« (Gerlach/Bayer, zur Stelle, mit weiteren Einzelheiten.)

494 Der Ennius-Vers wurde schon in II 4.65 und III 10 zitiert.

495 Vgl. II 105–114.

496 Wie II 60 zeigt, unterstellt hier Cotta dem Balbus Äußerungen, die er gar nicht gemacht hat.

497 II 62.

498 Hercules.

499 Accius, *Fabulae incertae* 670 (Ribbeck).

500 Ebd. 671.

501 Homer, *Odyssee* XI 601–603.

502 Von mehreren Trägern dieses Namens berichtet schon Herodot II 43 f.

503 »La Pythie refusant de répondre, Héraclès vole le trépied prophétique, Apollon essaie de retenir le trépied. Zeus arrête la lutte en lançant la foudre.« (Van den Bruwaene, zur Stelle, mit Verweis auf Pausanias X 13.)

504 Vgl. Herodot II 43.

505 Nach Diodoros Siculus V 64 hat dieser die Olympischen Spiele begründet; die *idäischen Digiten* (oder *Daktylen*): s. Glossar der Eigennamen.

506 Als der semitische Gott Melkarth.

507 Vgl. III 53.

508 »Cotta will hiermit [...] den einfachen Gottesdienst bezeichnen, wie er vor Alters ausgeübt worden sei.« (Kühner, zur Stelle.)

509 »Die folgenden Schlüsse sind Sorites oder Kettenschlüsse, durch die Karneades darzuthun suchte, daß es dem Volksglauben an jedem Merkmale zur Unterscheidung des Göttlichen und Ungöttlichen fehle.« (Kühner, zur Stelle.) – Zur Schrift des Laelius vgl. Glossar der Eigennamen.

510 Anspielung auf Achills Mutter, die Meeresnymphe Thetis.

511 Vgl. II 61.

512 Belege für die Verehrung all dieser Tiere bei Pease, zur Stelle.

513 Grammatisch richtiger wäre ›Kinder‹ (*nati*), doch Cicero hat, falls der Text richtig überliefert ist, *natae* geschrieben.

514 Pacuvius, *Medus*, Fragment 24 (Ribbeck).

515 Der »Pachtkontrakt, den die Zensoren mit den staatlichen Steuerpächtern abschlossen«. (Gerlach/Bayer, zur Stelle.)
516 Cicero spielt möglicherweise auf eine historische Begebenheit des Jahres 73 an. (Van den Bruwaene, zur Stelle.) – Zum Problem der Datierung – der fiktive Dialog *De natura deorum* soll im Jahre 75 stattgefunden haben – siehe Pease, zur Stelle.
517 Die *tempestates* hatten in Rom eine Kultstätte in der Nähe der Porta Capena.
518 Beispielsweise Scipio im Jahre 204; vgl. Livius XXIX 27,2–6.
519 Vgl. II 67.
520 Gemeint sind wahrscheinlich die Anhänger des Prodikos und des Euhemeros.
521 »Il ne s'agit évidemment pas de théologiens au sens actuel du mot [...]. Les *theologi* sont tout simplement des mythographes.« (Van den Bruwaene, zur Stelle.)
522 Vgl. ›Muse‹ im Glossar der Eigennamen.
523 In II 68.
524 Gleichgesetzt mit Osiris; vgl. Gerlach/Bayer, zur Stelle.
525 Das Epitheton verweist hier, gleichgültig, ob man *Nomion* (Gerlach/Bayer) oder *Nomionem* (Plasberg/Ax) liest, auf Apoll als Gott der Hirten; vgl. Pease, zur Stelle, mit Verweis auf Servius, *In georgica* 3,2.
526 Dort heißt sie Neit.
527 Vgl. III 53.
528 So übersetzt Rackham *rerum vim*.
529 Vgl. II 63.
530 Bei den folgenden Etymologien nimmt Cotta auf II 67 Bezug.
531 Vgl. I 36.
532 Vgl. I 41.
533 Vgl. II 71.
534 *Comprehendere* (*animo*) entspricht dem griechischen Fachterminus καταλαμβάνειν; vgl. Puelma, S. 54 f.
535 Verlorengegangen sind Cottas Einwände gegen die stoische Konzeption der Vorsehung und der göttlichen Fürsorge für die Menschen. Vgl. auch Gigon, *Pease*, S. 666.
536 Ennius, *Fragmenta scaenica* 266–268 (Vahlen); vgl. Euripides, *Medea* 364 ff.
537 Ennius, *Fragmenta scaenica* 269 (Vahlen).
538 Ebd. 270 ff.; vgl. Euripides, *Medea* 371–375 und 399 f.
539 Nicht ennianisch. Das Zitat stammt vielleicht aus Accius' *Medea*.

540 Atreus, s. Glossar der Eigennamen.
541 Accius, *Atreus* 200 f. (Ribbeck).
542 Thyest, der Bruder des Atreus (s. d.).
543 Accius, *Atreus* 205 (Ribbeck).
544 Ebd. 206–208.
545 Ebd. 209–213.
546 Phaedria in Terenz, *Eunuchus* 46.49.
547 Vgl. I 11.
548 Caecilius, *Synephebi* 199–209 (Ribbeck).
549 Ebd. 202–205.
550 Ebd. 206–209.
551 Terenz, *Phormio* 321.
552 »Die 36 scribae librarii quaestorii (Staatsschreiber, oberste Rechnungsführer) waren in drei Dekurien gegliedert, die den sex primi curatores unterstellt waren.« (Gerlach/Bayer, zur Stelle.)
553 Die sullanische *Lex Cornelia testamentaria* ahndete Testamentsfälschungen.
554 »Anspielung auf den Bau der Argo, auf der Iason nach Kolchis fuhr, um das Goldene Vlies zu holen.« (Gerlach/Bayer, zur Stelle.)
555 Insofern als die stoische Lehre vom unabänderlichen *fatum* Pessimisten erziehen könnte.
556 Die ἀφροσύνη; vgl. I 23.
557 Ennius, *Telamo* 318; antike Äußerungen zum Problem der Theodizee nennen Pease und Gerlach/Bayer, zur Stelle.
558 Die Existenz eines solchen Bildes ist umstritten; vgl. Pease, zur Stelle.
559 Vermutlich Q. Caecilius Metellus (Konsul 109); vgl. Gerlach/Bayer, zur Stelle.
560 Platon, *Phaidon.*
561 Vgl. II 167.
562 III 80.
563 Gegenteilige antike Zeugnisse bei Pease, zur Stelle. – Die Aussage widerspricht zudem u. a. II 79.165.
564 »A tenth part of spoils of war and of treasure-trove was devoted to Hercules as god of treasures.« (Rackham, zur Stelle.)
565 Nach Vitruv IX, *praefatio* 7, handelt es sich um den berühmten Satz des Pythagoras: $a^2 + b^2 = c^2$.
566 Ob Pythagoras Blutopfer grundsätzlich ablehnte, läßt sich nicht mehr klären; vgl. Pease, zur Stelle.

567 Vgl. III 83.
568 Rackhams Übersetzung »the crew of the vessel« paßt zwar besser in den Zusammenhang, doch wäre diese Bedeutung von *vectores* ohne Parallele.
569 II 167.
570 Vgl. Accius 657–659 (Ribbeck).
571 Häufige Metapher; Belege bei Pease, zur Stelle.
572 Ebenso Cicero, *De officiis* III 102.
573 Vgl. I 22.
574 *Materia* entspricht hier der griechischen ἀρχή. – Vgl. auch Cicero, *Academici libri* I 27: *subiectam putant omnibus sine ulla specie atque carentem illa omni qualitate* [. . .] *materiam quandam, ex qua omnia expressa atque effecta sint; quae tota omnia accipere possit omnibusque modis mutari atque ex omni parte.*
575 Wie der Fall Karthagos und Korinths (vgl. III 91) gezeigt hat.
576 Vgl. II 164 f., wo Balbus genau umgekehrt argumentierte.
577 Vgl. II 163.166.
578 Im Gegensatz zu den Epikureern.
579 Vgl. II 59–71.
580 »Das greift auf den Anfang des dritten Buches zurück, wo deutlich gesagt wird, daß es allein um die Argumente der Stoiker und nicht um die Existenz der positiven Religion gehen solle.« (Bringmann, S. 174.)
581 »Jede Verletzung der Stadtmauer war ein Kapitalverbrechen, auf das schon die römische Sage hinweist, vgl. den Tod des Remus bei der symbolischen Errichtung der Mauern Roms, Liv. I 7.« (Gerlach/Bayer, zur Stelle.)
582 Daß Velleius für Cotta Partei ergreift, ist verständlich, und eigentlich müßte sich Cicero als Anhänger der Neuen Akademie (vgl. I 6.12) gleichfalls anschließen. Dann jedoch stünde auch er neben dem Epikureer, und/oder dieser rückte in den Hintergrund, was der Konzeption des Dialoges widerspräche. – Ciceros überraschendes Schlußbekenntnis zur Rede des Stoikers wurde sehr unterschiedlich interpretiert. Sicher demonstriert es »that an Academic might use his individual liberty to select and accept any practical working principle, no matter from what school« (Pease, Bd. I, S. 36). Möglicherweise hat er auch religiöse oder politische Rücksicht genommen – »the author found it necessary to neutralize the excessive sceptisme of Cotta's philosophical position« (Levine, S. 20) –, oder er will »den positiven Aussagen des Stoikers, nicht seinen sogenannten Beweisen,

ein größeres Gewicht zum πιθανόν« (Bringmann, S. 174) einräumen. Vielleicht aber wollte Cicero am Schluß auch bloß eine witzige Pointe setzen, indem er dem (dogmatischen) Stoiker ausgerechnet auf die vorsichtige akademische Weise (*ad veritatis similitudinem* [...] *propensior*) seine Zustimmung bekundete.

Glossar der Eigennamen

Erläutert werden vor allem Personen- und geographische Eigennamen, sofern sie nicht in den Anmerkungen berücksichtigt sind. Dabei stütze ich mich im wesentlichen auf die Kommentare und Register der Ausgaben von R. Kühner, A. S. Pease und Gerlach/Bayer, ferner auf den *Kleinen Pauly.* Griechische Namen erscheinen nicht latinisiert, sondern in ihrer ursprünglichen Form, also mit *ai* statt *ae*, *k* statt *c* usw. Sehr verbreitete geographische Bezeichnungen erhalten die im Deutschen geläufige Schreibweise, was einige Inkonsequenzen zur Folge hat. Bei bekannten Ortsnamen stehen die Stellenangaben ohne Erläuterungen. Römische Namen finden sich unter ihrem Gentil-(Familien-)Namen, also Cato z. B. unter Porcius. Die Praenomina werden wie üblich abgekürzt: A. = Aulus, C. = Gaius, Cn. = Gnaeus, L. = Lucius, M. = Marcus, M'. = Manius, P. = Publius, Q. = Quintus, Sex. = Sextus, T. = Titus, Ti. = Tiberius. Die in Klammern gesetzten Namen und Ziffern verweisen auf Fälle, in denen ein im lateinischen Text stehendes Adjektiv substantivisch oder ein Substantiv adjektivisch übersetzt wurde.

Aus Platzgründen bin ich auf die unterschiedlichen Genealogien und Identifikationen von Gottheiten und mythischen Gestalten nicht eingegangen. Nähere Informationen finden sich in den einschlägigen Handbüchern und Lexika.

Alle Jahreszahlen beziehen sich auf die Zeit vor Christi Geburt.

(Abdera), griechische Stadt im ägäischen Thrakien, Heimat des Protagoras und Demokrit. Ihre Einwohner galten sprichwörtlich als dumm I 63

Absyrtos, Sohn des kolchischen Königs Aietes, Stiefbruder der Medeia (s. d.) III 48

L. Accius (170 – nach 86), römischer Dichter, schrieb vor allem Tragödien nach griechischem Muster II 89; III 41

Acheron, Totenfluß in der Unterwelt III 43

Achill(eus), Sohn der Seegöttin Thetis und des thessalischen Königs Peleus; Hauptheld der *Ilias*, besonders von Hera und Pallas Athene unterstützt II 166; III 45

Adler (Aquila), Vogel des Zeus, der Ganymed in den Himmel entführte; nördliches Sternbild II 113

Adonis, Vegetationsgottheit vorderasiatischer Herkunft, bisweilen mit dem Aphrodite-Kult verbunden. Im Mythos der Geliebte der

Aphrodite, von einem Eber getötet und in eine Anemone verwandelt (vgl. Ovid, *Metamorphosen* X 710 ff.) III 59
ÄGYPTEN I 101; II 126.130; III 55.56
ÄGYPTER I 43.81.82.101; III 39.42.54.55.56.59
ÄHRE (SPICUM), der hellste Stern im Gestirn der Jungfrau II 110
L. AEMILIUS PAUL(L)US, Konsul 219 und 216 (mit C. Terentius Varro); fiel 216 im Kampf gegen die Punier bei Cannae III 80
L. AEMILIUS PAUL(L)US, Konsul 182 und 168; besiegte im Dritten Makedonischen Krieg den König Perse(u)s (168 bei Pydna) II 6.165
M. AEMILIUS SCAURUS, Konsul 115, triumphierte über die Ligurer und Gantisker II 61 s. a. Fides, Mens
AESCULAP (ASKLEPIOS), vergöttlichter Arzt oder schlangengestaltiger Gott der Heilkunde mit berühmtem Tempel in Epidauros; unterschiedliche Genealogien und Identifizierungen (vgl. III 57) II 62; III 39.45.57.83.84.91
(AETNA), Vulkan auf Sizilien II 96
AFRICANUS *s.* Cornelius
AFRIKA I 84; II 165
AFRIKANER I 82. (101)
AGAMEMNON, bei Homer Sohn des Atreus, Gemahl der Klytaimestra; einer der mächtigsten Könige auf der Peloponnes; Anführer der Griechen gegen Troja II 166
AIETES, Sohn des Sonnengottes Helios und der Perseis (Perse), Vater der Medeia; König von Aia bzw. Kolchis III 48.54
AIGIALEUS, Beiname des Absyrtos (s. d.)
AIGISTH(OS), Geliebter der Klytaimestra, Mörder Agamemnons III 91
AITHER (AETHER), der »leuchtend klare« Himmel, Personifizierung der über dem *aer* (›Luft‹) liegenden Luftschicht; Vater des Caelus oder des Iuppiter III 44.53.54
AKADEMIE, von Platon um 385 gegründete Schule, die sich besonders ab dem 3. Jh. durch radikale Skepsis (Arkesilaos, später Karneades) auszeichnet: philosophische Wahrheiten können weder erkannt noch zwingend bewiesen werden, daher Verzicht auf Urteil (ἐποχή). Methode: das Aufsuchen von These und Gegenthese (*in utramque partem*); s. Nachwort, S. 457 f.) I 11.13.72.80; II 168
AKADEMIKER, Anhänger der Akademie (s. d.) I 1; II 1.2.20.147; III 72
AKADEMISCHE BÜCHER s. Anm. 20

AKANTHO, Mutter eines Helios auf Rhodos III 54

ALABANDER, Bürger der karischen Stadt Alabanda III 39.50

ALABANDOS, »Eponymos der karischen Stadt Alabanda« (K. Tümpel, »Alabandos«, in: *Paulys Realencyclopädie der classischen Altertumswissenschaft* (RE), Bd. 1, Stuttgart 1894, Sp. 1147) III 39.50

T. ALBUCIUS, 104 Propraetor auf Sizilien, später wegen Erpressung verurteilt, lebte in Athen im Exil. Cicero, *Brutus* 131, bezeichnet ihn als *perfectus Epicureus* I 93

L. ALENUS, nicht weiter bekannt III 74

ALES *s.* Schwan

ALEXANDER DER GROSSE (356–323), Sohn Philipps II. und der Olympias; von Aristoteles erzogen; König der Makedonen II 69

ALKAIOS (um 600), aus Mytilene (Lesbos), neben Sappho der bedeutendste aiolische Lyriker I 79

ALKAMENES (5. Jh.), Bildhauer; Schüler und Rivale des Ph(e)idias (zur Beschreibung seiner Vulcan-Statue s. Valerius Maximus VIII 11, ext. 3) I 83

ALKMAION (um 500), Arzt aus Kroton; Zeitgenosse und Schüler des Pythagoras; nach Aristoteles Verfasser einer Schrift Περὶ φύσεως I 27

ALKMENE, Frau des thebanischen Königs Amphitryon; Zeus, in der Gestalt ihres Ehemanns, zeugte mit ihr den Herakles III 42

ALKON, Sohn des Pelopiden Atreus, nach anderer Überlieferung auch des Erechtheus oder des Euboiers Abas III 53

ALTAR (ARA), südliches Sternbild II 114; III 40

ALTER (SENECTUS), Personifikation des Greisenalters III 44

AMOR, Personifikation der Liebe; göttlicher Sohn des Erebos und der Nyx III 44

AMPHIARAOS, berühmter Held und Seher des Mythos; Halbbruder des Aineias (Aeneas); nach seinem Tod als Gott verehrt; Kultstätten in Boiotien (besonders Oropos), Athen und auf der Peloponnes II 7; III 49

ANAKTES, »sakrales Appellativ einer urspr. namenlosen plural. Gottheit [. . .] mit Soter-Funktion [. . .], die mit [. . .] den Tritopatores [. . .], vor allem aber mit den Dioskuren gleichgesetzt wurde.« (W. Fauth, »Anaktes«, in: *Der Kleine Pauly*, Bd. 1, München 1979, Sp. 327 f.) III 53

ANAXAGORAS (gest. um 428), Naturphilosoph aus Klazomenai, mit Perikles und Euripides in Athen befreundet. Einziges bezeugtes Werk: Περὶ φύσεως. Er glaubt, aus einem der Welt bereits

zugrunde liegenden Urstoff seien durch Mischung und Trennung die sichtbaren Dinge entstanden. Dieser physikalische Vorgang sei aber weder mechanisch noch zufällig, sondern das Werk eines ordnenden Geistes. Damit wird er zum Begründer eines philosophischen Dualismus, der von Platon und Aristoteles weiterentwickelt wurde I 26

Anaxarchos (4. Jh.), Sophist aus Abdera; vom zyprischen Tyrannen Nikokreon zu Tode gemartert (vgl. Valerius Maximus III 3, ext. 4) III 82

Anaximander (Anaximandros) (610 – um 547), aus Milet, Freund, Schüler und Nachfolger des Thales. Der der konkreten Existenz vorausliegende göttliche Urstoff (ἄπειρον), nach Masse und Qualität unbestimmt, ist ewig, was sich aus ihm bildet, jedoch vergänglich; folglich müssen die aus ihm entstehenden (koexistenten) Welten immer wieder untergehen I 25

Anaximenes (gest. 528/525), aus Milet; Schüler und Nachfolger Anaximanders; übernimmt dessen Idee des Unendlichen, betrachtet jedoch die Luft als den Urstoff. Wie die Seele, verstanden als Lufthauch, den Menschen beherrscht, so umfaßt die Luft den ganzen Kosmos I 26

Andromeda, nördliches Sternbild; Tochter des Kepheus und der Kassiopeia. Sie wurde einem Seeungeheuer zur Beute ausgesetzt und von Perseus gerettet. Der Mythos ihrer Verstirnung (vgl. Ovid, *Metamorphosen* IV665 ff.) kam im 5. Jh. auf II 111.112

Anemo, wahrscheinlich Fluß in der Nähe Ravennas III 52

Anguis *s.* Schlange

Anguitenens *s.* Schlangenhalter

Anteros, Personifikation der Gegenfigur zu Eros, »Gegenliebe«, mit Altären in Elis (zusammen mit Eros) und Athen III 59.60

Antiochos (geb. 120), von Askalon, Schüler des Philon von Larissa; dessen Nachfolger als Leiter der Akademie in Athen, wo ihn Cicero 79/78 hörte; gab die akademische Skepsis auf und versuchte, zum echten Platonismus zurückzukehren; Eklektiker I 6.16

Antiope, nur hier als Frau des Pieros (s. d.) erwähnt III 54

Antisthenes (etwa 455–360), Athener; Schüler des Gorgias und Sokrates; Begründer der kynischen Schule; lehnte die herkömmliche Religion ab (Götter in Menschengestalt) und lehrte die Existenz eines einzigen natürlichen Gottes I 32

Aoide, Muse III 54

Apis, heiliger Stier in Memphis; wurde feierlich inthronisiert und

nach seinem Tod als Osiris-Apis einbalsamiert und bestattet; daraus entstand der Serapis-Kult I 82

APOLL(ON), griechischer Gott der Mantik und Musik, relativ spät auch mit dem Sonnengott gleichgesetzt. Hauptkultorte: Delos und Delphi. – Als Apollon Patroos in Athen Ahnherr des Adels und Stammvater der Ionier; Apollon Nomios (»der Hütende«): arkadischer Herdengott. – Im Mythos meist Sohn des Zeus und der Leto (Latona); andere Genealogien und Identifikationen (vgl. III 57) I 81.83; II 68; III 42.45.51.55.57.59.88.91

APOLLODOROS (3. Jh.), Tyrann von Kassandreia, für seine Grausamkeit berüchtigt III 82

APOLLODOROS (um 300), Stoiker, wahrscheinlich Schüler des Antipatros von Tarsos I 93

(APOLLONIA), Stadt in Phrygien oder auf Kreta I 29

AQUARIUS *s.* Wassermann

AQUILA *s.* Adler

M'. AQUILIUS, Konsul 129 II 14

C. AQUIL(L)IUS GALLUS (gest. vor 44), römischer Ritter, berühmter Rechtsgelehrter, Praetor 66 III 74

ARA *s.* Altar

ARAT(OS) (geb. 315/305), aus Soloi in Kilikien; Verfasser des berühmten astronomischen Lehrgedichts *Phainomena* (»Himmelserscheinungen«), das eine große Nachwirkung hatte und u. a. von Cicero und Germanicus übersetzt wurde II 104

ARCHE, Muse III 54

ARCHILOCHOS (etwa 680–640), frühester griechischer Lyriker und Iambograph, berühmt für seine Spott- und Schmähgedichte I 107; III 91

ARCHIMEDES (um 287–212), Mathematiker aus Syrakus, bekannt für seine technischen Erfindungen; bei der Eroberung der Stadt getötet. Sein mit Wasserdruck betriebenes Planetarium wurde nach dem Fall von Syrakus in Rom aufgestellt II 88

ARCTOE *s.* Bär

ARCUS *s.* Bogen

(ARDEA), Stadt in Latium III 47

AREOPAG, oberster Gerichtshof der athenischen Polis mit Staatsaufsichtsbefugnissen II 74

ARGIVER, Bewohner der ostpeloponnesischen Stadt Argos I 82

ARGO, das Schiff, auf dem die Argonauten das Goldene Vlies nach Hause brachten; von Pallas Athene als Gestirn an den nördlichen Sternenhimmel versetzt II 114; III 40

ARGONAUTEN, die Helden, die mit Iason das Goldene Vlies aus Kolchis holten II 89

ARGOS, Hirte, bekannt für seine vielen Augen; von Hera dazu bestimmt, die in eine Kuh verwandelte Io zu bewachen, wird er von Hermes (Mercur) überlistet und getötet III 56

ARIES s. Widder

ARISTAIOS, Sohn Apolls und der Nereide Kyrene; erzogen vom Kentauren Cheiron und den Nymphen, die ihn den Anbau der Olive und vor allem die Bienenzucht lehrten. Als Hirtengott in Thessalien, Boiotien und Arkadien verehrt III 45

ARISTIPP(OS) (etwa 435–366), Philosoph aus Kyrene, der die körperliche Lust als die Grundlage des Glücks betrachtete III 77

ARISTON (um 250), Stoiker aus Chios, Schüler Zenons, mit Kleanthes befreundet; bestritt in der Physik die Möglichkeit sicherer Erkenntnisse I 37; III 77

ARISTOTELES (384–322), aus Stageira; Schüler Platons, Erzieher Alexanders d. Gr.; gründete 335 seine eigene peripatetische Schule, das Lykeion. Schriften zur Logik, Physik, Biologie, Metaphysik, Politik, Rhetorik, Poetik. Gab Platons Erkenntnistheorie auf; die Empirie wird zum eigentlichen Mittel des Wissenserwerbs I 33.93.107; II 42.44.95.125

ARKADER, Bewohner Arkadiens, des zentralen Hochlandes der Peloponnes III 57.59

ARKADIEN III 53.57 s. a. Arkader

ARKESILAOS (316/315–241/240), von Pitane; Begründer der Mittleren Akademie; polemisierte gegen die Erkenntnistheorie der Stoa, folgte der sokratischen Dialektik und lehnte, da die absolute Wahrheit unzugänglich sei, endgültige Entscheidungen ab I 11.70

ARKTOPHYLAX (BOOTES), »Bärenhüter«; Sohn des Zeus und der Kallisto; verfolgt einen Bären, von dem er nicht weiß, daß es seine Mutter ist; Zeus versetzt beide an den nördlichen Sternenhimmel II 109

ARKTUROS, Hauptstern im Gestirn des Bootes II 110

ARSINOE, Tochter des Leukippos, Mutter eines Asklepios III 57

ARSIPPOS, Vater eines Asklepios, sonst unbekannt III 57

ARTEMIS s. Diana

ASIEN, Kleinasien II 165; III 58

ASTARTE, phoinikisch-syrische Göttin, weibliche Entsprechung zu Baal; von den Griechen mit Aphrodite identifiziert III 59

ASTERIA, Titanin, Mutter der Hekate, Schwester Letos, Mutter eines Herakles III 42.46

(Astypalaia), Sporadeninsel III 45
Athen I 59.79.83; II 154.165; III 46.49.50.53.55.57
Athener I 63.85; II 74.154
A. Atilius Calatinus, eroberte als Konsul 258 mehrere Orte auf Sizilien, 257 Triumph; weihte Tempel für Spes und Fides II 61.165
M. Atilius Regulus, Konsul 267 und 256; von den Puniern gefangengenommen und als Unterhändler (Gefangenenaustausch) nach Rom entsandt; ließ seine Mission scheitern, kehrte aber, wie versprochen, nach Karthago zurück und wurde dort grausam getötet III 80
Atreus, Enkel des Tantalos, Sohn des Pelops und der Hippodameia. Die Feindschaft zwischen ihm und seinem Bruder Thyest entzündete sich an einem Widder mit goldenem Fell, das Thyest mit Hilfe seiner Geliebten Airope, Atreus' Frau, gestohlen hatte und dessen Besitz die Herrschaft garantierte. Aus Rache tötete Atreus die beiden aus dem Ehebruch hervorgegangenen Söhne des Bruders und setzte sie ihm zum Mahle vor III 53.68.71
Attisch, der klassische griechische Dialekt, benannt nach der mittelgriechischen Landschaft Attika I 93
Attus *s.* Navius
C. Aurelius Cotta (um 124–74), Konsul 75, Prokonsul 74 (Gallia Cisalpina), Pontifex vor 74; einer der bedeutendsten Juristen seiner Zeit; Akademiker; Cotta ist auch in Cicero, *De oratore*, einer der Gesprächspartner passim
Auriga *s.* Fuhrmann
Aurora, griech. Eos, Göttin der Morgenröte I 79
Avis *s.* Schwan

(Babylon), das heutige Bagdad I 41
Bär (Arktos, Arctus), zwei Sternbilder am nördlichen Sternhimmel, der Große und der Kleine Bär II 105.109.110.111
Balbus s. Lucilius
Becher (Cretera), südliches Sternbild II 114
Belos, anderer Name für Baal; die Zuschreibung zu Herakles scheint ein Irrtum Ciceros; vgl. Pease, zur Stelle III 42
Betrug (Fraus), Personifikation III 44
Böckchen (Haedi), nördliches Sternbild II 110
Bogen (Arcus), nördliches Sternbild, Teil des Schützen II 113
Boiotien, Hauptlandschaft Mittelgriechenlands III 49

Bootes II 109.110 s. a. Arktophylax
Britannien II 88 (III 24)
Brutus *s.* Iunius

L. Caecilius Metellus, Konsul 251, schlug im Ersten Punischen Krieg die Karthager bei Panormos (heute: Palermo) II 165
Q. Caecilius Metellus, Konsul 109 (Identifizierung nicht ganz sicher) III 81
Caelus, kein eigenständiger Gott der römischen Religion, Übersetzung des griechischen Uranos (Himmel). Im Mythos vaterloser Sohn der Gaia, Vater der Titanen (darunter Kronos/Saturn); auch Sohn des Aither und der Hemera; Vater verschiedener Götter II 63; III 44.53.55.56.59.62
Calatinus *s.* Atilius
Cancer *s.* Krebs
Canicula *s.* Sirius
Canis *s.* Hund
Cannae, Ort in Apulien; Schauplatz der traumatischen Niederlage der Römer im Zweiten Punischen Krieg (216) III 80
Capra *s.* Ziege
Capricornus s. Steinbock
Carbo *s.* Papirius
Cato *s.* Porcius
Catulus *s.* Lutatius
Ceres, altitalisch-römische Göttin der Feldfrucht, einerseits mit Tellus, andererseits mit Demeter identifiziert I 40; II 60.62.67.71; III 41.52.62.64
(Chalkis), Stadt auf der Insel Euboia am Euripos III 24
Charon, Fährmann, der die Toten auf den Strömen der Unterwelt zum Hades bringt III 43
Chelae *s.* Scheren
Chimaira, feuerspeiendes Ungeheuer mit drei Köpfen oder dem Kopf eines Löwen, dem Körper einer Ziege und einem Drachenschwanz I 108; II 5
(Chios), Insel vor der Westküste Kleinasiens III 77
Chrysipp(os) (281/277–208/204), Philosoph aus Soloi (Kilikien); Nachfolger des Kleanthes als Schuloberhaupt der Stoa; systematisierte die stoische Lehre, befaßte sich vor allem mit der Logik und Erkenntnistheorie; Lehre von der Willensfreiheit; Verfasser einer Schrift Περὶ θεῶν I 39.93; II 16.37.38.63.160; III 5.18.25.63
Chrysippe, weibliche Namensform zu Chrysipp(os) I 93

CINNA *s.* Cornelius

(CIRCEI), Stadt in Latium, angeblich nach der Nymphe Kirke benannt III 48

M. CLAUDIUS MARCELLUS (gest. 208), zwischen 222 und 208 fünfmal Konsul; eroberte 212 Syrakus; gelobte für Virtus und Honos einen Tempel, renovierte wahrscheinlich den Honos-Tempel des Q. Fabius Maximus Verrucosus und baute für die Virtus eine *cella* an II 61.165; III 80

P. CLODIUS (CLAUDIUS) PULCHER, Konsul 249; seine Flotte wurde bei Drepana vor Sizilien von den Puniern geschlagen; wegen Hochverrats verurteilt II 7

L. COELIUS ANTIPATER (180/170 – nach 121) Begründer der historischen Monographie in Rom II 8

CONCORDIA, Personifizierung und Vergöttlichung der griechischen ὁμόνοια (›Eintracht‹). Ihr erster Tempel soll 367 von M. Furius Camillus erbaut worden sein II 61.79; III 47

L. CORNELIUS CINNA, zwischen 87 und 84 viermal Konsul; errichtete nach Sullas Abreise in den Osten Schreckensherrschaft und besaß bis zu Sullas Rückkehr die Macht in Rom; 84 von meuternden Soldaten ermordet III 80.81

L. CORNELIUS LENTULUS LUPUS, Konsul 156; verurteilt wegen Erpressungen; Gegner Catos I 63

CN. CORNELIUS SCIPIO CALVUS, Onkel des älteren Africanus, Bruder des P. Cornelius Scipio; Konsul 222; fiel 211 in Spanien III 80

P. CORNELIUS SCIPIO, Bruder des vorigen; von Hannibal am Ticinus geschlagen; fiel 212/211 in Spanien III 80

P. CORNELIUS SCIPIO AEMILIANUS AFRICANUS MINOR NUMANTINUS, Enkel des älteren Africanus; Konsul 147 und 134, Zensor 142; Zerstörer Karthagos (146) und Numantias (133); Freund des Laelius; 129 tot im Bett aufgefunden (natürlicher Tod oder Mord?) II 14.165; III 80

P. CORNELIUS SCIPIO AFRICANUS MAIOR (235?–183), Konsul 205 und 194; einer der größten Feldherren Roms, vertrieb 206 die Punier aus Spanien und beendete mit seinem Sieg bei Zama 202 den Zweiten Punischen Krieg II 11

P. CORNELIUS SCIPIO NASICA CORCULUM, Konsul 162 und 155, 150 Pontifex Maximus; berühmt wegen seiner Beredsamkeit und Rechtskenntnisse II 10; III 5

CORONA *s.* Krone

TI. CORUNCANIUS, 282 Feldherr der Römer im Krieg gegen Pyrrhos, Konsul 280, 254 erster plebejischer Pontifex Maximus; von Cicero

des öfteren als Beispiel für Frömmigkeit und Weisheit genannt I 115; II 165; III 5

Corvus *s.* Rabe

Cotta *s.* Aurelius

Crassus *s.* Licinius

Cretera *s.* Becher

Cupido, griechischer Gott der Liebe (Eros), in Rom anscheinend ohne eigenen Tempel; unterschiedliche Genealogien (vgl. III 60) II 61; III 58.59.60

M'. Curius Dentatus, Konsul 290, 275, 273; Sieger über die Sabiner, Senonen und Pyrrhos (Arusinische Felder 275) II 165

Decier, P. Decius Mus, Konsul 340, sicherte durch sein freiwilliges Selbstopfer den Sieg der Römer über die Latiner; sein gleichnamiger Sohn weihte sich 295 in der Schlacht bei Sentinum gegen die Gallier dem Tod und fiel; nach Cicero, *De finibus bonorum et malorum* II 61, soll sich auch dessen Sohn P. Decius Mus, Konsul 279, gegen Pyrrhos bei Ausculum in ähnlicher Weise geopfert haben III 15

Deianeira, Frau des Herakles; als dieser sich in Iole verliebt, schickt Deianeira ihm ein Gewand, das sie mit einem angeblichen Liebeszauber, dem Blut des Kentauren Nessos (s. Kentaur), getränkt hat; Herakles leidet qualvolle Schmerzen, die ihn in den Tod treiben; aus Verzweiflung darüber bringt sich Deianeira um III 70

(Delos), Insel in der Ägäis, Hauptsitz des Apollon-Kultes III 88

Delphi, Stadt am Fuße des Parnaß mit Sitz des Apollon-Orakels und Heiligtum des Asklepios (Aesculap) III 57

Delphin, nördliches Sternbild II 113

Demeter, griechische Göttin des Ackerbaus und Getreides II 67

Demokrit (etwa 460–380/370), aus Abdera; Schüler des Leukippos, Hauptvertreter der Atomlehre. Die Physik ist vom Prinzip der Atome und der Leere bestimmt; die Atome bewegen sich, dem Naturgesetz folgend, ständig im unbegrenzten leeren Raum; aus ihrer Verbindung entsteht alles Seiende, auch die Möglichkeit der Wahrnehmung und Erkenntnis; sowohl die Seele als auch die Götter sind stofflich, also sterblich I 29.66.69.73.93.107.120; II 76 (III 82)

Diagoras (5. Jh.), aus Melos, genannt der »Atheist«; lyrischer Dichter; in Athen wegen Gottlosigkeit zum Tode verurteilt I 2.63. 117; III 89

Dialektiker, Philosophen, die mit der Methode des Fragens und Antwortens nach der Wahrheit suchen; Verfahren besonders in der Akademie verbreitet, von den Epikureern abgelehnt I 70.89

Diana, italische Göttin mit Zentren bei Capua und Aricia; römisches Heiligtum auf dem Aventin; Schützerin des weiblichen Lebens, vor allem bei Geburten; Mond- und Jagdgöttin; früh mit Artemis identifiziert; Lucifera (»Lichtbringerin«) heißt sie als Mond- und Geburtsgöttin, auch Omnivaga (»Überall Umherstreifende«). Im Mythos gewöhnlich Tochter des Zeus und der Leda II 68.69; III 51.58.60

Dies, Gott des Tages, griech. Hemera; als diese Tochter des Erebos und der Nyx III 44.56.59

Digiten, Schmiedekobolde im Gefolge der Göttin Kybele; als ihre Heimat galt Phrygien, später wurden sie auch nach Kreta versetzt III 42

Diodotos (gest. um 60), stoischer Philosoph; Lehrer Ciceros; lebte im Alter bis zu seinem Tod in dessen Haus I 6

Diogenes (5. Jh.), ionischer Naturphilosoph aus Apollonia; sieht in der Luft den Ursprung alles Bestehenden; ihr weist er auch alle Eigenschaften des Geistes (Leben und Bewegung) zu I 29

Diogenes, kynischer Philosoph aus Sinope, Schüler des Antisthenes; bekannt für seine Bedürfnislosigkeit und Kritik an den Konventionen III 83.88

Diogenes (gest. vor 150), der »Babylonier«, Stoiker aus Seleukeia am Tigris; Schüler Chrysipps, Nachfolger Zenons als Schulhaupt in Athen; Teilnehmer der berühmten Philosophen-Gesandtschaft nach Rom (156/155); Verfasser einer Abhandlung über Athene I 141

Diomedes, Held vor Troja, Liebling der Athene II 166

Dione, Göttin mit Kult in Dodona; ursprünglich Frau des Zeus, zumindest seine (lautliche und sachliche) Gegenfigur; Mutter der Aphrodite III 59

Dionysios (um 430–367), 38 Jahre lang Tyrann von Syrakus (längste und mächtigste Tyrannis der Antike); Gegner Karthagos III 81.83

Dionysos, griechischer Gott der Fruchtbarkeit, des Weinbaus und Weines mit ausgelassenem, zügellosem Kult. Als Gott der Ekstase Gegenspieler zu Apoll; im Mythos meist Sohn des Zeus und der Semele; unterschiedliche Genealogien und Identifikationen (vgl. III 58) III 58

Dionysos, einer der Anaktes (s. d.) III 53

DIOSKUREN, göttliche Zwillinge (manchmal Drillinge); bekannt sind vor allem Kastor und Polydeukes (Pollux), Söhne des Zeus oder des Spartanerkönigs Tyndareos und der Leda, Brüder der Helene und der Klytaimestra; Schutzgötter der Freundschaft, Kampfspiele; Retter in Seenot; nach ihrem Erscheinen am See Regillus (499 oder 496 Schlacht gegen die Latiner) wurden die Dioskuren auch in Rom kultisch verehrt III 53

DIS (PATER), der »Reiche«; Übersetzung des griechischen ›Pluton‹; Gott der Unterwelt, Gemahl der Proserpina (Persephone); sein Kult seit 249 in Italien übernommen (*ludi Terentini/Tarentini*) II 66

DOLUS *s.* List

DRACHE (DRACO), nördliches Sternbild, benannt nach dem Wächter der Äpfel der Hesperiden II 106.108

DRACO *s.* Drache

DRUSUS *s.* Livius

C. DUELLIUS (DUILIUS), Konsul 260, Sieger über die Karthager in der Seeschlacht bei Mylae; feierte als erster Römer einen *triumphus navalis*; Erbauer des Ianus-Tempels am Forum holitorium II 165

EHRE (HONOS), Personifikation der »Ehre« (Lohn für Tüchtigkeit). Der berühmte Tempel, 233 von Q. Fabius Maximus Verrucosus gelobt, lag vor der Porta Capena; M. Claudius Marcellus, der Eroberer von Syrakus (212), renovierte wahrscheinlich den Honos-Tempel des Fabius Maximus und baute für die Virtus eine *cella* an II 61; III 47

EINTRACHT *s.* Concordia

ELEATE, Bewohner der lukanischen Küstenstadt Elea (Velia) III 82

ELEND (MISERIA), Personifikation; Tochter des Erebos und der Nyx III 44

ELEUSIS, Stadt in Attika mit berühmtem Mysterienheiligtum (Demeter) I 119

ELIS, nordwestliche Landschaft der Peloponnes mit gleichnamiger Hauptstadt III 59

EMPEDOKLES (483/482 – um 423), Naturphilosoph aus Agrigent; Schüler des Pythagoras, Anaxagoras oder Parmenides; aus zwei Lehrgedichten (Περὶ φύσεως und Καθαρμοί) sind Verse erhalten. Er führt alles Bestehende auf die vier sich stets gleichbleibenden Elemente (Wasser, Feuer, Erde, Luft) zurück, die durch ihre Mischungen alle Formen und Erscheinungen bilden und wieder

auflösen; das Weltganze (Himmelskugel) ist die Summe alles Seienden und wird – unter Ablehnung anthropomorpher Gottesvorstellungen – als göttlich bezeichnet. Die Annahme von vier Elementen wird, außer bei den Atomisten, philosophisches Gemeingut I 29.93

ENGONASIN, »auf den Knien«; Sternbild eines knienden Mannes auf der nördlichen Halbkugel; als Herakles, Theseus oder Orpheus identifiziert II 108

Q. ENNIUS (239–169), römischer Dichter; schuf den lateinischen Hexameter und das elegische Distichon, schrieb in vielen Gattungen (Drama, Epos, Satire, Annalen); übersetzte Euhemeros' (s. d.) Ἱερὰ ἀναγραφή I 97.119; II 4.49.65.93

EPHEBE, athenischer Bürger zwischen 18 und 20 Jahren, der seinen Wehrdienst leistet I 79

(EPHESOS), Stadt in Kleinasien mit Artemis-Tempel II 69

EPIDAUROS, Stadt auf der Peloponnes mit Asklepios-(Aesculap-) Kult III 83

EPIKUR (342/341–271/270), griechischer Philosoph aus Samos, Gründer der epikureischen Philosophenschule; Ziel seiner Lehre: die individuelle Glückseligkeit des Menschen (s. Nachwort, S. 463 f.) I 17.18.43.44.45.49.50.56.61.69.70.72.73.85.87.90.93.102.104.111.112.113.115.120.121.122.123; II 2.3.46.49.59.76.82.162; III 2.3

EPIKUREER, Anhänger Epikurs I 15.18.58.59.66.67.(75.)85.111.113; II 160

EQUUS *s.* Pferd

EREBOS, dunkelster Teil der Unterwelt, personifiziert als Gott der Finsternis, Sohn des Chaos, Bruder der Nyx (Nacht) III 44

ERECHTHEUS, König von Athen; da er den thrakischen König Eumolpos, einen Sohn Poseidons, getötet hatte, wurde er vom Blitz erschlagen. Seine Töchter opferten sich für einen Sieg über Eleusis. Sie und ihr Vater wurden im Erechtheion als Gottheiten verehrt III 49.50

ESQUILIN, Hügel im Nordosten Roms III 63

ETRUSKER, Bewohner Etruriens (heute: Toscana), bekannt für ihre starke Religiosität; sie praktizierten die Weissagung, die Deutung der Omen und Blitze II 10.11

EUBULEUS, einer der Anaktes (s. d.) III 53

EUHEMEROS, aus Messene; 311–298 im Dienste des Königs Kassandros von Makedonien. Verfasser eines Reiseromans (Ἱερὰ ἀναγραφή) mit staatsutopischem Inhalt; darin zeigt er u. a., wie die

ersten Könige des Staates Panchaia – Uranos, Kronos und Zeus – dank ihrer Leistungen in den Rang von Göttern aufstiegen. Euhemeros wurde vorgeworfen, durch eine rationalisierende Mythenerklärung die Götter zu vermenschlichen, während es ihm darum ging, den griechischen Herrscherkult zu rechtfertigen I 119

EUMENIDEN, die »Wohlmeinenden«, euphemistische Bezeichnung für die Erinnyen; ursprünglich wohl die Personifizierung der nach Rache suchenden Seelen von Ermordeten; Tempel in der Nähe des Areopags III 46

EUNUCHUS, Komödie des Terenz (s. d.) über die Liebesabenteuer zweier Brüder, 161 an den *ludi Megalenses* aufgeführt und gefeiert III 72

EUPHRAT, längster Fluß Vorderasiens II 130

EURIPIDES (485/480–406), Tragödiendichter aus Athen; 18 Werke erhalten II 65

EURIPOS, Meerenge zwischen Euboia und Boiotien III 24

EUROPA, Kontinent II 165; III 24

EUROPE, Tochter des phoinikischen Königs Agenor, von Zeus in Stiergestalt entführt I 78

Q. FABIUS MAXIMUS VERRUCOSUS CUNCTATOR (gest. 203), berühmtester Fabier des 3. Jh.s; zwischen 233 und 209 fünfmal Konsul; 233 Triumph über die Ligurer, Weihung des Honos-Tempels; bekam für seine Hinhaltetaktik im Zweiten Punischen Krieg den Beinamen Cunctator; hielt für seinen Sohn (Konsul 213 nach ungewöhnlich schneller Ämterlaufbahn) die *laudatio funebris* II 61.165; III 80

C. FABRICIUS LUSCINUS, Konsul 282 und 278; verhandelte als Gesandter mit Pyrrhos; Exempel römischer Tugend und Sittenstrenge II 165

FATUM *s.* Schicksal

FAUN, weissagender Gott der Hirten und Herden; galt als Urheber geheimnisvoller Stimmen in der Natur II 6; III 15

FEBRIS, Personifizierung des (Malaria-)Fiebers; Heiligtümer auf dem Palatin, Quirinal und vielleicht auch Esquilin III 63

FESSELN (VINCULA), südliches Sternbild II 114

FIDES *s.* Leier

FIDES (TREUE), eine der frühesten Personifikationen; ihr wurde um 250 von Atilius Calatinus ein Tempel auf dem Kapitol errichtet, den M. Aemilius Scaurus 115 erneuerte II 61.79; III 47.88

FIGULUS *s.* Marcius

FINSTERNIS (TENEBRAE), Personifikation; Tochter des Erebos und der Nyx III 44
FISCHE (PISCES), Sternbild der Äquatorzone II 111.114
C. FLAMINIUS, Konsul 217, der trotz schlimmer Prodigien den Kampf gegen Hannibal begann und am Trasumenischen See geschlagen wurde und fiel II 8
FLUMEN *s.* Strom
FONS (QUELLE), Gott mit Heiligtum (231 von C. Papirius Masso errichtet) auf dem Marsfeld III 52
FORMIAE, Stadt in Latium, heute: Mola di Gaeta, beliebte Sommerresidenz der Römer III 86
FORTUNA, italische Göttin des Glücks oder Zufalls (griech. Tyche), unter einer Fülle von Beinamen kultisch verehrt; ein Altar der Mala Fortuna (widriges Schicksal) befand sich auf dem Esquilin III 63
FRAUS *s.* Betrug
FUHRMANN (AURIGA), nördliches Sternbild II 110 s. a. Myrtilos
FURCHT (METUS), Personifikation; Sohn des Erebos und der Nyx III 44
FURIEN, römische Unterweltsdämoninnen, vergleichbar den griechischen Erinnyen III 46
FURINA, römische Göttin unbekannter Bedeutung mit Hain auf dem Ianiculum III 46

GANYMED, trojanischer Königssohn; wegen seiner Schönheit von Zeus in den Olymp entführt, wo er sich als Mundschenk ewiger Jugend erfreut I 112
GELON, Tyrann von Syrakus (491–478); besiegte mit Theron von Himera die Karthager (480) III 83
GEMINI *s.* Zwillinge
GERES, falsche Gleichsetzung mit Ceres (s. d.); Ceres ist u. a. mit *creare* (›erschaffen‹) und *crescere* (›wachsen‹) zu verbinden, nicht mit *gerere* (›hervorbringen‹, ›tragen‹) (vgl. Anm. 296) II 67
GESETZE (LEGES), Alterswerk Platons I 30
GIGANTEN, göttliches Riesengeschlecht, gezeugt von Gaia und den Blutstropfen des entmannten Uranos; scheiterten mit ihrem Versuch, die Götter vom Olymp zu vertreiben (»Gigantomachie«) II 70
GLAUKE, Meeresgöttin III 58
GRACCHUS *s.* Sempronius
GRATIA *s.* Gunst

GRIECHE/GRIECHISCH (GRAECUS) I 8.15.30; II 14.29.47.52.53.58. 64.66.67.68.91.94.105.108.109.111.114.123; III 13.15.28.42.48.51. 53.58

GRIECHENLAND (GRAECIA) I 11.58; II 60.63.165; III 39.46.60.82.84

GUNST (GRATIA), Personifikation; Tochter des Erebos und der Nyx III 44

HAEDI *s.* Böckchen

HAMMON (AMMON), griechischer Name des Amun, des ägyptischen Hauptgottes von Theben, auch in Griechenland und Rom verehrt; als Götterkönig hat er Menschengestalt, besonders das Volk stellte ihn sich aber als Widder oder Gans vor; die Griechen versahen das Zeushaupt mit Widderohren und -hörnern I 82

HANNIBAL, karthagischer Feldherr im Zweiten Punischen Krieg; besiegte u. a. M. Claudius Marcellus 208 bei Venusia III 80

HARPALOS, wohl der Seeräuber Skirpalos (vgl. Pease, zur Stelle), der Diogenes gefangennahm und als Sklaven verkaufte; nicht der Freund und Schatzmeister Alexanders d. Gr., der sich mehrerer Unterschlagungen schuldig machte III 83

HARTNÄCKIGKEIT (PERTINACIA), Tochter des Erebos und der Nyx; als Personifikation sonst nicht belegt III 44

HASDRUBAL, General Karthagos im Dritten Punischen Krieg; wegen seiner falschen Taktik verantwortlich für die Eroberung der Stadt durch Scipio III 91

HASE (LEPUS), südliches Sternbild II 114

HEKATE, Tochter der Asteria; aus Kleinasien stammende Göttin, früh mit Artemis oder Selene identifiziert; Hüterin der Tore und Dreiwege, in magischen Riten verehrt; besaß einen berühmten Tempel in Aigina III 46

HELENOS, Sohn des trojanischen Königs Priamos, Krieger und Seher II 7

HELIKE, griechischer Name des Großen Bären II 105.110

HELIOPOLIS, Stadt in Ägypten mit Sonnen-Kult III 54

HERAKLEIDES (um 390–310), platonisch-pythagoreisierender Philosoph aus Pontos; lehnte die mechanistische Atomlehre Demokrits ab und diskutierte die Möglichkeit eines heliozentrischen Planetensystems; zitiert aber vor allem wegen seiner *curiosa* I 34

HERAKLEITOS (HERAKLIT) (um 500), Philosoph aus Ephesos mit dem Beinamen »der Dunkle«; da seine Lehrsätze in keinem systematischen Zusammenhang standen und die Sprache schwer verständlich war, vermutete man, er habe seine Gedanken absichtlich

verdunkelt; er lehnte eine statische Welt- und Naturerklärung ab und erklärte mit dem Urstoff des Feuers den ständigen Wechsel des Seins; großer Einfluß auf die Stoa I 74; III 35

HERAKLES (HERCULES), Held der griechischen Sage, Sohn des Zeus und der Alkmene (s. d.); bekannt für zahlreiche Abenteuer, u. a. die zwölf Arbeiten im Dienste des Eurystheus; weil er gegen Apoll kämpfte und den Dreifuß von Delphi raubte, muß er für die lydische Königin Omphale die Kerkopen überwinden; stirbt auf einem Scheiterhaufen im Oite-Gebirge (s. a. Deianeira) und wird unter die Götter versetzt. – Zu anderen Hercules-Identifikationen vgl. III 42; Beteuerungsformel *mehercule* / *hercle* »beim Hercules« (I 78.82 u. ö.). – Die Beliebtheit seines Kultes ist in Rom durch zahlreiche öffentliche und private Heiligtümer bezeugt; er galt als Beschützer reisender Kaufleute und als Siegesgott II 62; III 39.42.45.50.70.88

HERMARCHOS (3. Jh.), aus Mytilene; Schüler, Freund und Nachfolger Epikurs als Schuloberhaupt I 93

HESIOD (um 700), Dichter aus Askra in Boiotien; in seiner *Theogonie* stellt er die Abstammung der Götter und die Entstehung der Welt dar; mit Homer Schöpfer der griechischen Götterwelt I 36.41

HESPERIDEN, Nymphen, welche die goldenen Äpfel und Obstbäume des Göttergartens pflegen III 44

HESPEROS, Abendstern, der Planet Venus II 53

HESTIA, griechische Göttin des Herd- und Opferfeuers; Tochter des Kronos und der Rheia; von den Römern mit Vesta identifiziert II 67

HIERON I. (gest. 466/465), Tyrann von Syrakus; an seinem Hof lebten u. a. Simonides, Pindar und Aischylos I 60

HIPPOKRATES (460 – um 370), aus Kos, berühmtester Arzt der Antike III 91

HIPPOLYT(OS), Sohn des Theseus; da er die Liebe seiner Stiefmutter Phaidra zurückweist, nimmt diese sich das Leben, hinterläßt aber einen verleumderischen Brief; daraufhin verstößt Theseus den Sohn und bittet seinen Vater Poseidon um Rache; Hippolyt wird von den eigenen Pferden zu Tode geschleift III 76

HIPPONAX (2. Hälfte 6. Jh.), Iambograph aus Ephesos, bekannt für seine scharfen Invektiven III 91

HOFFNUNG (SPES), Personifikation, in Rom früh als Gottheit verehrt; im Ersten Punischen Krieg gelobte ihr A. Atilius Calatinus (s. d.) einen Tempel am Forum holitorium III 47.88

HOMER (um 800), ältester griechischer Dichter, angeblich der Verfasser der *Ilias* und der *Odyssee* I 41.107; II 70.166; III 11.41

HONOS *s.* Ehre

TULLUS HOSTILIUS, dritter König Roms (reg. 670–640?), Nachfolger Numas; soll Alba Longa und die Sabiner bekriegt haben II 9

L. HOSTILIUS TUBULUS, Praetor 142 und Vorsitzender des ständigen Gerichtshof in Mordprozessen; Musterbeispiel für verbrecherischen Amtsmißbrauch (Bestechungen; vgl. Cicero, *De finibus bonorum et malorum* II 54) I 63; III 74

HUND (CANIS), südliches Sternzeichen II 114

HYADEN, Sternbild im Kopf des Stiers, die verstirnten Töchter des Atlas und der Aithra; antike Namensableitung von ὗς (›Schweinchen, die um die Muttersau gruppiert sind‹) oder ὕειν (›regnen‹) abgeleitet II 111

HYDRA (WASSERSCHLANGE), südliches Sternzeichen II 114

HYPERBOREER, Bewohner eines am nördlichen Rand der Welt gelegenen Wunsch- und Götterlandes der Antike; die Verbindung mit Delphi (Apoll) wird mehrfach bezeugt III 57

HYPERION, Sohn des Uranos und der Gaia, verheiratet mit seiner Schwester Theia; ihre Kinder: Helios (Sol), Selene (Luna) und Eos (Aurora) III 54

IALYSOS, Gründer der gleichnamigen Stadt auf Rhodos III 54

IANUS, doppelgesichtiger römischer Gott, Schirmherr der öffentlichen Tore und Durchgänge; Gott allen Anfangs, daher in den Gebeten als erster genannt II 67

IASON, Tyrann aus Pherai (370 ermordet; zur Episode mit der Eiterbeule vgl. u. a. Valerius Maximus I 8, ext. 6) III 70

IDÄISCH, nach dem Ida-Gebirge in Phrygien und auf Kreta III 42

IDYIA, Okeanide, Frau des Aietes, Mutter der Medeia III 48

INDIEN I 97; III 42

INDUS, Hauptfluß Indiens II 130

INO, Tochter des Kadmos von Theben, Frau des thebanischen Königs Athamas, Mutter des Phrixos und der Helle; mit der Meeresgöttin Leukothea und in Rom mit der altitalischen (Mater) Matuta gleichgesetzt III 39.48

INVIDENTIA *s.* Neid

IRIS, Tochter des Thaumas und der Okeaniden Elektra; Himmelsbotin, Göttin des Regenbogens III 51

ISIS, neben Osiris die weibliche Hauptgottheit Ägyptens, dargestellt als sitzende Frau mit dem Horus-Kind auf dem Schoß; Tempel in Rom seit 43 zusammen mit Serapis III 47

ITALIEN I 84

IUGURTHINISCH, Iugurtha (gest. 104), König von Numidien; 112 bis 105 Krieg mit Rom; hatte 110 durch Bestechung eine Kapitulation der Römer erkauft; die beteiligten römischen Offiziere und Beamten (*coniuratio Iugurthina*) wurden von dem Tribunen C. Mamilius Limetanus vor Gericht gestellt und verurteilt III 74

M. IUNIUS BRUTUS (85–42), Praetor 44, im Bürgerkrieg Anhänger des Pompeius, von Caesar begnadigt und in seinen Freundeskreis aufgenommen; ermordete mit Cassius Caesar (15.3.44), um die Republik zu retten; 42 bei Philippi von M. Antonius und Octavian geschlagen, Freitod. – Philosophisch gebildeter Freund Ciceros; nach ihm benannte Cicero seinen Dialog über die Geschichte der römischen Redekunst und widmete ihm außer *De natura deorum* weitere Schriften: *Orator*, *Paradoxa Stoicorum*, *De finibus bonorum et malorum*, *Tusculanae disputationes*; Brutus seinerseits widmete Cicero den Traktat *De virtute* I 1

L. IUNIUS PULLUS, 249 Konsul mit P. Claudius Pulcher; verlor im Sturm seine Flotte vor Sizilien II 7

IUNO, italische Göttin, früh mit Hera identifiziert; Schwester und Gemahlin Iuppiters, Götterkönigin. – Iuno Regina: sie besaß neben mehreren römischen Heiligtümern die linke *cella* im kapitolinischen Tempel neben Iuppiter; wichtigster Iuno-Kult in historischer Zeit. – Iuno Lucina: Ehe-, Fruchtbarkeits- und Geburtsgöttin, als Frauengöttin auch Mondgöttin. – Iuno Sospita (»Schützerin«): Stadtgöttin von Lanuvium, dargestellt mit Lanze, Schild, Schnabelschuhen und Ziegenfell; seit 194 Tempel in Rom. – Iuno Argia: Hera als Schutzgottheit von Argos, dem Mittelpunkt des griechischen Hera-Kults; hatte als Iuno Ciris oder Quiritis Heiligtum auf dem Marsfeld. – Iuno Moneta *s.* Warnung (Moneta) I 36.81.82; II 66.68; III 55

IUPPITER, Gott des himmlischen Lichts, des Wetters und der Blitze. In historischer Zeit als Iuppiter Optimus Maximus Haupt- und Staatsgott der Römer mit Tempel auf dem Kapitol (Iuppiter Capitolinus). – Gleichgesetzt mit Zeus; zu den unterschiedlichen Genealogien vgl. III 53. – Iuppiter Olympius: Zeus von Olympia (berühmte Statue des Pheidias, eines der Sieben Weltwunder). – Iuppiter Hammon *s.* Hammon. – Name eines Planeten I 36.40.

41.81.82.83.100; II 4.52.63.64.65.66.119; III 10.11.40.42.43.53.54. 55.57.58.59.83.84.86.87.95

IUVENTAS, Göttin der Jugend; entspricht der griechischen Hebe, Tochter der Hera; Mundschenkin der Götter I 112

JUNGFRAU (VIRGO), Tierkreiszeichen II 110

KABEIROS, Vater eines sagenhaften Königs Dionysos. – Kabeiroi (Kabiren) hießen die Götter der Mysterien von Lemnos und Samothrake, deren Zahl und Namen schon in der Antike umstritten waren; unter ihnen ist auch ein Kabeiros überliefert III 58

KADMOS, Sohn des phoinikischen Königs Agenor; Gründer von Theben III 48

KALCHAS, hochberühmter Seher des griechischen Mythos; riet in Aulis zur Opferung der Iphigeneia, um den Zorn der Artemis zu besänftigen II 7

KAMEIROS, Gründer der gleichnamigen Stadt auf Rhodos III 54

KAPITOL, Hügel in Rom mit der Burg und dem Tempel der Göttertrias Iuppiter Optimus Maximus, Iuno und Minerva, ferner dem Tempel der Iuno Moneta I 106; II 61

KAPITOLINISCH (CAPITOLINUS) *s.* Iuppiter

KARNEADES (214/213–129/128), aus Kyrene; berühmtester Philosoph der Mittleren Akademie; Teilnehmer der Philosophengesandtschaft 156/155 in Rom, wo er an einem Tag für, am anderen gegen die Gerechtigkeit sprach (*in utramque partem*); erneuerte die skeptischen Grundsätze des Arkesilaos, bezweifelte die Zuverlässigkeit der Sinne, bestritt die Existenz eines Wahrheitskriteriums und forderte Urteilsenthaltung (ἐποχή), entwickelte aber eine Theorie der Wahrscheinlichkeit; leugnete die Existenz von Göttern und betonte gegen den stoischen Fatalismus die Freiheit des menschlichen Willens I 4.11; II 162; III 29.44

KARTHAGER, Bürger Karthagos III 83

KARTHAGO, Tochter des Herakles, Personifikation der gleichnamigen Stadt. – Stadt in Nordafrika, in der Nähe des heutigen Tunis; Hauptstadt der Punier, 146 durch Scipio Africanus zerstört III 42.91 s. a. Punische Kriege

KASSIOPEIA (CASSIEPIA), Frau des Königs Kepheus von Aithiopien, Mutter der Andromeda; nördliches Sternbild II 111

KASTOR, einer der Dioskuren (s. d.) II 6.62; III 11.13.45.53

KENTAUR, südliches Sternbild, oft mit Cheiron, dem Erzieher Achills identifiziert. – Kentaur: vierbeiniges Wesen, halb Mann,

halb Pferd, gezeugt von Ixion, welcher der Hera nachstellte und statt der Göttin eine Wolke umarmte. – Als sich der Kentaur Nessos an Herakles' Frau Deianeira vergriff, schoß Herakles ihn nieder. Um sich zu rächen, gab Nessos Deianeira von seinem Blut, einen angeblichen Liebeszauber. Das mit dem Kentaurenblut getränkte Gewand (»Nessoshemd«), mit dem Deianeira ihren untreuen Gatten zurückgewinnen wollte, treibt diesen schließlich in den Tod II 114; III 51.70

(KEOS), nordwestliche Kykladeninsel I 118

KEPHEUS, König von Aithiopien, Vater der Andromeda, wurde wie seine Gemahlin Kassiopeia unter die Sterne versetzt II 111

KERBEROS, der meist dreiköpfig dargestellte Höllenhund, der das Tor des Hades bewacht III 43

KERKOPS, angeblich Verfasser der *Orphischen Dichtung*, nicht weiter bekannt I 107

KIRKE, Tochter des Helios und der Perse(i)s; Zauberin auf der Insel Aiaia, bei der Odysseus ein Jahr lebte III 48.54

KLAGE (QUERELA), Personifikation; Tochter des Erebos und der Nyx III 44

KLEANTHES (gest. 232/231), Stoiker aus Assos; Schüler des Zenon von Kition, dessen Nachfolger als Schuloberhaupt; Verfasser einer Schrift Περὶ θεῶν I 37; II 13.24.40.63; III 5.16.17.37.63

KODROS, sagenhafter König von Athen, der durch seinen freiwilligen Tod seine Vaterstadt rettete (vgl. Cicero, *Tusculanae disputationes* I 116) III 49

KOKYTOS, Fluß in der Unterwelt III 43

KOLCHIS, Landschaft am Schwarzen Meer III 54

KORIA, Beiname der Athene bei den Arkadern III 59

KORINTH, Stadt im Nordosten der Peloponnes am Isthmos, 146 durch L. Mummius zerstört III 91

KORSIKA, Insel im Mittelmeer, seit 238 unter römischer Oberhoheit III 52

KORYBAS, »des Jason und der Cybele Sohn, von dem die Korybanten, Priester der Cybele, ihren Namen haben sollen« (Kühner, zur Stelle) III 57

KORYPHE, Okeanide III 59

(KOS), dorische Insel vor der Südwestküste Kleinasiens I 75

KREBS (CANCER), Tierkreiszeichen II 110

KRETA II 126; (III 53) III 57

KRETER III 42

Kritolaos, General des Achaiischen Bundes, 147 von Q. Caeclius Metellus bei den Thermopylen geschlagen; Selbstmord; die Niederlage seines Nachfolgers Diaios führte 146 zur Zerstörung Korinths III 91

Krone (Corona), südliches Sternbild; der von Dionysos an den Himmel versetzte Kranz der Ariadne II 108; III 40

Kronos, Titan; Sohn des Uranos und der Gaia; König des Goldenen Zeitalters; verschlang seine Kinder bis auf Zeus, der ihn später stürzte II 64

(Kroton), griechische Kolonie an der Ostküste von Bruttium I 27; II 6

Kyniker, Anhänger des philosophischen Kynismus (Antisthenes; s. d.), der die Notwendigkeit und Berechtigung der Gesellschaft, damit ihre Gesetze und Normen bestritt III 83

Kynosura, »Hundeschwanz«, griechischer Name des Kleinen Bären II 105.106.111

Kynosurai, nicht lokalisierbarer Begräbnisort eines Aesculap (Asklepios) III 57

(Kyrene), Stadt an der nordafrikanischen Küste I 2

Kyriai Doxai, Hauptsätze der Lehre Epikurs, bei Diogenes Laertios X 139 ff. erhalten I 85

Labor *s.* Mühe

C. Laelius Sapiens (um 190 – vor 123), 145 Praetor und wohl schon Augur; in seiner berühmten Rede *De collegiis* lehnte er die Augurenwahl durch das Volk ab; Konsul 140; Anwalt und Redner; Freund des jüngeren Scipio; Exempel der Freundschaft (Cicero, *De amicitia*) II 165; III 5.43

Lakedaimon *s.* Sparta

Lakedaimonier *s.* Spartaner

Lanuvier (Lanuinus), Bürger der Stadt Lanuvium (südlich des Albaner Sees), berühmt für ihren Kult der Iuno Sispes Mater Regina I 82

Laren, Schutzgottheiten mit mehreren Tempeln in Rom III 63

Lateinisch I 7.8.18.55.93; II 53.91.104

Latinerkrieg, Kämpfe zwischen den Latinern, welche die Interessen der vertriebenen Tarquinier vertraten, und den Römern unter A. Postumius Albus II 6

Latinische Feiertage (Feriae Latinae), Bundesfest der latinischen Stämme für Iuppiter Latiaris, jährlich in den Albaner Bergen gefeiert, nach Alba Longas Untergang in Rom; während der

vier Tage ruhten die öffentlichen und privaten Geschäfte (vgl. H. H. Scullard, *Römische Feste*, Mainz 1985, S. 174–179) I 15

LATONA, lateinischer Name der griechischen Göttin Leto; Gemahlin des Zeus, Mutter der Artemis und des Apoll III 42.46.57.58

LEDA, Mutter der Dioskuren Kastor und Polydeukes; Zeus hatte sich ihr in der Gestalt eines Schwans genähert III 53

LEGES *s.* Gesetze

LEIER (FIDES), nördliches Sternbild II 112

LEMNOS, Insel in der Ägäis, berühmt für den Kult des Hephaistos (Vulcan) und der Kabeiroi I 119; III 55

LEO *s.* Löwe

LEOKOREION, Heiligtum auf dem Kerameikos in Athen, benannt nach den Töchtern des Königs Leo, die, um eine Hungersnot oder Pest abzuwenden, für ihre Stadt ihr Leben geopfert hatten III 50

LEONATICUM *s.* Leokoreion

LEONTION, Hetäre in Athen; Anhängerin und vielleicht Geliebte Epikurs; schrieb ein Werk gegen Theophrast I 93

LEPUS *s.* Hase

LEUKIPPOS (geb. 480/470), wohl aus Milet; Begründer der Atomistik; seine Physik beruht auf den Prinzipien des Vollen (ἄτομον) und des Leeren; die Welt entsteht durch die naturnotwendige Bewegung der unterschiedlich geformten Atome, die aus der unendlichen Atommasse ausgeschieden werden I 66

LEUKOTHEA, besonders auf Tenedos verehrte Göttin III 39.48 s. a. Ino

LEX PLAETORIA, Gesetz, benannt nach seinem Initiator Laetorius oder Plaetorius, das in Rechtssachen die *aetas legitima* auf 25 Jahre festlegte III 74

LIBER, italisch-römische Gottheit des Wachstums, früh mit Dionysos, dem Gott des Weines, identifiziert; zusammen mit Libera bildete er eines der echt italischen Götterpaare (Fest der *Liberalia*: 17. März) II 60.62; III 41.45.53

LIBERA, weibliche Gegenfigur zum Gott Liber (s. d.); mit Kore/Proserpina assimiliert, Tochter der Demeter (Ceres) II 62

LIBERTAS, Personifikation und Vergöttlichung der Freiheit; ihren Tempel auf dem Aventin baute Ti. Sempronius Gracchus (Konsul 238) II 61

LIBYEN, nordafrikanische Küstenlandschaft westlich des Nils I 101; III 24

L. LICINIUS CRASSUS, Konsul 95; bedeutendster Redner seiner Zeit I 58

LIEBE *s.* Amor

LIGURISCHER KRIEG (BELLUM LIGUSTICUM), in ihm wurden die Ligurer, ein norditalisches Volk, 233 vom Konsul Q. Fabius Maximus Cunctator (s. d.) besiegt II 61

LINDOS, Gründer der gleichnamigen Stadt auf Rhodos III 54

LIST (DOLUS), Personifikation des böswilligen Betruges; als Gottheit Sohn des Erebos und der Nyx III 44

M. LIVIUS DRUSUS, Vertreter der Nobilität; bemühte sich als Volkstribun 91 um die Lösung der Agrar-, Geschworenen- und Bundesgenossenprobleme; ermordet III 80.81

LÖWE (LEO), Tierkreiszeichen II 110; III 40

LOKRER, Bürger von Lokroi (s. d.); ihre Grenzkämpfe mit der Stadt Kroton im 6. Jh. wurden durch einen sagenumwobenen Sieg am Sagra beendet; da die Dioskuren (s. d.) den Lokrern zu Hilfe gekommen waren, wurden sie von ihnen besonders verehrt II 6; III 11

LOKROI, heute: Locri; Stadt an der bruttischen Küste des Ionischen Meers mit berühmtem Heiligtum der Persephone III 83

LUBENTINUS *s.* Venus

LUCIFER, »Morgenstern«, der Planet Venus II 53; III 51

LUCIFERA *s.* Diana

C. LUCILIUS (um 180–103), Ritter aus Kampanien; Begründer der römischen Satire I 63

Q. LUCILIUS BALBUS, Stoiker, bekannt mit Poseidonios, Antiochos von Askalon und Cicero; ob er bereits im *Hortensius* den stoischen Standpunkt vertrat, ist strittig (vgl. Pease, Bd. 1, S. 28, Anm. 11) passim

LUCINA *s.* Iuno

LUCIUS *s.* L. Hostilius Tubulus

LUNA, italische Mondgöttin; als Geburtsgöttin mit Artemis (Diana) und der griechischen Selene identifiziert; als Selene Mutter des Dionysos III 58

LUPUS *s.* L. Cornelius Lentulus Lupus

LUSIOS, Nebenfluß des Alpheios III 57

C. LUTATIUS CATULUS, Konsul 242, siegte über die Karthager bei den Aegatischen Inseln II 165

Q. LUTATIUS CATULUS, 102 Konsul mit Marius; von den Marianern proskribiert; beging, da Marius eine Begnadigung ablehnte, Selbstmord; Vater des gleichnamigen Konsuls (von 78) I 79; III 80

LYKEION, Bezirk etwas außerhalb von Athen mit Heiligtum des Apollon Lykeios und Gymnasion; dort lehrten u. a. die Sophisten, Protagoras, Aristoteles und dessen Nachfolger I 72

LYKURG(OS), sagenhafter Begründer der spartanischen Verfassung III 91

LYSITHOE, Okeanide III 42

MAEMALIUS, sonst nicht bezeugter Vater eines Gottes Vulcan III 55

MAIA, Nymphe, Tochter des Atlas, Mutter des Hermes III 56

MAMIL(L)IUS *s.* Octavius

MARCELLUS *s.* Claudius

C. MARCIUS FIGULUS, Konsul 162 mit P. Cornelius Scipio Nasica Corculum II 10

C. MARIUS (158/157–86), Konsul 107, 104–100, 86. Sieger über Iugurtha (105) und die Kimbern und Teutonen (102/101). Ab 88 Bürgerkrieg mit Sulla, dem er den Oberbefehl gegen Mithridates aberkennen und auf sich selbst übertragen ließ; grausame Verfolgung der politischen Gegner; von Sulla proskribiert; floh 87 nach Afrika, von Cinna zurückgerufen, 86 wieder Konsul III 80.81

MARS (MAVORS), altitalischer Gott des Wetters und des Krieges; zum Namen vgl. Anm. 297; als der griechische Ares Liebhaber der Aphrodite. – Name eines Planeten II 53.67.119; III 59.60.62

MARSFELD, Ebene am Tiber, zu Wahlversammlungen und als Sport- und Exerzierplatz benutzt III 69

MASSO *s.* Papirius

(MATER) MATUTA, ursprünglich Göttin der Morgenröte oder Jugend, später mit Ino (Leukothea; s. d.) identifiziert III 48

MAXIMUS *s.* Fabius

MEDE(I)A, Tochter des Helios-Sohnes Aietes und der Okeanide Idyia. In der Argonautensage hilft sie Iason bei der Gewinnung des Goldenen Vlieses in Kolchis; Iason verspricht ihr die Ehe, sie fliehen gemeinsam vor Aietes, und Medeia tötet ihren Bruder Absyrtos, um den Vater an ihrer Verfolgung zu hindern III 48.67.71

MELAMPUS, nur hier bezeugter Sohn des Atreus III 53

MELETE, Muse III 54

(MELOS), Kykladeninsel I 2

MENS, vergöttlichter Verstand mit Tempel auf dem Kapitol (215), der später von M. Aemilius Scaurus (s. d.) erneuert wurde II 61.79; III 47.88

MERCUR(IUS), ursprünglich: Fruchtbarkeitsgott, dann Gott des Handels mit Tempel in Rom (495); früh mit dem griechischen

Hermes, dem olympischen Götterboten, gleichgesetzt; zu den unterschiedlichen Genealogien und Identifikationen vgl. III 56. – Name eines Planeten II 53; III 45.56.57.59.60

MESOPOTAMIEN, Gebiet zwischen Euphrat und Tigris II 130

METELLUS *s.* Caecilius

METRODOROS, Freund und Anhänger des Epikur aus Lampsakos; seine (polemischen) Schriften sind nicht erhalten I 86.93.113

METUS *s.* Furcht

(MILET), Stadt im westlichen Kleinasien I 25.91

MINERVA, ursprünglich sabinische Göttin; falsche Namensableitung in II 67, vgl. Gerlach/Bayer, zur Stelle; gehört mit Iuppiter Optimus Maximus und Iuno zur kapitolinischen Trias; Schutzgottheit Roms und der Handwerker. – Als griechische Pallas Athene Tochter des Zeus (dem Haupt des Vaters entsprungen), Göttin der Weisheit, Künste und Wissenschaften und des Krieges; andere Genealogien und Identifikationen (vgl. III 59) I 81.83.100; II 67; III 53.55.59.62

MINERVA, Werk des Stoikers Diogenes von Babylon (s. d.) I 41

MISERIA *s.* Elend

MNEMOSYNE, »Gedächtnis«, Musenmutter III 54

MONETA *s.* Warnung

MOPSOS, mythischer Seher, Sohn der Manto, Enkel des Teiresias II 7

MORS *s.* Tod

P. MUCIUS SCAEVOLA, Konsul 133, Pontifex Maximus 130, berühmter Rechtsgelehrter I 115; III 5

Q. MUCIUS SCAEVOLA, Sohn des vorigen; Pontifex Maximus 115; Konsul 95; 82 ermordet III 80

MÜHE (LABOR), Personifikation; Sohn des Erebos und der Nyx III 44

MUSAIOS, griechischer Dichter der Urzeit; Sohn der Selene, Schüler des Orpheus; angeblich Verfasser einer *Theogonie* I 41

MUSEN, Göttinnen der Gelehrsamkeit, Dichtung und Musik; Töchter des Zeus und der Mnemosyne; die Angaben über ihre Zahl und Namen schwanken; die geläufigen neun: Kalliope (Saitenspiel, Epik, heroische Dichtung), Kl(e)io (Geschichte, Kithara), Melpomene (Tragödie, Trauergesang, lesbisches Lied), Euterpe (Flöte), Erato (Gesang, Tanz), Terpsichore (Lyra), Urania (Astronomie), Thal(e)ia (Komödie, Unterhaltung), Polyhymnia (Tanz, Pantomime, Geometrie) III 45.54.88

Myrtilos, Wagenlenker des Königs Oinomaos; half Pelops, Hippodameia für sich zu gewinnen; als er auf seinem Lohn bestand (eine Nacht mit Hippodameia), wurde er von Pelops ins Meer gestürzt und verfluchte sterbend die Pelopiden; als ›Fuhrmann‹ unter die Sterne versetzt III 90

Nacht (Nox), Personifikation, griech. Nyx; entstammt mit Erebos dem Chaos, zeugt mit ihm den Aither und die Hemera; Mutter des Schlafs, des Todes, der Träume und auch aller Übel der Menschheit III 44

Nati (Gemini) *s.* Zwillinge

Natio, altitalische Geburtsgöttin mit Heiligtum in Ardea III 47

Nausiphanes (geb. um 360), Atomist und Physiologe aus Teos, in der Nachfolge Demokrits; erster Lehrer Epikurs, von diesem später heftig kritisiert I 73.93

Attus Navius, berühmter Augur der Königszeit unter der Regierung des Tarquinius Priscus (nicht des Hostilius, wie in II 9 behauptet) II 9; III 14

Neid (Invidentia), Personifikation; Tochter des Erebos und der Nyx III 44

N(e)ilos (Nil), 1. Hauptstrom Ägyptens II 130; 2. Vergöttlichung des Nils (zu den unterschiedlichen Genealogien des Gottes und seiner Rolle in der griechischen Sage s. Roscher, Bd. 3,1, Sp. 87 ff.) III 42.54.55.56.58.59

Neokles, Vater Epikurs; ging 352/351 als athenischer Kolonist nach Samos; soll später Lehrer gewesen sein I 72

Nepa *s.* Skorpion

Neptun, römischer Gott der Gewässer, nach sehr früher Identifizierung mit dem griechischen Poseidon auch Gott der Meere und der Schiffahrt; als Poseidon Sohn des Kronos und der Rheia, Bruder des Zeus und Vater des Theseus (s. Hippolyt) I 40.63.81.83; II 66.71; III 43.45.52.62.64.76

Nil *s.* Neilos

Nodinus, unbekannter Fluß III 52

Nomios *s.* Apoll

Nox *s.* Nacht

Numa Pompilius, zweiter König Roms; galt als beispielhafter Sakralgesetzgeber und Friedensherrscher, der das römische Volk einte und zivilisierte I 107; III 5.43

Nymphen, weibliche Elementargottheiten, vor allem mit dem Wasser verbunden; Töchter des Zeus oder des Okeanos III 43

NYSA, normalerweise Geburtsort des Dionysos; hier wohl der Name einer Nymphe, Amme oder Dienerin des Gottes III 58

NYSOS, eigentlich Erzieher des Dionysos, männliche Gegenfigur zur Amme Nysa; hier: Vater eines Dionysos III 58

NYX *s.* Nacht

OCTAVIANISCHER KRIEG (BELLUM OCTAVIANUM), Krieg zwischen dem Konsul Cn. Octavius, einem Sullaner, und seinem Kollegen, dem Marianer Cinna (87); nach seiner Niederlage wurde Octavius enthauptet II 14

OCTAVIUS MAMIL(L)IUS, Schwiegersohn des Tarquinius Superbus, für den er mit den Latinern gegen Rom kämpfte; am See Regillus (499 oder 496) gefallen; vielleicht auch sein gleichnamiger Sohn II 6

M. OCTAVIUS, Amtskollege des Ti. Gracchus als Volkstribun 133; interzedierte gegen dessen Ackergesetz und wurde deshalb von Gracchus verfassungswidrig seines Amtes enthoben I 106

ODYSSEUS, berühmtester Held der Griechen vor Troja, von Pallas Athene unterstützt; während seiner Heimfahrt trifft er im Hades u. a. den Seher Teiresias und Herakles II 166; III 41

(OITE), Gebirgszug in Thessalien; dort soll sich Herakles auf einem Scheiterhaufen verbrannt haben III 41 s. a. Deianeira

OKEANOS, Flußgott; Sohn des Uranos und der Gaia, Gemahl der Meeresgöttin Tethys, mit der er je 3000 Söhne und Töchter hat; auch der Weltstrom, der die Erdscheibe umfließt (Ozean) III 48.59

(OLYMPIA), heiliger Ort in Elis mit berühmtem Zeus-Tempel und Kultbild (Pheidias); Olympische Spiele (seit 776 historisch belegt): sportliches und religiöses Fest, besonders zu Ehren des Olympischen Zeus II 6; III 83.84

OLYMPIAS, Frau des Philipp II. von Makedonien, dem sie 356 Alexander d. Gr. gebar II 69

OMNIVAGA *s.* Diana

OPAS, sonst nicht bezeugter Name; gemeint ist wohl der im ägyptischen Memphis verehrte Ptah, der Gott des Weltalls und des Lichtes III 55

OPHIUCHOS, »Schlangenhalter« (s. d.)

OPS, archaische Göttin der Fruchtbarkeit mit Tempel auf dem Kapitol; Gemahlin Saturns, Mutter des Iuppiter, der Iuno und Neptuns II 61

ORBONA, Göttin, welche die Samen tötet (Plinius maior, *Naturalis historia* II 16) oder Eltern, die ihre Kinder verloren haben, schützt (Arnobius IV 7); Heiligtum am Larentempel III 63

ORCUS, Herr des Totenreichs, mit dem griechischen Hades/Pluton identifiziert III 43.44

ORION, berühmter Riese und Jäger, von Artemis getötet; südliches Sternbild II 113; III 26

ORPHEUS, Sohn Apollons oder des Oiagros und der Muse Kalliope, Gemahl der Eurydike; galt als ältester Dichter und Sänger; soll mit seiner Musik nicht nur Tiere und Pflanzen, sondern auch die unbelebte Natur und den Herrscher der Unterwelt beeindruckt haben; angeblich Verfasser einer *Theogonie* I 41.107; III 45

ORPHISCHE DICHTUNG (ORPHICUM CARMEN), hexametrische Gedichte aus dem 6. und 5. Jh., Orpheus zugeschrieben I 107

ORPHISCHE FEIERN (SACRA ORPHICA), von Orpheus begründete Mysterien III 58

OZEAN, das die Erdscheibe umgebende Weltmeer II 40; III 24 s. a. Okeanos

PACUVIUS (220 – vor 130 oder eine Generation später), Neffe des Ennius; schrieb eine Praetexta und Satiren nach ennianischem Vorbild und Tragödien nach griechischem Muster II 91; III 48

PALAIMON, Sohn der Ino (Leukothea); hilfreicher Meeresgott mit Tempel auf dem Isthmos III 39

PALATIN, einer der sieben Hügel Roms mit zahlreichen Sakralbauten III 63

PALLAS, als Gigant Vater einer Athene, die nach ihm benannt sein soll III 59

PAMPHILOS, Platon-Schüler; auf Samos Lehrer Epikurs I 72

PAN, arkadischer Fruchtbarkeitsgott mit Ziegenhörnern und -beinen; meist Sohn des Hermes oder des Apoll und einer Nymphe Penelope; kleine Pane (Panisci) heißen die Kinder Pans III 43.56

PANAITIOS (um 185–109), Stoiker aus Rhodos; seit 129 Schuloberhaupt; hielt sich häufig in Rom auf; verwarf die Lehre vom periodisch wiederkehrenden Weltenbrand und betonte die Ewigkeit der Welt II 118

C. PAPIRIUS CARBO, bekannt als revolutionärer Volkstribun (131), des Mordes an Scipio Aemilianus verdächtigt; nach seinem Konsulat (120) entzog er sich einer drohenden Verurteilung (Anklage unbekannt) durch Selbstmord I 63

C. Papirius Ma(s)so, Konsul 231, schlug eine korsische Rebellion nieder und errichtete aus der Beute dem Quellengott Fons einen Tempel III 52

Paris, trojanischer Königssohn, der mit Aphrodites Hilfe Helene, die Frau des Spartaners Menelaos, entführte III 91

Parmenides (5. Jh.), einer der bedeutendsten Vorsokratiker; neben Zenon Hauptvertreter der Eleatischen Schule; Verfasser eines Lehrgedichts Περὶ φύσεως I 28

Parzen, ursprünglich Geburts-, dann, unter griechischem Einfluß, Schicksalsgöttinnen; bei Homer sind die Moiren (Klotho, Lachesis, Atropos) Töchter des Zeus und der Themis III 44

Pasiphae, Tochter des Helios, Frau des kretischen Königs Minos, Mutter des Minotauros III 48

Paulus *s.* Aemilius

(Sex. Peducaeus), Volkstribun 113; beantragte 114 ein Inzest-Verfahren gegen zwei Vestalinnen III 74

Peisistratos (um 600–528/527), seit etwa 560 bis zu seinem Tode (unterbrochen von einem etwa zehnjährigen Exil) Tyrann von Athen. »The relative beneficence of his rule led to his being rather infrequently mentioned as a type of the tyrant.« (Pease, zur Stelle) III 82

Pelion, dichtbewaldetes Gebirge auf der thessalischen Halbinsel Magnesia; von dort stammte das Holz für die Argo (s. d.) III 75

Peloponnes, südliche Halbinsel Griechenlands III 83

Pelops, Sohn des Tantalos und der Dione; vom Vater geschlachtet und den Göttern zum Mahl vorgesetzt; diese ließen sich nicht täuschen und gaben ihm das Leben zurück; Vater des Atreus und des Thyestes III 53

Penaten, römische Hausgötter II 68

Penelope, arkadische Nymphe (hier: nicht die Frau des Odysseus) III 56

Peripatetiker, Anhänger des Peripatos, der aristotelischen Philosophenschule I 16

Persaios (307/306–243), Stoiker aus Kition, Schüler oder Sklave Zenons; sah in den Wohltätern der Menschheit göttlichen Geist wirken und erklärte sie deshalb zu Göttern I 38

Perseis, Nymphe, Frau des Helios; ihre Kinder: Aietes, Kirke, Pasiphaë, Perses III 48

Persephone, griechische Göttin der Unterwelt; Tochter des Zeus und der Demeter; von Hades/Pluton in die Unterwelt entführt; ihre Mutter Demeter sucht sie verzweifelt und erreicht schließlich,

daß Persephone abwechselnd jeweils ein halbes Jahr bei ihr und im Hades lebt II 66

PERSE(U)S, letzter König Makedoniens, 168 bei Pydna von L. Aemilius Paulus besiegt II 6

PERSEUS, argivischer Heros, schlug der Gorgo Medusa das Haupt ab; Gemahl der Andromeda; nach seinem Tode verstirnt II 112

PERTINACIA *s.* Hartnäckigkeit

PFERD (EQUUS), nördliches Sternbild; Pegasos: geflügeltes Zauberroß, der Medusa entsprungen, als Perseus diese tötete II 111.112.114

PHAETHON, »der Leuchtende«; griechischer Name des Planeten Iuppiter oder Saturn; im Mythos Sohn des Helios; bestieg mit Erlaubnis seines Vaters den Sonnenwagen, den er aber nicht lenken konnte und so einen Weltenbrand auslöste; bei Ovid, *Metamorphosen* II 304 ff., wird Phaethon durch den Blitz des Zeus getötet II 52; III 76

PHAIDON (um 400), Schüler des Sokrates; Namensgeber des platonischen Dialogs über die Unsterblichkeit der Seele I 93

PHAIDROS, Epikureer, geschätzter Lehrer Ciceros in Rom und Athen I 93

PHAINON, griechischer Name des Planeten Saturn II 52

PHALARIS (6. Jh.), Tyrann von Akragas; soll im Bauch eines ehernen Stieres seine Feinde zu Tode geröstet haben III 82

PHENEATEN, Bürger der arkadischen Stadt Pheneos, deren Hauptgötter Hermes und Demeter waren III 56

(PHERAI), Stadt in Thessalien III 70

PHILON, akademischer Philosoph aus Larissa, Schuloberhaupt; Lehrer Ciceros (seit 88 in Rom); leitete die Überwindung der akademischen Skepsis ein (über Ciceros Verhältnis zu ihm s. Gigon, *Cicero*, S. 232.236–240) I 6.17.59.113

PHILOSOPHIE, nur fragmentarisch erhaltener Dialog des Aristoteles, in dem er sich in wesentlichen Punkten von Platon abgrenzt I 33

PHOINIKIER, Bewohner Phoinikiens (syrisches Küstengebiet); Handelsvolk, das sogar Afrika umsegelte II 106

PHORMIO, Komödie des Terenz, 161 aufgeführt; ein Parasit behebt durch zweifachen Betrug die Probleme eines jungen Liebespaares III 73

PHORONIS, Mutter eines Hermes III 56

PHOSPHOROS, griechischer Name des Morgensterns II 53

Phrygisch, die Phryger (Kleinasien) besaßen schon im 8. Jh. (Midas) eine hochentwickelte Kultur; seinerzeit wurde wohl auch das Alphabet aus Griechenland übernommen III 42

Physikos, nicht erhaltenes Werk des Sokratikers Antisthenes (s. d.) I 32

(Picenum), Landschaft um die Stadt Ancona III 74

Pieriden/Pierien, Musen, Töchter des Pieros (s. d.) III 54

Pieros, Stammherr der makedonischen Landschaft Pierien; auf ihn soll die Einführung der neun Musen (vorher drei) zurückgehen III 54

Pisces *s.* Fische

Piso *s.* Pupius

Plaetoria *s.* Lex Plaetoria

Platon (428/427–349/348), Philosoph aus Athen, Schüler und Anhänger des Sokrates; Gründer einer eigenen Philosophenschule, der Akademie; 27 Dialoge erhalten I 18.19.(20.)24.30.31.32.33.34.68.72.93.107; II 32; III 82

Platoniker, Anhänger Platons I 73

Pluton, »der Reiche«, griechischer Gott der Unterwelt II 66

Pollux, einer der Dioskuren (s. d., s. a. Kastor) II 6.62; III 13.45.53

(Pontos), Landschaft am Schwarzen Meer I 34

M. Porcius Cato Censorius (234–149), bedeutender Feldherr, Politiker, Redner und Schriftsteller; setzte sich stets für die Zerstörung Karthagos ein; nach dem Sieg des L. Aemilius Paulus über Perse(u)s (168 bei Pydna) der führende Staatsmann Roms II 165; III 11

Portunus, altrömischer Hafengott, dessen Name sich von *porta* (›Tor‹) oder *portus* (›Hafen‹) herleitet II 66

Poseidonios, Geograph, Historiker und Stoiker aus Apameia; in Athen Schüler des Panaitios, lebte dann auf Rhodos, wo Cicero ihn 78/77 hörte I 6.123; II 88

A. Postumius, soll als Diktator die Latiner am See Regillus (499 oder 496) besiegt haben II 6; III 11.13

Prodikos (5. Jh.), berühmter Sophist aus Keos, Schüler des Protagoras I 118

Prokyon, griechischer Name des Kleinen Hundes; südliches Sternbild II 114

Pronoia, göttliche Vorsehung, die nach Meinung der Stoiker den gesamten Kosmos bestimmt I 18.20.22; II 73.160

Proserpina, lateinischer Name der Persephone (s. d.); Göttin mit Heiligtum in Lokroi II 66; III 53.56.58.83

PROTAGORAS (um 485–415), Sophist aus Abdera, Agnostiker, Wanderlehrer (»Der Mensch ist das Maß aller Dinge«); ob er tatsächlich wegen Gottlosigkeit verbannt wurde, ist umstritten I 2.29.63.117

PROVIDENTIA, »Vorsehung«, Übersetzung der griechischen Pronoia (s. d.) I 18; II 73; III 78

PUNIER, die von den Phoinikiern abstammenden Karthager, galten sprichwörtlich als grausam und verschlagen III 80

PUNISCHE KRIEGE, Auseinandersetzung Roms mit Karthago um die Vormacht im Mittelmeerraum. 1. Punischer Krieg (264–241): Konflikt um Sizilien, das nach dem Seesieg bei den Aigatischen Inseln römisch wurde. – 2. Punischer Krieg (218–201): Konflikt um Spanien, Kampf mit Hannibal; römische Niederlagen: 218 am Ticinus, 217 am Trasumenischen See, 216 bei Cannae; 206 Sieg des älteren Scipio Africanus in Spanien, Übergang nach Afrika; 202 Niederlage Karthagos bei Zama. – 3. Punischer Krieg (149–146): Konflikt wegen der punischen Kriegführung in Afrika; 146 Zerstörung Karthagos durch den jüngeren Scipio Africanus; Provinz Afrika II 7.165

M. PUPIUS CALPURNIANUS PISO, Konsul 61; zeitweise Schüler des Akademikers Antiochos, maßgeblicher Peripatetiker Roms; in dieser Rolle auch Gesprächspartner in Ciceros *De finibus bonorum et malorum* I 16

PYRIPHLEGETHON, Feuerstrom in der Unterwelt III 43

PYROEIS, griechischer Name des Planeten Mars II 53

PYRRHOS, König von Epeiros (Epirus); kämpfte seit 282 mit den Tarentinern gegen Rom, 275 bei Benevent besiegt II 165

PYTHAGORAS (6. Jh.), Philosoph und Mathematiker aus Samos, Begründer einer philosophisch-religiösen Gemeinschaft in Kroton (Unteritalien), die ihr Wissen nur geheim überlieferte. Pythagoreische Grundgedanken: 1. Reinheit der Lebensführung (Vegetarismus, Askese) als Vorbedingung der Erkenntnis; 2. der Mensch wird durch sein Handeln geformt; Erkenntnis macht ihn göttergleich; Unsterblichkeit der Seele: Seelenwanderung und Wiedergeburt; 3. in der Gesetzlichkeit der Welt herrschen Harmonie und Analogie I 10.27.74.93.107; III 27.88

PYTHAGOREER, Anhänger des Pythagoras (s. d.) I 10.107

QUERELA *s.* Klage

QUIRINUS, altitalischer Kriegsgott, später mit Mars und Romulus (als Sohn des Mars) gleichgesetzt II 62

RABE (CORVUS), südliches Sternbild II 114
(REATE), Hauptstadt der Sabiner II 6
REGILLUS, See in Latium II 6; III 11
REGULUS *s.* Atilius
RHESOS, thrakischer König, Sohn des Flusses Strymon oder des Eioneus und einer Muse; Besitzer berühmter Rosse; von Diomedes vor Troja getötet III 45
RHODIER, Bewohner der Insel Rhodos III 54
RHODOS, Insel vor der Südwestküste Kleinasiens II 165; III 54
RÖMER/RÖMISCH (ROMANUS) I 82.91; II 7.11; III 5.11.15.51.74
ROM II 6.165
ROMULUS, Gründer und erster König Roms; Sohn des Mars; nach seinem Tod (er wurde während eines Unwetters entrückt; vgl. Livius I 16,1) als Quirinus (s. d.) göttlich verehrt I 107; II 62; III 5.39
Q. ROSCIUS GALLUS, sehr vermögender und angesehener Schauspieler aus Lanuvium; von Cicero 67 oder 66 in einem Privatprozeß (*Pro Q. Roscio comoedo*) verteidigt I 79
P. RUTILIUS RUFUS, angesehener Politiker und Militär, Konsul 105; in einem Repetundenprozeß 92 zu Unrecht verurteilt, ging nach Smyrna ins Exil III 80.86

SABAZIEN, Riten zu Ehren des phrygisch-thrakischen Gottes Sabazios (identisch mit Dionysos), in orgiastischen Umzügen gefeiert III 58
SAGRA, Fluß in Bruttium II 6; III 11.13
SAIS, Stadt im Nordwesten des Nildeltas III 59
SALUS, Personifikation der öffentlichen Wohlfahrt, Göttin mit Kult in Rom; nach den Samnitenkriegen weihte ihr C. Iunius Bubulcus 302 einen Tempel auf dem Quirinal II 61
SALZSTRASSE (VIA SALARIA), Straße zwischen Rom und Reate, auf der das Salz vom Meer ins Sabinerland gebracht wurde III 11
SAMOS, ionische Insel vor der kleinasiatischen Westküste I 72
SAMOTHRAKE, Insel vor der thrakischen Küste mit gleichnamiger Stadt, wo der Mysterienkult der Kabiren (s. Kabeiros) gefeiert wurde I 119; III 89
SATURN, altrömischer Gott der Zeit und des Ackerbaus mit Tempel in der Hauptstadt; mit dem griechischen Kronos identifiziert; als dieser Sohn des Uranos (Caelus) und der Gaia, Vater des Zeus; entmannte seinen Vater, um allein zu herrschen, verband sich mit seiner Schwester Rheia und fraß seine Kinder (außer Zeus,

den seine Mutter rettete). – Name eines Planeten II 52.63.64.119; III 44.53.62

Satyr, griechische Wald- und Berggottheit im Gefolge des Dionysos III 43

Scaevola *s.* Mucius

Scaurus *s.* Aemilius

Scheren (Chelae), Teil des Skorpions (Tierkreiszeichen), später als Waage bekannt II 114

Schicksal (Fatum), Personifikation; Kind des Erebos und der Nyx III 44

Schlange (Anguis, Serpens), nördliches Sternbild I 109

Schlangenhalter (Anguitenens, Ophiuchos), nördliches Sternbild, gedeutet als der vom Blitz des Zeus erschlagene und dann verstirnte Aesculap/Asklepios (vgl. Ovid, *Fasti* V 733–762) II 108

Schwan (Avis, Ales), nördliches Sternbild, oft mit Ledas Schwan identifiziert II 112.113

Schweinchen (Suculae), das Gestirn der Hyaden II 111

Scipio *s.* Cornelius

Scipionen *s.* P. Cornelius Scipio, Cn. Cornelius Scipio Calvus

Semele, Tochter des Kadmos von Theben, durch Zeus Mutter des Dionysos II 62

Ti. Sempronius Gracchus, Vater der bekannten Gracchen; Konsul 177 und 163; Vertreter der Nobilität; von Cicero oft als Beispiel für *virtus* genannt II 10.165

Ti. Sempronius Gracchus, Sohn des vorigen; Volkstribun 133; ließ seinen Amtskollegen M. Octavius, der gegen die Gesetzesvorlage seiner Agrarreform Einspruch erhob, durch die Volksversammlung absetzen I 106

C. Sempronius Tuditanus, Konsul 129 II 14

Senectus *s.* Alter

Septentriones, »die sieben Pflugstiere«, Siebengestirn; der Große und der Kleine Bär am nördlichen Sternhimmel II 105.109.111

Serapis, vergöttlichter Apis-Stier in Memphis, Hauptgott der Ägypter III 47 s. a. Isis

Seriphos, kleine Kykladeninsel I 88

Serpens *s.* Schlange

Sibylle, gottbesessene Seherin von Cumae; die ihr zugeschriebenen *Sibyllinischen Bücher*, deponiert auf dem Kapitol, enthielten Ritualvorschriften, keine Weissagungen, und durften nur auf Senatsbeschluß eingesehen werden (II 10) III 5

SILLIS, entweder ein Stoiker des 1. oder 2. Jh.s oder Beiname des Apollodoros; vgl. Gerlach/Bayer, zur Stelle I 93

SILVANUS, agrarische Gottheit, Herr der Wälder; ihm (oder Faunus) wurden geheimnisvolle Stimmen aus dem Wald zugeschrieben II 89

SIMONIDES (557/556–468/467), Dichter von Keos; lebte im Alter auf Sizilien, zeitweise am Hofe Hierons; wegen seiner geistreichen Skepsis und Ironie Vorläufer der Sophisten I 60

SIRIUS (CANICULA), Großer Hund, südliches Sternbild III 26

SIZILIEN (III 24) III 55

SKORPION (SCORPIOS, NEPA), Tierkreiszeichen II 109.113.114; III 40

SKYLLA, in der Meerenge von Messina lebendes Ungeheuer mit sechs Rachen und zwölf Armen I 108

SKYTHIEN, Land zwischen dem Schwarzen Meer und Sibirien II 88

SOKRATES (um 470–399), Begründer der attischen Philosophie; wegen seiner angeblich verächtlichen Einstellung den Göttern gegenüber und wegen Verführung der Jugend zum Tode verurteilt (Giftbecher); Abkehr von der Naturphilosophie (Thales, Anaxagoras), da sie sich nicht empirisch kontrollieren läßt; mit seinem sprichwörtlichen Satz »Ich weiß, daß ich nichts weiß« bestreitet er nicht die Möglichkeit der Erkenntnis, sondern fordert die Überprüfung jedes vorgeblichen Wissens; dialektische Methode, Skeptizismus I 11.31.93; II 18.167; III 27.82

SOKRATIKER, Schüler des Sokrates I 93

SOL, altsabinischer Sonnengott; als der griechische Helios mit Perseis (s. d.) verheiratet; sein Sohn Phaethon (s. d.) hat die Okeanide Klymene zur Mutter (zu den fünf verschiedenen Soles vgl. III 54) II 68; III 48.54.76

SOMNIUM *s.* Traum

Q. SOSIUS, römischer Ritter, nicht weiter bekannt III 74

SOSPITA *s.* Iuno

SPANIEN I 84; (III 24) III 80

SPARTA, Hauptstadt von Lakonien (Peloponnes); in der Amtssprache der Spartaner und Ausländer: Lakedaimon II 154.165; III 11.91

SPARTANER (LAKEDAIMONIER), Bürger Spartas II 154; III 91

SPES *s.* Hoffnung

SPEUSIPPOS (gest. 340/339), Neffe Platons; dessen Nachfolger in der Leitung der Akademie; übernimmt seine Anschauung von einer

das All regierenden seelischen Kraft, die mit Gott identisch ist I 32
SPICUM/SPICA *s.* Ähre
SPINO, unbekannter Fluß III 52
STEINBOCK (CAPRICORNUS), Tierkreiszeichen II 112
STIER (TAURUS), mit dem Stier der Europe, Io oder Pasiphaë identifiziertes Tierkreiszeichen II 110; III 40
STILBON, griechischer Name des Planeten Mars II 53
STOIKER/STOISCH passim
STRATON (geb. 269/268), aristotelischer Philosoph aus Lampsakos, »der Physiker«; Schüler und Nachfolger Theophrasts als Leiter des Peripatos I 35
STRATONIKOS, berühmter Humorist des 4. Jh.s, dessen Witze gesammelt und zitiert wurden III 50
STROM (FLUMEN), südliches Sternbild, u. a. mit dem Eridanos oder Nil identifiziert II 114
SUCULAE *s.* Schweinchen
SYNEPHEBEN, »Jugendfreunde«; nicht erhaltene Komödie des Menandros (Menander) (342/341–293/292), von Caecilius Statius (gest. um 168) ins Lateinische übersetzt I 13; III 72
SYRAKUS, Stadt auf Sizilien III 83
SYRER I 81; III 39; (III 59)

TANTALIDEN, Nachkommen des lydischen Königs Tantalos, dem unterschiedliche Freveltaten angelastet werden (s. Pelops) und der als einer der ewigen Büßer im Hades lebt (»Tantalos-Qualen«). Der Fluch der Götter gilt auch seinen Söhnen Pelops, Atreus und Thyest, seinen Enkeln Agamemnon und Aigisth und Agamemnons Kindern Iphigeneia, Elektra und Orest III 90
TAURUS *s.* Stier
T(E)IRESIAS, neben Kalchas berühmtester Seher der griechischen Mythologie; er klärt Oidipus über den Inzest mit seiner Mutter auf und berät in der Unterwelt Odysseus II 7
TELAMON, König von Salamis, Vater des Aias (Aiax) III 79
TELLUS, römische Erdgöttin mit Tempel in den Karinen (Westabhang des Esquilin) III 52
TENEBRAE *s.* Finsternis
TENEDER, Bewohner der Insel Tenedos (vor der Küste Troas) mit gleichnamiger Stadt III 39

TENES, göttlich verehrter Gründer der Stadt Tenedos; Sohn des Kyknos (nach anderer Überlieferung Apolls), Enkel Poseidons III 39

TERENZ (P. TERENTIUS AFER) (um 185 – nach 160), neben Plautus der berühmteste römische Komödiendichter; sechs erhaltene Stücke, meist nach dem Vorbild des Menandros II 60

THALES (um 600), aus Milet; Begründer der ionischen Naturphilosophie; erklärte das Wasser für die beseelte Ursubstanz der Welt I 25.91

THAUMAS, Sohn des Pontos und der Gaia, Vater der Iris und der Harpyien (Sturmwinde); sein Name »Wunder« galt der Erscheinung des Regenbogens III 51

THELXINOE, Muse III 54

THEODOROS (um 340–250), Philosoph aus Kyrene, »der Atheist«; Schüler des Aristipp, Lehrer des Euhemeros; mußte wegen seiner religiösen und moralischen Anschauungen Athen verlassen; galt neben Diagoras von Melos als bekanntester und radikalster Leugner der Götter I 2.63.117

THEOGONIE, erhaltenes Werk Hesiods (um 700); in Form eines genealogischen Kataloges wird der Ursprung der Götter und der Welt dargestellt I 36

THEOPHRAST(OS) (um 371 – um 287), Philosoph aus Eresos (Lesbos), Schüler und Nachfolger des Aristoteles I 35.93

THESEUS, Staatsheld der Athener; Sohn des Königs Aigeus oder des Poseidon, Ehemann der Phaidra, Vater des Hippolyt (s. d.) III 45.76

THEYT, ägyptischer Mondgott, mit Hermes gleichgesetzt III 56

THYEST(ES), Enkel des Tantalos, Bruder des Atreus (s. d.) III 68

THYONE, ursprünglich griechischer Kultname der thrakisch-phrygischen Semele, der Mutter des Dionysos; nach ihrem Tode raubte Dionysos sie aus dem Hades und gab ihr den Namen Thyone (nach θύειν ›rasen‹, ›toben‹) III 58

TIBERINUS, Tiber; Flußgott III 52

TIMAIOS (um 300), ionischer Historiker aus Tauromenion (Sizilien); schrieb mindestens 38 Bücher über die griechische Welt II 69

TIMAIOS, Dialog Platons, in dem Timaios von Lokroi, Pythagoreer und Zeitgenosse des Sokrates, eine Natur- und Welterklärung vorträgt I 18.30

TIMOKRATES, älterer Bruder des Metrodoros (s. d.) von Lampsakos; zunächst Anhänger, dann Gegner Epikurs; lehnte es ab, der Lust einen sittlichen Wert beizumessen I 93.113

TITAN, in der lateinischen Poesie Name des Sonnengottes Sol (Helios) II 112

TITANEN, alte Göttergruppe, Kinder des Uranos und der Gaia; nachdem sie Uranos gestürzt haben, werden sie von den Kroniden (Zeus und seinen Geschwistern) besiegt und in den Tartaros verbannt II 70

TMOLOS, einer der Dioskuren (s. d.). Da Tmolos Vater des Tantalos, Großvater des Pelops und Urgroßvater des Atreus war, könnte sein Name in der Familie wieder aufgetaucht sein; vgl. Pease, zur Stelle III 53

TOD (MORS), Personifikation, griech. Thanatos; nach Hesiod, *Theogonia* 212 ff., Sohn der Nyx (Nacht) III 44

(TOLOSSA), 106 eroberte der Konsul Q. Servilius Caepio die Stadt Tolossa (Toulouse), die sich den Kimbern angeschlossen hatte, und erbeutete einen großen Goldschatz, der auf dem Weg nach Massilia (Marseille) geraubt wurde; Servilius wurde wegen Unterschlagung angeklagt III 74

TRASUMENISCHER SEE, See in Etrurien, berühmt durch die römische Niederlage (C. Flaminius) 217 gegen Hannibal II 8

TRAUM (SOMNIUM), Kind der Nacht (Nyx) III 44

TREUE *s.* Fides

TRIETERIDEN, alle drei Jahre gefeiertes Fest zu Ehren des Dionysos III 58

TRITON, fischleibiger Seedämon mit menschlichem Oberkörper; Sohn des Poseidon und der Amphitrite I 78; II 89

TRITOPATREUS, einer der Anaktes (s. d.) III 53

TROPHONIOS, Held und Gottheit des boiotischen Lebadeia mit altem Orakel III 49.56

TUBULUS *s.* Hostilius

TUDITANUS *s.* Sempronius

(TUSCULUM), Stadt in Latium II 6

TYNDARIDEN, Kastor und Pollux als die Söhne des spartanischen Königs Tyndareos II 6; III 11.12.39 s. a. Dioskuren

TYROS, Seestadt in Phoinikien III 42

ÜBER DAS WESEN DER GÖTTER, Buchtitel bei Xenokrates (s. d.) I 34, Chrysipp (s. d.) I 41 und Poseidonios (s. d.) I 123

UPIS, Vater der Diana (Artemis); Beiname der Artemis in Ephesos, Kreta, Thrakien und Lakonien III 58

VALENS, Vater eines Mercurius; »this is probably a hypocoristic form for some name like *Ischomachus*« (Pease, zur Stelle) III 56

Q. VARIUS HYBRIDA, brachte als Volkstribun 90 die *Lex Varia de maiestate* ein, nach der er ein Jahr später selbst verurteilt wurde; in der Verbannung umgekommen III 81

P. VATINIUS, Bürger aus Reate; in der Nacht nach der Schlacht bei Pydna (168) verkündeten ihm die Dioskuren den römischen Sieg über den makedonischen König Perse(u)s II 6; III 11.13

VEIOVIS, altrömischer Unterwelts- und Rachegott (auch mit Iuppiter oder Apoll identifiziert) mit Tempel auf dem Kapitol und der Tiberinsel III 62

C. VELLEIUS (bis um 70), Freund des berühmten Redners L. Licinius Crassus; Volkstribun 90; nach Ciceros Aussage der führende Epikureer Roms passim

VENUS, italisch-römische Göttin mit komplexer Bedeutung; im 4. Jh. mit Aphrodite, der Göttin der sinnlichen Lust und Schönheit gleichgesetzt, seit 295 im römischen Staatskult verehrt. Bei Homer Tochter des Zeus und der Dione, verheiratet mit Hephaistos, den sie mit Ares betrügt (Sohn Eros); andere Genealogien und Identifikationen s. III 59. – Als Anadyomene, »die Schaumgeborene«, auf Zypern und in Kythera verehrt; berühmtes Gemälde des Apelles im Asklepios-Tempel auf der Insel Kos. – Als Venus Lubentina (Libentina) ursprünglich eine etruskische Totengöttin Libitina (Lubitina), dann Personifikation der sinnlichen Lust. – Name eines Planeten I 75; II 53.60.61.69; III 59.60.62

VERGILIEN, lateinische Bezeichnung der sieben Pleiaden in der Nähe des Tierkreiszeichens des Stiers II 112

VERSTAND *s.* Mens

VESTA, Göttin des Herdfeuers, der Häuslichkeit und des Familienlebens ohne Beziehung zur griechischen Hestia. In ihrem Rundtempel auf dem Forum Romanum brannte das heilige Feuer, dessen Verlöschen als das schlimmste Vorzeichen für den Staat angesehen wurde; nach Ovid, *Fasti* VI 255, befand sich im Vesta-Tempel, anders als in III 80 behauptet, kein Bild der Göttin I 36; II 67; III 80

VICTORIA, römische Siegesgöttin, Personifikation des errungenen Sieges; im Samnitenkrieg errichtete ihr der Konsul L. Postumius Megellus 294 einen Tempel auf dem Palatin II 61; III 84

VINC(U)LA *s.* Fesseln

VIRGO *s.* Jungfrau

VIRTUS, Personifikation der Mannhaftigkeit, Tüchtigkeit und Tu-

gend; ein Tempel befand sich in der Nähe der Porta Capena, einen zweiten errichtete Marius auf dem Kapitol II 61.79; III 88 s. a. Ehre

Voluptas, Personifikation des Genusses; ein Heiligtum der Göttin, üblicherweise Volupia geheißen, stand an der Via Nova II 61

Vulcan, in Rom angeblich seit Romulus verehrter Gott des Feuers mit Tempel auf dem Marsfeld. Als griechischer Hephaistos Sohn des Zeus und der Hera (andere Genealogien und Identifikationen in III 55), verheiratet mit Aphrodite, die ihren häßlichen, hinkenden Gemahl oft betrügt I 81.83.84; III 45.54.55.57.59.62

Vulcanische Inseln, heute: Liparische Inseln (vor der Küste Siziliens), wegen der dort häufigen Vulkanausbrüche galten sie als Wohnsitz des Gottes Vulcan III 55

Warnung (Moneta), Personifikation; der Diktator Camillus weihte ihr 345 einen Tempel; Beiname der Iuno (s. d.) III 47

Wassermann (Aquarius), Tierkreiszeichen, oft als Ganymed gedeutet II 112

Widder (Aries), Tierkreiszeichen II 111.114

Xenokrates (geb. um 396/395), Philosoph aus Chalkedon, Schüler Platons, Schulhaupt der Akademie. Verfaßte u. a. Περὶ φύσεως und Περὶ θεῶν (vgl. Diogenes Laertios IV 2,9). Für ihn gibt es zwei Götter, die (männliche) Einheit und die (weibliche) Zweiheit; aus der Mischung dieser Prinzipien von Form und Materie entstehen die weltlichen Erscheinungen; die Gestirne und Elemente sind Götter I 34.72

Xenophanes (6. Jh.), Dichter, Theologe und Philosoph aus Kolophon, Begründer der Eleatischen Philosophenschule; »kämpfte gegen den Polytheismus der Volksreligion und erhob die Forderung nach einem einzigen, durch die Kraft seines Geistes alles lenkenden Gottes. Er nimmt als Urprinzip das Eine an; dies ist Gott und das Seiende, das nicht entstanden und ewig ist.« (Gerlach/Bayer, zur Stelle) I 28

Xenophon (430/425 – nach 355), Historiker aus Athen, Anhänger des Sokrates, verfaßte u. a. *Memorabilien* (Ἀπομνημονεύματα Σωκράτους) und andere sokratische Schriften I 31; II 18; III 27

Xerxes, persischer Großkönig, Nachfolger des Dareios I.; führte 480/479 Krieg gegen die Griechen, dabei Einnahme Athens und Plünderung der Akropolis; 479 bei Plataiai endgültig besiegt I 115

ZENON (um 495 – nach 445), Philosoph aus Elea, Schüler des Parmenides, berühmt durch seine Paradoxien; wurde angeblich nach einer Verschwörung vom Tyrannen Nearchos von Elea zu Tode gefoltert III 82

ZENON (333/332–262, Freitod), Philosoph aus Kition (Zypern); Begründer der Stoa in Athen; sein umfangreiches Werk ist nur fragmentarisch erhalten I 36.37.38.70; II 20.57.58.63; III 5.18.22.23. 25.27.63.77

ZENON (geb. um 150), Epikureer aus Sidon; Schüler und wahrscheinlich Nachfolger des Apollodoros Kepotyrannos, Schüler des Akademikers Karneades; 79/78 Ciceros und Atticus' Lehrer in Athen I 59.93

ZIEGE (CAPRA), Stern im nördlichen Zeichen des Fuhrmanns, identifiziert mit der Ziege, die den kleinen Zeus säugte II 110; III 40

ZWILLINGE (NATI GEMINI), Tierkreiszeichen, meist als Kastor und Pollux gedeutet II 110.114

ZYPERN III 59.(82)

Literaturhinweise

Textausgaben, Kommentare und Übersetzungen

Ciceros drei Bücher von dem Wesen der Götter. Übers. und erkl. von R. Kühner. Berlin/Stuttgart: Langenscheidt, 1862.

M. Tullii Ciceronis scripta quae manserunt omnia. Bd. 45: De natura deorum. Post O. Plasberg edidit W. Ax. Leipzig: Teubner, [2]1933. Nachdr. Stuttgart: Teubner, 1980.

M. Tulli Ciceronis De natura deorum libri. Edited by A. S. Pease. Cambridge (Mass.): Harvard University Press. Bd. 1. 1955. Bd. 2. Ebd. 1958.

Cicero: De natura deorum, Academica. With an English Translation by H. Rackham. London: William Heinemann. Cambridge (Mass.): Harvard University Press, 1961.

M. van den Bruwaene: Cicéron, De natura deorum. Bd. 1. Brüssel 1970. Bd. 2. Ebd. 1978. Bd. 3. Ebd. 1981. (Latomus 107.154.175.)

M. Tullius Cicero: De natura deorum / Vom Wesen der Götter. Drei Bücher. Lat./Dt. Hrsg., übers. und erl. von W. Gerlach und K. Bayer. München: Heimeran, 1978. München/Zürich: Artemis Verlag, [3]1990.

Marcus Tullius Cicero: Vom Wesen der Götter. Lat./Dt. Hrsg., übers. und kommentiert von O. Gigon und L. Straume-Zimmermann. Zürich [u. a.]: Artemis & Winkler, 1996.

La nature des dieux / Cicéron. Trad. et commentée par C. Auvray-Assayas. Paris: Les Belles Lettres, 2002.

Cicero: De natura deorum liber I. Ed. by A. R. Dyck. Cambridge [u. a.]: Cambridge University Press, 2003.

Cicero: The Nature of the Gods. Transl. with introd. and explanatory notes by P. G. Walsh. Oxford: University Press, 2008.

Marco Tullio Cicerone: La natura degli dei. Traduzione, introduzione e note a cura di A. Rossi; premessa di Ch. O. Tommasi. Turin: Edizioni Ester, 2018.

Forschungsliteratur

Auvray-Assayas, C.: Existence et providence des dieux dans la théologie stoïcienne: remarques sur l'ordre de l'exposé du ›De natura deorum‹. In: Études philosophiques 1 (1999) S. 91–104.

Becker, C.: Cicero. In: Reallexikon für Antike und Christentum (RAC). Bd. 3. Stuttgart 1957. Sp. 86–127.

Bishop, C.: Cicero, Greek Learning, and the Making of a Roman Classic. Oxford 2019.

Boyancé, P.: Die stoischen Gottesbeweise nach Cicero. In: K. Büchner (Hrsg.): Das neue Cicerobild. Darmstadt 1971. (Wege der Forschung. 27.) S. 446–488.

Bringmann, K.: Untersuchungen zum späten Cicero. Göttingen 1971.

Bruwaene, M. van den: La théologie de Cicéron. Louvain 1937.

Büchner, K.: Cicero. Bestand und Wandel seiner geistigen Welt. Heidelberg 1964.

Büchner, K.: Cicero, M. Tullius. In: Der kleine Pauly. Bd. 1. München 1979. Sp. 1174–86.

Büchner, K. (Hrsg.): Das neue Cicerobild. Darmstadt 1971. (Wege der Forschung. 27.)

DeFilippo, J. G.: Cicero vs. Cotta in »de natura deorum«. In: Ancient Philosophy 20 (2000) S. 169–187.

Diez, Chr.: Ciceros emanzipatorische Leserführung. Studien zum Verhältnis von dialogisch-rhetorischer Inszenierung und skeptischer Philosophie in *De natura deorum*. Stuttgart 2021.

– / Schubert, Chr. (Hrsg.): Zwischen Skepsis und Staatskult: Neue Perspektiven auf Ciceros *De natura deorum*. Stuttgart 2022.

Fuhrmann, M.: Cicero und die römische Politik. München/Zürich [2]1990.

Gelzer, M.: Cicero – Ein biographischer Versuch. Wiesbaden 1969.

Gelzer, M. / Kroll, W. / Philippson, R. / Büchner, K.: M. Tullius Cicero. In: Paulys Realencyclopädie der classischen Altertumswissenschaft (RE). Bd. 7 A 1. Stuttgart 1939. Sp. 827–1274.

Gigon, O.: Cicero und die griechische Philosophie. In: Aufstieg und Niedergang der römischen Welt (ANRW). Hrsg. von H. Temporini und W. Haase. Tl. I: Von den Anfängen bis zum Ausgang der Republik. Bd. 4. Berlin / New York 1973. S. 226–261. [Zit. als: Gigon, *Cicero*.]

– M. Tulli Ciceronis De natura deorum libri, ed. by A. S. Pease. In: Gnomon 34 (1962) S. 662–676. Wiederabgedr. in: O. G.: Studien zur antiken Philosophie. Berlin 1972. S. 349 ff. [Zit. nach Gnomon als: Gigon, *Pease*.]

Görler, W.: Untersuchungen zu Ciceros Philosophie. Heidelberg 1974.

Grimal, P.: Cicéron. Paris 1986.

Hirzel, R.: Untersuchungen zu Ciceros philosophischen Schriften. Bd. 1. Leipzig 1877. Nachdr. Hildesheim 1964.

Horn, H.-J.: Gottesbeweis. In: Reallexikon für Antike und Christentum (RAC). Bd. 11. Stuttgart 1981. Sp. 951–977.
Hossenfelder, M.: Die Philosophie der Antike 3: Stoa, Epikureismus und Skepsis. München 1985.
Kleve, K.: Die »Urbewegung« der epikureischen Atome und die Ewigkeit der Götter. In: Symbolae Osloenses 35 (1959) S. 55–62.
– Die Unvergänglichkeit der Götter im Epikureismus. In: Symbolae Osloenses 36 (1960) S. 116–126. [Zit. als: Kleve, 1960.]
– Wie kann man an das Nicht-Existierende denken? In: Symbolae Osloenses 37 (1961) S. 45–57. [Zit. als: Kleve, 1961.]
– Gnosis theon. Oslo 1963.
Kleywegt, A. J.: Ciceros Arbeitsweise im zweiten und dritten Buch der Schrift de natura deorum. Groningen 1961.
Kytzler, B. (Hrsg.): Ciceros literarische Leistung. Darmstadt 1973. (Wege der Forschung. 240.)
Lapidge, M.: Stoic Cosmology and Roman Literature, First to Third Centuries A. D. In: Aufstieg und Niedergang der römischen Welt (ANRW). Hrsg. von H. Temporini und W. Haase. Tl. II: Principat. Bd. 36,3. Berlin / New York 1989. S. 1379–1429.
Latte, K.: Römische Religionsgeschichte, München 1960.
Levine, Ph.: The Original Design and the Publication of the *De natura deorum*. In: Harvard Studies in Classical Philology 62 (1957) S. 7–36.
Marchetti, V.: Bildungsüberlegungen in Ciceros *De natura deorum* und *De divinatione*. In: Cicero im Rahmen der römischen Bildungskultur. Hrsg. von P. Kuhlmann und V. Marchetti. Tübingen 2020. S. 111–138.
Merguet, H.: Lexikon zu den Schriften Cicero's. Tl. 2: Lexikon zu den philosophischen Schriften Cicero's. 3 Bde. Jena 1887–94. Nachdr. Hildesheim [2]1987.
Pfligersdorffer, G.: Cicero über Epikurs Lehre vom Wesen der Götter. In: Wiener Studien 71 (1957) S. 235–253.
Pohlenz, M.: Die Stoa. Geschichte einer geistigen Bewegung. Göttingen [5]1978.
Puelma, M.: Die Rezeption der Fachsprache griechischer Philosophie im Lateinischen. In: Freiburger Zeitschrift für Philosophie und Theologie 33 (1986) S. 45–69.
Radke, G. (Hrsg.): Cicero – ein Mensch seiner Zeit. Acht Vorträge zu einem geistesgeschichtlichen Phänomen. Berlin 1968.
Roscher, W. H.: Ausführliches Lexikon der griechischen und römischen Philosophie. Leipzig 1884 ff.

Ruch, M.: Notwendigkeit und Zufall in Kosmos und Gesellschaft nach der Weltanschauung Ciceros. In: Gymnasium 72 (1965) S. 499–511.
Sanders, K. R.: »Cicero De natura deorum 1.48–49: Quasi corpus.« In: Mnemosyne 57.2 (2004) S. 215–218.
Schäublin, Ch.: Philosophie und Rhetorik in der Auseinandersetzung um die Religion. In: Museum Helveticum 47 (1990) S. 87–101.
Schanz, M. / Hosius, C.: Geschichte der römischen Literatur bis zum Gesetzgebungswerk des Kaisers Justinian. Tl. 1. München [4]1959. S. 400–550.
Schmid, W.: Epikur. In: Reallexikon für Antike und Christentum (RAC). Bd. 5. Stuttgart 1962. Sp. 681–819.
Schmidt, E. A.: Die ursprüngliche Gliederung von Ciceros Dialog ›De natura deorum‹. In: Philologus 122 (1978) S. 59–67.
– »Cicero: eine Welt für den Menschen: Schweineleben und Ohrenschmalz«. In: Ders.: Musen in Rom. Tübingen 2001. S. 65–76.
Schmidt, J.: Cicéron. Paris 1999.
Schmidt, P. L.: Cicero und die republikanische Kunstprosa. In: Neues Handbuch der Literaturwissenschaft. Bd. 3.: Römische Literatur. Hrsg. von M. Fuhrmann. Frankfurt a. M. 1974. S. 147–179.
Schwenke, P.: Über Ciceros Quellen in den Büchern De natura deorum. In: Jahrbuch für klassische Philologie 119 (1879) S. 49–66, 129–142.
Shackleton Bailey, D. R.: Cicero. London 1971.
Stroh, W.: Cicero: Redner, Staatsmann, Philosoph. München [3]2016.
Süß, W.: Die dramatische Kunst in den philosophischen Dialogen Ciceros. In: Das neue Cicerobild. Hrsg. von K. Büchner. Darmstadt 1971. (Wege der Forschung. 27.) S. 155–178.
Walde, A. / Hofmann, J. B.: Lateinisches etymologisches Wörterbuch. Bd. 1. Heidelberg [3]1938. Bd. 2. Ebd. 1954.
Weil, B.: 2000 Jahre Cicero. Zürich/Stuttgart 1962.
Wierzcholowski, R. C.: Zwischen Philosophie und Rhetorik. Die Argumentation a persona und ihr Beitrag zur römischen Religionsphilosophie in Ciceros *De natura deorum*. In: Rheinisches Museum für Philologie RhM 162 (2019) S. 292–360.
Wlosok, A.: Römischer Religions- und Gottesbegriff in heidnischer und christlicher Zeit. In: Antike und Abendland 26 (1970) S. 39–53.
Woolf, R.: Cicero: The Philosophy of a Roman Sceptic. London / New York 2015.
Zielinski, Th.: Cicero im Wandel der Jahrhunderte. Leipzig/Berlin [3]1912.

Nachwort

1. Rhetorik und Philosophie im Dialog

Als philosophischer Schriftsteller hatte Cicero – *Platonis aemulus* – mit dem Doppelwerk *De re publica / De legibus* in den Jahren 54 bis 51 v. Chr. begonnen, zu einer Zeit vielfältiger politischer Schwierigkeiten und anspruchsvoller rednerischer Tätigkeit des gut fünfzigjährigen Konsulars. Daß Philosophie zum rechten Redner – und von daher zum echten Politiker – gehöre, ist er bekanntlich nie müde geworden zu betonen. In seinen eigenen Reden praktizierte er diese Forderung reichlich, die sich auch in regelmäßigen privaten Übungen manifestierte; rhetorische Nutzung philosophischer Themen schlug sich ferner in Veröffentlichungen wie etwa den *Paradoxa Stoicorum* vom Februar 46 nieder.[1]

Wie seine rhetorischen Schriften von Jugend auf kundtun – die frühesten waren *Rhetorici libri*, bzw. *De inventione*, der Dialog *De oratore* (Att. IV 13,2; fam. I 9,23, November 55 v. Chr.) fiel bezeichnenderweise in ungefähr dieselbe Zeit unfreiwilliger politischer Muße (fam. I 8,3) wie *De re publica* und *De legibus* –, zielte Cicero von vornherein auf eine philosophisch durchsetzte Rhetorik (div. II 3; off. I 155; Att. XV 13,6): der *sapiens orator* sollte wie juristisch so besonders philosophisch beschlagen sein, um vor Gericht jederzeit einen Fall von höherer Warte aus behandeln zu können.[2]

Mit den geistigen Grundlagen dieser Konzeption war Cicero von seiner eigenen Ausbildung her vertraut. Einer seiner Lehrer, der seit 88 v. Chr. in Rom weilende Platoniker Philon von Larissa[3] (nat. deor. I 6.17, vgl. I 59.113; Brut. 306; ac. I 13), hatte, wie zuvor der Peripatos[4], auch Rhetorik in den Lehrplan aufgenommen (Tusc. II 9) und demgemäß die Methode, *in utramque partem* zu debattieren, als Form

philosophischer wie rednerischer Auseinandersetzung eingeübt: *sapientia* und *eloquentia* wirken so zusammen, daß ein versierter Redner die prozessuale *causa* bzw. die Argumente anderer Schulen souverän im Pro und Contra erörtern kann (de orat. III 80; nat. deor. I 11; ac. II 8). »Unsere Akademie gibt uns die großartige Freiheit, alles das nach eigenem Urteil zu verfechten, was uns am plausibelsten dünkt« (off. III 20).

Die Fähigkeit zu »problematisieren« sollte jedoch, im Gegensatz zur bloß formalen Techne der Sophisten, der Wahrheitsfindung dienen (nat. deor. I 11; Tusc. V 68; fin. I 13), auch wenn, gemäß akademisch-skeptischer Annahme, nicht mehr als das Wahrscheinliche zu erreichen war (de orat. I 262; Tusc. V 11; nat. deor. III 95). Die Methode verfuhr bewußt aporetisch statt dogmatisch, um der Wahrheit möglichst nahe zu kommen.[5] Auf dieser Basis mochte man den Eindruck gewinnen, Philosophie und Rhetorik hätten vergleichbare Voraussetzungen. Philon hielt aber natürlich an der Priorität der Philosophie fest, wie es auch Aristoteles getan hatte.

Schon dieser hatte freilich die Rhetorik erstaunlich falsch eingeschätzt:[6] eine Gerichtsrede, Handlung, nicht Erkenntnis, mußte in Wirklichkeit erfolgs- und zielorientiert vorgehen, das Zweckmäßige wählen, sie sollte, durchaus parteiisch, Freispruch oder Verurteilung durchzusetzen versuchen. Ihre Aufgabe war das *persuadere* (de orat. I 138), im Dienste der Überredung auch das *docere*, das *commovere* (*flectere*), das *conciliare* (de orat. II 182 ff.).[7] Ihr im Ernst philosophische Wahrheitssuche aufzuerlegen, wäre Überforderung, wenn nicht Zumutung gewesen. Aristoteles hat das merkwürdigerweise nicht realisiert, als er sich gegen die *persuasio* aussprach.[8]

Umgekehrt wie der Peripatos, der die Rhetorik ins philosophische Denken zu integrieren strebte (Tusc. I 7; de orat. I 141), wähnte Cicero, die Kluft zwischen Philosophie und Rhetorik sei von dieser her zu schließen.[9] Die prinzipielle

Unvereinbarkeit beider Größen überging freilich auch er; stand ihm doch generell – in *virtus* wie in der *cognitio rerum* – das Handeln obenan (nat. deor. I 7), eine Voraussetzung übrigens, die er mit dem Gros der Philosophen seit dem 2. Jahrhundert teilte.[10] Die Redekunst war für Cicero, der eine eigenständige Erkenntnis der Dinge (*cognitio rerum*) zumindest für den Redner wenig sinnvoll fand (de orat. III 64),[11] eine *faciendi et dicendi sapientia* (de orat. III 59, vgl. III 56). In dieser Formel ist das Denken noch auf Handeln und Reden bezogen (weniger richtig wäre wohl: beide werden der *sapientia* unterstellt, vgl. Tusc. I 7). Der Vorrang des Handelns mag uns daran erinnern, daß Cicero neben Rhetorik und Philosophie stets auch auf den politischen Nutzen, die öffentliche Wirkung seines literarischen Programms achtete (ac. I 3.18; div. II 1.4.7.148; off. I 1 u. ö.). Fast wortgleich beschreibt er (Tusc. I 7; off. I 2) das Vermögen des *perfectus orator* und die Ziele der Philosophie (*ratio et doctrina*, nat. deor. I 7). Damit vollstreckt Cicero seine mehr theoretische Behauptung, er vereine beide (de orat. III 143; part. orat. 79; off. I 3), weshalb er ja auch seine rhetorischen Schriften gern als Teil seines philosophischen Werkes betrachtet sehen wollte (div. II 4).

Die Frage ist allerdings, in welchem Ausmaß Cicero diese nun doch problematische Einheit realisiert hat, ob die Fragwürdigkeit des Programms ohne Folgen für die Durchführung geblieben ist.

Faktisch nämlich gebrauchte er, sooft das Schwergewicht auf der Rhetorik lag, die Philosophie dann doch nur als Hilfsmittel unter dem Gesichtspunkt politischen Nutzens (inv. I 1) oder psychologischer Zweckmäßigkeit (de orat. III 64). Praktisches Beispiel ist seine Verdrehung der stoischen Lehre in der Rede *Pro L. Murena* (61).[12] Philosophische Kenntnisse, so Cicero, sind eben für den Redner nicht wegen der Einsichten, die sie vermitteln, sondern nur deswegen von Belang, weil sie der Rede Glanz, Fülle und Vielfalt verleihen (or. XII 118; de orat. III 121.125). Damit aber

ist das Wesen der Philosophie, für Cicero Conditio sine qua non der Redekunst,[13] völlig verkannt[14], mochte er unter ›Philosophie‹ hier auch nur die Dialektik verstehen.[15] Jedoch will er sein unablässiges *philosophari* gerade darin beglaubigt sehen, daß seine Reden voll sind der Maximen von Philosophen (nat. deor. I 6, vgl. off. I 155).[16] Das könnte, wenn er nicht bloß Zitate oder Topoi meinte, immerhin auch als Beweis steter philosophischer Lektüre verstanden werden.

Die Einheit von Philosophie und Rhetorik, *oratio* sind beide, richtet sich für Cicero offenbar nach dem Bedarf: die Gerichtsrede macht sich jene dienstbar; sobald er sich dagegen als Philosoph äußert, scheint sich das Verhältnis umzukehren: die Redekunst verhilft der *sapientia* zur Wirkung. Wie es scheint, waren beide für Cicero zwei Seiten ein und derselben Sache und nicht Größen, die er allererst zusammenspannen mußte. Tatsächlich hat er ihre Einheit stets wie selbstverständlich postuliert oder vorausgesetzt, ohne besonders zu erörtern, wie beide zueinander finden könnten.

Ihr angestrebtes Bündnis – mit der Prävalenz von *sapientia* über das Medium der Beredsamkeit – vollzieht sich nun im Großformat durch Ciceros philosophische Schriften. Daß es von vornherein ›Schriften‹ waren, wie die Reden erst nach Überarbeitung und Publikation, macht beide zur ›Literatur‹. Da Cicero *eloquentia* (*utilitas*) und *sapientia* (*veritas*) trotz ihrer Unvereinbarkeit a priori verschwistert sieht, empfiehlt sich die Annahme, er habe zumindest in seinen Abhandlungen und Dialogen philosophische Literatur verfassen wollen. Hinzufügen darf man auch ganz allgemein, daß die antike Literaturkritik ihre Maßstäbe gleichfalls den Normen für die Gerichtsrede entnahm, sie also frei aus der Rhetorik auf alle Kunstprosa übertrug.[17]

Wenn übrigens Cicero sich deutlich zu Isokrates bekannte,[18] so bestätigt das ebenfalls die ›publizistische‹ Einheit von Rhetorik und Philosophie, die ›Selbstauffassung‹ als Politi-

ker[19] eingeschlossen. Es paßt auch typologisch recht gut; gerade als Schöpfer einer literarischen Prosa im Projekt einer unspekulativen *philosophia* hatte Isokrates seine entscheidende Nachwirkung.[20]

Ciceros rhetorische und philosophische Schriften – wie seine Reden – zählen auch wir zur klassischen Kunstprosa. Seine Stellung in der Geschichte römischer Schriftsprache bleibt unangefochten.[21] Wir haben auch zu würdigen, welchen Zuwachs an Fachterminologie er geschaffen hat, ein bedeutender Bestandteil seiner literarischen Leistung.[22]

Cicero selbst verstand sich offenbar hauptsächlich als philosophischer Schriftsteller. Wenn er nämlich sein Tun als ein solcher begründet,[23] kehrt relativ oft der Anspruch wieder, seinen Landsleuten griechische Philosophie in der Muttersprache nahezubringen: *sum ingressus philosophiam veterem Latinis litteris mandare* (ac. I 3). In *De natura deorum* erweckt Cicero obendrein den Eindruck, als wolle er mit seiner philosophisch-rhetorischen ›Literatur‹ Schule machen, als diente sie einem pädagogischen Zweck.[24]

Wie dem auch sei, im »Gemisch verschiedener Ansprüche«[25] spiegelt sich, was, in einem weiten Verständnis des Begriffs, sehr wohl ›Philosophie‹ heißen darf, wenn wir nur festhalten, daß der übergeordnete Zweck die literarische Wirkung war. Als schöpferischer Philosoph hat sich Cicero ohnehin nie verstanden; das widerspräche auch entschieden jenem ›Einheitsprogramm‹. Der Wahrheit am nächsten kam er wohl, als er seine eigentliche Leistung (philosophisch) in *iudicium* und (rhetorisch) im *ordo scribendi* verkörpert sehen wollte (ac. I 6); das bedeutete also einmal Urteilsfähigkeit in Auswahl und eigenständig disponierender Verarbeitung der Schultraditionen, und zwar in Anwendung einer durchaus unverächtlichen originalen, wiewohl nirgends explizit offengelegten Systematik;[26] zum andern betraf der *ordo scribendi* nun eben die für Cicero charakteristische Art der Schriftlichkeit[27]. Beides wäre also in der philosophisch-rhetorischen Interpretation zusammenzusehen.

Die literarische Form des Dialogs, in der er, und in Rom als erster, philosophische Standpunkte im Für und Wider miteinander ins Gespräch brachte, war nun nicht mehr und nicht weniger als eine erstmalige Umsetzung jenes Prinzips *in utramque partem disserere* in Literatur. So waren seine *disputationes* auch gedacht. Er berief sich in ihnen auf Sokrates, wie es damals die meisten Schulen taten (de orat. III 61; off. I 2; fin. V 7); in diesem Fall war es allerdings zugleich eine Berufung auf Platons Dialoge als auf eine literarische Gattung: *vetus et Socratica ratio contra alterius opinionem disserendi*; so nämlich meinte Sokrates am ehesten das Wahrscheinliche herausfinden zu können (nat. deor. I 11; Tusc. I 8).

Indem Cicero hier ausdrücklich anschloß, ermöglichen seine Dialoge den Lesern, ihr eigenes *iudicium* herauszubilden und zu festigen. Das gestattet ihnen, in der Wahrnehmung des Pro und Contra an skeptisch-akademischer Denkweise teilzuhaben. Indem Cicero die Gewährsleute der Schulen nebeneinanderstellt, ohne ihre Widersprüche auszugleichen, ermöglicht er dem Leser ein eigenes Urteil. Die Mehrzahl von Theorien im Gespräch relativiert ihren durchweg ›dogmatischen‹ Anspruch, bringt ihre Unterschiede und Widersprüche zum Bewußtsein. Es kann sich herausstellen, »daß keine davon richtig ist, andererseits ist es [...] unmöglich, daß mehr als eine der Wahrheit entspricht« (nat. deor. I 5). Damit übertrug Cicero zugleich den von Haus aus erkenntnistheoretischen Begriff der *epoché* (*adsensionis retentio*, ac. II 59) auf die Beurteilung verschiedener Denkrichtungen. Jetzt zeigt sein *iudicium* dem Leser: die Anzahl einander widersprechender philosophischer Beschreibungs- und Erklärungsmodelle (*dissensio*) beweist, daß die Wahrheit bestenfalls näherungsweise erreichbar ist (nat. deor. I 1).[28]

Dieses Vorhaben eines objektiv ausgewogenen *iudicium* bei Autor und Lesern konnte allerdings auch leicht mißlingen, und zwar immer dann, wenn die Rhetorik sich nun doch

die Philosophie unterwarf. In seiner Replik auf Velleius in Buch I verzichtet beispielsweise Ciceros Cotta auf das Übergewicht der *perfecta philosophia* – für die Cicero sich auf Aristoteles berief (off. I 4) – über die Mittel der Gerichtsrede.[29] Offenbar weil Epikur eine ernsthafte Auseinandersetzung nicht verdient, antwortet der Akademiker so, als plädiere er gegen einen Angeklagten (Cicero selbst hatte den Epikureer Velleius schon recht abschätzig eingeführt; nat. deor. I 18). Cotta beginnt seinen Part zünftig in *exordium* (I 57–61) und *argumentatio* (62 ff.); diese zielt darauf, den Gegner nach allen Regeln der Kunst herabzusetzen, die eigene Position dagegen um jeden Preis zu stärken.[30] Hier wird also in einer philosophischen Schrift – entgegen dem propagierten Wahrheitsstreben des Autors – Epikur ähnlich mißhandelt wie die Stoa in der Rede *Pro L. Murena*. Cotta greift nämlich aus der Rede des Kontrahenten – Velleius macht es ihm allerdings leicht – einen einzigen und nicht unbedingt belangvollen Punkt heraus, behandelt ihn bald hier, bald dort, kurz: es geht ihm nicht um sachliche Stellungnahme, sondern darum, den Gegner zur Strecke zu bringen. Cotta befaßt sich ja nur mit der »Menschengestalt der Götter«, eine Vorstellung, die für Epikur kaum charakteristisch war.[31]

Die anderen ›Widerlegungen‹ (Atomlehre: 65–67; ›göttliche Atomkombinationen‹: 68–75) sind ganz ungenügend; statt auf Velleius einzugehen, weicht er in einen anklagenden Exkurs über die epikureische Methode aus (69 f.), die Absurdes durch noch Absurderes überbietet, und spart nicht mit moralischen Wertungen. Nach kurzer Rückkehr zum *quasi corpus* (er kann sich darunter nichts vorstellen) liefert er wieder einen Exkurs (72 f.), hauptsächlich mit diffamierenden Bemerkungen über Epikur. Schäublin hat vorgeführt, wie Cicero hier auch die rhetorische Technik der ›Trennung von Zusammengehörigem‹ anwendet.[32] Insgesamt praktiziert Ciceros Cotta also das für die Gerichtsrede durchaus empfohlene Verfahren, »nicht zur Sache zu

reden« und durch Vernebelung der gegnerischen Argumentation die Richter zu verwirren. Von ausgewogener Anleitung zum *iudicium* kann da selbstverständlich nicht die Rede sein. Solche und ähnliche Fälle belegen vielmehr, daß Cicero seine Zusage, er führe objektiv das Pro und Contra vor, nicht immer eingehalten hat. Inwieweit seine Aversion gegen Epikur, dessen ›Theologie‹ er recht bruchstückhaft, wenn nicht mißverständlich darstellt, auf sein Unvermögen, diesen Philosophen zu verstehen (wie z. B. fin. I 55–57), zurückgeht oder umgekehrt, ist schwer zu sagen.[33] So oder so zeigt sich hier, daß jenes Gleichgewicht von Philosophie und Rhetorik in der programmatischen *perfecta philosophia* nicht leicht, wenn überhaupt zu realisieren war; es hätte vermutlich mehr echtes philosophisches Interesse und einen denkerisch eigenständigen Kopf verlangt.

Wenn sich Cicero nun zum Ziel gesetzt hatte, überlieferte Texte und Textabschnitte miteinander ins Gespräch zu bringen, so war das aus mehreren Gründen ungeheuer schwierig. Da nämlich – erstens – die Gesprächspartner jeder eine Schulrichtung zu verfechten hatten, hieß es zunächst, ihnen einschlägige Thesen und Gedankengänge, Argumente und Erklärungen der betreffenden Philosophie zuzuordnen. Das mußte mit Hilfe von Vorlagen oder Quellen geschehen, die ihrerseits natürlich als Einzelschrift, eventuell auch nur über Teilgebiete, als philosophische Monographie oder gar als Handbuch abgefaßt waren. Kontroversen brauchten, ja durften sie eigentlich nicht enthalten; sie darzustellen, war Sache des Dialogs. Falls, heißt das, in einer griechischen Vorlage bereits Schule A gegen Schule B polemisierte, hätte sie für einen Dialog, in dem jeder Kontrahent seine Lehre zunächst einmal mehr oder weniger ausführlich darlegte, auseinandergerissen werden müssen. In diesem Fall wären tiefere Eingriffe Ciceros unvermeidlich gewesen. Ohnehin waren seine Vorlagen natürlich nicht auf eine Diskussion unter römischen Zeitgenossen hin angelegt.

Zweitens wollte Cicero zu jedem Theorem einer Schule

dem Gegner die genaue Replik in den Mund legen. Das hätte genaue Wort-für-Wort-Entgegnungen erfordert. Sie zu bewerkstelligen hätte also ebenfalls erhebliche Selbständigkeit vorausgesetzt. Denn vom Rohbau der Vorlagen hätte kaum ein Stein auf dem andern bleiben können, wenn Cicero sie völlig in einen Dialog hätte umschmelzen wollen.

Wie ließen sich aber seine Quellen auf die angestrebte literarische Form abstimmen? Das Problem ist hier also die Umsetzung von einer – eher unliterarischen – Textsorte in die Kunstform des literarischen Gesprächs.

Manche Unausgewogenheit in Ciceros Dialogen rührt eben daher, daß die Vorlagen, einerlei ob qualitätvoll oder dürftig, sich gegen den Gesprächscharakter behauptet haben; der betreffende Text liest sich dann nicht nur wie eine normale Abhandlung, sondern er stimmt auch als Gesprächsteil nicht, indem er etwa auf Fragen antwortet, die zuvor im Dialog gar nicht gestellt waren, wie es etwa Cotta in *De natura deorum* III tut, wenn er gegen stoische Argumente zu Felde zieht, die Balbus in II gar nicht geäußert hatte.[34]

Cicero hätte mithin von seinen Quellen in Form und Inhalt geradezu unabhängig sein müssen, sollten seine Dialoge dramaturgisch bis ins letzte durchgeformt sein. So viel denkerische Souveränität und philosophische Eigenständigkeit waren seine Sache nicht. Dies hätte ja mit künstlerischen Absichten, auch mit Fähigkeiten zur Komposition eines Literaturwerks Hand in Hand gehen müssen; dazu aber bot die Antike keine Hilfen. Um so bedeutsamer war Ciceros Vorstoß in ausgesprochenes Neuland.

Das Gespräch in Szenerie, Umgangston und Sprechstil zu gestalten – hier konnte er frei schalten und nuancieren. Dramatische Zeit, Personen und ihre Rollen, auch ihre Zwischengespräche, das allgemeine Kolorit ihres Beisammenseins usw. waren, ganz ohne störenden Einfluß von Vorlagen, eine vorzügliche Gelegenheit, sich als Regisseur zu betätigen. Die Vorreden boten mehr als genug Raum zu

Widmung, persönlichen Stellungnahmen oder Begründungen, auch apologetischen, zum Programm im allgemeinen und zum Ziel der betreffenden Schrift im speziellen. Daß Cicero in solchen Partien seinem *copiose et ornate dicere* nach Herzenslust frönen konnte, versteht sich. Fesseln und unterhalten sollte natürlich auch das Buch im ganzen, eine Angelegenheit, wie gesagt, nicht zuletzt auch der Regie.
Die Dialogform kam zunächst einmal dadurch zustande, daß die Diskutanten – ungeachtet der grundsätzlich privaten Anlässe, geschildert in der jeweiligen Exposition – gleichsam vor Gericht gegeneinander antraten und sich ›bekämpften‹. Das spiegelt sich zum Beispiel im Vokabular der ›Auseinandersetzung‹ (so in *congredi*, *contendere*, *pugnare* usw.). Nicht minder deutlich wird es in der Dialogrolle des *iudex* oder *arbiter* (fin. II 119, III 6; nat. deor. I 17). Schon Platon benutzt im *Symposion* die Figur eines ›Richters‹ (symp. 175; anders Protag. 337a, 338e). Sie erscheint allerdings eher beiläufig und ist an die Form des Redenpaares gebunden; noch in den kaiserzeitlichen und spätantiken Dialogen, zu deren Inventar der *iudex* inzwischen gehörte, handelte es sich stets um ein Streitgespräch zwischen zwei Personen. Inwieweit Cicero da absticht, ist nicht leicht zu sagen. Er war jedenfalls der erste, der die Rolle des ›Richters‹ zu Zwecken der Dialogdramatik ausbaute.[35]
So half die Rhetorik entscheidend beim Zustandekommen der Dialogform mit: einmal lieferte sie Normen für Fülle und Gestalt, Wortschatz und Sprechstil, zum andern förderte sie sozusagen eine Kontroversphilosophie. Eines vermochte sie, wie oben schon angedeutet, allerdings nicht: die Komposition eines längeren einheitlichen Diskussionsbeitrages dialogspezifisch zu gliedern. Das Modell der Gerichtsrede hatte nämlich keine anderen als nur die forensisch gebotenen oder üblichen Redeteile anzubieten.[36]
Daß Cicero sein philosophisches Spätwerk in übergroßer Eile verfaßte (vgl. *brevi tempore*: nat. deor. I 6), mag man bestaunen; es könnte auch ein Nachteil sein. Mußte unter

dem Tempo nicht die Qualität leiden? Im Dialog *De natura deorum* stören ja Widersprüche, sachliche Schnitzer, kompositorische Mängel[37], alles Unzulänglichkeiten, die auf das Konto wenig gewissenhafter literarischer Arbeit gehen. Denn er hat den Dialog, den er wohl im August 45, unmittelbar nach den *Academici libri*, begann (Att. XIII 38,1, 39,2, 45,2), ungeachtet aller Flüchtigkeiten und stehengebliebener Widersprüche schon nach wenigen Monaten publiziert. Wie konnte es geschehen, ihn ohne sorgfältige Korrekturen hinausgehen zu lassen?[38]

Und sprach es etwa für ›philosophische‹ Verantwortung im behaupteten *iudicium*, wenn Cicero in Buch I seiner Abneigung gegen Epikur derart freien Lauf ließ oder hier und da nachweislich minderwertige Quellen (z. B. Tusc. I) oder schlecht gegliederte Abrisse (fin. I, III) heranzog? Auch jene langen und bis heute andauernden Kontroversen um die Ermittlung eventueller Vorlagen, letztlich ein unerläßliches Indiz unserer Verstehensmöglichkeiten, dürften nicht gerade dafür sprechen, daß Cicero sich mit der wünschenswerten Klarheit ausgedrückt hat.[39] Für die Beurteilung der Qualität seiner Texte spielt es selbstverständlich keine Rolle, ob gedankliche und kompositorische Mängel ihm selbst oder schon der Vorlage zuzuschreiben sind.

Bereits im *Hortensius*, noch vor der *Consolatio* aus Anlaß von Tullias Tod (Februar 45) abgefaßt,[40] hatte Cicero die Grundfrage, das Verhältnis der Philosophie zu den Literaturformen Poesie, Geschichtsschreibung und Beredsamkeit erörtern lassen. Daß er dem neben ihm selbst berühmtesten Redner vergangener Jahrzehnte (gest. 50 v. Chr.) bereits im Titel des – philosophischen! – Dialogs ein Denkmal setzte (vgl. Brut. 1–23), zeigt ihn als fairen Gegner (inzwischen war ja beider Redestil unter Beschuß der sog. Jungattiker geraten); vor allem aber spricht sich darin wieder die von Cicero auch hier verfochtene Zusammengehörigkeit von Philosophie und Rhetorik aus. Hortensius repräsentiert natürlich diese, beide miteinander verkörpern also ›Literatur‹.

Daß der Autor am Ende die Philosophie über alle anderen literarischen Genera siegen läßt, entspricht seiner angestammten Option. Es war obendrein vom Typ des Protreptikos, einer Werbeschrift also, gefordert, die der gut Sechzigjährige als Einstieg in ein Corpus philosophischer Schriften konzipiert hatte. Schon hier, im ersten seiner späten philosophischen Dialoge, hat er demnach die Basis des ganzen Unternehmens vorgestellt: die literarische Einheit von Rhetorik und Philosophie sowie den Vorrang dieser vor jener.

Gewiß hat Cicero nie unmittelbar die Herstellung von Literatur als Ziel seiner schriftstellerischen Tätigkeit genannt. Jedoch scheint bereits das Stichwort *ordo scribendi* in diese Richtung zu weisen, und häufige Wendungen wie *(Latinis) litteris mandare* (u. a. nat. deor. I 7; fin. I 1.11; Tusc. I 6; II 8)[41] lassen sich unschwer als bedeutungsgleich mit »in Literatur umsetzen« oder »literarisch gestalten« verstehen. Für ›Literatur‹ fehlt dem Latein ja ein spezieller Ausdruck.

So haben wir vielleicht recht getan, Cicero weniger bei seinem heiklen Versuch, *veritas* und *persuasio* zu versöhnen, zu behaften, als ihn in seiner literarischen Leistung zu bewundern. Es führt, wie sich wohl gezeigt hat, schwerlich weiter, seine Vorstellungen von ›Philosophie‹ begrifflich einzugrenzen; sie sind zu fest mit ›Rhetorik‹ verknüpft, nicht zuletzt in seinem rhetorischen und philosophischen Œuvre.

Dieses hat man bis ins 18. Jahrhundert gerade deswegen als ›Literatur‹ gerühmt. Solange Cicero als Stilideal neulateinischer Schriftsteller oder als Muster »literarischer Rhetorik« (Lausberg) galt, hat man auch zu würdigen gewußt, daß er sich als erster Römer an die Gattung ›Dialog‹ gewagt hatte.

Uns heute befremdet vielleicht, wenn philosophische Texte ›literarisch‹ oder auch nur ›publizistisch‹ daherkommen. Wir verlangen von ihnen Präzision und Stringenz, ein An-

spruch, dem Cicero nie und nimmer genügen kann. Es wäre allerdings auch wenig korrekt zu verschweigen, wie breit die Kluft ist, die uns von dieser Art ›Philosophie‹ in Gestalt ausdrucksstarker Kunstprosa trennt. So werden wir uns besser an diese halten und mit den Humanisten Ciceros *ornate et copiose dicere* bewundern.

Können wir aber eigentlich noch ermessen, wie Ciceros Wirkung auch am Rhythmus seiner Sätze hing? Würdigen wir ausreichend, daß jeder von ihnen auf eine der Grundklauseln oder ihrer Spielarten endete?[42] Das Erfordernis von Rhythmus (*numerus*) schränkte den Spielraum von Ausdruck und Wortstellung ja vielfach ein, es blieb folglich nicht immer ohne Einfluß auf die Argumentation. Kaum beachtet: das metrische Verbot von Einsilbern galt auch in der Kunstprosa. Daher zum Beispiel Ciceros – als Marotte bespötteltes (Quint. inst. IX 4,73) – *esse videa(n)tur* für sonst *si(n)t*, mit der Konsequenz, daß sehr häufig nun eben *si(n)t* verstanden werden muß, weil rhythmisch bestimmtes *videri* semantisch belanglos »zu sein scheint«.

Kurz: die ›literarische Rhetorik‹ der philosophischen Dialoge Ciceros steht inhaltlich wie formal, mit ihren theoretischen Grundlagen wie im Redestil, in erheblicher Spannung zu dem, was wir von Philosophie methodisch, gedanklich und sprachlich erwarten.

Das tut Ciceros Leistung, bei aller gebotenen Kritik, keinen Abbruch; aber mit einem primär beschönigenden »neuen Cicero-Bild« ist auch niemandem geholfen.

2. *Theologie und Religio Romana*

Verstand es sich eigentlich von selbst, Fragen der Religio Romana philosophisch, also ebenso griechisch wie spekulativ anzupacken? Denn den römischen *cultus deorum* mußte Cicero ja meinen, sollte seine Behandlung der *perdifficilis et perobscura quaestio* nicht nur »im Hinblick auf theoretische

Erkenntnis überaus wertvoll«, sondern auch »für die rechte Götterverehrung unentbehrlich« sein (nat. deor. I 1). Das aber ist verwunderlich, denn die traditionelle römische Religion kannte keine Gottes-›Vorstellungen‹ im dogmatischen Sinn, verkündete keine Lehren, war, kurz gesagt, ein auf Ritus gebauter *cultus deorum* als Wahrung oder Wiederherstellung der *pax deum*.[43]

Zwar war das spätrepublikanische Rom hellenisiert, und nicht zuletzt Cicero wirkte als Philosoph und Rhetor an weiterer Hellenisierung mit. Hat er das Problem gesehen?

Auf jeden Fall hielt er das Thema der Gottesbeweise für wichtig genug auch für die römische Religion.[44] Etwa weil die Philosophie, besonders die der akademischen Skepsis, die Geltung römischer Religion in Frage stellen oder doch zumindest intellektuell beeinträchtigen konnte? Merkwürdig, daß Cicero von einer Entscheidung in dieser Frage die Geltung nicht nur der ›positiven Religion‹, sondern die gesamte menschliche Lebensordnung – Treu und Glauben, Gemeinschaft und Gerechtigkeit, also die höchste Tugend – abhängig macht (nat. deor. I 3 f.).[45] Das verwundert deswegen, weil Cicero selbst erstens die Existenz von Göttern für höchst wahrscheinlich oder gar naturgegeben hält (nat. deor. I 2), daneben aber zweitens – so das Resultat, das er Cotta formulieren läßt – Gottesbeweise für den Bestand der *religio* irrelevant findet. Nun mochte eine Debatte über *deos esse* noch angehen, obwohl in Rom ›Götter‹, ursprünglich jedenfalls, etwas ganz anderes bedeuteten als die Götter griechischer Volksreligion oder gar hellenistischer Philosophie. Der Punkt *quales esse*, in dem die Stoiker Sosein vom Dasein unterschieden (nat. deor. II 3), rechnete a priori mit einer bestimmten Beschaffenheit von Göttern. Wer sie beschrieb, leistete aber natürlich keinen ›Gottesbeweis‹, einerlei ob man sie sich anthropomorph dachte, als Welt und Geschichte beeinflussend oder als in Wirklichkeit physikalische Kräfte. Insofern rennt Cottas Insistieren auf ›Bewei-

sen‹ hier offene Türen ein. Daß eine Beschreibung von *qualitas* (oder *forma*, nat. deor. I 46) nicht Existenz beweisen kann, wäre daher methodisch wohl ein günstiger Ausgangssatz gewesen. Andererseits wissen wir jetzt, wie wenig Cicero an streng diskursiver *philosophia* liegen konnte.

Erstens: Es empfiehlt sich, unabhängig vom formalen oder inhaltlichen Plus und Minus des Dialogs und ohne Rücksicht auf das Quellenproblem zu prüfen, nach welchen Kriterien Cicero selbst die Titelfrage beurteilt sehen möchte.

Zweitens: Daß Cicero den Dialog von vornherein auch auf *religio* bezogen hat, legt die Frage nahe, ob und wie sich die behauptete Notwendigkeit der Debatte für vernünftige Religionsübung bewahrheitet.

(1) W. Görler hat in seiner Monographie (s. Anm. 26) Ciceros eigene Position gerade an den Stellen aufgesucht, an denen referierte Lehrmeinungen gegensätzlich aufeinanderprallen und der Autor dazu Stellung nimmt (S. 15). Cicero hat sich eben nicht nur als Übersetzer verstanden, sondern will Theorien wiedergeben, mit denen er einverstanden ist (fin. I 6 f.; off. I 6). Zweifelsfrei stammt *nicht* aus griechischen Quellen, was Cicero an den »Nähten« zwischen Vorlagen äußert (Görler, S. 18). Sieht man derartige Äußerungen in seinen rhetorischen und philosophischen Schriften ineins, so stößt man auf die wiederkehrende und offenbar grundlegende Unterscheidung zwischen dem unbedingt rational Beweisbaren, dem nur teilweise Evidenten und der Zustimmung zum bloß Wünschenswerten.

Angewendet auf *De natura deorum* heißt das: die scheinbar unakademische Behauptung einer Evidenz oder Naturgegebenheit von Gottesvorstellungen, die den stoisch ins System gebrachten zu entsprechen schienen, nebst ihrer Unerläßlichkeit für die Grundlagen der *religio* (nat. deor. I 3 f.), widerspricht nicht dem Schlußurteil des Autors (nat. deor. III 95), Velleius habe Cottas Vortrag für zutreffender gehalten, während ihm selbst die Worte des Balbus der Wahrscheinlichkeit näher zu kommen schienen (merkwürdig:

keiner von den dreien sagt etwas, es gibt nur ein *videri* nach dem *discessimus*). Denn hier bekennt Cicero sich nicht zur Akademischen Skepsis, obwohl der Leser weiß, daß er aus dieser Schule stammt.

Damit scheint der heiß umstrittene Schlußsatz des Dialogs plausibel erklärt. Es muß ja in der Tat überraschen, wenn Cicero den Dogmatismus der Stoa (sozusagen das *verum*) als nur »der Wahrheit näher zu kommen« scheinend einstuft, d. h. also akademische Zustimmung (*similitudo veri*) zur vernunftgläubigen Beweisfreudigkeit des Stoikers. Folglich paßt es, daß er sich im Proömium unumwunden für Inhalte stoischer Theologie als Grundlage von Religion und Gesellschaft ausspricht. Existenz und Wirken der stoischen »Götter« sind nicht beweisbar, wohl aber, wenn auch nicht »wahrscheinlich«, erwünscht und notwendig. Das gilt auf der Ebene der Gewißheit, nicht der stringenten Deduzierbarkeit. Darf man folgern, Cicero versehe hier die römische *religio* mit so etwas wie einer Dogmatik? Immerhin bindet er sie, gewiß ein Stück Hellenisierung, an eine bestimmte Götterauffassung; Kult-, Rechts- und Lebensordnung Roms werden jetzt durch eine Lehre von göttlicher Fürsorge usw. legitimiert.

Görlers »Stufenschema« – es mag ›Philosophie‹ heißen oder nicht – wird demnach wohl Ciceros eigener Denkhaltung erstmals gerecht. Von daher erläutert sich auch nachträglich noch einmal, was Ciceros Anspruch auf sein *iudicium* tatsächlich bedeuten könnte.

(2) Auf diesem Wege nähern wir uns der Schlußfrage: welches Interesse nimmt Cicero im Dialog über die Götter an der *religio Romana*? Wie er persönlich zu ihr steht, scheint dabei weniger von Belang. Der staatliche *cultus deorum* verlangte auch sonst keine persönliche Anteilnahme.[46] Wohl aber baute er auf die *auctoritas maiorum* als Gewähr für das – rational nicht beweisbare – *deos esse*. So Cotta. Das mag im Unterschied zur *ratio* etwa *opinio* heißen, dem *argumentis ostendere* o. ä. und dem *probabile* mag es als *credere* ge-

genüberstehen (so die drei Erkenntnisstufen); Cicero erreicht so, und das ist wichtig, eine Immunisierung der römischen Religion gegen philosophische Kritik. Philosophie kann die Existenz von Göttern nicht beweisen (a). Mithin vermag sie sie auch nicht zu widerlegen (b). Folglich klärt eine Debatte über dieses Problem (c), daß der überlieferte römische Staatskult von philosophischer Reflexion nicht betroffen ist. Denn Cicero urteilt zwar, die stoische Ansicht »passe« sozusagen am besten, andererseits macht er sie von Theoremen unabhängig, da er sie auf Konsens und Natur gründet. Dazu fügt sich stoische Lehre, sie ist aber zur Begründung nicht denknotwendig.
Damit kehrt Cicero vielleicht nicht radikal zur ursprünglichen Freiheit des *cultus deorum* von ›Lehre‹ zurück, er läßt aber Philosophie und *religio* als *mos maiorum* grundsätzlich verschiedene Wege gehen. Das ist zugleich eine Entscheidung des Politikers Cicero: der römische Kult, eine eminent staatstragende Größe (u. a. har. resp. 19), bleibt von aller Problematisierung unangefochten.

Anmerkungen

1 R. Philippson, »M. Tullius Cicero (Philosophische Schriften)«, in: *Paulys Realencyclopädie der classischen Altertumswissenschaft* (RE), Bd. 7 A, Stuttgart 1939, Sp. 1104–92, gibt dort Sp. 1173–90, nach ausführlich-kritischer Behandlung der einzelnen Werke, einen vortrefflichen Überblick über Ciceros Verhältnis zur Philosophie, gegliedert nach seiner philosophischen Entwicklung (Sp. 1173–77) und den Beweggründen seines Philosophierens (Sp. 1177–83). Wichtiges folgt dann in einem Resümee von Ciceros philosophischer Schriftstellerei (Sp. 1183–90). – Der Dialog *De natura deorum* steht im Mittelpunkt der nützlichen ›Conclusions‹ in M. van den Bruwaene, *Cicéron, De natura deorum*, Brüssel 1986 (Coll. Latomus, 192) S. 7–58; eine ausführliche Bibliographie folgt S. 153–169. – Über Ciceros rhetorische und philosophische Schriften informiert handlich M. v. Albrecht, *Geschichte der römischen Literatur*, Bd. 1, [2]1994, S. 423–449.

2 Vgl. H. Lausberg, *Handbuch der literarischen Rhetorik*, München 1960, S. 1, 47–51 (S. 49: »Modifikation«); J. Graff, *Ciceros Selbstauffassung*, Heidelberg 1963, S. 71 f.
3 Philippson Sp. 1175 f.; O. Gigon, »Cicero und die griechische Philosophie«, in: *Aufstieg und Niedergang der römischen Welt* (ANRW), hrsg. von H. Temporini und W. Haase, Tl. I: *Von den Anfängen bis zum Ausgang der Republik*, Bd. 4, Berlin / New York 1973, S. 226–261, hier: S. 229–240; A. Weische, *Cicero und die Neue Akademie. Untersuchungen zur Entstehung und zur Geschichte des antiken Skeptizismus*, Münster 1961, bes. S. 13 bis 21; A. St. Pease, *M. Tulli Ciceronis De natura deorum libri*, Bd. 1, Cambridge (Mass.) 1955, S. 139.
4 Ch. Neumeister, *Grundsätze der forensischen Rhetorik*, München 1964, S. 20–22.
5 Cicero zeigt im Verhältnis des *verum* zum *probabile* freilich auch gewisse Unsicherheiten; vgl. etwa nat. deor. I 12 f.
6 Neumeister, S. 22, zu Aristot. rhet. I 1355b 13.
7 Das *conciliare* darf auch als *delectare* auftreten; zu den *officia oratoris* siehe Neumeister, S. 25 f.
8 Aristot. rhet. I 1395b 10; vgl. jedoch II 1377b 20; II 1391b 11.
9 Neumeister, S. 22 f.
10 Pease, S. 140.
11 Neumeister, S. 23; zum folgenden siehe auch K. Bringmann, *Untersuchungen zum späten Cicero*, Göttingen 1971, S. 100–104; Philippson, Sp. 1105.
12 Graff, S. 47.
13 Ebd., S. 70.
14 Neumeister, S. 24 f.
15 Graff, S. 71.
16 Pease, S. 138 f.
17 Siehe hierzu J. F. D'Alton, *Roman Literary Theory and Criticism*, London / New York 1931, S. 249 f. (mit Stellenangaben).
18 S. E. Smethurst, »Cicero and Isocrates«, in: *Transactions and Proceedings of the American Philological Association* (TAPhA) 84 (1953) S. 262–320.
19 Graff, S. 24–45.
20 E. Norden, *Die antike Kunstprosa*, Bd. 1, Berlin 1915, unveränd. Nachdr. Darmstadt 1958, S. 113–123.
21 Norden, S. 216–233.
22 M. Puelma, »Die Rezeption der Fachsprache griechischer Philosophie im Lateinischen«, in: *Freiburger Zeitschrift für Philoso-*

phie und Theologie 33 (1986) S. 45–69; ders., »Cicero als Platon-Übersetzer«, in: *Museum Helveticum* 37 (1980) S. 137–178. – Gigon, S. 251–254. Die meisten Termini waren in Rom wohl schon vorgeprägt, denn es gab ja Fachprosa von Cato d. Ä. bis Varro. In fin. III 3 f. erörtert Cicero Fragen der Fachterminologie; hier zu eigenen Wortschöpfungen und allgemein zur Notwendigkeit von Sondersprachen, namentlich zur philosophischen. Für uns liegt das Problem freilich weniger in *vocabula, verba, nomina* (Cic. ebd.), d. h. im fachspezifischen Wortschatz, als darin, daß der philosophische Gebrauch des originären Latein nicht gegen Äquivokation gefeit war. Bei Ausdrücken wie *natura, veritas* usw. ist es ganz irrelevant, ob sie übersetzt sind oder nicht; Hauptsache, sie haften sozusagen metasprachlich an einheitlichen Bedeutungen (Versuche, das zu sichern, fehlen nicht, siehe u. a. Ciceros etymologisch begründete Unterscheidung zwischen *callidus* und *versutus* (nat. deor. III 25); siehe jedoch auch die Parallelen bei Pease, Bd. 2 (1958) S. 1016. Offenkundig war es z. B. während der Diskussion chrysippischer Syllogismen (nat. deor. II 16 bzw. III 18.25) nur teilweise möglich, zu klären, daß Chrysipp *bonum* homonym verwendet (Mehrdeutigkeit von ›gut‹); zumindest wendet Cotta ein, *melius* könne *pulchrius* bedeuten, auch *ornatius*, keinesfalls aber *sapientius* – schwerlich zwingend (zum philosophischen Hintergrund siehe hier u. a. Weische, S. 38–41). Unbedacht blieb hier auch, daß etwa alleiniges *perfectus* als Prädikator nicht taugt: eine Sache ist stets ›vollkommen‹ *in* oder *in Bezug auf etwas*. Zu den Mängeln solcher und anderer ›Gottesbeweise‹ und zu deren Unmöglichkeit überhaupt siehe F. v. Kutschera, *Vernunft und Glaube*, Berlin / New York 1991, bes. S. 16–42.

23 Die Texte bei H. Fuchs, »Ciceros Hingabe an die Philosophie«, in: *Museum Helveticum* 16 (1959) S. 18–22; Graff, S. 58–62.

24 Philippson, Sp. 1137. In nat. deor. I 5–8 – ein Textabschnitt, der das themabezogene Proömium eigentümlich durchbricht – bündelt Cicero überhaupt seine wichtigsten persönlichen und sachlichen Motive; siehe hierzu auch Graff, S. 61 f.

25 Ch. Schäublin, »Philosophie und Rhetorik in der Auseinandersetzung um die Religion. Zu Cicero, De natura deorum I«, in: *Museum Helveticum* 44 (1990) S. 87–101, hier: S. 87.

26 W. Görler, *Untersuchungen zu Ciceros Philosophie*, Heidelberg 1974.

27 Gigon, S. 240 f.; Bringmann, S. 106 f.

28 Zu beiden Stellen siehe Pease, Bd. 1 (1955) S. 116 bzw. 113.
29 Schäublin, S. 94 f.
30 Lausberg, S. 150–163 bzw. 190–236.
31 W. Schmid, »Epikur«, in: *Reallexikon für Antike und Christentum* (RAC), Bd. 5, Stuttgart 1962, Sp. 681–819, bes. S. 705 ff.: Epikur meint die olympischen Götter. Insofern hat er die Volksreligion keineswegs verworfen oder Kulthandlungen für sinnlos gehalten. Sie erhalten bloß eine andersartige Zielrichtung (Schmid). – Zu bemängeln wäre z. B. gewesen, daß Velleius vom Zustandekommen einer Gottes*vorstellung* als von einem Gottesbeweis redet. Epikur hat auch nicht geleugnet, daß meteorologische Erscheinungen vom Standpunkt der Religions*psychologie* wichtig sind, siehe J. Mansfeld, »A Theophrastean excursus on God and Nature and its aftermath in Hellenistic thought«, in: *Phronesis* 37 (1992) S. 314–335, hier: S. 319, Anm. 17. – Der Atheismus-Vorwurf gegen Epikur stammt aus der Skeptischen Akademie, siehe D. Obbink, »The atheism of Epicurus«, in: *Greek, Roman & Byzantine Studies* 30 (1989) S. 187–223. Aber schon Platon erhob ihn gegen Naturphilosophen wie Anaxagoras (Mansfeld, S. 321 f.). Umgekehrt entwickelt Epikur in seinem Weltverständnis Theophrast weiter, siehe Mansfeld, S. 324–326. So beruht z. B. auch Lukrez VI 357–361 auf Theophrast (Mansfeld, S. 326; mit Literatur). Dabei kennt Cicero peripatetische Einwände gegen die Vorsehungslehre, siehe Lukrez 121 und dazu Mansfeld, S. 333 f. Die Vernachlässigung der Aristoteliker rechtfertigt Cicero nat. deor. I 16 damit, daß Antiochos sie ja mit der Stoa verschmolzen habe (vgl. Tusc. V 32; s. Pease, Bd. 1, S. 166); mit anderen Worten wird Balbus sie mit vertreten. Das würde auch bedeuten: Buch II ist nicht ›rein‹ stoisch. Daß sich andererseits auch Akademie und Peripatos berühren, anerkennt Cicero ac. I 17 f.; II 15; fin. IV 5; off. I 2, 3,20. – Es war also kaum sachgemäß, einen ›reinen‹ Epikur – ihn zudem unvollständig oder verständnislos referierend – zu bekämpfen, hatten sich doch inzwischen die strengen Schulgrenzen verwischt, nicht zuletzt als Ergebnis lebhafter Kritik und Gegenkritik. Das ergab Entwicklungen innerhalb einer Schule. So hatte zur Zeit Ciceros Philodem von Gadara, mit ihm befreundet (seine Schrift *Peri theon* lag wohl etwas früher als Ciceros *De natura deorum*), eine Götteranschauung vertreten, die auf allerlei Einwände Rücksicht nahm, siehe M. Erler, »Orthodoxie und Anpassung. Philodem, ein

Panaitios des Kepos?«, in: *Museum Helveticum* 49 (1992) S. 171 bis 200.
Im ganzen war es doch eher belastend, den Stoff von *De natura deorum* nach den drei Schulen Epikur, Stoa und Akademie aufzuteilen (nat. deor. I 16). Wie sich dann zeigt, mißlingen die Zuweisungen oft genug, weil die Fronten in Wirklichkeit anders verlaufen. Daß Epikur bereits Platon oder die Stoa kritisierte, kommt in des Velleius Polemik (nat. deor. I) immerhin klar heraus.

32 Schäublin, S. 99–101.

33 Bringmann, S. 142. Philippson verweist auf fin. II 17 (*rhetorice mavis*).

34 Philippson, Sp. 1155 f. So reagiert Cotta schon in nat. deor. I auf Lehrsätze, die Velleius gar nicht verkündet hatte; sie stehen aber bei Philodem. Cottas Einwände stammen hier aus Karneades, der Epikur kritisiert hatte (nat. deor. I 4). Inzwischen hat aber Schäublin klären können, daß Cottas ›unsaubere‹ Argumentation in I 85 und I 87 (Schäublin, S. 89 f.) großenteils auf die Überlagerung des Gedankengangs durch zünftige Redetechnik zurückzuführen ist. – Auch ein Wechsel der Quelle ließ eine Replik aus dem Ruder laufen, so nat. deor. I 123 trotz I 86 und I 115. – Hypothesen einer Doppelfassung des Werks, die am Ende sachliche Anstöße genetisch zu rechtfertigen neigen, empfehlen sich m. E. weniger. Eine insgesamt kritische Haltung zum Überlieferungsbestand der philosophischen Schriften Ciceros darf sich auf einen »Philologissimus« des 19. Jahrhunderts stützen: I. N. Madvig, *M. Tullii Ciceronis De finibus libri quinque*, Kopenhagen, ^{3}1876 (Nachdr. Hildesheim 1965) S. LXIV–LXVII.

35 U. Haß-von Reitzenstein, *Beiträge zur gattungsgeschichtlichen Interpretation des Dialogus »De oratoribus«*, Diss. Köln 1970, S. 101–106. Ein merkwürdiges Phänomen ist ja, daß ein anfangs ›ernannter‹ *iudex* (oder *arbiter*) an den Dialogschlüssen (bis hin zu den kaiserzeitlichen Dialogen) fast regelmäßig vergessen scheint. – Es wäre zu überlegen, ob etwa auch in *De natura deorum* ein Aufbau nach Antilogien, von der karneadischen Diskussionsform *in utramque partem* sowieso nahegelegt, noch durchschimmert; das Redenpaar Velleius – Cotta steht ja in I für sich, auch II und III sind Zweierkontroversen. Deutlicher gilt das von *De divinatione* (Marcus und Quintus sind die Redner Pro und Contra); ebenso *De fato* (Cicero und Hirtius). *De oratore*, nicht nur dialogtechnisch wohl das gelungenste Exemplar der Gat-

tung, wird beherrscht von der Gegenüberstellung Crassus – Antonius, jedoch wird nicht nur alles Lehrbuchhafte (*scholae*) immer wieder von Exkursen belebt, der Dialog erreicht auch, in gewissem Grad sogar in III, den Zuschnitt eines lebhaften Gesprächs (Cicero selbst war rückblickend zufrieden: Att. XIII 19,4).
Etwas anderes ist es, wenn die Vorlagen die Rollenverteilung verdrängen, besonders auffällig, wenn am Schluß des Werks einer der Protagonisten nicht mehr auftaucht wie Antonius in De orat. III (er meldet sich in diesem Buch recht selten). Das liegt wohl hauptsächlich daran, daß De orat. III wie II überwiegend einem Handbuch folgt und – ungeachtet der abschnittsweise eingelegten Zwischengespräche – ebenfalls Lehrbuchcharakter annimmt. Wenn Nebenrollen verschwinden (Cotta und Sulpicius in De orat. I oder Lucius in fin. V), fällt das weniger auf (entsprechende Äußerungen Ciceros zur Dialogregie scheinen in diesem Fall zu fehlen).
Wieder anders rühren Unstimmigkeiten in *De natura deorum* daher, daß oft »die Vorlagen der Kritik älter sind als die der dogmatischen Darlegungen« (Philippson, Sp. 1156).

36 Lausberg, S. 455–507.

37 Philippson, Sp. 1151 f., 1156; Pease, Bd. 1, S. 26 f.; Schäublin, S. 87–89. Zu den eklatanten Beispielen gehören *restat* in II 45 (Überbleibsel einer Zweiteilung) und II 154 (Vierergliederung vorausgesetzt).

38 Anders u. a. Bringmann, S. 176; Ph. Levine, »The Original Design and the Publication of the De natura deorum«, in: *Harvard Studies in Classical Philology* 62 (1957) S. 7–36, hier: S. 13.

39 Auch P. Boyancé, »Die stoischen Gottesbeweise nach Cicero (De natura deorum Buch II)«, in: K. Büchner (Hrsg.), *Das neue Cicerobild*, Darmstadt 1971 (Wege der Forschung, 27), S. 446–488 (vorher frz. in: *Hermes* 90 [1962] S. 45–71), stellt zu nat. deor. II 3 ff. fest (S. 452 f., 454), Cicero verwende nicht selten minder gute Vorlagen oder oberflächlich gearbeitete Handbücher.

40 Bringmann, S. 110–123. Die Testimonia in A. Grillis (kommentierter) Edition (Mailand/Varese 1962) S. 19 f.

41 Vgl. S. 461; u. a. auch nat. deor. I 7; fin. I 1.11; Tusc. I 6; 2,8; Pease, Bd. 1, S. 140; Bringmann, S. 102. Cicero supponiert (a) die Minderwertigkeit bisheriger Übertragungen, (b) die Ersetzbarkeit der griechischen Originale bei philosophisch interessierten Zeitgenossen. Er übersieht (c) Bemühungen damaliger Griechen, an

römischen Verhältnissen teilzuhaben und formuliert (als wenn es Panaitios oder Poseidonios nicht gegeben hätte) den Austausch griechisch-römisch zu schematisch, so Erler, S. 171 f.

42 Lausberg, S. 479–503.

43 H. Dörrie, »Überlegungen zum Wesen antiker Frömmigkeit«, in: *PIETAS, Festschrift B. Kötting*, Münster 1980, S. 3–13.

44 Bringmann, S. 178 f.

45 Siehe dazu etwa J. Kroymann, »Cicero und die römische Religion« in: *CICERONIANA, Festschrift K. Kumaniecki*, Leiden 1975, S. 116–128. In der Tat hat Cicero *religio* und *superstitio* zu trennen versucht (u. a. div. II 148), aber in seinen Urteilen über Auspizien und Haruspicin stuft er eben diese als *superstitio* ein, hält also wichtige Bestandteile des römischen Kultus für Aberglauben: »obwohl er selber die *divinatio* mit guten Gründen als völlig unglaubwürdig verwarf, wollte er doch in De divinatione noch das Augurium und die Haruspicin beibehalten« (Kroymann, S. 128).

46 Siehe dazu wieder Dörrie. Zur Ergänzung nützlich: U. W. Scholz, »Zum Verständnis des römischen Staatskults«, in: P. Neukam (Hrsg.), *Dialog Schule – Wissenschaft, Alte Sprachen und Literaturen* 19 (1985) S. 68–84.

Inhalt